WAHN und WILLKÜR

WILHELM SCHLÖTTERER

WAHN
und WILLKÜR

Strauß und seine Erben oder wie
man ein Land in die Tasche steckt

HEYNE ‹

Verlagsgruppe Random House FSC-DEU-0100
Das für dieses Buch verwendete FSC-zertifizierte Papier *EOS*
liefert Salzer Papier, St. Pölten, Austria.

Copyright © 2013 by Wilhelm Heyne Verlag, München,
in der Verlagsgruppe Random House GmbH
www.heyne.de
Redaktion: Johann Lankes
Umschlaggestaltung: Hauptmann & Kompanie Werbeagentur, Zürich,
unter Verwendung zweier Fotos von © Gebert/picture-alliance/dpa
und © U. Baumgarten/Getty Images
Satz: Christine Roithner Verlagsservice, Breitenaich
Druck und Bindung: GGP Media GmbH, Pößneck
Printed in Germany 2013

ISBN 978-3-453-20047-0

Inhalt

Vorwort

Nach dem Buch *Macht und Missbrauch* habe ich nun ein zweites geschrieben. Denn Aufklärung tut not. In nahezu jeder meiner über 100 Lesungen und Vorträge wurde ich von Zuhörern gedrängt, weiteres Wissen preiszugeben, sie wollten noch mehr erfahren über die politischen Skandale. Neben dem Milliardendesaster der Landesbank wurde ich immer wieder befragt zum Thema Strauß: zur Starfighter-Affäre, zum DDR-Milliardenkredit, zu Schalck-Golodkowski und der Fleischfirma März, dem mysteriösen Tod der Marianne Strauß und dem Verschwinden der Festplatte von Max Strauß.

Manchen Skandal, den ich bereits im ersten Buch offengelegt habe, musste ich nochmals aufgreifen, weil sich inzwischen nicht wenige vertrauensvoll an mich gewandt hatten, um mir dazu Wichtiges mitzuteilen, insbesondere zu Strauß. Ihnen sei Dank und Anerkennung für ihren Mut und ihre Bereitschaft, sich für Rechtsstaatlichkeit einzusetzen. Der Kampf gegen Amtsmissbrauch und Korruption bedarf des Engagements vieler. Manche Umstände musste ich nochmals erwähnen, um das Schaubild zu vervollständigen. Das sind die Gründe für Wiederholungen.

Das vorliegende Buch wird viele fassungslos machen, es berichtet Unglaubliches, teils Unmenschliches. Wer an der Spitze des Staates steht, darüber aber gleichgültig oder gar billigend hinweggeht, weiter gewähren lässt und gegen Schuldige nichts unternimmt, sollte abtreten. Wer als Amtsträger Straftaten begangen, gefördert oder verdeckt hat, sollte vor Gericht gestellt werden.

Klargestellt sei: Wie schon das Buch *Macht und Missbrauch* ist auch dieses keineswegs ein Angriff auf die CSU, es zielt nur auf einige wenige Spitzenpolitiker der Partei. »Der kleine Mann in der CSU ist schon in Ordnung«, sagte in einem Interview vor Jahren der frühere Kultusminister Prof. Hans Maier. In keiner Partei sonst gibt es eine so tiefe Kluft zwischen den einfachen Parteimitgliedern und den wenigen, die die CSU beherrschen, sie für ihre Karriere benutzen, wie bei der CSU. Die Basis wird von oben für ihren Einsatz mit warmen Worten gelobt, hat aber nichts zu sagen, sie wird nur mit den nicht anstößigen Informationen versorgt. Nicht einmal die Landtagsfraktion hat etwas zu melden; wie schon unter Strauß und Stoiber führt sie auch unter Seehofer ein Schattendasein.

Die ehemaligen CSU-Spitzenpolitiker Günther Beckstein und Alois Glück haben jüngst fromme Bücher geschrieben. Becksteins Werk heißt *Die Zehn Gebote*. Dass er diese als stellvertretender Präsident der Evangelischen Landessynode in Bayern kennt, ist löblich. Befremdlich ist die erbauliche Lektüre dennoch: Sie lässt nicht erkennen, dass die Zehn Gebote auch in der bayerischen Politik gelten. Denn sündhafte Verstöße erzählt Beckstein nicht. Wüsste man es nicht besser, könnte man meinen, er sei ganz woanders Innenminister und kurzzeitig Ministerpräsident gewesen. Oder die Zehn Gebote seien neben den Gesetzen schon von Amts wegen stets eingehalten worden – kraft der Richtlinienkompetenz des jeweiligen christlichen Ministerpräsidenten.

Der stellvertretende Vorsitzende der Augsburger FDP, Toni Resch, lud mich für den 6. September 2010 zu einer Veranstaltung der Friedrich-Naumann-Stiftung ins Gögginger Jugendstiltheater ein, wo der frühere nordrhein-westfälische Ministerpräsident Wolfgang Clement eine »Rede zur Freiheit« hielt. Anschließend wollte mich Resch einigen Politikern vorstellen, die in einer Runde beieinandersaßen. Zu meiner Überraschung war auch Günther Beckstein dabei. Als er sich erhob, sagte ich zu ihm: »Sie sind jetzt wahrscheinlich bei der Nennung meines Namens erschrocken.« Darauf Beckstein: »Etwas schon, aber nicht sehr. Denn ich komme ja in Ihrem Buch nicht oft vor und auch nicht sehr schlecht.« Er fügte hinzu: »Ich habe mich bei meiner Amtsführung immer darum bemüht, dass Recht und Gesetz eingehalten wurden.« Ich sagte nichts.

Warum wir uns ändern müssen lautet der umwälzend programmatische Titel von Alois Glücks Buch. Wenn Glück wirklich sich und seinesgleichen gemeint hat, muss man ihm nachdrücklich zustimmen. Rätselhaft aber ist, warum er erst jetzt einsichtig wird – nachdem er den hohen Stuhl des Präsidenten des Deutschen Katholikentags erklommen hat. Auf diesem Stuhl saß früher der integre Kultusminister Prof. Hans Maier, eine geistige und moralische Instanz. Ich habe in Glücks Buch geblättert und mir dann seine Lektüre erspart.

Im Oktober 2012 veröffentlichte Edmund Stoiber seine Memoiren, ebenfalls ein frommes Buch – im Sinn der Selbstbeweihräucherung. *Weil die Welt sich ändert* lautet der Titel. Zu den Memoiren Stoibers bemerkte Horst Seehofer in einem Grußwort, Stoiber habe darin ein hohes Maß an Rücksicht auf die politische Familie genommen: »Alles, was du schreibst, stimmt. Nur schreibst du auch über vieles nicht, was stimmt.« Die *SZ* kommentierte, die Memoiren würden so große Lücken aufweisen, als hätten sich die Motten vor der Drucklegung durchs Manuskript gefressen. Warum sah Stoiber sich veranlasst, so vieles auszublenden?

Die Scheinheiligkeit war immer schon das Kennzeichen bestimmter Hauptprotagonisten der CSU. Man tarnt sich als bekennender Christ, trägt die christlichen Werte wie eine Monstranz vor sich her, in Wirklichkeit aber schreckt man auch vor menschen-verachtenden Praktiken mitunter nicht zurück. Man gibt vor, das Wohl der Bürger zu fördern, hat aber vor allem den Machterhalt und die eigene Karriere im Sinn. Man gibt vor, den sozialen Ausgleich zu wollen, begünstigt aber klammheimlich die Reichen und Superreichen. Man spiegelt Rechtsstaatlichkeit vor, praktiziert aber das Unrecht, schützt Straftäter und verfolgt Unschuldige. Tarnung und Täuschung sind das pseudopolitische Lebenselixier.

Die an Gustl Mollath verübte Schandtat ist die abscheulichste Ausgeburt dieser Skrupellosigkeit: Es war kein Justizirrtum, alle bekannten Fakten lassen auf vorsätzliches Handeln schließen! Den Arglosen gilt es die Augen zu öffnen. Doch es geht nicht allein darum, das Verwerfliche anzuprangern, sondern eine Umkehr zu erzwingen. Nach meinem ersten Buch prophezeite mir sarkastisch Erich Riedl, der frühere CSU-Staatssekretär im Bundeswirtschaftsministerium: »Der Titel Ihres nächsten Buches wird bestimmt heißen: ›Es geht alles so weiter wie bisher!‹« Dieser Titel wäre in der Tat ebenso zutreffend wie der gewählte.

Aber es darf nicht so weitergehen!

Einführung

1 Das Echo auf das Buch »Macht und Missbrauch«

Die Präsentation des Buches

Im voll besetzten großen Saal des Literaturhauses in München wird am 9. Juli 2009 mein Buch *Macht und Missbrauch* vorgestellt. Unter den Zuhörern befinden sich mehrere Landtagsabgeordnete, hohe Beamte und viele Journalisten. Jürgen Horbach, der Vorstandsvorsitzende der VEMAG-Verlagsgruppe, in deren Fackelträger Verlag mein Buch erschienen ist, verweist in seinen einführenden Worten auf die Brisanz des Buches und das hohe Risiko zu erwartender Gegenschläge. Michael Stiller, über lange Jahre leitender Redakteur der *Süddeutschen Zeitung* für den Bereich der bayerischen Landespolitik, rückt in seiner Rede meinen früheren Widerstand gegen die massiven Gesetzwidrigkeiten bestimmter Spitzenpolitiker in den Vordergrund.

Fast 30 Jahre war ich im Bayerischen Staatsministerium der Finanzen tätig. Als ich mich 1977 wegen rechtswidriger Machenschaften bei Entscheidungen von Steuerfällen mit Bezügen zu F.J. Strauß an den Bayerischen Landtag wandte, löste ich einen großen Skandal aus. Der Landtag setzte einen Untersuchungsausschuss ein, der Rechnungshof bestätigte jedoch meine Vorwürfe. Daraufhin verfolgte mich Strauß mit Disziplinarverfahren und Zwangsversetzung und verhinderte jahrelang meine Beförderung zum Ministerialrat. Diese konnte ich aber

1980 im Zuge seiner Kanzlerkandidatur erreichen. Großes Aufsehen erregte ich ein zweites Mal, als ich mich 1993 erneut an den Landtag wandte und meine durch Strauß veranlasste Diskriminierung schilderte. Strafverfahren und Disziplinarverfahren, die man daraufhin gegen mich einleitete, scheiterten kläglich. Jetzt, nach meiner Pensionierung, legte ich in meinem Buch diese und viele andere Missbräuche der Macht offen.

Als das Publikum nach der Lesung Fragen an mich stellt und von mir wissen will, was mich dazu veranlasst hat, dieses Enthüllungsbuch zu schreiben, antworte ich, dass ich den Gesetzwidrigkeiten und Straftaten bestimmter Spitzenpolitiker der CSU entgegenwirken und diese für die Zukunft verhindern sowie den Bürgern, die den Politikern bisher blind vertraut hätten, die Augen öffnen wolle. Darüber hinaus war es mein Anliegen, jenen Beamten, die pflichtgemäß Recht und Gesetz anwenden wollten, dafür aber »von oben« abgestraft wurden, eine Hilfestellung zu geben.

Lange hatte ich gebangt, ob das Buch wirklich erscheinen würde! Wer alles wurde doch darin angegriffen, bloßgestellt, teilweise schwerer Verfehlungen beschuldigt: Strauß, Streibl, Stoiber, mehrere Finanzminister und Justizminister, Ministerialdirektoren im Finanz- und im Justizministerium, ein Generalstaatsanwalt, Oberstaatsanwälte. Außerdem hatte ich aufs Korn genommen: Leo Kirch, Otto Beisheim, Karl Diehl, Eduard Zwick, Friedrich Jahn, Karl-Friedrich Flick, Franz Beckenbauer und weitere prominente Steuerpflichtige. Immer wieder fragte ich mich, ob nicht doch am Ende den Verlag der Mut verlassen würde.

Natürlich war jedes Wort, das ich geschrieben hatte, wohl überlegt. Der Vorstandsvorsitzende des Verlags und der Lektor waren mit mir Seite für Seite durchgegangen. Eine spezialisierte Anwaltskanzlei überprüfte zweimal Satz für Satz, verlangte vielfach die Vorlage von Beweisen. Um Gegenschläge zu erschweren, wurde das erstellte Personenverzeichnis im Buch nicht abgedruckt. Da zu befürchten war, jemand könnte versuchen, das Erscheinen des Buches zu verhindern, wurde es vom Verlag nicht in der halbjährlichen Vorschau, die an die Buchhandlungen versandt wird, sondern erst 14 Tage vor dem Erscheinungstermin per E-Mail und per Telefon angekündigt.

Das Buch hatten vor seiner Veröffentlichung überdies zwei Spitzenpolitiker der CSU begutachtet. Der eine, ein hoch angesehener früherer Minister, schrieb nach Durchsicht an den Verlag: »Das Buch ist notwendig und wichtig.« Der andere sagte auf meine Frage, ob ich irgendetwas in dem Buch falsch dargestellt oder ob ihn etwas überrascht hätte: »Nein, es sind die Fakten, nur die Fakten. Das Buch ist okay. Es sollte unbedingt veröffentlicht werden.«

Die Öffentlichkeit sollte durch zwei Anzeigen in der *Süddeutschen Zeitung* kurz vor der Präsentation im Literaturhaus auf das Buch hingewiesen werden. Doch unmittelbar vor Erscheinen der Annonce verlangte die *Süddeutsche* plötzlich vom Fackelträger Verlag die Abgabe einer zweiseitigen Haftungs- und Freistellungserklärung für den Text des Inserats. Als Jürgen Horbach, der Vorstandsvorsitzende des Verlags, empört der *Süddeutschen* vorhielt, so etwas habe er noch nie erlebt, man habe ja offensichtlich nur Angst vor der CSU, zog die Zeitung das Verlangen wieder zurück.

Die Reaktion der Politiker und Spitzenbeamten

Die CSU schwieg. Normalerweise reagieren Ministerpräsident und Minister auf Vorwürfe durch ihre Pressesprecher innerhalb von Stunden. Wie ich bald von Journalisten, aber auch aus der CSU erfuhr, soll Ministerpräsident Horst Seehofer die Order ausgegeben haben, kein Wort über das Buch zu verlieren. Die darin schwer angegriffenen einstigen Größen Edmund Stoiber, Erwin Huber und Günther Beckstein rührten sich nicht, Gerold Tandler und Georg von Waldenfels blieben stumm. Gesammeltes Schweigen allerorts.

Huber soll jedoch ahnungsvoll und bedrückt schon nach der ersten Annonce in der *Süddeutschen Zeitung*, die das Buch ankündigte, gegenüber einem Journalisten geäußert haben, er sei es gewesen, der mich rehabilitiert habe, indem er ein von seinem Vorgänger von Waldenfels gegen mich eingeleitetes Disziplinarverfahren niedergeschlagen habe.

Stellten die früheren Justizminister Hermann Leeb und Manfred Weiß, der Justizministerialdirektor Wolfgang Held und der Generalstaatsanwalt Hermann Froschauer gegen mich einen Strafantrag wegen Verleumdung? Das Strafgesetzbuch war schließlich ihr Revier gewesen. Sie hüteten sich. Das überraschte mich nicht, war ich mir doch sicher, unumstößliche Beweise angeführt zu haben.

Distanzierten sich wenigstens Ministerpräsident Horst Seehofer und die Justizministerin Beate Merk von den im Buch beschriebenen Machenschaften und Verfehlungen bis hin zu Straftaten? Nein, sie schwiegen. Drückten sie den Opfern öffentlich ihr Bedauern aus? Mitnichten. Bemühte man sich um Wiedergutmachung oder Korrektur, soweit diese noch möglich war? Keineswegs, im Gegenteil. Die Steueramtsrätin Ingrid Meier, die bei dem Rüstungskonzern Diehl rechtswidrig daran gehindert worden war, 60 Millionen Mark an Steuern nachzufordern und wegen ihres Widerstands hiergegen beruflich abqualifiziert worden war (s.»Ursache Nr. 1: Politische Protektion in bestimmten Einzelfällen«, S. 212), erhielt von Finanzminister Georg Fahrenschon den Bescheid, sie sei überhaupt nicht benachteiligt worden. Der Regierungsdirektor Fischer-Stabauer, der sich erkühnt hatte, gegen Gerold Tandler ein Steuerstrafverfahren wegen des Verdachts der Steuerhinterziehung im Skandalfall des »Bäderkönigs« Eduard Zwick einzuleiten, und dem daraufhin die zuerkannte Eignung als Finanzamtsvorsteher wieder aberkannt worden war, erhielt keine Entschädigung, ja nicht einmal ein Wort der Entschuldigung. Und der frühere, ebenso mutige wie hervorragende Augsburger Staatsanwalt Winfried Maier, der trotz massiver Behinderung von oben die Strafverfahren gegen Holger Pfahls, Max Strauß, Walther Leisler Kiep, Karlheinz Schreiber und die Thyssen-Manager Hastert und Maaßmann durchgesetzt hatte, musste weiterhin auf der Position verharren, auf die man ihn, mutmaßlich weil er dort ungefährlich war, manövriert hatte: auf einer Richterstelle beim Oberlandesgericht München, wo er sich mit Familienrecht befassen durfte.

Dass Horst Seehofer keinerlei Mitgefühl mit Staatsdienern zeigte, denen bitteres Unrecht zugefügt wurde, war bemerkenswert und umso erstaunlicher, als er selbst früher ein kleiner Beamter an einem Landratsamt gewesen war.

Nach dem Erscheinen des Buches bestätigten mir Alfred Sauter, der wegen der ihm fälschlicherweise angelasteten Millionenverluste der Landeswohnungs- und Städtebaugesellschaft Bayern (LWS) als Justizminister zum Rücktritt gezwungen wurde, sowie der Staatssekretär a. D. im Bundeswirtschaftsministerium Erich Riedl, der beschuldigt wurde, vom Lobbyisten Karlheinz Schreiber 500 000 Mark Schmiergeld im Zusammenhang mit der Lieferung von Bundeswehr-Spürpanzern der Marke Fuchs an Saudi-Arabien erhalten zu haben, die sie betreffenden Sachverhalte seien völlig korrekt dargestellt.

Ein von mir im Buch nicht erwähntes früheres Kabinettsmitglied zeigte sich erschüttert und versicherte mir: »Ich stehe voll auf Ihrer Seite. Ich bin Ihr Mitstreiter.« Er verschenkte an Weihnachten mehrere von mir signierte Buchexemplare. Ein ehemaliger Staatssekretär äußerte nach der Lektüre gegenüber einem Kollegen: »Es ist unglaublich, was da alles passiert ist. Da war man dabei und wusste doch nichts.« Frühere CSU-Mitglieder des Landtags und des Bundestags kamen auf mich zu und bekundeten ihre Solidarität. In allen Gesprächen kam einer besonders schlecht weg: Edmund Stoiber. Immer wieder wurde sein eiskaltes, rücksichtsloses Verhalten gerügt.

Auf der anderen Seite stand eine Äußerung von Staatskanzleiminister Siegfried Schneider. Er soll auf die Frage, ob er das Buch gelesen habe, geantwortet haben: »Ja, aber da steht nichts Bewegendes drin.« Es war aufschlussreich, dass das, was die meisten Leser erschütterte, für ihn anscheinend ziemlich normal war.

Der Münchner Presseclub lud mich zu einer Lesung ein, zugleich versuchte er, einen CSU-Politiker als Widerpart in der Diskussion zu gewinnen. Doch seltsam: Kein einziger hatte Zeit, weder Günther Beckstein noch Alois Glück, Thomas Goppel und etliche andere, an die man herantrat. Die Geschäftsführung des Presseclubs sagte mir, so etwas habe es noch nie gegeben.

Die Reaktion der Medien und Bürger

Über das Buch berichteten zunächst nur die größeren Zeitungen. Der Chefredakteur des konservativen *Rheinischen Merkur*, Michael Rutz, CSU-Mitglied seit Jahrzehnten, schrieb: Das Buch »macht es zwingend notwendig, das Kapitel Strauß vollständig neu aufzuarbeiten. Das gilt für die CSU, wenn denn Parteichef Seehofer tatsächlich – wie versprochen – einen kompletten Neuanfang für die Partei vorhat. Das gilt aber auch für die Staatsanwaltschaft in Bayern.« Ich wurde um zahlreiche Interviews gebeten: von der Presse, vom Rundfunk und von privaten Fernsehsendern. Das Bayerische Fernsehen hingegen blendete sich vollständig aus. Offenkundig sah sich der für seine Linientreue berüchtigte Chefredakteur Sigmund Gottlieb verpflichtet, das kolportierte Schweigegebot Seehofers einzuhalten.

Immer mehr Leute kauften das Buch, es wurde ein Bestseller und verkauft sich auch heute noch gut. Gleichzeitig brach über mich eine Welle von Telefonanrufen und Zuschriften herein. Hatte ich viele Schmähungen und Anfeindungen erwartet, so wurde ich vom Gegenteil überrascht: allseits begeisterte Zustimmung und Anerkennung für den Mut, das Buch geschrieben zu haben. Viele äußerten, sie hätten schon immer das Gefühl gehabt, dass etwas faul sei, aber dass es so schlimm sei, hätten sie nicht gedacht. Das Erstaunliche war, dass die Absender und Anrufer durchwegs bekannten, sie seien langjährige CSU-Wähler oder CSU-Mitglieder. Es waren oft Unternehmer, leitende Angestellte, Professoren, Beamte, Rechtsanwälte, Steuerberater, Wirtschaftsprüfer, Notare, Gymnasiallehrer, Ärzte und ähnliche gehobene Berufe. Es schien, als hätte das Buch einen Bann gebrochen. Aus den Reihen der CSU erhielt ich nur einen einzigen Schmähbrief, er kam aus Durach bei Kempten und war in fehlerhaftem Deutsch geschrieben.

Wurde ich zunächst von Buchhandlungen zu Lesungen eingeladen, so folgten bald Einladungen der SPD, des Evangelischen Arbeitskreises für Arbeitnehmerfragen, des Bundes deutscher Kriminalbeamter, der Gewerkschaft ver.di, verschiedener Clubs, der Freien Wähler, der FDP-nahen Thomas-Dehler-Stiftung und insbesondere von Bündnis 90/Die Grünen.

Als ich im Dezember 2009 auf Einladung der Letzteren im Landtag eine Lesung hielt, forderte unter großem Beifall der Landtagsabgeordnete Sepp Dürr, den Münchner Franz-Josef-Strauß-Flughafen umzubenennen. »Ein Krimineller taugt nicht als Namensgeber«, sagte er. In der Diskussion bestätigten zwei frühere Richter die von mir gerügten Missstände in der Justiz. Und eine Beamtin der Steuerstrafsachen- und Steuerbußgeldstelle München bekannte mutig, dass meine Schilderung der rechtswidrigen Eingriffe »von oben« zutreffe.

Der stellvertretende Vorsitzende der Bayerischen Finanzgewerkschaft schrieb in der Mitgliederzeitschrift, das Buch bringe »weitestgehend Fakten«. Er erinnerte daran, dass die Finanzgewerkschaft 1993 in einem an Finanzminister von Waldenfels gerichteten Protestschreiben gegen die »politische Protektion« gerügt hatte, dass durch rechtswidrige Weisungen »von oben« Millionenbeträge an Steuern bei bestimmten Steuerpflichtigen nicht festgesetzt oder erlassen wurden. Der Finanzminister habe sich gegen diesen Vorwurf in einem »geharnischten Schreiben« verwahrt.

Ein früherer Kollege aus dem Innenministerium, ebenfalls CSU-Mitglied seit Jahrzehnten, beklagte: »Strauß hat die Korruption nach Bayern gebracht, Stoiber hat den Niedergang des Staatsvermögens verschuldet.« Ja, man begann in der CSU über die eigenen Spitzenleute nachzudenken.

Der Salvatorprobe des Jahres 2010 sah die Öffentlichkeit mit Spannung entgegen. Wegen der unfassbaren Misswirtschaft führender CSU-Politiker in Sachen Landesbank erwartete man allseits eine geharnischte Fastenpredigt des Bruders Barnabas (Michael Lerchenberg). Am Donnerstag, dem 5. März, war es dann so weit. Ich schaltete den Fernseher ein.

Bruder Barnabas hatte seine »Nockher-Bergpredigt« bereits begonnen. Satz für Satz prangerte er die Missstände und Missgriffe an, geißelte er die zwanghaft süßsauer lächelnden Politiker. Plötzlich streckte er den Arm aus, deutete auf Horst Seehofer und Finanzminister Fahrenschon und rief: »Haben Sie Ihren Schlötterer schon gelesen?« Fahrenschon nickte. »Und Sie trauen sich das auch noch zuzugeben!«, setzte Bruder Barnabas nach. »Weil«, fuhr er fort, »der Herr Ministerpräsident hat ja die immerwährende Anbetung des schwarzen Götzen und Flugbenzin-Buddhas angeordnet« (gemeint war Strauß). Dann holte er unter dem Pultdeckel das Buch *Macht und Missbrauch* hervor, hielt es Seehofer entgegen, der verdutzt schaute. Der Fastenprediger weiter: »Aber damit niemals mehr ein bayerischer Finanzminister lügen muss: Hier, Herr Seehofer, für Sie, da Geben seliger ist denn Nehmen, ein Exemplar Schlötterer, als Parteispende gewissermaßen, zur Buße und inneren Reinigung. Und wenn Sie das Buch gelesen haben, dann werden Sie die Worte unseres Herrn Jesus verstehen, die da lauten: Die Sünden der Väter werden vergolten bis ins dritte und vierte Glied.«

Notgedrungen erhob sich Seehofer und nahm das Buch entgegen. Sich umdrehend, wollte er es sogleich weiterreichen, aber niemand nahm ihm die schwere Last ab. So legte er es vor sich auf den Tisch. Das Publikum lachte schallend. Seehofer, der, wie erwähnt, die Anweisung gegeben haben soll, über das Buch zu schweigen, wurde quasi höchst unfreiwillig zum prominentesten Werbeträger für das Buch. Das Fernsehen blendete die Titelseite des Buches mit dem Bild von F.J. Strauß in Großaufnahme ein.

Mich aber erfüllte eine innige Freude.

2 Der Feldzug der Geschwister Strauß

Ankündigungen

Mein Versuch, das Riesendenkmal ihres Vaters in die Luft zu sprengen, provozierte, was vorhersehbar war, einen massiven verbalen Gegenschlag der Strauß-Abkömmlinge. Wie sie dabei zu Werke gingen, gereichte ihrem Erzeuger zur Ehre. Franz Georg Strauß kündigte in Briefen an die Presse an: »Wir werden gegen das Traktat von Herrn Schlötterer vorgehen, das fanatisch, inhaltlich falsch und in seinen Schlussfolgerungen für einen Juristen einfach nur peinlich ist.« Sein Vater habe gemeint, »man könne die Menschen einteilen in kluge und dumme, andererseits in fleißige und faule. Daraus ergäben sich vier verschiedene Kombinationen. Am schlimmsten sei die Kombination dumm und fleißig. Hier sind wir bei Herrn Schlötterer angekommen.« Von der Presse um Stellungnahme gebeten, lehnte ich eine Diskussion darüber ab, welche der genannten Eigenschaften tatsächlich auf mich zutreffen und weshalb man mir fälschlicherweise nicht vorhandene zuschreiben wollte. Da die Gründe offenkundig waren, lehnte ich auch die Ergreifung rechtlicher Schritte gegen diese Herabwürdigung ab.

Der als Rechtsberater wegen Beihilfe zum Betrug in der Affäre der Firma WABAG, bei der rund 1000 Anleger mindestens 100 Millionen Mark verloren, rechtskräftig verurteilte Sohn Max Strauß warf Horst Seehofer in einem Interview mit der

Bayerischen Staatszeitung vor, »dass seine Staatsregierung Herrn Schlötterer wegen Verletzung des Amtsgeheimnisses hätte anzeigen müssen«. Er kündigte an: »Wir werden aber auf jeden Fall klagen. Was da verbreitet wird, ist knallfalsch, eine systematische Verleumdung.« Zum Vermögen der Familie Strauß in der Schweiz erklärte er: »Meine Eltern haben diese Konten stets vollständig bei der Steuer angegeben.« Nach ihrem Tod sei das Erbe angemeldet und versteuert worden, auch das Geld auf den Schweizer Konten.

Auf einem CSU-Parteitag in Nürnberg am 17./18. Juli 2009 traf Monika Hohlmeier mit dem früheren SZ-Redakteur Michael Stiller zusammen, der den Klappentext zu meinem Buch geschrieben hatte. Sie sei sehr aufgeregt gewesen, habe, so Stiller später, geradezu gejapst. Zunächst rügte sie, dass das Andenken Verstorbener – sie meinte ihren Vater – in Deutschland gesetzlich unzureichend geschützt sei. Wütend hielt sie Stiller sodann vor, das halbe Buch habe doch er geschrieben. Stiller erwiderte wahrheitsgemäß, von ihm stamme kein einziger Satz, er habe lediglich das Buch vor seinem Erscheinen gelesen. Einige Minuten später sprach eine Journalistenkollegin Stiller an, Monika Hohlmeier habe ihr gerade bei einem Zusammentreffen vor der Damentoilette mitgeteilt, dass er, Stiller, ihr gegenüber soeben zugegeben habe, das halbe Buch geschrieben zu haben! Stiller stellte daraufhin Hohlmeier zur Rede.

Die ausgeprägte Wahrheitsliebe der Strauß-Tochter hatte schon früher öffentliches Aufsehen erregt. Nachdem sie wegen der sogenannten Wahlfälschungsaffäre und ihrer Affäre um das von ihr gefertigte Dossier mit angeblichem Belastungsmaterial gegen Münchner CSU-Parteifreunde, die gegen sie Front machten, als Kultusministerin und CSU-Bezirksvorsitzende von München hatte zurücktreten müssen, wurde sie von einem Untersuchungsausschuss des Landtags vorgeladen. Nach ihrer Aussage äußerte der heutige Kultusminister Ludwig Spaenle:

»Frau Hohlmeier lügt wie gedruckt.« Hans Podiuk, der frühere Vorsitzende der Münchner CSU-Stadtratsfraktion, erklärte zornig: »Das ist ein Abgrund von Lüge und Täuschung.«

Auf dem Parteitag in Nürnberg wurde der Bundestagsabgeordnete und frühere Umweltminister Peter Gauweiler von einem Journalisten darauf angesprochen, ob er als Anwalt für die Familie Strauß gegen das Buch tätig werde. Seine überraschende Antwort: Nein, aber wenn er ihr Anwalt wäre, würde er dringend raten, davon die Finger zu lassen. Außerdem sei Schlötterer ein anständiger Mensch, der überdies die Landeswohnungs- und Städtebaugesellschaft Bayern, die schwere finanzielle Verluste erlitten hatte, gerettet habe (Anmerkung: Ersteres trifft zu, Letzteres war zu viel der Ehre). In gleicher Weise soll sich Gauweiler anderen gegenüber geäußert haben.

Entgegen ihrer martialischen Ankündigung unternahmen die Geschwister Strauß jedoch zunächst nichts. Somit durfte ich hoffen, meine letzten Lebensjahre in Freiheit verbringen zu können, ohne auf eine Begnadigung durch den Ministerpräsidenten Horst Seehofer angewiesen zu sein.

Ein Strafantrag

Bei meinen Lesungen wies ich stets darauf hin, dass es zahlreiche Indizien dafür gebe, dass F.J.Strauß sich illegal ein großes Vermögen verschafft und es weitgehend der Steuer entzogen habe. Außerdem soll er sogar die CSU betrogen haben, indem er Geld, das der Partei zustand oder ihr zugedacht war, nicht abgeführt habe. Ob davon bei seinem Ableben noch etwas vorhanden war und, wenn ja, in welcher Höhe, ist nicht bekannt. F.J.Strauß hat zwar nahezu während seiner ganzen Karriere unter dem Verdacht der Korruption gestanden, aber erst mit seinen

Verbindungen zu den zu Gefängnisstrafen verurteilten Waffenhändlern Karlheinz Schreiber und Dieter Holzer sowie zu dem – einem Beamten des Bundeskriminalamts zufolge –»gefährlichsten und größten Waffen- und Drogenhändler der Welt«, dem Syrer Monzer al Kassar, wurden zahlreiche Verdachtsmomente angeführt, die Strauß massiv belasteten.

Man kann vermuten, dass diese Lesungen den Geschwistern Strauß nicht gefallen haben. Plötzlich, im März 2010, stellten sie gegen mich Strafantrag wegen Verleumdung und Verletzung des Steuergeheimnisses. Sie empörten sich, ich hätte das Andenken ihres Vaters verunglimpft. Denn ich hätte wahrheitswidrig behauptet, ihr Vater habe illegal ein Vermögen von 400 Millionen Mark vereinnahmt, Steuerhinterziehung begangen, von Waffenhändlern Provisionszahlungen bezogen und auf sechs Schweizer Konten große Geldmengen vor der deutschen Steuer verborgen. Aber auch sie selbst hätte ich verleumdet, indem ich behauptet hätte, sie hätten jeder 150 Millionen Mark geerbt und das ererbte Vermögen nicht versteuert.

All das hatte ich weder geschrieben noch gesagt, sondern lediglich ausgeführt, dass gegen F. J. Strauß ein entsprechender Verdacht bestehe, und dabei auf zahlreiche einschlägige Fakten und Angaben Dritter verwiesen. Das war rechtlich eindeutig zulässig – ein aus Tatsachen abgeleiteter Verdacht ist keine unwahre Behauptung!

Die Geschwister hatten den Strafantrag vermutlich nicht nur wegen der angeblichen Verunglimpfung ihres Vaters gestellt, schließlich war er jahrzehntelang dem Verdacht der Korruption ausgesetzt gewesen. In Wirklichkeit handelten sie wohl auch und vor allem aus einem ganz anderen Motiv heraus: Sie fürchteten offensichtlich eine Untersuchung. Dieser Eindruck drängte sich durch verschiedene Argumente des Strafantrags auf. So erklärten sie, es gebe das Vermögen nicht, somit gebe es auch keine Pflicht zur Versteuerung. Die von mir geforderte öffentliche Untersuchung, gegebenenfalls durch das Parlament, sei »juristischer Unsinn«. Außerdem seien die Zeugen bereits alle verstorben, behaupteten sie wahrheitswidrig. Meine Forderung nach einer Einziehung des Vermögens sei »juristischer Unfug«. Dafür gebe es aufgrund der Verjährungsregelungen mehr als 20 Jahre nach seinem Entstehen »keine rechtliche Handhabe«. Was sollte es, all das vorzubringen? Es machte nur Sinn, wenn Strauß tatsächlich ein großes Vermögen aufgehäuft und vererbt hatte. Was sollte zudem der Vorwurf einer Verletzung des Steuergeheimnisses, wenn ein zu versteuerndes Vermögen angeblich gar nicht existierte? Für mich wirkte das so, als seien sie in Panik geraten.

Ihren Strafantrag garnierten die Geschwister mit Schmähungen wie »notorischer Querulant, scheinheilig, Amoklauf«. Sie bescheinigten mir das Fehlen »wesentlicher menschlicher Eigenschaften«. Die mir zur Last gelegten Straftaten bezogen sich auf zwei meiner Lesungen: Von der einen, die im Presseclub München stattgefunden hatte, legten sie einen Mitschnitt vor, der übrigens ohne Genehmigung entstanden war, und von der anderen – einer Lesung in Dachau auf Einladung von Bündnis 90/Die Grünen – einen Bericht, den zwei Beobachter verfasst hatten. Diese waren sofort dem Landtagsabgeordneten Martin Runge aufgefallen, weshalb er sie vorsorglich fotografiert hatte, was sogar in der örtlichen Ausgabe der *Süddeutschen Zeitung* stand. Die im Mitschnitt wiedergegebenen Äußerungen waren rechtlich nicht zu beanstanden, dagegen hatte ich die im Bericht der beiden Zuhörer niedergeschriebenen Bemerkungen überhaupt nicht gemacht.

Von der Staatsanwaltschaft wurde ich aufgefordert, mich zu den Vorwürfen zu äußern. Ich beauftragte daraufhin einen Rechtsanwalt, der kurioserweise einer der beiden Anwälte war, die den Waffenhändler und Strauß-Freund Karlheinz Schreiber verteidigt hatten. Das war ein Zufall, der dadurch bedingt war, dass die presserechtliche Abteilung seiner Anwaltskanzlei ständig für meinen Verlag arbeitete. Ende Juni 2010 übersandte mein Anwalt der Staatsanwaltschaft eine Stellungnahme. Da der Fall wegen F. J. Strauß gewaltige politische Bedeutung hatte, wurde er in der sogenannten politischen Abteilung der Staatsanwaltschaft bearbeitet. Dort besteht üblicherweise stets Berichtspflicht »nach oben«. Das hieß dann, dass aller Wahrscheinlichkeit nach Generalstaatsanwalt Christoph Strötz und Justizministerin Beate Merk eingeschaltet wurden.

Durch meinen Anwalt beantragte ich die Beiziehung sämtlicher Strauß-Steuerakten einschließlich derer des Finanzministeriums. Die Steuerakten konnten Aufschluss geben über das, was Strauß an Vermögen angesammelt hatte, was er an Einkünften deklariert und was er eventuell nicht versteuert hatte. Die Brisanz dieser Akten hatte das Finanzministerium nach dem Tod von F. J. Strauß sogleich erkannt. Deshalb erschien bei der für die Erhebung der Erbschaftsteuer zuständigen Sachbearbeiterin des Finanzamts ein Beamter des Finanzministeriums und ordnete die Herausgabe der Akten an, wofür er eine Empfangsquittung ausstellte. Die Sachbearbeiterin hörte nie mehr etwas von dem Erbschaftsteuerfall Strauß. Warum entzog man ihr den Fall, obwohl sie zuständig war? Wer erließ den Steuerbescheid, gegebenenfalls nach welchen Weisungen »von oben«?

Durch ihren meines Erachtens eher unbedachten Strafantrag erzwangen die Strauß-Geschwister nunmehr Ermittlungen zu Fragen, deren Beantwortung bis dahin verweigert worden war. So hatte zum Beispiel im vom Landtag eingesetzten »Amigo-Untersuchungsausschuss«, der sich mit umstrittenen, vom Flugunternehmer Burkhart Grob finanzierten Reisen von Max Streibl, mit meiner Verfolgung durch Strauß und mit fragwürdigen Einkünften von Strauß befasste, die SPD-Abgeordnete Carmen König 1994 die Frage gestellt, ob F. J. Strauß die von der Friedrich-Baur-Stiftung bezogenen Testamentsvollstreckervergütungen von insgesamt 1,3 Millionen Mark wenigstens versteuert habe. Die Frage wurde als unzulässig wegen des Steuergeheimnisses abgewiesen, jedoch zu Unrecht. Denn das Steuergeheimnis kann durchbrochen werden, wenn ein legitimes öffentliches Interesse besteht. Und im Fall des Ministerpräsidenten Strauß war dies in jedem Fall zu bejahen. Im Buch hatte ich ebenfalls die Frage aufgeworfen, ob er die Einnahmen aus der Baur-Stiftung versteuerte. Im Strafantrag schwiegen sich die Geschwister Strauß dazu aus. Sie behaupteten nur ganz pauschal, der Vater habe immer alle Einkünfte versteuert. Die nunmehr beizuziehenden Steuerakten würden darüber Aufschluss geben.

Eine Überraschung hatte der Strafantrag bereits in einem ganz anderen Punkt gebracht. Öffentlich behauptete Monika Hohlmeier, sie wohne im oberfränkischen Staffelstein. Während sich vor der Europawahl im Frühjahr 2009 die anderen CSU-Bezirksverbände weigerten, die Strauß-Tochter als Kandidatin aufzustellen, erklärte sich der CSU-Bezirksverband Oberfranken, vermutlich unter Druck von Seehofer und dem damaligen CSU-Generalsekretär zu Guttenberg, schließlich dazu bereit, jedoch unter der Bedingung, dass sie auch tatsächlich in Oberfranken ihren Wohnsitz haben müsse. Hohlmeier versprach dies. Die soliden Oberfranken waren offenbar dennoch sauer, dass ihnen die abgehalfterte, skandalbeladene Hohlmeier aufgebürdet wurde. Die CSU erlitt deshalb bei der Europawahl herbe Verluste. Da Monika Hohlmeier aber durch einen guten Listenplatz abgesichert war, schaffte sie es dennoch ins Europaparlament. Überschwänglich gratulierte ihr zu Guttenberg: »Moni, du bist nicht nur in Oberfranken angekommen, du bist Oberfränkin.« Diese verstiegene Mutation war ihr selbst jedoch nicht bewusst. Denn im Strafantrag nannte sie weiterhin als Wohnsitz Vaterstetten bei München.

Hochkarätige Hilfe

»Auf zum letzten Gefecht« titelte die *Süddeutsche Zeitung*. Die Strauß-Geschwister versuchten, ihrem Strafantrag gegen mich öffentliche Wucht zu verleihen: sie informierten die Presse. Diese berichtete in großen Artikeln. Monika Hohlmeier wurde zitiert: »Auf vielen Veranstaltungen hat er meinen verstorbenen Vater – der sich nicht mehr wehren kann – verunglimpft und als Kriminellen verleumdet.« Die Behauptung, ihr Vater habe 400 Millionen Euro vererbt, sei »völliger Humbug«. Und weiter: »Wir wollen klarstellen, dass der Mann ein Verleumder ist.« Franz Georg Strauß steuerte dazu bei: »Wir wollen, dass er dafür seine Quittung bekommt.«

In einem Schreiben vom 2. April 2010 an die Staatsanwaltschaft deklarierte er sich und seine Geschwister als »Opfer der Verbrechen Schlötterers«. In einem Brief vom 23. November 2010 an die WDR-Intendantin Monika Piel bezeichnete er mich als »Kriminellen« und »kriminellen Denunzianten«, der durch Bayern zieht und »Lügen über unsere Familie verbreitet«. Ich ließ es an mir abtropfen. Mein Anwalt schlug vor, Strafantrag zu stellen. Ich wollte mich nicht auf diese Ebene hinunterbegeben und schrieb zurück, ein Strafantrag habe den Nachteil, dass er mich dann nicht mehr beleidige – was Besseres könne mir im Hinblick auf die Öffentlichkeit doch gar nicht passieren.

Der Fackelträger Verlag nahm mich in Schutz. Das Buch sei seriös, man habe es vorher juristisch prüfen lassen. Das hatte der Verlag im eigenen Interesse getan, er wollte ein Verkaufsverbot vermeiden und sich weder schadensersatzpflichtig noch strafbar machen. Wie sah ich selbst die Sache? Dass die Geschwister Strauß Strafantrag stellten, das hatte ich nicht zu hoffen gewagt. Denn zum einen konnte ich in einem solchen Verfahren durch meinen Anwalt belastende Umstände vorbringen, die ich sonst nur schwerlich hätte beweisen können. Zum anderen war zu erwarten, dass durch die Berichterstattung der Presse mancher aufgerüttelt würde, mir mit eigenem Wissen beizuspringen. Schon das Erscheinen des Buches hatte bewirkt, dass zahlreiche Informanten an mich herantraten. Andererseits sah ich auch das Risiko. Das Andenken an den bayerischen Nationalheiligen Strauß durfte unter keinen Umständen geschändet werden. Das hatte Horst Seehofer klargemacht. Der Staatsapparat würde daher mit Sicherheit dafür eingesetzt, die Wahrheit zu verdecken.

Aber durfte ich nicht wenigstens darauf vertrauen, dass sich die Staatsanwälte und Richter nur dem Recht und Gesetz verpflichtet sehen würden? Die klare Antwort: »Nein«. Die Staatsanwälte waren zwar üblicherweise gut qualifizierte Juristen, aber als Staatsdiener von der Justizministerin weisungs- und beförderungsabhängig. Und der Generalstaatsanwalt, üblicherweise eine vom Justizministerium handverlesen ausgesuchte Person, genoss das uneingeschränkte Vertrauen der politischen Spitze. Die Richter waren zwar weisungsunabhängig, aber über ihre Beförderung entschied ebenfalls das Justizministerium. Auch wenn nicht auszuschließen war, dass alles ordnungsgemäß ablaufen würde, gab es dafür keine Garantie.

Ein sensationelles Hilfsangebot

Der Bericht der *Süddeutschen Zeitung* über den Strafantrag der Geschwister Strauß erschien am 28. Mai 2010. Bereits um 10.17 Uhr erhielt der Verlag eine E-Mail mit einem an mich gerichteten Hilfsangebot: »Mir liegen Informationen aus der Zeit vor, als ich noch für eine Bank tätig war. Diese Infos lassen die Klage der Strauß-Erben gegen Sie völlig absurd erscheinen«, schrieb mir der mir unbekannte Burkhard K. Ich nahm mit ihm telefonisch Kontakt auf.

Was er mir erzählte, war eine schier unglaubliche Geschichte. Er sei früher Vice President der Citicorp in Deutschland gewesen mit sowohl einem Büro in München als auch in Frankfurt. Im Frühjahr 1992 habe ihm eine Mitarbeiterin der Niederlassung in Luxemburg fernmündlich mitgeteilt, sie habe über einen Mittelsmann eine Anfrage von einem »Büro Max Strauß« aus München erhalten. Es wurde gefragt, ob die Citicorp bereit wäre, einen großen Bargeldbetrag entgegenzunehmen, um damit ein Konto in Luxemburg zu eröffnen. Die Kollegin, offenbar politisch eher uninteressiert, habe ihn gefragt, wer Max Strauß sei. Er habe ihr geantwortet, Max sei einer der Söhne des früheren bayerischen Ministerpräsidenten Strauß. Die Kollegin habe ihn daraufhin gebeten, mit Max Strauß Kontakt aufzunehmen.

Als er unter der erhaltenen Telefonnummer angerufen habe, habe sich eine Frau mit »Büro Max Strauß« gemeldet. Nachdem er gesagt habe, er wolle Herrn Max Strauß sprechen, sei er von der Sekretärin zu einem Mann durchgestellt worden, den er aufgrund der Art und Weise der Kontaktaufnahme für Max Strauß hielt. Diesen habe er gefragt, wie hoch denn die fragliche Summe sei. Der Mann, der für ihn Max Strauß war, habe einen dreistelligen Millionenbetrag genannt. Woher das Geld denn komme, habe er gefragt. Darauf der Mann: »Das ist das Erbe unseres Vaters Franz Josef Strauß.« Auf die Frage meines Informanten, wo sich das Geld derzeit befinde, habe sein Gesprächspartner erwidert, es sei bei der Bayerischen Landesbank in München. Auf die weitere Frage, wie denn das Geld nach Luxemburg kommen solle, habe der Mann, den er für Max Strauß hielt, gesagt: »In bar!«

Das sei für ihn »der Hammer« gewesen. Bargeld in dieser Höhe! Er habe seinen Gesprächspartner aufgeklärt, per Kurier sei ein Bargeldtransport nur bis zu einer Summe von einer Million Mark möglich. Für höhere Beträge sei ein gepanzerter

Wagen erforderlich mit drei bewaffneten Wachleuten. Daher hielt Burkhard K., wie er mir sagte, die Durchführung eines solchen Transports nahezu für unmöglich.

Kaum zu glauben sei für ihn gewesen, wie selbstsicher sein telefonischer Gesprächspartner ihm gegenüber aufgetreten sei, so als ob das alles ganz normal wäre. Auch wenn die Citicorp damals die größte Bank der Welt war, sei ein derartiger Betrag auch für sie höchst ungewöhnlich gewesen und als Bargeldtransfer erst recht.

Burkhard K. erzählte mir weiter, er sei bald darauf vom Europachef seiner Bank aus Zürich angerufen worden. Vermutlich sei dieser von der Filiale in Luxemburg über die Sache informiert worden. Der Europachef habe entschieden, den Transfer nicht durchzuführen, weil es Prinzip der Bank sei, keine derartigen Bargeldsummen oder Geld von Politikern anzunehmen. Daraufhin habe Burkhard K. nochmals die Telefonnummer, unter welcher schon der bisherige Kontakt stattgefunden hatte, angerufen. Dort sei er auf seine Bitte hin, Max Strauß sprechen zu wollen, wiederum mit dem Herrn, den er für Max Strauß hielt, verbunden worden. Er habe ihm die Absage mitgeteilt. Sein Gesprächspartner habe recht enttäuscht gewirkt.

Einige Zeit später habe Burkhard K. zufällig seine Luxemburger Kollegin in Frankfurt getroffen. Dabei seien sie nochmals auf den Anruf des sich als solches gemeldet habenden Büros von Max Strauß zu sprechen gekommen. Burkhard K. habe bedauert, dass sie den Geldtransfer nicht durchführen konnten, denn dadurch sei der Bank eine schöne Provision entgangen. Daraufhin habe die Kollegin lächelnd erwidert, dass sie das Anliegen an ihren Mann, der bei einer anderen Bank in Luxemburg beschäftigt war, weitergereicht habe.

Was ich soeben erfahren hatte, war umwerfend. Ich fragte Burkhard K., ob er bereit sei, seine Angaben vor meinem Anwalt zu wiederholen. Er bejahte. Einige Tage später machte

Burkhard K. eine detaillierte Aussage vor meinem Anwalt, der alles zu Protokoll nahm.

Die Konten von Strauß in der Schweiz

Mein Anwalt und ich waren überzeugt, dass der Strafantrag rein rechtlich gesehen keine Chance hatte. Für den Fall, dass die Staatsanwaltschaft dennoch irgendeine strafbare Handlung konstruieren und einen Deal – Einstellung des Strafverfahrens gegen eine Geldbuße oder Geldauflage – vorschlagen würde, war ich fest entschlossen, das zurückzuweisen. Einen Strafbefehl oder eine Anklage zog ich vor. In der öffentlichen Verhandlung würde ich die fraglichen Sachverhalte kunstgerecht ausbreiten. Das war die Linie, die ich mit meinem Anwalt vereinbarte.

Meine Stellungnahme gegenüber der Staatsanwaltschaft beschränkte sich daher vorerst auf die Konten von F. J. Strauß in der Schweiz. Im Buch hatte ich dargelegt, Strauß habe dort Konten bei fünf verschiedenen Banken unterhalten. Bei einer sechsten Bank habe der Waffenhändler Karlheinz Schreiber unter dem Decknamen »Master« mutmaßlich für ihn ein weiteres Konto geführt. Dabei berief ich mich insbesondere auf zwei nicht widerrufene Artikel des *Spiegel*, der das 1994 berichtet hatte. Somit war ich rechtlich abgesichert.

Als der Waffenhändler Karlheinz Schreiber im August 2009 von Kanada nach Deutschland ausgeliefert wurde, bat mich die *Bayerische Staatszeitung* um eine Einschätzung, ob jetzt Enthüllungen zu erwarten seien. Ich äußerte Skepsis, ob im Strafprozess wirklich Aufklärung erfolgen würde. »Schlecht schlafen dürften eventuell die Geschwister Strauß wegen der Geschäfte, die ihr Vater mit Schreiber gemacht hat, Stoiber wegen seiner Nähe zu Schreiber und Seehofer, weil er Strauß als sein Vorbild bezeichnet hat«, sagte ich. Überraschend wurde die Veröffentlichung des Interviews jedoch durch den Chefredakteur verboten – wie mir berichtet wurde auf Druck der Staatskanzlei. Der junge Journalist, der das Interview gemacht hatte, war außer sich. Seine Proteste blieben erfolglos. Er bot es schließlich dem *Stern* an, der es in *Stern-online* einstellte. Dort wurde es von 500 000 Interessenten angeklickt, die Staatszeitung hingegen hat nur 40 000 Leser.

Dennoch brachten die Geschwister Strauß in ihrem Strafantrag vor, die behauptete Existenz dieser Konten sei eine Verleumdung.»Richtig ist, dass es ein Schweizer Konto gab, das ordnungsgemäß versteuert wurde«, schrieben sie. Max Strauß hatte anscheinend vergessen, dass er selbst acht Monate zuvor in einem von ihm dreimal schriftlich redigierten Interview gegenüber der *Bayerischen Staatszeitung* von mehreren Konten gesprochen hatte:»Aber wir Erben haben das nach dem Tod unserer Eltern alles angegeben und versteuert. Auch das Geld, das auf Schweizer Konten lag … Meine Eltern haben diese Konten stets vollständig bei der Steuer angegeben.«

Zu dem Hinweis von Strauß-Freund Walter Schöll, Strauß sei Kunde beim Bankhaus Bär in Zürich gewesen, hatte der *Spiegel* Max Strauß mit den Worten zitiert: Er wisse, dass die Eltern nicht nur bei Pictet und der Bank Vontobel, sondern auch bei der Deutschen Bank in der Schweiz Kunden gewesen seien. Dass der Vater aber zudem beim Bankhaus Julius Bär eingeführt worden war, davon habe er nichts gewusst. Da müsse man»nachfassen«.

Die Geschwister Strauß bestritten nunmehr, dass Max Strauß die Existenz von Konten bei mehreren Schweizer Banken zugegeben habe. Sie behaupteten, sie hätten diesbezüglich gegen den *Spiegel* gerichtliche Schritte unternommen und obsiegt. Indessen hatten sie lediglich eine Gegendarstellung im *Spiegel* abdrucken lassen (Heft 26/1994, S. 77 f.). Eine Gegendarstellung muss von einem Verlag abgedruckt werden ohne Rücksicht darauf, ob sie zutrifft oder nicht – das ist kein Obsiegen vor Gericht. Überdies hatte der *Spiegel* der Gegendarstellung den Vermerk angefügt: »Der Spiegel bleibt bei seiner Darstellung.«

Bei genauem Lesen konnte man außerdem feststellen, dass sich die Gegendarstellung lediglich auf das *Spiegel*-Heft 14/1994 bezog, überdies nur auf einige Punkte. Sie betraf nicht das Heft 15/1994 mit dem erwähnten Eingeständnis von Max Strauß. Darin zitierte der *Spiegel* auch die Eheleute Eduard und Angelika Zwick, die erklärten, ihr Sohn Johannes habe nach dem Tod von Strauß Monika Hohlmeier auf Konten ihres Vaters in der Schweiz hingewiesen, die unter Tarnnamen liefen. Auch insoweit gab es keine Gegendarstellung der Geschwister. Vielleicht fürchteten sie, die Zwicks würden mit Beweisen aufwarten.

Eduard Zwick hatte gegenüber dem *Spiegel* erklärt, Strauß habe beim Bankhaus Pictet in Genf »Konten« gehabt, die unter dem Namen eines Freundes geführt worden seien. Nach deren Stand habe sich Strauß bei einem Besuch dort erkundigt (*Spiegel*, Heft 14/1994, S. 18, 19). Auch das sparten die Geschwister Strauß in ihrer Gegendarstellung aus. Sie stellten lediglich in Abrede, dass Zwick persönlich Strauß beim Bankhaus Pictet eingeführt habe. Man erkennt: Der Widerspruch bezieht sich nur auf einen unwesentlichen Punkt, nämlich die Einführung ihres Vaters bei Pictet durch Eduard Zwick. Der flüchtige Leser aber glaubt, es werde bestritten, dass Strauß überhaupt Kunde dort war.

Sogar im *Bayernkurier* hatten die Geschwister früher die Existenz von Schweizer Konten eingeräumt, die »der reinen Vermögensanlage« gedient hätten. »Zufluss von Dritten gab es nicht.« Zur Höhe der Kontobeträge befragt, habe Max Strauß zugegeben, dass es »ein paar Millionen« seien, berichtete der *Spiegel*. Warum gab es auch dazu keine Gegendarstellung?

Außerdem hatten sie eingestanden, dass es noch ein Konto bei der Bank Ernst & Co. in Zürich gegeben habe. Darüber sei der Nachlass der Großmutter abgewickelt worden – eine recht verfängliche Erklärung. Als ein Schweizer Gericht entschied, die Unterlagen über das Konto seien an die deutschen Behörden herauszugeben, versuchte Max Strauß das durch eine Beschwerde beim Bundesgericht in Lausanne zu verhindern, wie die *Neue Zürcher Zeitung* berichtete.

Zu beachten ist: Die Journalisten Rudolf Lambrecht und Michael Mueller versichern in ihrem 2010 erschienenen Buch *Die Elefantenmacher*, die im *Spiegel* genannten Strauß-Konten seien ihnen auch »aus anderen Quellen« bekannt. Mir selbst wurden von einer absolut glaubhaften Quelle mehrere Banken in der Schweiz genannt, wo Vater Strauß Geld gebunkert hatte.

Es war unfassbar, dass die Geschwister Strauß trotz alldem meine Bestrafung wegen Verleumdung erwirken wollten!

Die Banken in der Schweiz haben Mindestsummen für Geldanlagen festgelegt. Wer Konten bei mehreren Banken unterhält, verfügt demnach über nicht unerhebliches Vermögen. Zudem stellt sich stets die Frage: Woher stammt dieses Geld? Und auf welchem Weg kam es auf diese Konten? Per Überweisung aus Deutschland? Oder aus dem Ausland? Oder als Bareinzahlung?

Die Justizministerin Beate Merk und eine Vorwarnung

Am 5. Juli 2010 suchte mein Anwalt den Staatsanwalt Hans-Joachim Lutz in der politischen Abteilung der Staatsanwaltschaft auf. Ohne den Zeugen zu nennen, las mein Verteidiger ihm das Protokoll der Aussage von Burkhard K. vor, das er anonymisiert und verkürzt hatte. Lutz zeigte sich erstaunt. Doch auf die Frage meines Anwalts, ob er ihm diese Unterlagen dalassen solle, meinte Lutz, es sei besser, wenn er sie wieder mitnähme! Denn er als Verteidiger müsse letztendlich entscheiden, ob er den Zeugen benenne oder nicht. In Anbetracht der rechtlichen und politischen Bedeutung des Beweismittels war es äußerst befremdlich, welches zurückhaltende Interesse Staatsanwalt Lutz zeigte. Dieser gab meinem Anwalt zu verstehen, dass die Staatsanwaltschaft in politischen Fällen und somit auch in diesem Fall verpflichtet sei, dem Justizministerium zu berichten.

Nachdem mein Anwalt mich über das Gespräch in Kenntnis gesetzt hatte, gab es nur folgende Konsequenz: Es galt, die Justizministerin Beate Merk persönlich in die Pflicht zu nehmen! So geschah es. Mit Datum vom 10. August 2010 legte mein Anwalt, ohne Burkhard K. zu nennen, in einem Schreiben von mehr als drei Seiten der Ministerin die Einzelheiten der Aussage dar. Sodann bat er sie, alles Erforderliche zu veranlassen, um einer Verdunkelungsgefahr und der Beseitigung von Vermögen vorzubeugen, vor allem aber Maßnahmen zu treffen, den Zeugen zu schützen. Und er ersuchte sie um ein Gespräch.

Nun hätte man glauben mögen, dass die Ministerin aufgrund der enormen Bedeutung der Angelegenheit sich sofort zu einer Unterredung bereitgefunden hätte. Doch brüsk ließ sie antworten, zuständig sei die Staatsanwaltschaft, sie habe deshalb die Eingabe an den Leitenden Oberstaatsanwalt München I, Manfred Nötzel, weitergeleitet. Daraufhin bat mein Anwalt diesen mit Brief vom 31. August 2010 unter Bezug auf die Antwort der Ministerin um ein Gespräch, um mit ihm zu erörtern, »welche Schutzmaßnahmen für den Zeugen ergriffen werden könnten«. Aber auch Nötzel war zu einem Gespräch nicht bereit! Er ließ eine Oberstaatsanwältin telefonisch ausrichten, Staatsanwalt Lutz sei in Urlaub und werde sich nach seiner Rückkehr melden.

Es war eindrucksvoll, wie desinteressiert sich die Herrschaften von der Justiz an der Aussage des Zeugen zeigten. Aber es sollte noch krasser kommen. Staatsanwalt Lutz hatte, wie erwähnt, die anonymisierten Schriftstücke mit der Zeugenaussage von meinem Anwalt nicht entgegennehmen wollen. Auf meine Bitte hin schickte dieser sie ihm daraufhin mit der Post zu. Wie angekündigt, meldete sich Lutz nach seinem Urlaub. In dem Telefongespräch, das er mit meinem Anwalt führte, kam heraus, dass er inzwischen nichts Besseres zu tun gehabt hatte, als Franz Georg Strauß unverzüglich über die Aussage des Zeugen zu informieren. Es war nicht zu glauben! Damit bestand der Verdacht der Strafvereitelung. Nicht nur ich und mein Anwalt waren konsterniert, auch seine Kollegen, denen er es davon erzählte, waren fassungslos. Es sprach viel dafür, dass Lutz auf Weisung »von oben« gehandelt hatte, denn von sich aus wäre er vermutlich nie und nimmer so vorgegangen – schließlich konnte er sich denken, dass der Fall vom Justizministerium überwacht wurde.

Als mein Anwalt Akteneinsicht beantragte, fand sich ein vom 12. August 2010 datiertes Schreiben von Staatsanwalt Lutz an Franz Georg Strauß. Er teilte diesem beflissen mit: »Da ich Sie telefonisch nicht erreichen konnte, bitte ich Sie, mich … zurückzurufen. Da Sie zum Vortrag des Verteidigers von Dr. Schlötterer Stellung nehmen sollen, möchte ich Ihnen noch einige Hinweise hierzu geben.« Es war einfach unglaublich: Am 11. August 2010, einen Tag vor diesem Schreiben, war der an die Justizministerin gerichtete Schriftsatz meines Anwalts im Justizministerium abgegeben worden, in welchem er sie, wie erwähnt, gebeten hatte, Vorkehrungen gegen Verdunkelungsgefahr und die drohende Beseitigung von Vermögen zu prüfen – stattdessen war sogar eine Vorwarnung erfolgt! Aber damit noch nicht genug: Die Frage meines Anwalts, ob die Staatsanwaltschaft sich jetzt aufgrund der Angaben des Zeugen zu Ermittlungen veranlasst sehe, verneinte Lutz!

Sein Chef Manfred Nötzel war früher sechs Jahre lang bei der Generalstaatsanwaltschaft, dem Transmissionsriemen des Justizministeriums zu den Staatsanwaltschaften, beschäftigt gewesen. Er hatte dort gelernt, worauf es ankam. In einem Gespräch mit der *Süddeutschen Zeitung* hatte er nach seinem Amtsantritt erklärt:»Wenn nächste Ermittlungsschritte publiziert werden, bevor wir Gelegenheit hatten, sie umzusetzen, ist das nicht immer hilfreich.«

Vorwarnungen seitens der bayerischen Justiz haben in politischen Fällen Tradition. Holger Pfahls wurde vorgewarnt, als eine Durchsuchung seiner Villa am Tegernsee bevorstand – das sagte ein Augsburger Oberstaatsanwalt vor dem Schreiber-Untersuchungsausschuss des Bayerischen Landtags aus. Pfahls wurde später nochmals vorgewarnt, als er verhaftet werden sollte, und konnte flüchten. Eduard Zwick wurde, wie Steuerbeamte vor dem Zwick-Untersuchungsausschuss erklärten, durch ein Telex des Justizministeriums über bevorstehende Durchsuchungen der Steuerfahndung und der Staatsanwaltschaft informiert. Später wurde Zwick auf Anregung des Amtschefs des Justizministeriums, Wolfgang Held, vor einem möglichen Haftbefehl der hessischen Staatsanwaltschaft gewarnt, wie einem Aktenvermerk der Staatskanzlei zu entnehmen war. Zornig konfrontierte der Augsburger Leitende Oberstaatsanwalt Jörg Hillinger Held 1999 mit dem Vorwurf der Vorwarnung in drei Fällen. Es ist zu vermuten, dass Max Strauß ebenfalls vor einer Durchsuchungsaktion der Augsburger Staatsanwaltschaft gewarnt wurde. Er wies dann seinerseits die Ehefrau des Staatssekretärs Erich Riedl auf eine Durchsuchung hin, wenn auch grundlos.

Von der Existenz ungewöhnlicher Berichtswege zeugt auch ein anderer, bekannter Vorfall. 2011 suchte ein Münchner Oberstaatsanwalt den Gaddafi-Sohn Saif al-Arab auf, um diesen vor einer bevorstehenden Durchsuchung seiner Wohnräume zu warnen. Diese Vorwarnung hatte er zweifellos auf Weisung »von oben« unternommen. Das war der »Initiative Bayerischer Strafverteidigerinnen und Strafverteidiger« denn doch zu viel, sie erstattete

Strafanzeige. Die Justizministerin konnte nun nicht mehr umhin, ein Ermittlungsverfahren der Staatsanwaltschaft Nürnberg-Fürth gegen den Oberstaatsanwalt hinzunehmen. Was war das Motiv für die Vorwarnung und auch für andere Hinweise auf eine Vorzugsbehandlung des Diktatorensprosses durch bayerische Staatsbedienstete gewesen? Befürchtete man, die Gaddafi-Seite würde sich sonst mit Enthüllungen über Waffengeschäfte aus Strauß-Zeiten revanchieren?

Selbstverständlich wurde das Ermittlungsverfahren gegen den Oberstaatsanwalt eingestellt.

Jetzt also wiederum eine Vorwarnung. Warum eigentlich erbrachte der Staatsanwalt Lutz seine »Serviceleistung« nicht in der Weise, dass er die Geschwister Strauß über Burkhard K.s Aussage schriftlich informierte? Warum zog er das Telefon vor? Und warum hielt er nicht wenigstens in der Ermittlungsakte fest, was er Franz Georg Strauß mitgeteilt hatte? Denn die Ermittlungsakte ist eine rechtlich maßgebliche Dokumentation des Verfahrensablaufs. Zudem hat ein Beschuldigter das Recht, über seinen Anwalt Akteneinsicht zu nehmen. Dieses Recht wird jedoch vereitelt, wenn die Staatsanwaltschaft Gespräche mit Verfahrensbeteiligten nicht in die Akte aufnimmt.

Die Ungeniertheit, mit der die Verantwortlichen der Justiz hier vorgingen, ließ den Schluss zu, dass sie Strafgesetzbuch und Strafprozessordnung mitunter als persönliche Dispositionsmasse betrachteten. In meinem Buch hatte ich angeprangert, dass der Generalstaatsanwalt Hermann Froschauer vor dem Schreiber-Untersuchungsausschuss des Landtags, der sich mit den strafrechtlichen Ermittlungen gegen den Waffenhändler Karlheinz Schreiber, den früheren Rüstungsstaatssekretär Holger Pfahls, Max Strauß und andere befasste, sich gegen die ihm von Staatsanwalt Winfried Maier vorgeworfenen rechtswidrigen Eingriffe wie folgt gerechtfertigt hatte: »Die Staatsanwaltschaft hat auch politische Strebungen, Erwünschtheiten, bessere Verträglichkeiten, einzubeziehen.« Das war ein unglaubliches Geständnis über fortwährende Vorzugsbehandlung bis hin zum Verdacht der Rechtsbeugung. Denn selbstverständlich hat die Staatsanwaltschaft allein nach Recht und Gesetz zu verfahren und nicht nach politischen Vorgaben. Gleichwohl hatten sich damals weder Ministerpräsident Stoiber noch Justizminister Weiß von Froschauer distanziert. Nun musste ich erkennen: Es geht unter Seehofer und Merk alles so weiter wie bisher! Man fühlte sich da oben sicher, weil man den Justizapparat selbst befehligte.

Flucht zur Staatsanwaltschaft Bochum

Was tun angesichts der Tatsache, dass die Staatsanwaltschaft keine Ermittlungen aufnahm? Die Frage war drängend, weil andererseits das Ermittlungsverfahren gegen mich ohne jede Hemmung weiter vorangetrieben wurde. Da hatte mein Anwalt eine glänzende Idee.

Er wandte sich mit meinem Einverständnis an eine Staatsanwaltschaft, die im Ruf stand, sich an die Gesetze zu halten. Es war die Staatsanwaltschaft Bochum. Diese ermittelte bekanntlich aufgrund angekaufter CDs gegen Steuerhinterzieher, die ihr Geld in Liechtenstein und in der Schweiz deponiert hatten. Mein Anwalt regte an, eine förmliche Vernehmung des Zeugen durchzuführen, weil er nicht nachvollziehen könne, wie in München mit der Angelegenheit umgegangen werde. Die Staatsanwaltschaft Bochum erklärte sich dazu bereit.

Was sich bei der Münchner Justiz abgespielt hatte, versetzte die Bochumer Staatsanwälte in gewaltiges Erstaunen. Staatsanwalt Timo Dörffer legte in einem Aktenvermerk Folgendes nieder: Mein Rechtsanwalt habe ihm telefonisch berichtet, der Staatsanwalt Lutz habe ihm mitgeteilt, dass er nach Erhalt der anonymisierten Angaben des Zeugen Burkhard K. mindestens zweimal mit Franz Georg Strauß telefoniert habe. Dieser habe gesagt, es müsste sich bei der genannten Summe wohl um Mandantengelder seines Bruders Max gehandelt haben. Der Vorgang als solcher sei von Burkhard K.'s Gesprächspartner, dessen Verständnis nach also Max Strauß, nicht bestritten worden.

Am 11. November 2010 wurde Burkhard K. in Bochum über dreieinhalb Stunden von einem Staatsanwalt in Gegenwart von Beamten der Steuerfahndung Düsseldorf vernommen. Das Protokoll umfasste sieben Seiten. Darin erklärte er, es sei sein ausdrücklicher Wunsch, zunächst nicht von bayerischen, sondern von nordrhein-westfälischen Ermittlungsbeamten vernommen zu werden, weil er diese für neutraler halte. Er machte die gleichen Angaben wie zuvor mir und meinem Anwalt gegenüber, präzisierte sie mit weiteren Einzelheiten. Zugleich aber machte er überraschend eine sehr brisante Aussage: Er habe 2007 während des zweiten Strafprozesses gegen Max Strauß in Augsburg ein anonymes Schreiben an den Leiter der Staatsanwaltschaft Augsburg, den Oberstaatsanwalt Reinhard Nemetz, persönlich gerichtet. Darin habe er sich als Ex-Banker einer internationalen Großbank vorgestellt und mitgeteilt, dass seine damalige Bank von einem Büro Strauß kontaktiert und gebeten worden sei, einen großen Millionenbetrag entgegenzunehmen. In dem Brief an Nemetz habe er zudem angeregt, sich nach dem Verbleib des Geldes bei der Sparkasse Luxemburg umzusehen.

Da die Staatsanwaltschaft Bochum nicht immer die besten Erfahrungen mit der von Beate Merk geführten Justiz in Bayern gemacht hatte – und zwar in Bezug auf die angekauften CDs mit gespeicherten Steuerfällen –, beschloss man, bei Nemetz nachzufragen.

Staatsanwaltschaft Bochum

Bochum, den 11.11.2010

235

Beginn: 13:00 Uhr
Ende: 16:30 Uhr
der Vernehmung

<u>Gegenwärtig:</u>

Staatsanwalt ██████

Steueramtsrat ██████████ (Steuerfahndung Düsseldorf)

Steueroberamtsrat ██████ (Steuerfahndung Düsseldorf)

Justizbeschäftigte ██████ als Protokollführerin

Es erscheint aus eigener Veranlassung der <u>Zeuge</u>

<u>Burkhard</u> ██████
geboren am ████████████████
wohnhaft ████████████████████
Staatsangehörigkeit: ████████████

Der Zeuge wurde zur Wahrheit ermahnt und darüber belehrt, dass er berechtigt ist, das Zeugnis zu verweigern, wenn er zu den in § 52 Abs. 1 StPO bezeichneten Angehörigen eines etwaigen Beschuldigten gehört. Er wurde zudem darüber belehrt, dass er berechtigt ist, die Auskunft auf solche Fragen zu verweigern, deren Beantwortung ihm selbst oder einem der in § 52 Abs. 1 StPO bezeichneten Angehörigen der Gefahr aussetzen würde, wegen einer Straftat oder einer Ordnungswidrigkeit verfolgt zu werden.

Der Zeuge wurde darüber hinaus darauf hingewiesen, dass seine Aussage der Wahrheit entsprechen müsse und dass er sich durch eine wahrheitswidrige Aussage ggfls des Vortäuschens einer Straftat, der falschen Verdächtigung, der Begünstigung oder der Strafvereitelung nach §§ 145d, 164, 257, 258 StGB strafbar machen könne.

Sodann machte der Zeuge die folgenden Angaben:

Ich habe mich am heutigen Tag aus eigener Veranlassung zu Herrn ▮▮▮▮▮▮▮ von der Steuerfahndung Düsseldorf begeben, um dort Angaben zu einem Sachverhalt zu machen, über welchen bereits am 08.10.2010 ein Gespräch zwischen Herrn ▮▮▮▮▮▮▮, Staatsanwalt ▮▮▮ und Rechtsanwalt ▮▮▮▮▮▮ aus München stattgefunden hat. Zusammen mit Herrn ▮▮▮▮▮▮ bin ich sodann zur Staatsanwaltschaft Bochum gefahren, um mich dort staatsanwaltlich vernehmen zu lassen. Es ist mein ausdrücklicher Wunsch, in dieser Angelegenheit zunächst nicht von bayerischen, sondern von nordrhein-westfälischen Ermittlungsbeamten vernommen zu werden. Zum einen denke ich, dass die nordrhein-westfälischen Ermittlungsbeamten in dieser Angelegenheit neutraler sind und zum anderen ist mir Herrn ▮▮▮▮▮ als einziger Steuerfahnder Deutschlands aus Presseberichten im Zusammenhang mit den Ermittlungen gegen ▮▮▮▮▮▮▮ bekannt.

Ich habe im Mai 2010 in der Süddeutschen Zeitung einen Artikel über das Buch des Herrn Wilhelm Schlötterer gelesen. Darin ging es auch um den Umstand, dass bei Lesungen aus diesem Buch Angehörige der Familie Strauß quasi als verdeckte Ermittler anwesend sind. Ich fand diese Vorgänge ungeheuerlich, habe aber auch mitbekommen, dass Herr Schlötterer großen Zuspruch bekam. Aus diesem Grund habe ich mich zunächst an den Verlag des Herrn Schlötterer per E-Mail gewandt und darum gebeten, einen Kontakt zwischen mir und Herrn Schlötterer herzustellen. Kurze Zeit später erhielt ich einen Anruf des Herrn Schlötterer. Ich hatte zunächst vor, mich mit Herrn Schlötterer persönlich zu treffen. Wir haben uns aber auf Anhieb am Telefon gut verstanden und über die Angelegenheit am Telefon gesprochen. Ich habe ihm mitgeteilt, dass der von ihm in seinem Buch erwähnte Geldbetrag in Höhe von ████████ DM nach meinen Erkenntnissen zutreffend ist. Herr Schlötterer wollte wissen, woher ich diese Information habe. Darauf sagte ich, dass die Bank, für welche ich damals tätig war, vom Büro Max Strauß angesprochen worden war und dass ich in einem persönlichen Telefonat mit dem Büro Max Strauß erfahren hatte, dass es sich bei dem Bargeldbetrag um das Erbe der 3 Strauß-Kinder handeln solle und dass sich das Geld bei der Landesbank in München befinde. Ich muss dazu sagen, dass es Anfang der 90-er Jahre in München nach meinem Kenntnisstand die Landesbank und die Bayerische Landesbank gab. [...]

[...]   Ich hatte den Eindruck, dass Herr Schlötterer mit der Information etwas anfangen konnte. Er erwähnte einen mir heute nicht mehr bekannten Namen einer Person aus der Bayerischen Finanzverwaltung, welche wohl auch damals über Herrn Schlötterer stand, der sich nach Meinung von Herrn Schlötterer um das Konto bei der Landesbank gekümmert haben soll. Wenn mir am Telefon damals gesagt wurde, das Geld liegt in München, dann war damit nach meinem Verständnis gemeint, dass das Geld auf einem Konto liegt und nicht als Bargeldbetrag bei einer Bank im Safe. Herr Schlötterer hat mich in dem vorgenannten Telefonat dann gefragt, ob ich den Sachverhalt auch seinem Rechtsanwalt ███████ aus München mitteilen würde. Dieses habe ich bejaht. ███████ hat mich dann etwas später angerufen und wird haben einen Termin vereinbart. Bei diesem Termin am 01. Juni 2010 ist das auch der Staatsanwaltschaft Bochum vorliegende Protokoll entstanden, welches ich allerdings bis dato nicht unterschrieben habe. Der Inhalt dieses Protokolls vom 01.06.2010 ist jedoch auch aus meiner heutigen Sicht vollkommen richtig und zutreffend. Ich mache den Inhalt dieses Protokolls auch zum Gegenstand der heutigen Vernehmung. Ich habe dieses Protokoll damals nicht unterschrieben an Herrn ███████ zurückgesandt, da ich zum damaligen Zeitpunkt nur Informationen weitergeben wollte, aber nicht Zeuge sein wollte. Ich fürchtete eine Zivilklage der Familie Strauß. Ich fürchte eine solche Klage auch heute noch, ich habe aber mit meiner Familie gesprochen und diese gibt mir Rückhalt, als Zeuge hier auch bei der Staatsanwaltschaft Bochum auszusagen.

Ich habe bereits etwa im Jahr 2000 mit Herrn ████████ von der Süddeutschen Zeitung telefoniert und ihm mitgeteilt, dass ich ihm gegebenenfalls Informationen zur Familie Strauß geben könne, mit welchen er dann weiter recherchieren könne und die für ihn eventuell von Interesse wären. Er dürfe dabei aber meinen Namen nicht nennen. Herr ████████ erwiderte darauf, dass er ohne die Nennung meines Namens keine weiteren Recherchen anstellen könne. Ich meine mit Nennung meines Namens nicht die Veröffentlichung in der Presse sondern die Nennung meines Namens innerhalb der Redaktion. Da ich auch das nicht wollte, schien für mich die Angelegenheit erledigt zu sein. [...]

Frau ████████ bat mich, Kontakt zum Büro Max Strauß aufzunehmen. Die Telefonnummer bekam ich von Frau ████████. Sofort rief ich im Büro Max Strauß an. Ich gehe davon aus, dass ich die Telefonnummer seiner damaligen Anwaltskanzlei gewählt hatte. Ich wurde dann von einer Sekretärin zu einem Mann durchgestellt und gehe davon aus, dass ich mit Max Strauß persönlich gesprochen habe. Ich habe mich vorgestellt und ihm mitgeteilt, dass ich in ████████ für die ████████ tätig bin. Dann bezog ich mich auf seine Anfrage an Frau ████████ in Luxemburg und teilte ihm mit, dass ich einige Fragen hätte. Ich fragte ihn, woher das Geld komme bzw. wie es erwirtschaftet worden war. Er teilte mir mit, es sei das Erbe unseres Vaters Franz Josef Strauß. Auf die Frage, wo sich das Geld im Moment befinde, sagte er, bei der Landesbank in München. Auf die Frage, wie es nach Luxemburg kommen sollte, teilte er mit, in bar. Das war für mich „der Hammer". Ein derartiger Bargeldtransfer war für mich unvorstellbar. Da ich damals in meinem Münchener Büro alleine war, hatte ich niemanden, mit dem ich unmittelbar über dieses Telefonat sprechen konnte.

Ich gehe davon aus, dass Frau ████████ auch unmittelbar in der Hauptverwaltung der ████████ angerufen haben muss und diese über die Angelegenheit informiert hat, denn unmittelbar nach meinem Telefonat mit dem Büro Max Strauß rief mich ████████ an und befragte mich zu der Angelegenheit. Für mich war ein Anruf des Herrn ████████ schon eine sehr außergewöhnliche

Angelegenheit, da Herr ████████ als der Head of Private Banking world wide mich normalerweise nicht direkt angerufen hätte. Ein derartiges Telefonat ist weder zuvor noch danach von ihm vorgekommen. Ich hatte den Eindruck, dass Herr ████████ wusste, wer die Person Max Strauß ist. Er teilte mir unmissverständlich mit, dass die ████████ nicht an einer Kontoverbindung mit den Geschwistern Strauß interessiert sei. Es war nämlich damals Firmenpolitik der ████████ keine Gelder von Politikern oder auch von deren Erben anzunehmen.

Ich habe dann sofort im Büro Max Strauß angerufen, wurde wieder an eine männliche Person verbunden, von der ich ausgehe, dass es sich um Max Strauß gehandelt haben könnte, und teilte mit, dass die ████████ kein Geld von Politikern und deren Verwandten entgegennehmen würde. Mein Gesprächspartner nahm dieses so hin und damit war das Gespräch beendet.

Bei dem ersten Telefonat mit dem Büro Max Strauß hatte ich den Eindruck, dass mein Gesprächspartner sehr selbstbewusst auftrat und von der Normalität seines Anliegens überzeugt war. Als ich ihm dann mitgeteilt hatte, dass die ████████ das Geld nicht annehmen würde, hatte ich das Gefühl, dass mein Gesprächspartner etwas kleinlauter wirkte, weil er sich vielleicht nicht vorstellen konnte, dass sein Anliegen abgelehnt werden könnte.

Ich habe unmittelbar nach dem Telefonat mit dem Büro Max Strauß mit Frau ████████ über dieses Thema nicht mehr gesprochen. Ich hatte dazu keine Veranlassung, da ich eine klare Anweisung von Herrn ████████ bekommen hatte und vermute, dass ████████ eine gleiche Anweisung von Herrn ████████ bekommen hatte.

Im Herbst 1992 traf ich Frau ████████ in unserer Frankfurter Niederlassung. Bei dieser Gelegenheit haben wir uns in einem Vier-Augen-Gespräch über das Telefonat mit dem Büro Max Strauß unterhalten. Ich habe sinngemäß zu Frau ████████ gesagt, dass es schade ist, dass aufgrund der Firmenpolitik aus dem Geschäft nichts geworden ist, denn für die Bank wäre es lukrativ gewesen, wenn es kein Politikergeld gewesen wäre. Frau ████████ sagte dann zu mir, sie habe die Angelegenheit an ihren Ehemann weitergereicht. Ich fragte sie darauf, wo denn ihr Ehemann arbeite.

49

Ich meine, mich daran erinnern zu können, dass sie sagte, dass er bei der ▮▮▮▮▮▮▮ ▮▮▮▮▮▮▮▮▮ arbeitet. Ich habe sie auch so verstanden, dass sie mit der Formulierung „an den Ehemann weitergereicht" meinte, dass der Ehemann Kontakt mit dem Büro Max Strauß aufgenommen haben könnte.

[...]

Selbst gelesen, genehmigt und unterschrieben:

Geschlossen:

Oberstaatsanwalt Hans-Ulrich Krück rief ihn an und erkundigte sich danach, was mit dem Brief geschehen sei. Nemetz reagierte, wie es hieß, sehr unwirsch. Seine Antwort war, »er wisse nichts von einem solchen Schreiben«. Dass ausgerechnet ein so wichtiges Schriftstück nicht seinen Weg zu ihm gefunden haben sollte, war nicht glaubhaft.

Nemetz war überdies im Jahr 2000 vor dem Schreiber-Untersuchungsausschuss des Landtags von untergebenen Staatsanwälten massiv belastet worden. Er hatte ihnen rechtswidrigerweise verboten, amtsinterne Differenzen in den Handakten festzuhalten. Vor dem Ausschuss rechtfertigte sich Nemetz damals mit der indiskutablen Begründung: »So eine Handakte ist kein Tagebuch.« Hatte er der Strafkammer, die gegen Max Strauß verhandelte, das anonyme Schreiben vorenthalten? Hatte er »nach oben« berichtet? Konnte es sein, dass er von dort eine Weisung erhalten hatte?

Schon früher war Nemetz in ähnlicher Weise ins Zwielicht geraten. Nur zwei Tage nach dem Tod seines unter mysteriösen Umständen tödlich verunglückten Vorgängers Jörg Hillinger (s. »Der mysteriöse Tod des Leitenden Oberstaatsanwalts Jörg Hillinger«, S. 229) hatte er angeordnet, dessen letzte Verfügung aus der Hauptakte zu entfernen und in die geheime Handakte zu übernehmen. Aus dieser Verfügung ging hervor, dass Generalstaatsanwalt Froschauer die rechtswidrige Aussetzung der Haftbefehle gegen Holger Pfahls und andere Beschuldigte gefordert hatte.

Der Bochumer Oberstaatsanwalt erkundigte sich – wie in den Akten festgehalten wurde – noch mehrmals bei der Augsburger Staatsanwaltschaft nach dem Schreiben von Burkhard K. Laut Auskunft wurde dort vergeblich nach dem Verbleib des Briefes gesucht. Überraschenderweise wurde er aber plötzlich dann doch gefunden, als die Landtagsfraktion der Freien Wähler im Dezember 2012 die Justizministerin Merk nach Verbleib und Behandlung des Schreibens befragte. Merks Antwort war aufschlussreich:

Es gab eine anonyme Anzeige, die am 26. Januar 2004 bei der Staatsanwaltschaft Augsburg einging. Sie war ›An den leitenden Staatsanwalt‹ unter nachfolgender Nennung des seinerzeitigen Sachbearbeiters im damaligen Verfahren gegen Max Strauß gerichtet. In diesem Schreiben war von einem dreistelligen Millionenvermögen der Familie Strauß die Rede. Die Staatsanwaltschaft Augsburg hat mit Verfügung vom 30. Januar 2004 von der Einleitung eines Ermittlungsverfahrens nach Paragraf 152 der Strafprozessordnung abgesehen, da keinerlei Anhaltspunkte dafür bestanden, dass Max Strauß oder dessen Familie über ein derartiges Vermögen, noch dazu in bar verfügten. Hierüber hat die Staatsanwaltschaft Augsburg dem Generalstaatsanwalt in München und dieser dem Justizministerium im Zusammenhang mit der Beantwortung der vorliegenden Anfrage berichtet. Für eine vorherige Information gibt es keine Anhaltspunkte.

Demnach wurde das Schreiben der Strafkammer, die danach gegen Max Strauß verhandelte, vorenthalten. Genauso wenig wurde ermittelt: Es ist unfassbar, in welch markanten Fällen für Ermittlungen immer die Anhaltspunkte fehlen – die Strafanzeigen Gustl Mollaths gegen die HypoVereinsbank und Schwarzgeldkunden (s. »Die paranoide Wahnsymptomatik des Ingenieurs Gustl Mollath«, S. 318) illustrieren dies ebenfalls. Und hat obendrein der Generalstaatsanwalt unter Verstoß gegen seine Berichtspflicht in wichtigen und politischen Fällen das Justizministerium nicht informiert?

Das Geständnis eines Münchner Staatsanwalts

Im Dezember 2010 gab die Staatsanwaltschaft Bochum das Vorermittlungsverfahren zuständigkeitshalber an die Staatsanwaltschaft beim Landgericht München II ab, also nicht an die beim Landgericht München I, wo sich Nötzel und Lutz bereits hinreichend profiliert hatten. Die Akte umfasste 120 Seiten Ermittlungsergebnisse und Hinweise auf weitere Ermittlungsmöglichkeiten. Beigefügt war auch der besagte Aktenvermerk des Staatsanwalts Dörffer.

Dieser Aktenvermerk über die Vorwarnung hatte offenbar bei Staatsanwältin Andrea Grape, die für den Fall bei der Staatsanwaltschaft München II zuständig war, heftigen Anstoß erregt. Sie rief Staatsanwalt Lutz an und stellte ihn zur Rede. Anscheinend gab er alles zu. Doch sie wollte es von Lutz noch schriftlich haben und verlangte unter Bezug auf das vorangegangene Telefonat per E-Mail von ihm eine schriftliche Stellungnahme, ob der Aktenvermerk die darin geschilderte »Kontaktaufnahme« mit Franz Georg Strauß zutreffend wiedergebe. Außerdem fragte sie, ob das von meinem Rechtsanwalt übergebene anonymisierte Protokoll über die Zeugenaussage dort vorliege.

Lutz schrieb zurück, es sei tatsächlich zu mindestens einem Telefongespräch zwischen ihm und Franz Georg Strauß gekommen, bei dem die Mitteilung des Zeugen »thematisiert wurde«. Um dieses Geständnis kam Lutz nicht herum, nachdem er meinem Anwalt davon erzählt hatte. Aber seine kleinlaute Wortwahl kaschierte, dass er selbst den Strauß-Sohn angerufen und, als er ihn nicht sofort erreichte, sogar brieflich um einen Rückruf gebeten hatte. Und er hatte nicht etwa »vorgewarnt«, nein, vielmehr wurde lediglich »thematisiert«.

In ihrer Antwort auf eine parlamentarische Anfrage des Landtagsabgeordneten Florian Streibl/Freie Wähler hierzu behauptete Justizministerin Merk, über diese Gespräche gebe es keine Aktenvermerke. Inhalt und Zeitpunkt der Gespräche seien dem Staatsanwalt »heute nicht mehr erinnerlich«. Zugleich aber behauptete sie, der Staatsanwalt habe Franz Georg Strauß »zur Gewährung rechtlichen Gehörs informiert«. Das war eine eindeutige Schutzbehauptung der Ministerin. Denn dann hätte der Staatsanwalt seinen Vorhalt und die Einlassung um Franz Georg Strauß schriftlich exakt in den Ermittlungsakten festhalten müssen. Eine Weisung von oben, die Geschwister Strauß zu informieren, habe der Staatsanwalt – so die Ministerin – nicht erhalten.

Aufschlussreiche Aktionen der Geschwister Strauß

Aufgrund der Information von Staatsanwalt Lutz über Burkhard K.s Aussage glaubten die Geschwister Strauß nun vielleicht, dass es für sie plötzlich gefährlich wurde. Den Strafantrag gegen mich hatten sie allem Anschein nach ohne Anwalt gestellt. Jetzt aber nahmen sie sich einen Strafverteidiger. Sie ließen ihn einen denkwürdigen Brief an meinen Anwalt schreiben: Dass er mich verteidige, sei unvereinbar damit, dass er vorher Karlheinz Schreiber in dessen Strafprozess vertreten habe! Denn dort habe er vorgetragen, »bestimmte Gelder seien nicht geflossen«, während er sich hier »auf das Gegenteil« berufe. Das klang für mich so, als ob die Geschwister fürchteten, mein Anwalt könnte auf

Zahlungen an F.J. Strauß hinweisen, von denen ihm Schreiber erzählt hatte. So jedenfalls verstand ich den Brief. Mein Anwalt antwortete kühl, eine Interessenkollision liege nicht vor.

Gleich darauf unternahmen die Geschwister einen weiteren Entlastungsangriff. Anfang November 2010 beantragten sie überraschend beim Landgericht Hamburg eine einstweilige Verfügung gegen den Heyne Verlag, der *Macht und Missbrauch* inzwischen als Taschenbuch herausgegeben hatte. Dem Verlag sollte auferlegt werden, verschiedene Passagen, insbesondere über die Konten von Strauß in der Schweiz und seine Beziehungen zu Waffenhändlern, zu streichen. Das Gericht belehrte die Geschwister, dass ihr Antrag keine Erfolgsaussichten habe. Daraufhin nahmen sie ihn zurück, das Gericht legte ihnen die Kosten des Verfahrens auf. Das war eine herbe Niederlage, die Presse berichtete bundesweit darüber.

Aber auch von anderer Seite drohte den Geschwistern Strauß Ungemach. Nach den Enthüllungen in meinem Buch hatte der WDR den renommierten Journalisten Egmont R. Koch beauftragt, einen Film über F.J. Strauß und seine Millionen zu drehen. Von den Recherchen erhielten die Geschwister Kenntnis. Franz Georg Strauß drohte daraufhin in einem Brief an die WDR-Intendantin Monika Piel, dass er gegen jeden, der Lügen über F.J. Strauß verbreite, »zivil- und strafrechtlich vorgehen werde«. Den Journalisten stellte er als unseriös hin, mich bezeichnete er als »Kriminellen« und »kriminellen Denunzianten«. Das musste nicht überraschen.

Verblüffend war jedoch die Story, die Franz Georg Strauß auftischte: »Vor etwa einem Jahr hatte ich Kontakt mit einem Journalisten namens Egmont R. Koch. Dieser wollte über meinen Vater Franz Josef Strauß einen Dokumentarfilm drehen, seiner Angabe nach für den WDR … Deswegen suchte er Kontakt zu unserer Familie. Mein Bruder Max lehnte jeden Kontakt zu Herrn Koch ab, dessen Namen ihm in schlechter Erinnerung war. Ich teilte dies Herrn Koch mit, der sehr verwundert tat und sich … nicht erklären konnte, woher diese Abneigung rührte.«

In Wahrheit, das versicherte er mir, hatte der Journalist weder mit Franz Georg Strauß noch mit Max Strauß gesprochen oder sonst wie Kontakt mit ihnen gehabt. Im Gegenteil, er hatte seine Nachforschungen geheim gehalten, damit sie niemanden beeinflussen konnten. Vielmehr hatten die Geschwister von den Recherchen seitens einer Person erfahren, die Koch angesprochen hatte und die ihm selbst erzählte, dass sie die Geschwister aus alter Verbundenheit informiert habe.

In ihrer Antwort stellte die WDR-Intendantin heraus, dass Egmont Koch ein hervorragender Journalist sei, der schon mit mehreren Preisen für seine Recherchen ausgezeichnet worden sei; sie wehrte den Vereitelungsversuch ab. Als ein Jahr später, im August 2011, der Film vor seiner Fertigstellung stand, konfrontierte Koch die Geschwister mit den darin enthaltenen Vorwürfen und gab ihnen, seiner journalistischen Sorgfaltspflicht entsprechend, Gelegenheit zur Stellungnahme. Die Geschwister schalteten eine Hamburger Anwaltskanzlei ein, die auftragsgemäß beim WDR Front gegen den Film machte. Dem Journalisten gegenüber bezeichnete sie die Vorwürfe pauschal als blanken Unsinn. Auf Einzelheiten einzugehen, vermied sie.

Doch dann eine Überraschung: Max Strauß erhob über diese Kanzlei Anfang November 2011 gegen mich Klage beim Landgericht Köln, die vor allem auf Unterlassung meiner Darstellung zur Höhe des Nachlasses von F. J. Strauß, zu dessen Schweizer Konten und zu den Waffengeschäften zielte. Warum klagte Max Strauß ausgerechnet beim Landgericht Köln? Vermutlich, weil er und seine Geschwister zuvor, wie bereits erwähnt, beim sonst unter Presserechtlern als überaus »angreiferfreundlich« bekannten Landgericht Hamburg hinsichtlich ihres Vorgehens gegen meinen Taschenbuchverlag Heyne eine deutliche Abfuhr erhalten hatten.

Nun waren bereits drei Anwaltskanzleien im Auftrag der Geschwister Strauß gegen mich im Einsatz.

Das Millionenrätsel

Überraschend kam Entlastung vom *Stern*. Am 28. Juni 2012 veröffentlichte er eine von Egmont Koch verfasste Sensationsgeschichte mit dem Titel »Das Millionenrätsel. Wie reich war Franz Josef Strauß? Das ist eines der großen Geheimnisse der Nachkriegsgeschichte.«

Der Bericht legte dar, dass Angaben über die gewaltige Größenordnung des von Strauß hinterlassenen Vermögens mittlerweile durch die Zeugenaussage Burkhard K.s, des früheren Bankers der Citicorp, bei der Staatsanwaltschaft Bochum bestätigt worden seien. Der *Stern* zitierte Michelle Weber (Deckname), eine Luxemburger Kollegin des Bankers, die bestätigte, dass es eine entsprechende Anfrage eines Büros »Max Strauß« gegeben habe. Sie könne sich an die Geschichte sehr genau erinnern: Die Anfrage sei bei ihr über einen Luxemburger Kollegen eingegangen, der eigentlich für Immobilien zuständig war. Ob es sich um 100, 200 Millionen oder einen noch höheren Betrag gehandelt habe, könne sie nicht mehr mit Gewissheit sagen, jedenfalls sei es eine »wahnsinnige Summe« gewesen.

Zum Beweis, dass F. J. Strauß große Bargeldmengen angesammelt habe, verwies der *Stern* darauf, dass Friedrich Karl Flick ihm gelegentlich Kuverts mit 200 000 bis 250 000 Mark zugesteckt habe und dass auch die Prokuristin eines Münchner Unternehmens sowie der Pilot von Eduard Zwick solche Bargeldzahlungen geschildert hätten.

Der *Stern*-Artikel erregte enormes Aufsehen, die gesamte deutsche Presse berichtete darüber. Max Strauß erhob gegen den *Stern* Klage – bei der gleichen Kammer beim Landgericht

Köln, bei der sein Prozess gegen mich anhängig war. Es wurde spannend. Das Verfahren war zum Zeitpunkt der Drucklegung dieses Buches noch nicht abgeschlossen.

Das Urteil

Burkhard K. machte vor der Kölner Kammer die gleiche Aussage wie zuvor bei der Staatsanwaltschaft Bochum. Dort hatte der Staatsanwalt schriftlich festgestellt: »Beteiligte Ermittlungsbeamte waren sich darüber einig, dass es keinen Anlass gibt, an der Richtigkeit der Angaben des Zeugen K. zu zweifeln.« Mein Anwalt wies die Kammer darauf hin, dass K.s Luxemburger Kollegin Michelle Weber gegenüber dem Journalisten Egmont Koch die Anfrage eines Büros Max Strauß nochmals schriftlich bestätigt habe. Koch hatte ihr unter Bezug auf ein mit ihr geführtes Gespräch am 12. Juli 2012 eine E-Mail geschrieben, in der er sich nochmals versicherte, ob er sich Folgendes richtig notiert habe:

»Sie haben mir gesagt, die damalige Anfrage über einen großen Bargeldtransfer von Max Strauß sei bei Ihnen in der Citicorp Luxemburg eingegangen, nicht bei der Citicorp Frankfurt oder München. Der Wunsch sei von einem Luxemburger Mittelsmann im Auftrag der Geschwister Strauß an Sie herangetragen worden, Sie erinnerten sich auch an seinen Namen. Ihr damaliger Chef, Yves de Naurois, habe das Geschäft aber abgelehnt. Habe ich mir das in meinen Notizen richtig notiert?«

Michelle Weber antwortete per E-Mail: »Ja, Herr Koch, das haben Sie sich richtig notiert.«

Dennoch: Die Kammer gab der Klage von Max Strauß statt! Sie konnte in der Urteilsbegründung die persönliche Glaubwürdigkeit des integren Bankers K. nicht infrage stellen; sie versuchte das auch gar nicht. Zudem musste sie einräumen, dass seine Aussage nicht widerlegt sei. Aber, führte die Kammer aus, diese hätte nicht zu ihrer »vollen Überzeugung« gereicht. Das begründete sie mit meines Erachtens nur schwerlich nachvollziehbaren Argumenten. Vollends meinen Glauben an die Kölner Ziviljustiz verlor ich dadurch, dass sich die Vorsitzende Margarethe Reske und ihre Beisitzer über die zitierte Bestätigung der Luxemburger Bankangestellten Michelle Weber hinwegsetzten und außerdem den Antrag auf deren Vernehmung – völlig zu Unrecht nach meiner und auch meines Anwalts Ansicht –, als verspätet zurückwiesen.

Die Folge: Die Kammer untersagte mir zu behaupten, F.J.Strauß habe ein Vermögen in einer bestimmten Höhe (die Summe nenne ich aus juristischen Gründen nicht) hinterlassen. Eine derartige Behauptung aber hatte ich überhaupt nicht aufgestellt – und ich tue das auch jetzt nicht! In meinem Buch hatte ich lediglich geschrieben, dass nach dem Tod von Strauß ein solches »Gerücht« kursierte, das ich noch dazu als »abenteuerlich« bezeichnete. Doch die Kammer münzte das in eine unwahre Tatsachenbehauptung um, weil ich (gewissenhafterweise) zugleich Personen zitierte, die den Nachlass als sehr hoch veranschlagt hatten – insbesondere den Präsidenten des Obersten Rechnungshofs, aber auch den Bäderkönig Eduard Zwick, der den Nachlass gegenüber dem *Spiegel* – damals unwidersprochen – auf viele Millionen Mark taxierte und dabei auch einen konkreten, sehr hohen Betrag nannte.

Die Frage, warum Max Strauß ausgerechnet in Köln geklagt hatte, war damit beantwortet. Auch ihm war offenbar zu Ohren gekommen, dass nach einer von vielen dort beklagten Verlagen herbeigesehnten Beförderung des Vorsitzenden der Hamburger Pressekammer ans Hanseatische Oberlandesgericht die Kölner Pressekammer deren Rolle übernommen hatte – als der Medienanwälte liebstes, weil mutmaßlich verbotsfreudigstes Gericht. Gegen das groteske Urteil legte ich Berufung ein. Das Ergebnis ist abzuwarten.

I. Teil
Das Vorbild F. J. Strauß

1 Der treu sorgende Landesvater Strauß

Der Garant von Recht und Sicherheit

Anfang Oktober 2010 tagte die CSU-Spitze im Kloster Banz, ihrem Parteidomizil in Oberfranken. Sie gedachte des Todes von F.J.Strauß, der an einem 3. Oktober gestorben war. An Strauß erinnert in Banz ein Gedenkstein mit der Aufschrift: »Er war ein Segen für unser Land.« Doch schon 1963 hatte der Oberfranke Karl Theodor zu Guttenberg, hoch angesehener Bundestagsabgeordneter der CSU, diagnostiziert: »Die CSU ist gesund an ihren Gliedern, aber krank an ihrem Haupt.« Auf dem CSU-Parteitag im Sommer des gleichen Jahres erklärte er sogar, dass er Strauß nicht mehr als Parteivorsitzenden wählen werde. Dieser Karl Theodor zu Guttenberg war der Großvater des jetzigen und hatte im Dritten Reich Kontakt zu Widerstandskreisen. Strauß wurde trotz zu Guttenberg als Parteivorsitzender bestätigt.

Es gibt vielfache Zeugnisse staatlicher Amtsträger, Strauß habe kein Verhältnis zum Recht gehabt. In der *Spiegel*-Affäre wurde ihm die Missachtung des Rechts zum Verhängnis: Als er den *Spiegel*-Herausgeber Rudolf Augstein und den Chefredakteur Conrad Ahlers unter der falschen Anschuldigung des Landesverrats verhaften ließ, überschritt er seine Amtsbefugnisse, belog zudem den Bundestag über seine Rolle als Drahtzieher und musste schließlich zurücktreten. (Ausgerechnet er aber empörte sich später in einem Brief an Bundeskanzler Kohl, als Verteidigungsminister Manfred Wörner nach der Kießling-Affäre im Amt blieb: Das verrate »ein geradezu unvorstellbares Maß an Skandalfähigkeit«.)

Doch Strauß kam wieder nach oben. Ministerpräsident Alfons Goppel rügte ebenfalls, wie Prof. Hans Maier berichtet, dass Strauß kein Verhältnis zum Recht habe. Dennoch wurde Strauß sein Nachfolger. Im Amt des Ministerpräsidenten angelangt, sollte Strauß sich voll entfalten. Da taten sich Abgründe auf. Nach außen freilich blieb das verborgen.

Am Tag vor der Bundestagswahl am 5. Oktober 1980 beschwor Strauß die Bürger, ihm ihre Stimme zu geben: »Ich stehe für die freiheitlich-demokratische Grundordnung, gegen den Volksfront-Terror, gegen den bürokratischen Sozialismus, gegen die Zerstörung des Wertebewusstseins und gegen die konterrevolutionäre Umwälzung dieser Werte ...« (Stefan Finger, S. 461).

Hat sich ein bayerischer Ministerpräsident um Geschäfte zu kümmern oder nicht vielmehr um die Bürger seines Landes? »Bei Strauß waren Geschäft und Politik eins«, sagte einmal Karl Dersch, der frühere Leiter der Mercedes-Niederlassung, einer der allerengsten Freunde von Strauß (zitiert nach Lambrecht/ Mueller). Genau diese Verquickung aber verbietet die Bayerische Verfassung, sie untersagt einem Ministerpräsidenten gewerbliche und vergleichbare Erwerbstätigkeiten. Die Aussage von Dersch belastet Strauß ungemein, da sie doch offenbar bedeutet, dass Strauß die Politik auch benutzte, um sich persönlich zu bereichern.

Besonders hervorzuheben sind die Waffengeschäfte von F.J. Strauß. Dazu vorab folgendes interessante Detail: Von einem Spitzenpolitiker der CSU wurde ich darauf aufmerksam gemacht, dass es eine der ersten Amtshandlungen von Strauß als Ministerpräsident gewesen sei, Vera Brühne zu begnadigen. Der CSU-Politiker sah darin einen Zusammenhang mit illegalen

Waffengeschäften, in die der ermordete Zahnarzt Otto Praun verstrickt war (s. »Die HS-30-Schützenpanzeraffäre«, S. 128 ff.). Denn dieser wusste allem Anschein nach, dass Waffengeschäfte eine Domäne von F.J. Strauß waren. Von anderer Seite wurde ich darauf hingewiesen, auf einem im Fernsehen gezeigten Foto von Praun sei auch der Waffenproduzent und Waffenhändler Karl Diehl zu sehen gewesen, einer der engsten Freunde von Strauß.

Der Fall Monzer al-Kassar

Erwiesen ist, dass Strauß und der Syrer Monzer al-Kassar, nach Einschätzung des Bundeskriminalamts der gefährlichste Waffen- und Drogenhändler der Welt, miteinander in Verbindung standen. Als erwiesen anzusehen ist auch, dass dieser, als er 1988 am Grenzübergang Bad Reichenhall aufgrund eines internationalen Haftbefehls verhaftet wurde und wegen einer Verurteilung durch das Pariser Schwurgericht zu einer hohen Gefängnisstrafe nach Frankreich ausgeliefert werden sollte, nur deshalb wieder freikam, weil Strauß sich dafür einsetzte. Offensichtlich in seinem Auftrag waren entweder sein Sohn Max (so der Fahrer Monzer al-Kassars in einem abgehörten Gespräch mit diesem) oder ein Staatssekretär nach Paris geflogen, um sich dort für einen Verzicht auf die Auslieferung einzusetzen. Fest steht, dass Max Strauß wegen der Verhaftung Monzer al-Kassars eigens seinen Pfingsturlaub in der Ägäis abbrach und nach München flog.

Auch die Tatsache, dass Monzer al-Kassar – trotz eines untersagenden Einreisevotums des Bundeskriminalamts – bald darauf wieder nach Bayern einreisen durfte, ist nur mit dem Eingreifen von F.J. Strauß zu erklären. Denn wer sonst in Bayern hätte die Grenzpolizei veranlassen können, Monzer al-Kassar nicht zu behelligen? Gab es für Strauß geschäftliche Gründe?

Die Umstände sprechen dafür, anders ist das Verhalten von Strauß nicht zu erklären. Al-Kassars Anwalt Udo Krause aus Laufen räumte ein: »Offenbar kannte al-Kassar F.J.Strauß sehr gut.« Darauf weist auch ein Vermerk im Notizbuch al-Kassars hin: »Strauß, was ist mit MWI? Telex.« MWI war eine von MBB entwickelte Streubombe, es ging wohl um ein angestrebtes Waffengeschäft. Strauß saß im Aufsichtsrat der Waffenschmiede MBB und hatte dort das Sagen.

Monzer al-Kassar wurde im Frühjahr 2010 in den USA zu lebenslanger Haft verurteilt. Die spanischen Behörden hatten ihm am Flughafen Madrid eine Falle gestellt und ihn an die USA ausgeliefert. Er war auch in Terroranschläge verwickelt wie zum Beispiel in das Attentat auf den italienischen Kreuzfahrtdampfer *Achille Lauro*. Damals wurde ein im Rollstuhl sitzender Amerikaner über Bord gestoßen.

Der Fall Bekir Celenk

Nach dem Attentat auf Papst Johannes Paul II. von 1981 wurde mit internationalem Haftbefehl nach einem Türken namens Bekir Celenk gefahndet, wie al-Kassar ebenfalls ein Waffen- und Drogenhändler. Celenk galt als Finanzier des Papstattentats. Sein enger Partner soll ein gewisser Atalay Saral gewesen sein. Das Erstaunliche: Trotz des internationalen Haftbefehls konnte Celenk sich in Bayern frei bewegen! So wurde er beispielsweise in einem Café in der Sonnenstraße in München gesichtet, wie Silvia Matthies, eine Journalistin des Bayerischen Fernsehens, herausfand.

Silvia Matthies suchte zusammen mit einer Kollegin im Zuge ihrer Recherche über das Papstattentat in Trient 1982 den Untersuchungsrichter Palermo auf, einen Mann, der von sechs Leibwächtern abgeschirmt wurde. Als er hörte, dass sie aus Bayern kamen, lachte er laut auf: »Was, Sie beide kommen aus Bayern? Sie können doch gar nicht berichten! Ihr Ministerpräsident Strauß steckt doch selbst ganz tief in den Waffengeschäften drin!«

Celenk, so Silvia Matthies, sei schließlich nach Bulgarien geflüchtet, wo er seinen zweiten Hauptwohnsitz gehabt habe. Bis dahin habe er mit behördlicher Duldung illegal Ausländer einschleusen können, berichtete sie. In jedem Fall stellt sich die Frage, ob Celenk etwa deshalb auf freiem Fuß blieb, weil er möglicherweise eine Beziehung zu Strauß hatte. Auffällig ist, wie die Journalistin erfuhr, dass Bekir Celenk von der Anwaltskanzlei Friedrich Zimmermann & Partner vertreten worden sein soll. Zimmermann, einer der engsten Vertrauten von Strauß, war bekannt unter dem Spitznamen »Old Schwurhand«. Er hatte im Spielbankenprozess objektiv einen Meineid geschworen, litt aber, wie ein Arzt ein halbes Jahr später diagnostizierte, zu diesem Zeitpunkt an Unterzuckerung, sodass er wegen Schuldunfähigkeit schließlich freigesprochen wurde.

Die beiden Journalistinnen verfassten einen ausführlichen Bericht über ihre zwei Jahre dauernden Recherchen für den Bayerischen Rundfunk. Aber erstaunlicherweise ließ der Strauß treu ergebene Chefredakteur Rudolf Mühlfenzl nichts davon senden. Warum wurde der Bericht den Bürgern vorenthalten? Insoweit besteht dringender Aufklärungsbedarf.

Die Freundschaft zwischen Strauß und Schiwkow

Der rätselhafte Fall Celenk gibt Anlass, auf die eigentümlich guten Beziehungen von Strauß zu Todor Schiwkow, dem früheren kommunistischen Partei- und Staatschef Bulgariens, einzugehen. Strauß reiste mehrmals nach Bulgarien, ging dort mit Schiwkow auf die Jagd. Aber war das Jagdvergnügen der einzige Grund für diese Visiten? Mitglieder der ehemaligen kommunistischen Regierung nannten später den Journalisten Rudolf Lambrecht und Michael Mueller gegenüber einen ganz anderen Grund: »Es ging darum, Geschäfte einzufädeln, die teils über die Türkei in afrikanische Staaten abgewickelt wurden.« Über die Art der Geschäfte zogen sie es vor zu schweigen. Was konnte Bulgarien nach Afrika exportieren? Und warum war es erforderlich, hierfür den Umweg über die Türkei zu nehmen? Es drängt sich auf, dass es um Waffengeschäfte ging.

Die bulgarische Firma Kintex besaß als einziges Unternehmen außerhalb der Sowjetunion die Lizenz, Kalaschnikows herzustellen. Sie war mit ihren Waffengeschäften für Bulgarien ein wichtiger Devisenbringer, wie Andrew Feinstein in seinem Buch *Waffenhandel* anführt. Im 1976 entbrannten Bürgerkrieg in Mozambique verfügten die von Südafrika unterstützten Rebellen über Kalaschnikows. Die Herkunft dieser Gewehre ließ sich nur von Südafrika ableiten. Zu dessen international geächtetem Apartheidregime unterhielt Strauß eine enge Verbindung, obwohl es einem Waffenembargo des UN-Sicherheitsrats unterlag.

Somit weist vieles darauf hin, dass Strauß wertvolle Dienste für Todor Schiwkow geleistet hat, zumal sich andernfalls folgende Frage stellen würde: Welche Geschäfte waren es sonst, die da abgewickelt wurden?

Der Fall Celenk mit seinem bulgarischen Bezug erscheint ebenfalls in einem neuen Licht. Gab es eine Verbindung zu Strauß?

Die Lieferung von U-Boot-Blaupausen und U-Boot-Teilen nach Südafrika

Strauß brüstete sich 1986 selbst damit, dass er den Export deutscher U-Boot-Pläne und U-Boot-Teile nach Südafrika eingefädelt habe. Das berichtete damals der *Spiegel*. Dieser Export war illegal – zum einen weil, wie schon erwähnt, das Apartheidregime einem UN-Waffenembargo ausgesetzt war, zum anderen, weil der Export gegen die deutschen Waffenausfuhrbestimmungen verstieß, da er ohne die erforderliche Zustimmung des Bundessicherheitsrats und ohne Exportgenehmigung erfolgt war. Als die Sache ruchbar wurde, setzte der Bundestag deshalb einen Untersuchungsausschuss ein.

Mir erzählte Renate Piller, die seinerzeitige Lebensgefährtin von Strauß, sie habe gehört, wie er sich damals laufend mit seinem Intimus Franz Dannecker, Wienerwald-Justitiar und Mitglied des CSU-Landesvorstands, wegen der Lieferung der Blaupausen nach Südafrika besprach. Was hatte Dannecker, der die Geldangelegenheiten von F. J. Strauß betreute, damit zu tun?

Während die Bundesregierung das Apartheidregime scharf verurteilte, erklärte Strauß die geforderte Abschaffung der Apartheid für »unverantwortlich« – das würde das Ende von Sicherheit und Ordnung und damit den Zusammenbruch bedeuten. Bei einem Besuch in Südafrika im Jahr 1988 verstieg er sich in einer Rede vor 500 Gästen in der Präsidentenvilla gar zu einer überbordenden Hymne: »Nie in meinem 40-jährigen politischen Leben habe ich eine so ungerechte und unfaire Behandlung eines Landes erlebt, wie sie Südafrika widerfährt.«

»Very corrupt«?

Der frühere CSU-Bundesminister Johnny (Hans) Klein äußerte einem Informanten zufolge, Bundeskanzler Helmut Kohl habe nach dem Tod von Strauß zu ihm, Klein, gesagt, Strauß habe sich in seinen letzten Lebensjahren fast nur noch für Waffengeschäfte interessiert. Es sei ganz schlimm gewesen. Als Bundeskanzler war Kohl Vorsitzender des Bundessicherheitsrats und hatte als solcher Einblick.

Dass Strauß ständig in Waffengeschäften unterwegs war, ohne je dafür ein Honorar zu erhalten, wird kaum jemand behaupten wollen, schon gar nicht im Hinblick auf seine von engen Weggefährten bezeugte Geldgier. Die 1963 von Gerhard Mertins zusammen mit dem ehemaligen SS-Fallschirmjäger und Mussolini-Befreier Otto Skorzeny im schweizerischen Vevey gegründete Firma Merex AG exportierte deutsche Waffen ins Ausland. Bei einem von den Saudis beabsichtigten Kauf von Leopardpanzern war Strauß für Mertins die wichtigste Kontaktperson. Der frühere libanesische Oberst Joseph Hovsepian, der viele Jahre mit Merex zusammenarbeitete, beschrieb Strauß als »very corrupt« (s. Andrew Feinstein, *Waffenhandel*, S. 109). Unterstellt man dies, so fragt sich, auf welchen Konten dieses Geld gelandet ist. Auf den Konten in der Schweiz? Oder in Liechtenstein?

Der Unbestechliche

Strauß stand als Bundesverteidigungsminister massiv unter dem mehrfachen Verdacht der Bestechlichkeit, ohne dass er diesen Verdacht auszuräumen vermochte. Auch das Landgericht München I hatte damals in einem Prozess, in dem Strauß gegen den Verdacht der Korruption anging, im Urteil festgestellt, ihm hafte zweifellos »der Ruch der Korruption« an. Der *Spiegel* musste indessen am 16. März 1970 seinen Vorwurf widerrufen, Franz Josef Strauß sei »ein der Korruption schuldiger Minister«. Doch Rudolf Augstein widerrief 1994 diesen Widerruf. Der *Spiegel* schrieb: »Inzwischen wissen wir: er war als Minister wie auch als Ministerpräsident Bayerns der Korruption schuldig.« Dabei berief sich der *Spiegel* auf das, was der Strauß-Freund Eduard Zwick dem *Spiegel*-Redakteur Dirk Koch in rund 20 Stunden langen Gespräch in seiner Villa am Luganer See über die diskreten Schweizer Bankverbindungen von Strauß und zu dessen Vermögen erzählte hatte.

Im *Bayernkurier* bezeichneten die Geschwister Strauß den *Spiegel*-Bericht als Vernichtungskampagne gegen Franz Josef Strauß und sein Lebenswerk. Es sei eine »Schändung des Andenkens an einen der bedeutendsten Baumeister eines freien Deutschlands«. Dem Strauß-Biografen Stefan Finger gegenüber stellte Monika Hohlmeier die Dinge aus ihrer Sicht richtig: »Ich habe mehrfach erlebt, wie mein Vater reagierte, wenn jemand versuchte, ihn mit Geld zu korrumpieren. Gesuche dieser Art wies er völlig unabhängig von der jeweiligen Person stets entschieden, zumeist sogar schroff, zurück. Dass ihm manche Leute gerne Geld hinterhergetragen hätten, ist bekannt.«

Ein in der CSU-Spitze bekannter Wahlspruch von Strauß habe gelautet: »Schnapp dir in jedem Gau die Reichsten!«, erzählte mir hingegen eine renommierte CSU-Dame. Dass Strauß insoweit erfolgreich war, dafür gibt es genug bekannte Namen. Strauß stand in seinem Aktionsbereich zu diversen Personen in wechselseitiger Abhängigkeit. Zu nennen sind insbesondere Friedrich Jahn, Karl Diehl, Friedrich Karl Flick, Jost Hurler, Valentin Argirov und Eduard Zwick. Bleiben wir zunächst bei Eduard Zwick.

Strauß und Eduard Zwick

Dass Zwick über Jahre hinweg Steuerzahlungen verweigerte und schließlich sogar noch einen rechtswidrigen Steuererlass in Höhe von 63 Millionen Mark durch das Finanzministerium erhielt, ist weithin bekannt. Nicht bekannt sind indessen wesentliche Details, die zeigen, wie sehr Strauß seine Machtposition missbrauchte, um sich materielle Vorteile zu verschaffen, und sich umgekehrt missbrauchen ließ, um das von ihm erwartete

Entgelt zu erbringen. Etwa 1974 kaufte Zwick ein Piper-Flug-zeug, später eine Beechcraft, die zu 70 Prozent samt Pilot Strauß zur Verfügung stand – innerhalb Europas, aber auch für Flüge nach Afrika. Strauß nutzte das Flugzeug ebenfalls für den Wahl-kampf. Ich würde mich nicht wundern, wenn die Kosten hierfür von Zwick als Betriebsausgaben abgesetzt wurden. Falls das so war: Fiel das niemandem auf? Oder wurde das Finanzamt gar von oben angewiesen, das zu tolerieren?

Zwick aber handelte keineswegs nur aus Liebe zu Strauß, sondern erwartete sicherlich von ihm »Gegenleistungen«. Eine davon war der Schutz vor Steuerzahlungen. Diesen gewährte Strauß bekanntlich so nachhaltig, dass sich schließlich eine gewaltige Steuerschuld von über 60 Millionen Mark auftürmte. Die andere – was bisher nicht bekannt wurde – war die Unter-stützung im gerichtlichen Kampf um die Wasserrechte. Denn Zwick führte mit seinem Nachbarn Haßfurter einen erbitter-ten, langwierigen Prozess um das Füssinger Heilwasser. Wenn Strauß nicht spurte, vergalt Zwick ihm das. Wie mir sein dama-liger Pilot Lothar Lehmeier erzählte, ließ er Strauß, wenn die-ser das Flugzeug benötigte, ausrichten, es sei gerade nicht startklar, weil zum Beispiel die Elektronik defekt sei. Lehmeier wusste weiter zu berichten, dass Zwick immer wieder über Strauß geschimpft und sich auch über dessen Geldgier mokiert habe. Etwa mit dem Kalauer: »Er ist wieder in ›Davos‹ – ›da wo's nichts kostet‹.« Umgekehrt habe Strauß sich auch sehr negativ über Zwick geäußert. Wenn Zwick ihn bedrängt habe, etwas zu tun, habe er oft erwidert: »Eduard, wart halt!« Des Öfteren habe es Streit zwischen beiden gegeben, den der Strauß-Freund Walter Schöll dann habe schlichten müssen. Dennoch habe Strauß von Zwick nicht lassen wollen, schließlich habe der ihm nicht nur das Flugzeug, sondern auch zum Beispiel teure Geburtstagsfeste in seiner Luxusvilla an der Côte d'Azur und vieles andere bezahlt.

Zwick habe, so berichtet der Strauß-Biograf Wolfram Bicke-rich unter Berufung auf dessen Angaben, jeweils um Strauß' Geburtstag herum »schöne, wenn auch für leicht empfundene Frauen zu fröhlichen Festen nach Südfrankreich« zu seiner Villa einfliegen lassen (Bickerich, S. 290). Der Verdacht, dass dies alles zumindest teilweise auf Kosten des deutschen Steuerzahlers geschah, liegt nahe. Wie der Zwick-Pilot beobachtete und in einer eidesstattlichen Versicherung niederlegte, überreichte Zwick Strauß auch mehrfach Umschläge mit Bargeld.

Umgekehrt wurde das Finanzamt Passau missbräuchlich an die Kandare genommen. Als der Oberregierungsrat Meister, der die Strafsachenstelle leitete, dort etwas gegen Zwick unternahm, wurde er unverzüglich an das Finanzamt Donauwörth versetzt, von wo er dann am Wochenende wieder nach Passau zu seiner Familie heimfahren durfte. Das Finanzamt war so eingeschüch-tert, dass es zum Beispiel einen bereits erlassenen Bußgeldbe-scheid gegen Frau Zwick nicht mehr vollstreckte.

Aber auch die Gemeinde Füssing litt unter der Unlust Zwicks, Steuern zu zahlen. Dessen Einstellung war nachvollziehbar: Er wollte nicht zweimal zahlen, einmal an Strauß und dann noch einmal an das Finanzamt sowie an die Gemeinde. Die Witwe des damaligen CSU-Bürgermeisters beklagt heute noch bitter, dass Zwick, hinter dem Strauß gestanden habe, seinerzeit Hetzartikel gegen ihren Mann in der Presse initiiert habe. Aber als Strauß ihren Mann bei einer Veranstaltung in der Nibelun-genhalle in Passau erblickt habe, habe er ihm die Hand gedrückt und gesagt: Bevor er, Strauß, mit Zwick ein Geschäft mache, gehe er lieber auf den Viktualienmarkt. Diese Scheinheiligkeit hätten sie und ihr Mann Strauß nie verziehen.

Schließlich musste Zwick zusammen mit seiner Frau Ange-lika vor einem Haftbefehl wegen Steuerhinterziehung in die Schweiz fliehen. Nur so konnte er zugleich der bereits vorgese-henen Verleihung des Bundesverdienstkreuzes Erster Klasse durch Strauß entgehen. Eines Tages aber erfuhr die Staatsanwaltschaft Landshut von einem Beamten des Finanzamts Passau, Zwick werde an einem bestimmten Tag heimlich zu einem Kurzbesuch nach Bad Füssing zurückkehren. Der zuständige Staatsanwalt traf Vorkehrungen, Zwick festnehmen zu lassen. Doch es wurde ein Fehlschlag – angeblich hatten die eingesetzten Polizisten Zwick nicht gesehen. Dem Steuerbeamten ließ dies keine Ruhe, er befragte die Grenzpolizei beim nahen deutsch-österreichischen Grenzübergang Neuhaus/Schärding. Dort erfuhr er, die Grenzbeamten seien vom Innenministerium in München angewiesen worden, an einem bestimmten Tag, der ihm jedoch nicht genannt wurde, keine Grenzkontrollen vorzunehmen. Es drängt sich eine Parallele zu den Fällen Monzer al-Kassar und Bekir Celenk auf.

Einer Füssinger Ärztin zufolge soll Strauß angeblich Zwick sogar »gefälschte« Papiere besorgt haben. Die Ärztin sagte mir: »Wir konnten uns nur wundern, mit welcher Frechheit er immer wieder da war und die Polizei nichts mitbekam.«

Strauß benutzte das Flugzeug von Zwick und später das Flugzeug von Jost Hurler auch für Bankgeschäfte in der Schweiz. So flogen das Ehepaar Zwick und das Ehepaar Strauß zusammen am 24. Juni 1975 nach Zürich und Genf, um Bargeld bei Banken zu deponieren. Beide Ehepaare hatten Handkoffer dabei. Am 14. November 1975 und am 5. Januar 1976 flog Strauß allein nach Zürich und nach Genf, wohl wieder zur Bank, wie der Pilot annahm. Der erinnerte sich in einer eidesstattlichen Versicherung, dass es nach 1976 noch wenigstens zwei weitere »Bankentouren« mit F. J. Strauß in die Schweiz gegeben habe (s. »Das Bargeldsystem ...«, S. 143).

Das Flugzeug Zwicks nahm auch ein anderer Spitzenpolitiker der CSU in Anspruch. Am 13. Juni 1975 flog CSU-Generalsekretär Gerold Tandler nach Nizza, als einziger Passagier. Dort nahm er im sündteuren Nobelhotel Negresco Quartier. Was aber war der Zweck der Reise des CSU-Generalsekretärs? Zur Erholung weilte er dort nicht wirklich, denn bereits am nächsten Tag flog er wieder zurück. Was also hatte er dort zu tun? Abends an der Bar erzählte er dem Piloten, er werde am nächsten Tag »einige Millionen« in Nizza verstecken. Handelte er im Auftrag oder in Absprache mit Strauß? Oder im Auftrag von Zwick?

Strauß und Hurler

Jost Hurler war ein Großkaufmann, der mehrere bestens gehende Supermärkte betrieb. An seiner Supermarktkette Suma soll Strauß, wie ein hoher Richter zu wissen glaubte, wirtschaftlich beteiligt gewesen sein. Nachdem Eduard Zwick, um seiner bevorstehenden Verhaftung wegen Steuerhinterziehung zu entgehen, in die Schweiz geflohen war, stellte Hurler Strauß sein Flugzeug zur Verfügung.

Ebenso wie Eduard Zwick genoss Hurler dank Strauß rechtswidrige Steuernachlässe in unglaublichem Umfang. Die Presse berichtete 1993, statt einer Steuerschuld von 100 Millionen Mark habe er »aufgrund eines Vergleichs« mit dem Finanzamt nur 40 Millionen Mark zahlen müssen. Ein Finanzbeamter, der sich namentlich bei der *Süddeutschen Zeitung* meldete, gab an, dass Hurler sogar einen dreistelligen Millionen-Steuernachlass erhalten habe, nachdem er seit Jahren keine Steuererklärung mehr abgegeben hatte. Eine Betriebsprüfung war »von oben her« blockiert worden. Ein leitender Angestellter von Hurler berichtete ebenfalls von einem über 100 Millionen liegenden Steuernachlass. Er bezeichnete das als »Riesensauerei«. Ihm zufolge war der Deal 1982, etwa vier Wochen vor dem Flugzeugabsturz des Hurler-Sohnes, im Hotel Überfahrt am Tegernsee zwischen Hurler und Strauß ausgehandelt worden.

In einem im Dezember 1993 im *Handelsblatt* veröffentlichten

Brief protestierte die Bayerische Finanzgewerkschaft dagegen, dass aufgrund politischer Protektion durch Weisung »von oben« Millionenbeträge nicht festgesetzt, erlassen oder aber niedergeschlagen wurden. Namentlich wurde unter anderem der Fall Hurler genannt.

Nach dem Tod von Strauß traf zufällig auf dem Flughafen Frankfurt der Anwalt Franz Dannecker, früher engster Vertrauter von Strauß in dessen Geld- und Steuerangelegenheiten, mit einem alten Bekannten zusammen, dem Journalisten Rudolf Lambrecht. Man setzte sich in eine Restaurantecke und tratschte bei einem Glas Wein über Strauß, kam dabei auf den Großkaufmann Jost Hurler zu sprechen. Redselig erzählte Dannecker, dass Hurler immer wieder mit einem Koffer voll Bargeld bei Strauß habe antanzen müssen.

Strauß und Flick

Strauß stand in seiner Zeit als Bundesverteidigungsminister bereits mit Friedrich Flick in Verbindung. Mit dessen Sohn Friedrich Karl entwickelte sich ein trautes Verhältnis.

Im Zuge der Flick-Affäre von 1981 – es ging um geheime Zahlungen des Flick-Konzerns an Politiker – beschlagnahmte die Staatsanwaltschaft Bonn im Flick-Konzern Unterlagen, in denen vier Zahlungen »wegen FJS« von insgesamt 950 000 Mark vermerkt waren. Als Strauß dazu vernommen wurde, ob er die Beträge persönlich, gegebenenfalls in bar erhalten habe, antwortete er laut Protokoll: »Dazu vermag ich keine Auskunft zu geben, weil ich keine konkrete Erinnerung habe.« Friedrich Karl Flick aber konnte sich erinnern. Er gab vor der Staatsanwaltschaft Bonn zu, dass er Strauß zwei- oder dreimal Bargeld übergeben habe.

Auch vor dem Untersuchungsausschuss des Bundestags behauptete Strauß, er könne sich an keine Geldübergabe erinnern. Selbst auf mehrmalige Vorhaltung, dass Beträge dieser Größenordnung ihm doch im Gedächtnis haften müssten, leugnete er hartnäckig. Es spricht also viel dafür, dass er zwar das Geld erhalten, aber nicht an die CSU weitergeleitet hat – hätte er das getan, hätte er kein Problem gehabt. Falls er Geld erhielt, steckte er es demnach in die eigene Tasche. Und das vermutlich, ohne es zu versteuern, denn anderenfalls hätte er bei der Höhe des Betrags ganz gewiss eine »konkrete Erinnerung« gehabt. Somit ist davon auszugehen, dass er mit den 950 000 Mark seinen Bargeldschatz vermehrt hat.

Als Flick vom Untersuchungsausschuss vernommen wird, schildert er genüsslich, dass sich Strauß nach der Übergabe eines Barbetrags von 250 000 Mark in ein Nebenzimmer begeben habe, um dort nachzuzählen. Man muss sich diese Szene einmal vorstellen: Als ob Flick ihn betrügen könnte, vergewissert sich Strauß, ob die angegebene Summe auch stimmt! Er, der sich als Weltpolitiker versteht, enthüllt unversehens die Seele eines mickrigen kleinen Krämers. Dass er den Milliardär draußen warten lässt, während er unbeobachtet zählt und zählt, geniert ihn nicht. Aber wenn es ums Geld geht, verliert er augenscheinlich jede Scham. Was die Geldgeber über ihn denken, dass sie ihn als käuflich, raffgierig und als lächerlich betrachten, hält ihn nicht davon ab, sie abzukassieren. Als er mit dem Zählen fertig ist, weiß er, dass er mit einem Schlag um eine Viertelmillion Mark reicher ist. Er tritt aus dem Nebenzimmer – und jetzt bedankt er sich, wie Flick vor dem Untersuchungsausschuss aussagt.

Ministerialdirektor Franz Klein, der spätere Präsident des Bundesfinanzhofs, erzählte mir empört, dass der mehrfache Milliardär Flick in Bayern umgekehrt einen erheblichen Nachlass bei der Vermögenssteuer erhalten habe – sicherlich einen Betrag in Millionenhöhe.

Strauß und Jahn

So sehr Strauß daran lag, Geld einzunehmen, so widerstrebte es ihm in tiefster Seele, aus eigener Tasche Geld auszugeben. Franz Schönhuber, der einst zum Tross von Strauß gehört hatte, berichtete später, bei allen Vergnügungsreisen und Vergnügungsveranstaltungen habe er nie erlebt, dass Strauß selbst gezahlt hätte. Immer hätten andere zahlen müssen, insbesondere Friedrich Jahn, der »Hendlkönig«.

Ein früherer CSU-Staatssekretär erzählt dazu eine Episode: Strauß und seine Entourage seien einmal von Jahn eingeladen gewesen zum Wiener Opernball. Alles auf Kosten von Jahn. Die Herren kehrten anschließend nach München zurück, die Damen aber flogen – auf Kosten des Wienerwald-Chefs – weiter zum Karneval in Venedig, wo sie mehrere Tage blieben. Die Fahrer der staatlichen Dienstwagen mussten nachziehen und die Damen von Venedig zurückbringen. Das war eine als Untreue strafbare Verwendung staatlicher Mittel. Es zeigt, wie abgehoben Strauß war – ein Herrscher »legibus absolutus«, losgelöst von und über allen Gesetzen stehend. Umgekehrt verwies der besagte CSU-Politiker darauf, wie später die CSU-Spitze Bundesgesundheitsministerin Ulla Schmidt zusetzte, weil sie ihren Dienstwagen in ihren Urlaub nach Spanien beordert hatte. Der Bundesrechnungshof bestätigte, dass der Einsatz den Richtlinien entsprochen habe.

Monika Hohlmeier wurde einmal von einem Journalisten im Fernsehen gefragt, ob es unter den Freunden ihres Vaters auch uneigennützige gegeben habe. Sie dachte nach und nannte dann einen einzigen: Friedrich Jahn. Im Hinblick auf den enormen Aufwand Jahns für den ewig schnorrenden Strauß war dies nachvollziehbar: Er stellte Strauß sein Flugzeug zur Verfügung, zahlte die Reisen von Strauß und seinen Freunden nach Venedig, an die Côte d'Azur, an die Loire, nach Paris und Griechenland. Eine Nacht auf dem Wiener Opernball konnte Jahn alles in allem 200 000 Mark kosten, wie die Journalisten Rudolf Lambrecht und Michael Mueller schrieben. Dazu passt, dass auch der Bäderkönig Eduard Zwick Beträge von 150 000 bis 200 000 Mark angab, die er jeweils für die üppigen Geburtstagsfeten, die er für Strauß samt Entourage in Südfrankreich ausrichtete, ausgegeben haben will.

Süffisant erzählte Jahn dem früheren stellvertretenden Ministerpräsidenten und Landesbankpräsidenten Ludwig Huber, immer vor Weihnachten habe ein bekannter Münchner Juwelier mit seinem Schmuckköfferchen das Ehepaar Strauß aufgesucht, das sich Schmuckstücke ausgesucht habe. Die Rechnung habe jeweils er, Jahn, bezahlt.

Strauß genoss den Lebensstil eines Multimillionärs, jedoch auf Kosten seiner »Freunde« – und letztlich auf Kosten der ahnungslosen deutschen Steuerzahler. Denn nicht nur Zwick erhielt als Gegenleistung Schutz vor dem Finanzamt – Flick, Hurler, aber auch Jahn wurden ebenfalls gewaltige Steuernachlässe gewährt. So uneigennützig, wie Monika Hohlmeier ihn darstellte, war Friedrich Jahn demnach nicht.

Gegenüber dem Landesbankpräsidenten Ludwig Huber äußerte Jahn seinerzeit, dass es ihm gelungen sei, aufgrund seiner guten Beziehungen zu Finanzminister Max Streibl eine Steuerschuld von 100 Millionen Mark auf drei Millionen Mark zu drücken. Ludwig Huber hielt dies in einer eidesstattlichen Versicherung vom 22. Januar 1988 fest. Dabei ist jedoch davon auszugehen, dass hinter dem rechtlich mehr als fragwürdigen Steuernachlass der Druck von Strauß stand. Strauß war nachweislich in den Steuerfall eingeschaltet; der Finanzstaatssekretär Albert Meyer erstattete ihm mit Schreiben vom 16. Juni 1982 Bericht. Dass der Staatssekretär und nicht der Minister unterschrieb, war ein untrüglicher Beweis dafür, dass dieser nichts mit der Sache zu tun haben wollte. Das wurde in derartigen Fällen immer so gehandhabt. Renate Thyssen, damals Geschäftspartnerin von Jahn, bekundete als Zeugin vor einem Untersuchungsausschuss des Landtags, Jahn habe ihr gesagt, er habe seit 1982 eine »Steuergarantie« von Strauß. Ludwig Huber sagte ebenfalls aus, er habe von einer solchen Garantie gehört.

Doch Ludwig Huber schrieb in seiner eidesstattlichen Versicherung vom 18. Dezember 1987 noch eine andere Story nieder, die ihm Jahn erzählt hatte – und die hatte es in sich! Strauß, so Jahn, sei sehr aufgebracht darüber gewesen, dass er zwei Millionen Mark im Zuge einer Beteiligung an seiner Firma Transcommerce in Liechtenstein verloren habe, als der Wienerwaldkonzern seinerzeit in Vergleich gehen musste. Später äußerte Ludwig Huber, Strauß habe Jahn den erwähnten Erlass der Steuern ermöglicht, um die zwei Millionen wieder zurückzubekommen.

Das Feld der mittleren Unternehmer

Strauß vernachlässigte auch nicht die mittleren Ebenen, er schöpfte dort ebenfalls ab. Das zeigen zwei Beispielsfälle: Am 8. Juli 2009 klingelte mein Handy. Es meldete sich eine Dame. Sie rief mich an aufgrund der Ankündigung meines Buches *Macht und Missbrauch* in der *Süddeutschen Zeitung*. Sie wolle endlich jemanden finden, der ihr glaube, was sie erlebt habe.

Sie sei Prokuristin eines mittelständischen Unternehmens in München gewesen, das im Bereich Rundfunk-, Fernseh- und Filmwerbung tätig sei. Im Auftrag ihres Chefs habe sie Strauß verschiedentlich Schecks übermitteln müssen, insgesamt habe es sich um über 200 000 Mark gehandelt. Sie habe einmal selbst Strauß in seinem Haus in der Hirsch-Gereuth-Straße aufgesucht und sei von ihm persönlich empfangen und ins Wohnzimmer geleitet worden. Dort hätte auf dem Sofa Marianne Strauß gesessen.

EIDESSTATTLICHE VERSICHERUNG

In Kenntnis der Strafbarkeit der Abgabe einer falschen eidesstattlichen Versicherung erkläre ich zur Vorlage bei Gericht folgendes an Eides Statt:

1. Zur Person

Dr. Ludwig Huber, Gabriel-von-Seidl-Straße 31, 8022 Grünwald

2. Zur Sache

Herr Friedrich Jahn zeigte sich mehrfach in meiner Gegenwart erbost darüber, daß sein früherer Duzfreund Franz-Josef Strauß ihm nicht entscheidend und genügend geholfen habe, als er den Wienerwald nach dem Vergleich zurückkaufen wollte. Er sagte, Strauß habe ihm sehr viel zu verdanken, z.B. sei der Juwelier ████████ regelmäßig vor Weihnachten mit einem Schmuckkoffer zu einer privaten Weihnachtsvorfeier gekommen, damit Familie Strauß fürjeden etwas aussuchen konnte. Er, Herr Jahn, habe die Rechnung bezahlt. Der Herr Ministerpräsident habe viel Geld in der "Transcommerce" in Liechtenstein gehabt und sei dann erbost gewesen, daß er bei dem Vergleich Jahn's alles verloren habe. Er, Jahn, habe auch Kellnerinnen an Strauß vermitteln müssen.

Herr Rechtsanwalt ████████, der an ihm (Jahn) ein Vermögen verdient habe, habe ihm letztlich nicht geholfen, aber ████████ habe Nutten aus der Verdistraße besorgen und Franz-Josef Strauß zutragen müssen.

München, den 18. Dezember 1987

Dr. Ludwig Huber

EIDESSTATTLICHE VERSICHERUNG

In Kenntnis der Strafbarkeit der Abgabe einer falschen eidesstattlichen Versicherung erkläre ich zur Vorlage bei Gericht folgendes an Eides Statt:

1. Zur Person

    Dr. Ludwig Huber, Gabriel-von-Seidl-Straße 31, 8022 Grünwald

2. Zur Sache

    Bei einem Abendessen im Frühsommer 1986 äußerte Herr Jahn, ihm sei es aufgrund seiner guten Beziehungen zum Bayerischen Finanzminister Streibl gelungen, eine Steuerschuld des Wienerwalds, die mit 100 Mio DM beziffert war, auf 3 Mio DM herunter zubringen. Rechtsanwalt ▇▇▇▇ bitte sich zwar aus, er habe das bewirkt, entscheidend sei aber seine, Jahn's Aktivität gewesen. Er habe schon seine Freunde. Streibl habe es schließlich auch 1982 nicht zum Konkurs gegen ihn kommen lassen, sondern habe einen Vergleich ermöglicht, der ihm den Rückweg zum Wienerwald letztlich offen gelassen habe. Wenn man die Steuerschuld seinerzeit bei 100 Mio DM festgesetzt hätte, wäre eine Rückkehr für Jahn unmöglich gewesen.

München, den 22. Januar 1988

Dr. Ludwig Huber

Dann habe sie Strauß persönlich einen Barscheck über 100 000 Mark in einem Umschlag übergeben. Darüber hinaus sei sie in den 1970er-Jahren ein- bis zweimal im Jahr von Marianne Strauß angerufen und um eine Spende von jeweils 20 000 Mark für das Gymnasium von Franz Georg Strauß gebeten worden. Daraufhin habe sie auf Veranlassung ihres Chefs einen Barscheck ausgestellt und mit der Post an Marianne Strauß geschickt.

Die Beträge seien nicht über die allgemeine Buchhaltung gelaufen, sondern über die geschäftsleitenden Konten. Vom Betriebsprüfer sei sie gefragt worden, für wen das Geld gewesen sei. Sie habe wahrheitsgemäß geantwortet und hinzugefügt, das sei ja wohl strafbar, das müsse man doch zur Anzeige bringen. Daraufhin habe ihr der Betriebsprüfer geantwortet: »Der Staatsanwalt wird Strauß mehr glauben als Ihnen.« Im Unterschied zu anderen Geldempfängern, zum Beispiel freiberuflichen Künstlern, habe der Betriebsprüfer im Fall Strauß keine Kontrollmitteilungen geschrieben. In einer späteren eidesstattlichen Versicherung erklärte die frühere Prokuristin, insgesamt müssten sich die regelmäßigen Zahlungen an die Familie Strauß »auf einige hunderttausend Mark« summiert haben.

Laut einem Bericht des *Stern* vom Juni 2012 stellten die Geschwister Strauß diese Barspenden nicht in Abrede, behaupteten aber, das Geld sei an Hilfsorganisationen oder bedürftige Personen weitergeleitet worden. Selbst wenn dies vielleicht vereinzelt der Fall gewesen sein sollte, widerspricht diese Einlassung letztlich dem Verhalten von F. J. Strauß bei der Friedrich-Baur-Stiftung für kranke Kinder, denen er von seiner Testamentsvollstreckervergütung nichts zukommen ließ (s. »Die Stiftung für kranke Kinder«, S. 107).

Beim zweiten Beispiel handelte es sich um die Druckerei Gerber, ein Unternehmen, das erhebliche Zahlungen an Strauß leistete, wofür es im Gegenzug umfangreiche staatliche Aufträge erhielt, zum Beispiel den Druck der Lotteriescheine. Nach dem

Tod von Strauß fielen die öffentlichen Aufträge weg, das Unternehmen machte Pleite. So die Angaben eines Angestellten der Firma.

In einem Brief an die *Süddeutsche Zeitung* schilderte er die Abläufe: »So war es nicht verwunderlich, dass in den Räumen der Geschäftsleitung enge Vertraute des Landesvaters mehrfach Geldbeträge in verschiedensten Größenordnungen (30–100 TDM) in Empfang nahmen. Pannen inbegriffen. So fuhr ein Vertrauter mit ›Personenschutzmannschaft‹ zwecks Bargeldabholung bei der Firma vor, musste aber unter Protest unverrichteter Dinge wieder abziehen. Man hatte die vereinbarte Geldübergabe im Hause schlicht vergessen. Hektik im Betrieb. Auftrag an (mich), bei einem nahe gelegenen Geldinstitut 70 TDM sofort abzuheben und der Buchhaltung (incl. Kasse!) zu übergeben. Die Aktion dauerte ca. 30 Minuten. Ca. eine Stunde später kam der Vertraute alleine in einem Kleinwagen vorgefahren und holte das Bargeld ab. Wie bereits erwähnt, diese Abholungen wiederholten sich. Selbstverständlich haben auch die Herren F. und S. Bargeld in o. g. Größenordnungen … an Personen der CSU weitergegeben.«

Anzunehmen ist, dass das Druckunternehmen das gezahlte Schmiergeld auf seine Preise aufschlug, sodass Strauß letztlich den Staat als denjenigen, der die Aufträge an die Druckerei vergab, bestahl – er, der Landesvater.

Zu der hier erfolgten »Gegenleistung« in Gestalt staatlicher Aufträge fügt sich, was der frühere Kultusminister Prof. Hans Maier in seinem Buch *Böse Jahre, gute Jahre* berichtet: »Aber auch bei Einzelfragen, so bei der Beschaffung medizinischer Großgeräte, bei der viel Geld im Spiel war, versuchte Strauß mir Weisungen zu erteilen, welche Firma ich zu nehmen hatte – und war empört über meine ›politische Instinktlosigkeit‹, wenn ich … anders entschied.« Das ist die Schilderung von Korruption. Denn diese rechtswidrige Einmischung ist nur erklärbar,

Per Fax
████████ an:

Herrn
████████
Süddeutsche Zeitung

München

████████████████ ████████

Sehr geehrter Herr ████████████

zuerst lassen Sie mich Ihnen und Ihrem SZ-Kollegium danken. Ihre Arbeit und die
vieler Profis anderer seriöser Redaktionen im Lande helfen seit Jahren Lesern wie
mir, immer wieder etwas reine Luft zu atmen; könnte man doch an den Faulgasen
dieser Amigo-Sumpflandschaften bundesweit ersticken.

[...]

So war es nicht verwunderlich, daß in der Technik die Tochter des Minister
████████ aufwendige Briefmarkenkalender fertigte, während in den Räumen
der Geschäftsleitung die Söhne des Landesvaters mehrfach Geldbeträge in
verschiedensten Größenordnungen (30-100 TDM) in Empfang nahmen.
Die damalige Situation wurde von den Arbeitern und Angestellten, die die
aufwendige Prozedur mitverfolgen mußten, als den Beweis für einen
„Familienbetrieb" angesehen. Pannen inbegriffen.
So fuhr Max Strauß mit „Personenschutzmannschaft" zwecks Bargeldabholung bei
der Firma vor, mußte aber unter Protest unverrichteter Dinge wieder abziehen.
Man hatte die vereinbarte Geldübergabe im Hause ████ schlicht vergessen.
Hektik im Betrieb. Auftrag an den damaligen ████leiter (meine Wenigkeit) bei
einem nahegelegenem Geldinstitut 70 TDM sofort abzuheben und der Buchhaltung
(incl.KASSE!!) zu übergeben. Die Aktion dauerte ca. 30 Minuten.
Ca. eine Stunde später kam Max Strauß alleine in einem Kleinwagen vorgefahren
und holte das Bargeld ab. Nur Bargeld, also keine Druckerzeugnisse oder ähnliches
Material. Die WARE wurde jeweils per hauseigenen Botendienst an die CSU-
Führung ausgeliefert.

[...]

wenn Strauß für sich oder die Partei einen Vorteil erstrebte – sei es unmittelbar oder mittelbar. Die rechtsverbindlichen Richtlinien, die für öffentliche Beschaffungen und die Vergabe öffentlicher Aufträge gelten, interessierten Strauß demnach nicht. Dass er so dreist war, dem Kultusminister, der sich daran hielt, sogar noch Vorhaltungen zu machen, offenbart seine gewohnheitsmäßige Skrupellosigkeit.

Der ehrliche Steuerzahler

Zu der Zeit, als Strauß Bundesfinanzminister war, ließ er seine Steuererklärungen durch eine bekannte bayerische Steuerberatungsgesellschaft erstellen. Der damit betraute Steuerberater beklagte sich jedoch bitter bei seinen Kollegen, dass er von Strauß keine Unterlagen erhalte. Die Angaben gegenüber dem Finanzamt über die Einkünfte waren somit unvollständig. Andererseits wagte es kein Finanzbeamter, Strauß zu schätzen.

Als Ministerpräsident erklärte Strauß 1984 öffentlich zum Thema Betriebsprüfung: »Da hilft nur eines: die Planstellen vermindern. Wie viele mittelständische Unternehmen können sich nur über Wasser halten, weil nicht alle Einkünfte dem Finanzamt bekannt sind.« Als ihm daraufhin die Finanzgewerkschaft empört vorhielt, er propagiere Steuerhinterziehung, erwiderte er unverfroren: Die Steuerbelastung müsse dem freiheitlichen Selbstverständnis gerecht werden! Was rechtfertigte demnach die Annahme, dass er selbst sich an die geltenden Steuergesetze hielt?

Als der *Spiegel* 1994/95 erfuhr, dass Strauß bei mehreren Schweizer Banken Konten unterhielt, stellte er öffentlich die Frage: »War Strauß ein Steuerflüchtling? Entzog der einstige Bundesfinanzminister Teile seines Vermögens dem Zugriff des deutschen Fiskus?« Mittlerweile gibt es Gewissheit.

Zum einen steht jetzt fest, dass Strauß in großen Mengen Bargeld entgegengenommen hat: allein schon, wie erwähnt, von Flick 950 000 Mark, von Zwick mehrfach Umschläge mit Bargeld, aber auch mehrere hunderttausend Mark zum Beispiel von Gerber-Druck. Bargeld in dieser Menge lässt sich vorzugsweise geben, wer Herkunft und Empfang dieser Mittel vor dem Finanzamt verschleiern will. Im Fall der Druckerei wurde das Geld eigens abgehoben, um es in bar zu übergeben, statt es von Konto zu Konto – somit für das Finanzamt nachprüfbar – zu überweisen.

Die Absicht, Gelder vor dem Finanzamt zu verbergen, wird auch dadurch dokumentiert, dass Strauß und seine Frau nachweislich Geld nicht per Überweisung in die Schweiz transferiert, sondern in bar dorthin verbracht haben (so die eidesstattliche Versicherung des Piloten Lehmeier und Monika Hohlmeiers Äußerung gegenüber dem Journalisten Werner Biermann).

Zum anderen beweist die hohe Summe an Bargeld, die F.J. Strauß angehäuft haben soll, dass er nicht nur in Einzelfällen, sondern wohl regelmäßig Bargeld vereinnahmte. Es spricht wenig dafür, dass diese Mengen an Bargeld von ihm versteuert wurden.

Am 17. Dezember 1987 hatte der damalige Landesbankpräsident Ludwig Huber an die *Süddeutsche Zeitung*, als ihm Strauß eine Beteiligung in Österreich vorwarf, zornig geschrieben: »Warum soll ich unter Ausnahmerecht stehen? Andere waren beteiligt oder sind noch beteiligt an Gesellschaften zum Beispiel in Luxemburg, in der Schweiz, in Liechtenstein. Ich habe auch keine Provisionen genommen.« Dies war eindeutig auf seinen Widersacher Strauß gemünzt. Die Journalisten erfuhren außerdem, dass Strauß den Hinweis auf sich bezog, wenngleich ihn Huber nicht namentlich genannt hatte.

Aufgrund der oben zitierten eidesstattlichen Versicherung vom 18. Dezember 1987, die erst jetzt bekannt wurde, steht nunmehr fest, dass Strauß gemeint war! Und das wirft schwerwiegende Fragen auf: Woher hatte Strauß diese zwei Millionen, die er, wie bereits erwähnt, in Jahns Firma Transcommerce in Liechtenstein angelegt haben soll? Und auf welchem Weg kamen sie nach Liechtenstein? Per Banküberweisung oder als Bargeld? Gab er diese Beteiligung gegenüber dem deutschen Finanzamt an?

Weitere Fragen zu Strauß schließen sich an die zitierten Vorwürfe Ludwig Hubers an: sowohl was die erwähnten Beteiligungen in der Schweiz und in Luxemburg sowie das Kassieren von Provisionen angeht – einschließlich einer Provision für den Milliardenkredit!

Keiner wusste wohl so viel über Strauß wie Ludwig Huber. Als Präsident der Landesbank und durch seine Kontakte zu anderen Banken hatte er profunde Kenntnisse, desgleichen aufgrund seiner früheren Positionen als Finanzminister, stellvertretender Ministerpräsident und stellvertretender Vorsitzender der CSU. Nach seinem von Strauß erzwungenen Rücktritt als Landesbankpräsident wurden an Ludwig Huber etwa zehn Millionen Mark (zusätzlich zu seiner Landesbank-Abfindung) gezahlt, und zwar in Raten – mutmaßlich Schweigegeld, das ein reicher Strauß-Freund aufbrachte. Dies erzählte mir der Ministerialdirigent Joachim Schweinoch, der im Verwaltungsrat der Landesbank saß, und zwei weitere Quellen bestätigten es! Tatsächlich machte Huber von seinem mutmaßlichen Insiderwissen keinen Gebrauch. Obwohl er bereits die zitierten eidesstattlichen Versicherungen verfasst hatte und 1996 seine *Erinnerungen* veröffentlichte, publizierte er davon nichts.

In Anknüpfung an die erwähnte Beteiligung von Strauß an der Transcommerce in Liechtenstein, die mir im Übrigen schon aus einer anderen Quelle bekannt war, gibt es weitere Hinweise auf die Steueroase Liechtenstein. Bisher wurde nicht bekannt, in welcher Weise Strauß Erträge aus der wirtschaftlichen Verflechtung mit der Firma März/Marox zuflossen. Einer zuverlässigen Quelle zufolge soll jedoch die Firma Geschäfte über Liechtenstein getätigt haben – und zwar über den bekannten Treuhänder Prof. Dr. Dr. Herbert Batliner. Da scheint nahezuliegen, dass dies auch Strauß zugutekam.

Strauß-Sohn Max hat selbst offenbart, dass seine Eltern Geld über Liechtenstein erhielten. Bekannt ist, dass das Ehepaar Strauß 1980 in Kanada unter Mitwirkung von Karlheinz Schreiber fünf Millionen Mark in eine Grundstücksspekulation investierte. Die Spekulation schlug fehl, das Ehepaar Strauß verlor sein Geld, genauso wie auch andere Anleger, darunter der Sänger Hermann Prey. Max Strauß jedoch äußerte 1984 im Münchner Restaurant Walterspiel in Anwesenheit seiner Freundin Gabriele Thyssen und deren Mutter Renate Thyssen, seine Familie habe ihr Geld wiederbekommen, »und zwar über Liechtenstein«. Als Hermann Prey davon erfuhr, stellte er Schreiber zur Rede. Max Strauß behauptete daraufhin, er habe nur ein Gerücht streuen wollen, um festzustellen, wie weit dieses weitergereicht werde.

Das erscheint mir nicht glaubwürdig. Und zwar auch deshalb, weil Schreibers Treuhänder, der Wirtschaftsprüfer Giorgio Pelossi, 1995 bei der Staatsanwaltschaft Augsburg ausgesagt hat, dass Provisionen »an die Familie Strauß« zur Abdeckung der Kanada-Verluste weitergereicht worden seien.

Dazu passt folgender Vorgang: Im Schreiber-Untersuchungsausschuss des Bayerischen Landtags sagte im Februar 2002 Helge Wittholz, der frühere Kanada-Repräsentant von MBB, aus, die CSU habe seinerzeit viel Geld in Kanada bezahlt, um Brian Mulroney zum Premierminister zu machen (was auch gelang). 1984 habe dann ein Hubschraubergeschäft zwischen MBB und der kanadischen Küstenwache vor dem Abschluss gestanden – ein Deal, den er, Wittholz, vermittelt habe. Dennoch sei Schreiber, ohne dass er auch nur einen Handschlag dafür getan habe, plötzlich von der MBB-Spitze über eine Briefkastenfirma in Liechtenstein eine Provision von 2,3 Millionen Mark zugeleitet worden. Die von CSU-Politikern kontrollierte MBB – F.J. Strauß saß im Aufsichtsrat – habe damit an dem Geschäft nichts mehr verdient. Schreiber war von Strauß in den MBB-Konzern eingeschleust worden, ohne dass es dafür eine betriebliche Notwendigkeit gegeben hätte. Im Juni 2000 wurde dazu der MBB-Manager Pfleiderer in einem *Zeit*-Dossier mit den Worten zitiert: »Wir haben es erst nicht recht glauben können, dass Strauß uns so einen Mann vor die Nase setzte.«

Max Strauß hatte, wie oben erwähnt, 1984 erklärt, seine Familie habe ihr Geld zurückerhalten »über Liechtenstein«. Somit liegt die Schlussfolgerung nicht fern, dass Strauß die bei MBB abgezweigten Mittel ganz oder teilweise wieder zugeflossen sein könnten.

Es war typisch für Strauß: Er schaltete jeweils einen Mann seines Vertrauens vor – bei Lockheed Ernest Hauser, bei Diehl Aloys Brandenstein, bei MBB Karlheinz Schreiber. Diese Mittelsmänner kassierten üppige Provisionen, ohne dass eine von ihnen erbrachte Leistung sichtbar wurde. Das machte nur dann Sinn, wenn er, Strauß, im Hintergrund profitierte.

Im Hinblick darauf erübrigt sich ein Nachweis, ob die auf diversen Konten in der Schweiz und in Liechtenstein liegenden Millionen von Strauß versteuert wurden. Dies auch deshalb, weil die Geschwister Strauß in ihrem Strafantrag gegen mich behaupten, es habe nur ein Konto in der Schweiz gegeben, das sei dem Finanzamt gemeldet worden.

Im Übrigen ist nach wie vor ungeklärt, ob Strauß wenigstens die von der Baur-Stiftung bezogenen Testamentsvollstreckervergütungen in Höhe von 1,3 Millionen Mark versteuert hat. Die Geschwister Strauß haben sich insoweit noch nicht eindeutig unter Vorlage von Beweisen erklärt, sondern nur pauschal behauptet, ihr Vater habe immer alle Einkünfte versteuert.

Der Patriot und der Milliardenkredit

Hat Strauß beim Milliardenkredit an die DDR heimlich eine Provision kassiert? Diese Frage steht seit der Vergabe des von Strauß 1983 eingefädelten Kredits im Raum, sie bewegt heute noch die Gemüter – auch in der CSU. In der Parteispitze stand Strauß von Anfang an unter Verdacht – Wirtschaftsminister Anton Jaumann und Finanzminister Max Streibl wussten ihn einzuschätzen.

Zwei Jahre nach dem Tod von Strauß, im Dezember 1990, sagte beim Bundesamt für Verfassungsschutz ein ehemaliger Stasi-Oberstleutnant aus, Strauß und die CSU seien für die Vermittlung des Milliardenkredits von Alexander Schalck-Golodkowski »bestochen« worden. Das habe er damals von einem verlässlichen Kameraden erfahren. Das Bundesamt attestierte dem Oberstleutnant »hohe Zuverlässigkeit«, weil sich seine Informationen in anderen Fällen als richtig herausgestellt hätten, und verfasste darüber einen Aktenvermerk. Der frühere Landesbankpräsident Ludwig Huber äußerte einmal, er habe im Gegensatz zu anderen nicht an dem Milliardenkredit verdient – was er hinterher anders gemeint haben wollte (s. Egmont R. Koch, *Das geheime Kartell*, S. 131, 135, 136, Anlage 4). Die CSU-Politiker Tandler und Stoiber betonten seinerzeit öffentlich, Strauß habe bei der Kreditvermittlung »als Privatmann« gehandelt.

Warum ermittelten da nicht die Staatsanwaltschaft und die Steuerfahndung? Am erforderlichen Anfangsverdacht für Steuerhinterziehung konnte es hier nicht fehlen.

Nach dem Erscheinen meines Buches rief mich ein Mann an und bat mich um ein Gespräch: Er habe Wichtiges zum Milliardenkredit zu sagen. Als er mich zu Hause aufsuchte, erzählte er mir, dass er nach dem Studium bei einer Firma in Deisenhofen beschäftigt gewesen sei. Er habe früher mit dem BND zusammengearbeitet und sei nach der Wende als Unternehmensberater in der ehemaligen DDR tätig gewesen. Dabei habe er erfahren, dass Strauß beim Milliardenkredit drei Prozent Provision genommen habe. Außerdem glaubte er zu wissen, dass Schalck-Golodkowski und Geheimratschef Markus Wolf ebenfalls je drei Prozent kassiert hätten. Das Ganze sei über eine Bank in Liechtenstein gelaufen.

Die Information mochte stimmen oder auch nicht. Da der Mann keine schriftlichen Beweise vorlegte, war damit nichts anzufangen. Doch bald darauf gab es eine gewaltige Überraschung:

Nachdem die Geschwister Strauß ihren Strafantrag gegen mich gestellt hatten, trat über einen Dritten ein früherer Spitzenbeamter an mich heran. Er sagte zu mir am Telefon: »Sollten Sie in schwere Bedrängnis kommen, werde ich für Sie kämpfen. Sagen Sie nur das Wort ›Milliardenkredit!‹. Das genügt schon.« Wir trafen uns in seiner Wohnung. Aufgrund seiner einstigen Position in einem ausgedehnten Netzwerk konnte es für mich keinen Zweifel geben, dass er über sichere Informationen verfügte. Zum Milliardenkredit sagte er: »Dazu kann ich harte Angaben machen!« Vorerst wolle er noch den Verlauf des Verfahrens gegen mich abwarten. Des Weiteren sprach er mich auf das von F. J. Strauß hinterlassene Vermögen an. Er bezifferte die Höhe – es war ein erstaunlicher Betrag – und fügte hinzu: »In Fachkreisen galt das als feststehend.« Auch der frühere CSU-Bundesminister Alois Niederalt hatte in meinem Beisein einer Stammtischrunde im Hofbräuhaus genau dieselbe Summe genannt und sich über Strauß erregt.

Sodann erzählte ich von dem früheren Informanten, der von drei Prozent Provision, die Strauß kassiert haben sollte, gesprochen hatte. Mein Gesprächspartner widersprach nicht. »Drei Prozent sind 30 Millionen Mark«, sagte er. Um sicherzustellen, dass seine Angaben nicht verloren gehen würden, wenn ihm etwas zustoße, hinterlegte er später seine Unterlagen an einer zuverlässigen Stelle, die gegebenenfalls aktiv werden würde.

Im Übrigen erzählte er mir, dass er einmal mit Ludwig Huber nach dessen von Strauß erzwungenem Rücktritt als Präsident der Landesbank bei einem Glas Wein zusammengesessen sei. Dabei habe Huber geäußert, dass er »Material« in sein Feriendomizil in Italien ausgelagert habe. Der SZ-Journalist Michael Stiller berichtete, Ludwig Huber habe ihm gesagt, er habe 16 Kisten dorthin gebracht.

Hervorzuheben ist: Auch wenn – wie erwähnt – Ludwig Huber Strauß vorgeworfen hatte, er habe Provisionen kassiert (was einem Ministerpräsidenten nach der Bayerischen Verfassung überdies verboten ist), folgt daraus allein nicht zwingend, dass Strauß auch eine Provision beim Milliardenkredit vereinnahmte – aber es verstärkt massiv den Verdacht.

Gegenüber den vielen Kritikern in der CSU, die ihm vorhielten, er habe mit dem Milliardenkredit die harte Haltung der Partei gegenüber den kommunistischen Machthabern verraten, berief Strauß sich seinerzeit auf seine geistige Beweglichkeit: »So schnell könnt ihr gar nicht schauen, wie ich von einer Ecke in der anderen bin.«

Einer der engsten Wirtschafts- und Finanzberater von Strauß, Dr. Freudenberger, erzählte seinem Arzt Dr. Gemen/Burghausen von »Geldtransaktionen in die DDR und teilweise Rückführungen dieser Gelder in die BRD«. Das muss aber nicht mit dem Milliardenkredit zusammenhängen.

Übrigens: Ein anderer absoluter Spitzenpolitiker der Bundesrepublik steht im Verdacht, sich im Zuge der Wiedervereinigung maßlos bereichert zu haben. Im November 2005 nahm meine Frau an einer Tagung der deutschen Wirtschaftsprüferkammer in Baden-Baden teil. Auf dem Treffen war ihr Tischnachbar ein ihr bis dahin nicht näher bekannter Wirtschaftsprüfer aus Bayern. Nachdem er erfahren hatte, dass sie meine Frau sei, sprach er ihr seine Anerkennung für meine Haltung in der Amigo-Affäre aus. Er kam auf F.J.Strauß und andere bayerische Politiker zu sprechen und sagte dann: »Frau Schlötterer, vergessen Sie Strauß und alle anderen! Vergessen Sie sie! Das größte Schwein ist doch …« Und jetzt nannte er den Namen eines hoch angesehenen Politikers der Bundesrepublik, der, nachdem intern festgestanden habe, dass der Umtauschkurs für ostdeutsche Sparguthaben 2 : 1 sein würde, über Strohmänner Millionen Ostmark gekauft und anschließend entsprechend umgetauscht haben soll. Er sei heute steinreich.

Meine Frau wollte das nicht glauben und wandte ein, das könne doch nicht sein. Aber der Kollege habe darauf beharrt: »Aber, Frau Schlötterer, es ist so, glauben Sie mir! Wenn Sie seine Vermögensaufstellung vor und nach der Wiedervereinigung vergleichen, dann sehen Sie, was der heute für ein Riesenvermögen hat.«

Als mir meine Frau das erzählte, war ich erschüttert. Nein, dachte ich, das kann nicht sein, das darf nicht sein. Ein Mann in dieser Position mit seiner Verantwortung und mit seinem zur Schau gestellten moralischen Anspruch, das war einfach nicht möglich. Aber dann begann ich zu überlegen. Ein Wirtschaftsprüfer erfindet so etwas nicht, schon gar nicht, wenn es sich um einen solch ungeheuerlichen Vorwurf gegen eine derart prominente Persönlichkeit handelt. Er konnte wegen schwerer Verleumdung belangt werden und ein berufsrechtliches Verfahren gegen ihn riskieren. Auch hatte er nicht das geringste Motiv, meiner Frau einen Bären aufzubinden. Er musste zudem davon ausgehen, dass sie mir die Sache weitererzählte und dass ich sie dann aufgriff – möglicherweise beabsichtigte er dies sogar. Dass er vorsätzlich oder auch nur fahrlässig die Unwahrheit sagte, war daher auszuschließen.

Ich dachte weiter nach. Ein Mann der großen Skrupel war der Spitzenpolitiker nicht, das sprach in der Tat gegen ihn. Es gab da durchaus Dinge, die sehr merkwürdig, ja anstößig waren und die

Erzählung des Wirtschaftsprüfers schlüssig erscheinen ließen. Schließlich kam ich zur Überzeugung: So unfassbar die Geschichte war, sie musste wahr sein!

In dieser Nacht konnte ich längere Zeit nicht einschlafen. Ich dachte an eine bekannte Zeile von Heinrich Heine.

Ich verdrängte die Sache, die Menschen in der Bundesrepublik durften das nicht erfahren, sie würden sonst jegliches Vertrauen in die Staatsspitze verlieren. Im Laufe der Zeit aber änderte ich meine Meinung. Denn der Spitzenmann gab sich allzu unverschämt in der Öffentlichkeit. Ohne von der Geschichte zu wissen, sagte einmal ein früheres Mitglied der Bundesregierung zu mir: »Ein Samariter ist er nicht!« Als ich später die Umtauschaffäre mit einem sehr angesehenen Journalisten eines Nachrichtenmagazins diskutierte, wollte dieser natürlich wissen, wer es war. Ich behielt es für mich. Dann erzählte er mir, er habe den gleichen »Umtauschtrick« bei einem bestimmten CDU-Politiker recherchiert. Da war ich verblüfft. Denn dieser stand dem anderen sehr nahe.

Die Fürsorge für die Bauern

Im Dezember 2009 beklagte der Präsident des Deutschen Bauernverbands, Gerd Sonnleitner, die CSU-Landwirtschaftsminister würden die Bauern belügen. Sie würden versprechen, in Brüssel die Dinge zum Wohl der Bauern zu richten. Sonnleitner: »Die Staatsregierung gaukelt den Bauern vor, sie könne Preise gestalten. Das kann sie nicht.« Die Minister wüssten genau, dass die Landwirtschaftspolitik der EU-Kommission seit Langem festliege und dass es keine Aussicht auf Änderung gebe. Den gleichen Vorwurf erhob im Juni 2010 der frühere EU-Landwirtschaftskommissar Franz Fischler. Die Bayerische Staatsregierung habe den Bauern zu lange vorgemacht, sie könne die Welt für sie ändern, schrieb der Österreicher im Abschlussbericht seiner Kommission. Die Agrarpolitik lasse sich nicht an der wirtschaftlichen, gesellschaftlichen und politischen Realität vorbei gestalten. Wie war das früher mit Strauß? War er ehrlicher? Gerade ihm vertrauten die Bauern ganz besonders. Wegen seiner markigen Worte zugunsten der Landwirtschaft sahen sie in ihm den Sachwalter, der für sie eintrat, und himmelten ihn deshalb an.

Am 3. März 1976, es war der politische Aschermittwoch, sprach Strauß in der Nibelungenhalle in Passau zu seinen Anhängern, darunter viele Landwirte. Mit Donnerstimme forderte er, dass die Bauern einen gerechten Preis für ihr Fleisch erhalten müssten. Dafür werde er sich einsetzen. Der Verfall der Fleischpreise war die existenzielle Sorge der Landwirte. Nach dem Mittagessen in der Handwerkskammer kehrte Strauß beschwingt zu seiner Begleitung zurück. »So«, sagte er, »wir fliegen jetzt nach Budapest. Dort mache ich ein schönes Geschäft für meinen Freund März.« Als ihn am nächsten Tag der Pilot Lothar Lehmeier beim Rückflug fragte, ob alles gut gelaufen sei, bejahte Strauß. Das Geschäft sei zustande gekommen. Es ging um den Import von circa 2000 Tonnen Schweinefleisch oder mehr, halb so teuer wie in der Bundesrepublik. Irritiert erinnerte der Pilot Strauß daran, dass er am Vortag in der Nibelungenhalle zu den Bauern etwas ganz anderes gesagt habe, nämlich dass sie einen gerechten Preis für ihr Fleisch erhalten müssten: »So muss man's halt machen«, habe Strauß daraufhin lachend erwidert, berichtete Lehmeier. Dass Strauß ohne jeden persönlichen Profit nach Budapest geflogen war, also das Geschäft aus purer Liebe zu seinem Spezi Josef März eingefädelt hätte, scheint den Umständen nach höchstwahrscheinlich auszuschließen zu sein.

Die Fleischimporte nach Bayern

Der frühere Leiter der Zollpolizei an einem Grenzübergang zur damaligen Tschechoslowakei erinnerte sich zornig: Eines Tages sei ein Fleischimport aus der Tschechoslowakei eingetroffen, durchgeführt von einer Firma, die mit dem Unternehmen Marox der Gebrüder März zusammenhing. Er habe festgestellt, dass die Frachtpapiere des Lkw, der 20 bis 30 Tonnen geladen hatte, nicht stimmten. Daraufhin habe er den Fahrer befragt. Der habe zunächst behauptet, er wisse von nichts, sich dann in Widersprüche verwickelt und schließlich erklärt: »Jetzt sag ich überhaupt nichts mehr. Das Fleisch ist für das Jagdessen vom Franz Josef. Die Staatskanzlei wird sich rühren!« Der ehemalige Zollbeamte berichtete, er habe dann die Weisung erhalten, die Sache an die Oberfinanzdirektion Nürnberg abzugeben. Obwohl er um Benachrichtigung über den Fortgang gebeten habe, habe er nichts mehr gehört. Wie der Beamte weiter mitteilte, habe er später erfahren, dass Fleisch zum Teil von der Tschechoslowakei in die DDR transportiert und von dort nach Bayern eingeführt wurde – zum großen Schaden der Bauern.

»So muss man's halt machen!« Diese Verschlagenheit zieht sich durch das ganze Leben von Strauß. Er belog alle, er betrog alle. Im Hof der historischen Bischofsresidenz in Regensburg, zu Strauß' Zeiten eine Hochburg der CSU, steht an einem plätschernden Brunnen eine Bronzeskulptur: ein Priester, der den Gänsen predigt, während diese ihm andachtsvoll lauschend ihre Köpfe entgegenrecken. Auf der Rückseite aber lugt aus dem Mantelschlitz des Predigers ein Fuchs hervor, der einer Gans den Hals durchbeißt.

Schalck-Golodkowski hatte nach dem Tod von Strauß seinem Chef Erich Mielke schriftlich berichtet, CSU-Parteichef Theo Waigel und Ministerpräsident Max Streibl hätten ihm erklärt, die »finanziellen Verknüpfungen« von Strauß mit der Fleischfirma

März hätten die CSU oft in Schwierigkeiten gebracht. Strauß kassierte demnach bei den Geschäften von März mit. Hegte Strauß nicht einen ungeheuren Abscheu vor den kommunistischen Machthabern? Oder saß dieser Abscheu doch nicht so tief, wenn es um den eigenen Vorteil ging?

Weiter berichtete Schalck-Golodkowski dem Stasi-Chef Erich Mielke in demselben Vermerk: »Die Interessen von Josef März u. a. in Togo, Spanien und Argentinien wurden von Strauß abgedeckt und dienten nicht nur staatlichen Interessen.« Man kann dies so verstehen, dass es vermutlich auch um die finanziellen Interessen von Strauß ging. Schalck-Golodkowski hatte schon 1983, im Zusammenhang mit dem Milliardenkredit für die DDR, in einem Vermerk festgehalten, Strauß sei stark darüber verärgert, »dass es der Fleischfirma März nicht gelinge, in intensive Geschäftsbeziehungen mit der DDR zu treten und dass immer wieder Konkurrenzfirmen der Vorzug gegeben werde«. Dazu sagte Schalck-Golodkowski 1993 vor einem Untersuchungsausschuss des Bayerischen Landtags, der sich mit den Fleischimporten aus der DDR und dem Milliardenkredit befasste, diese Warnung habe ihm März übermittelt. Er habe sie sehr ernst genommen und veranlasst, dass »das Volumen der Exporte nach Bayern, die über März abgewickelt wurden, nicht angetastet wurde«.

Welches persönliche Interesse konnte Strauß daran haben, dass gerade die Firma März zum Zuge kam? Es scheint wiederum nur ein und dieselbe Erklärung zu geben: Strauß kassierte vermutlich mit! Die Gewinnspanne bei DDR-Schlachtviehimporten war außerordentlich hoch. Bei gleicher Qualität kostete 1984 ein DDR-Bulle 695 Mark, ein Bulle bayerischer Landwirte hingegen 2527 Mark. Und tatsächlich schaffte Strauß es, dass März neben der Firma Moksel bei den DDR-Importen eine marktbeherrschende Stellung erlangen konnte.

Diese DDR-Importe haben noch eine verschärfende Pointe. Die Gebrüder März hatten in Togo eine Rinderzucht begonnen.

Strauß selbst flog auffallend oft nach Togo, wo er enge Beziehungen zu dem Diktator Eyadéma unterhielt. Billiges Fleisch aus Togo durfte nicht in das EU-Gebiet importiert werden. Andererseits hatte die DDR aufgrund der innerdeutschen Verträge das Recht, ein bestimmtes Kontingent an Fleisch in die Bundesrepublik einzuführen. Auf dem Umweg über die DDR könnte die Firma März teilweise Fleisch aus Togo nach Bayern bezogen haben.

Mit großem Erstaunen sah die Öffentlichkeit, dass Schalck-Golodkowski 1989 nach seiner Flucht in die Bundesrepublik von der Firma März sofort ein Darlehen in Höhe von 600 000 Mark bekam und von Max Strauß liebevoll umsorgt wurde. Letzterer nahm ihn gegen Angriffe in Schutz. Schalck sei ein Opfer »der gesamten linken Mafia«, erklärte er. Offenkundig sollte verhindert werden, dass Schalck-Golodkowski sein Wissen über die »finanziellen Verknüpfungen« zwischen F. J. Strauß und März preisgab – womöglich auch über den Milliardenkredit an die DDR. Ministerpräsident Max Streibl aber lancierte 1991 die Aktenvermerke über die Gespräche von Strauß mit Schalck-Golodkowski in die Presse – offensichtlich, um seinen verhassten Vorgänger bloßzustellen.

Dass hinter den Fleischimporten aus der DDR Strauß stand, stellte der frühere Präsident des Bayerischen Bauernverbands, Gustav Sühler, vor dem Schalck-Untersuchungsausschuss des Landtags 1992 klar. Der Bauernverband habe seinerzeit laufend gegen die Billigeinfuhren protestiert, aber vergeblich. Der Preisverfall der Fleischpreise habe sich fortgesetzt. Sühler klagte Strauß vor dem Ausschuss an: Ihm sei »keine einzige Aktion von Strauß bekannt, um Schaden von den bayerischen Bauern abzuwenden«. Das Schicksal der Bauern war Strauß eben »wurscht«, Hauptsache, sie gaben ihm bei der Wahl ihre Stimme. Das oben erwähnte Geschäft in Budapest war überdies illegal. Sühler verwies darauf, dass März unter Umgehung der Vorschriften mut-

maßlich billiges Fleisch aus anderen Ostblockländern eingeschleust habe. Und, wie das Beispiel Budapest zeigt, half Strauß
dabei.

Der frühere Landwirtschaftsminister Simon Nüssel musste
vor dem Schalck-Untersuchungsausschuss im November 1992
zugeben, dass sein Ministerium den Bauern verschwiegen hatte,
dass sämtliche Schlachtviehtransporte aus der DDR nach Bayern gingen – also allein in das Herrschaftsgebiet von F.J. Strauß.
Das Ministerium log sogar: Auf eine Anfrage antwortete es im
Mai 1985, es sei nicht möglich, den bayerischen Anteil an den
Fleischimporten aus der DDR exakt zu beziffern. Tage später
aber legte der zuständige Referatsleiter seinem Minister eine
detaillierte »Aufstellung über die bayerischen Bezüge aus der
DDR« vor. Hätte der Landwirtschaftsminister freilich die Wahrheit offenbart und zugegeben, dass die den Preisverfall verursa-
chenden Billigimporte ausschließlich nach Bayern kamen, hätte
es einen Bauernaufstand gegeben. Und der Minister hätte sich
der Rache von Strauß sicher sein können. Denn als »Stimmvieh«
wollte Strauß sich die Bauern natürlich erhalten.

Die eigene Arglist gegenüber den Bauern hinderte Strauß
aber nicht daran, den CSU-Bundeslandwirtschaftsminister Ignaz
Kiechle immer wieder wegen seiner angeblich verfehlten Agrarpolitik zu attackieren. Kiechle, ein intelligenter Landwirt aus
dem Allgäu, war eine ehrliche Haut. Er wusste zweifellos, wie
Strauß den Bauern mitspielte. Was er von seinem Parteivorsitzenden hielt, kann man sich vorstellen.

Der Fall Simon Goldenberg

Die Bauern durften unter keinen Umständen von den Fleischimporten erfahren. Das erklärt auch den Fall Simon Goldenberg, der so rätselhaft erschien. In Ostberlin betrieb Simon Gol-

denberg über zwei Jahrzehnte die Vermittlung von Warenge-schäften. Die Marox GmbH der Gebrüder März in Rosenheim zählte zu seinen besten Kunden. Er wickelte für das Unternehmen in der DDR nach eigenen Angaben Geschäfte im Volumen von bis zu 100 Millionen Mark jährlich ab. 1976 übersiedelte er nach Bayern. Hier wurde er von Strauß-Freund Josef März groß-zügig unterstützt.

Mit Schreiben vom 8. Juli 1977 an den damaligen bayerischen Innenminister Alfred Seidl empfahl der Präsident des Landesamts für Verfassungsschutz, Hans Ziegler, die Vernehmung Golden-bergs. Die Bundesanwaltschaft habe ihn in acht Ermittlungsver-fahren genannt, er sei Kontaktperson östlicher Nachrichten-dienste gewesen; außerdem sei er an Devisenschiebungen mit gefälschten US-Dollar beteiligt gewesen. Der Innenminister legte das Schreiben dem CSU-Vorsitzenden Strauß vor. Er, der unent-wegt gegen die kommunistischen Gewaltherrscher wetterte – er, der ehemalige Bundesverteidigungsminister –, hätte sofort einer solchen Vernehmung zustimmen müssen. Doch diese unterblieb. Warum verweigerte Strauß seine Zustimmung?

Daraufhin schrieb Präsident Ziegler zornig an den Innen-minister, das Landesamt für Verfassungsschutz habe es nicht zu vertreten, wenn »wichtige Hinweise für die Sicherheitsinteres-sen der Bundesrepublik nicht ausgeschöpft werden könnten«. Trotzdem unterblieb die Vernehmung weiterhin. Vor einem we-gen der Langemann-Affäre eingesetzten Untersuchungsaus-schuss, der sich mit den Enthüllungen des früheren BND-Agen-ten und Leiters der Staatsschutzabteilung im bayerischen Innenministerium befasste, erlitt Strauß, als ihm das Schreiben Zieglers vorgehalten wurde, einen Anfall von Gedächtnisschwä-che: »Ich kann mich an dieses Schreiben nicht erinnern.«

Die Fernsehsendung *Monitor* (WDR) präsentierte 1982 Re-cherchen, die unter Berufung auf zwei sehr hohe Beamte des Innenministeriums ergaben, aus der engsten Umgebung von

Strauß sei die Anweisung gekommen, Goldenberg reinzuwaschen. Das deckt sich mit einem Bericht von Schalck-Golodkowski vom 12. Oktober 1984 an seinen Chef Erich Mielke, wonach ihm März »im Auftrag von Strauß« beiliegende Unterlagen mit der Bitte um Unterstützung gegeben habe. Und weiter: »Um Recherchen durch Münchner Behörden zu vermeiden, empfiehlt März, Möglichkeiten zu finden, Goldenberg ein entsprechendes Dokument zuzuspielen, aus dem seine Einbürgerung als Bürger der DDR 1959 ersichtlich ist.«

Es lag sicher nicht im Interesse von F.J. Strauß, wenn Goldenberg bei einer Vernehmung über die Geschäfte der Fleischfirma Marox geplaudert hätte. Was wogen dagegen schon die Sicherheitsinteressen der Bundesrepublik? Oder gar die Ermittlungen der Bundesanwaltschaft?

Die Fürsorge für die Bevölkerung der Oberpfalz

Im Juni 2009 fand in der Schwandorfer Oberpfalzhalle ein Erinnerungsfest statt. 20 Jahre nach dem Ende des Projekts der atomaren Wiederaufbereitungsanlage Wackersdorf (WAA) feierten 400 alte WAA-Gegner und jüngere Atomkraftgegner, darunter viele Mandatsträger, dieses Jubiläum. Die Vorführung eines Films über die damaligen Ereignisse zeigte, wie frisch die Emotionen geblieben waren. Denn, so berichtete die *Mittelbayerische Zeitung*: Franz Josef Strauß wurde seinerzeit gnadenlos ausgepfiffen und Landrat Hans Schuierer bejubelt.

Die Staatsregierung mit Strauß an der Spitze hatte das von der Atomindustrie beantragte Projekt seinerzeit genehmigt. Verblüffenderweise hatte Strauß beim Bund um die Wiederaufbereitungsanlage geworben, er wollte sie in Bayern haben. Der Widerstand der einheimischen Bevölkerung war jedoch gewaltig, es gab riesige Demonstrationen und gewalttätige Ausschreitungen. Die Staatsregierung sah sich zu massiven Polizeieinsätzen gezwungen. Beim Besuch der Redaktion einer Zeitung wurde Strauß damals gefragt, was er dazu sage, dass mittlerweile in Wackersdorf 400 Polizisten eingesetzt seien. Strauß habe, wie berichtet wurde, geantwortet: »Wenn es nach mir ginge, würden vier Polizisten und ein Maschinengewehr ausreichen.« Diese Äußerung, die bei der erwähnten Gedenkveranstaltung erstmals publik wurde, war unsäglich – sie wäre aber noch ganz anders einzustufen, wenn Strauß auch hier die Hand aufgehalten hätte.

Kassierte er Geld von der Atomindustrie oder von anderer Seite? Wenn man in Betracht zieht, dass er nachweislich in zahlreichen anderen Fällen rechtswidrig Gelder vereinnahmt hat, und wenn man bedenkt, dass er zum Beispiel schon als junger Bundesminister auf der Gehaltsliste von Wacker Chemie stand, ohne irgendeine nachweisbare Arbeit zu leisten, liegt der Verdacht nahe. Otto Wiesheu, unter Strauß CSU-Generalsekretär und späterer Wirtschaftsminister, bezweifelte später, dass die deutsche Stromwirtschaft die Wiederaufbereitungsanlage in Wackersdorf aufgegeben hätte, wenn Strauß nicht plötzlich gestorben wäre (*SZ* vom 6.8.2008).

Anfang 2010 suchte mich ein früherer CSU-Bundestagsabgeordneter zu einem vertraulichen Gespräch auf. Er berichtete mir empört über eine Reihe skandalöser Vorgänge innerhalb der CSU. Auf meine Frage, ob es zutreffe, dass Strauß für die WAA in Wackersdorf von der Atomindustrie Geld bekommen habe, erhielt ich die Antwort: »Ja, ich weiß es.« Er kenne auch die einschlägigen Briefe von Strauß an einen bestimmten Funktionsträger. Bald darauf sandte er mir ein von ihm verfasstes, umfangreiches Skript zu.

Von anderer Seite wurde eine Summe von horrender Höhe genannt, die Strauß vereinnahmt haben soll: 50 Millionen Mark.

Der seinerzeitige SPD-Landrat Hans Schuierer erklärte später, das ganze Projekt sei »von Anfang bis zum Ende ein Lügenpaket« gewesen. Nach dem ersten Zeitungsbericht, dass in der Oberpfalz wahrscheinlich eine Atomfabrik gebaut werde, habe er Ministerpräsident Strauß in Gegenwart seiner Minister deswegen angesprochen. Strauß habe gesagt, »es gebe dafür überhaupt keine Überlegungen«. Schuierer weiter: »Ein paar Wochen darauf ruft mich der Umweltminister Alfred Dick an, streng vertraulich, und hat mich informiert, was geplant war.« Laut Friedrich Zimmermann hatte Strauß in der *Spiegel*-Affäre »zum Wohle des Volkes gelogen«. Wie war das hier – wieder zum Wohle des Volkes?

Ministerpräsident Streibl jedenfalls ließ nur acht Monate nach dem Tod von Strauß das Projekt Wackersdorf einstellen – ein Verdienst, das ihm hoch anzurechnen ist. Vermutlich hatte er Strauß durchschaut. Dass das Projekt begraben wurde, freute möglicherweise nicht jeden im Land. Nicht zu vergessen ist, dass Streibl ein weiteres Bauvorhaben, den von Strauß monströs geplanten Neubau der Staatskanzlei, im Volksmund »Straußoleum« genannt, auf ein vernünftiges Maß reduzierte.

Die Fürsorge für die Kranken

Wie rührend sich Strauß um die Gesundheit seiner Landeskinder kümmerte, stellte er durch die immense finanzielle Förderung seines Leibarztes Valentin Argirov, der als völlig mittelloser Arzt aus Bulgarien nach Bayern gekommen war, unter Beweis. Ein Beamter, der an dieser erstaunlichen Bevorzugung Anstoß nahm, informierte darüber heimlich die SPD-Landtagsabgeordnete Carmen König. Dabei habe er, so Carmen König, »vor Angst am ganzen Leib gezittert«. Die Angst war begründet.

Denn es ging das hartnäckige Gerücht um, dass Strauß bei den Kliniken Argirovs mitkassierte.

Die Klinik in Kempfenhausen

Strauß soll zunächst schon den von Argirov für den Erwerb der Villa in Kempfenhausen am Starnberger See benötigten Kredit besorgt haben – angeblich zwei Millionen Mark.

Sodann wurde mit vielen Millionen der Ausbau der Villa und die Ausstattung als Klinik staatlicherseits finanziert. Wer sich hier als Beamter nicht fügte, konnte schnell unter die Räder kommen. So erging es dem Ministerialrat Peter Steigerwald im Arbeits- und Sozialministerium. Argirov wollte sich für seine Klinik einen staatsfinanzierten Computertomografen anschaffen – zu einer Zeit, als ein solches Gerät noch sehr teuer war, die Kosten lagen bei etwa zwei Millionen Mark. Da die Argirov-Klinik nur etwa 60 bis 80 Betten hatte, bestand für sie nach der sogenannten Großgeräteverordnung keine Chance auf eine solche Förderung, solange weit größere Kliniken, wie zum Beispiel das Pasinger Krankenhaus mit 400 Betten, noch kein derartiges Gerät hatten. Auf Verlangen von Strauß wurde Steigerwald jedoch angewiesen, die Finanzierung zu genehmigen. Er kam dieser Weisung nach, machte es aber zur Auflage, dass der Computertomograf durch einen niedergelassenen Radiologen betrieben werden und somit auch für Patienten außerhalb der Klinik in Kempfenhausen zur Verfügung stehen müsse. Das wiederum gefiel Argirov nicht. Auf ultimativen Druck von Strauß wurde der Ministerialrat daraufhin, wie er mir selbst erzählte, ohne jede vorherige Anhörung, abgelöst und in das Landesjustizprüfungsamt versetzt.

Die Ärzte des nahe gelegenen großen Kreiskrankenhauses in Starnberg protestierten öffentlich, denn ihrer Klinik stand kein Computertomograf zur Verfügung.

Die Klinik in Vogtareuth

Aber die Ausschüttung »wahnsinniger Fördermittel ohne Ende«, so ein sachkundiger Beamter der Regierung von Oberbayern, ging noch weiter. Für eine Klinik für behinderte Kinder in Vogtareuth in der Nähe von Wasserburg am Inn wurden, obwohl für eine Förderung nach dem Krankenhausfinanzierungsprogramm in keiner Weise die Voraussetzungen vorlagen, 80 Millionen Mark ausgegeben. Die Klinik wurde voll staatlich finanziert.

Plötzlich aber, laut Handelsregister vom 15. September 1988, also drei Wochen vor dem Tod von Strauß, gelangte die Klinik in die Hände von Argirov, der 60 Prozent der Anteile erwarb. Im Dezember 1988 genehmigte das Kabinett weitere 73 Millionen Mark, sodass sich die Förderung auf insgesamt 150 Millionen Mark addierte. Als 1990 weitere staatliche Millionen für die Einrichtung einer Neurochirurgie in dem kleinen Ort Vogtareuth gewährt werden sollten, gab es einen Medizineraufstand. Im Namen von 1150 Ärzten protestierte der Rosenheimer Ärztekreisverband gegen diese Förderung für ein Krankenhaus auf der »grünen Wiese«, wo es keine Infrastruktur gab. Doch der Protest war vergeblich.

Ein medizinischer Sachverständiger äußerte, die exzessive finanzielle Förderung der Argirov-Kliniken sei nur dann verständlich, wenn Strauß wirtschaftlich irgendwie beteiligt war. Darauf weist auch der Umstand hin, dass nach dem Tod von Strauß – einem Journalisten des *Spiegel* zufolge – enge Strauß-Vertraute sich zwei Tage in der Buchhaltung von Argirov umgesehen haben sollen. Zwei Journalisten des *Stern*, die Ähnliches erfahren hatten, führten mit Argirov darüber ein Interview. Argirov soll nichts zugegeben, aber auch nichts dementiert haben.

Die Luxusvilla an der Côte d'Azur

Unter Stoiber, heißt es, sei die ungerechtfertigte Förderung Argirovs, der inzwischen Stoibers Leibarzt geworden war, weitergegangen wie bisher. Wegen der hohen staatlichen Zuwendungen ist beachtenswert, dass Stoiber des Öfteren mit seiner Familie in Argirovs Luxusvilla in Cap Ferrat an der Côte d'Azur Urlaube verbrachte wie früher schon in der Luxusvilla des inzwischen wegen Bestechung und anderer Delikte zu Gefängnisstrafen verurteilten Dieter Holzer in Golfe Juan. Ex-Bundespräsident Wulff, dies nur am Rande, konnte immer vorrechnen, wie viel er für seine Ferienaufenthalte bei reichen Freunden bezahlt hat, musste trotzdem zurücktreten und sieht sich nun einer Anklage wegen einer nicht ganz geklärten Hotelübernachtung im Wert von wenigen hundert Euro ausgesetzt.

Als die Argirov-Klinik in Kempfenhausen zur Regierungszeit Stoibers ein Hyperthermiegerät, Kosten circa 1,5 Millionen Mark, von der Regierung von Oberbayern finanziert bekommen wollte, lehnte diese ab, weil das Behandlungsverfahren damals noch nicht wissenschaftlich anerkannt war und nur ein schmaler Topf an Fördermitteln zur Verfügung stand. Daraufhin soll die Sozialministerin Christa Stewens persönlich angerufen und gemeint haben, die Regierung möge doch über ihren Schatten springen. Eine schriftliche Weisung blieb jedoch aus. Deshalb gewährte die Regierung von Oberbayern keine Fördermittel.

Dass ein Anliegen von Argirov Chefsache war, ist schon von Anbeginn so gewesen. Ein Ministerialrat aus dem Innenministerium erzählte mir, er sei eines Tages wegen Argirov zu seinem Staatssekretär gerufen worden, da Argirov, der in Bulgarien ausgebildet worden war, nur eine Teilapprobation gehabt habe, aber eine volle Approbation beantragt hatte. Die Voraussetzungen hierfür hätten nach der einschlägigen Verordnung indes nicht vorgelegen. Der Staatssekretär gab zu erkennen, dass er unter

Druck von Strauß stehe. Er erteilte Weisung, die beantragte Approbation zuzuerkennen. Als die SPD-Landtagsabgeordnete Carmen König darauf den Verdacht rechtswidriger Einflussnahme von oben äußerte, wies das Innenministerium dies harsch zurück: Es sei bezeichnend für sie, »wie rücksichtslos sie Verdächtigungen auf Kosten anderer in den Raum stelle«.

Der Blumenhof

Anscheinend war Strauß schon früher an einem Projekt sehr interessiert gewesen, das ebenfalls im Dienste der Gesundheit stand. Bei einer Lesung im Alten Rathaus zu Regensburg kam ein Herr R. auf mich zu, der sich als früherer, langjähriger regionaler CSU-Schatzmeister vorstellte. Er beklagte sich bei mir bitter über Strauß. Er erzählte: Als junger Mann sei er im Kurhotel Blumenhof in Bad Aibling beschäftigt gewesen. Der Eigentümer habe damals überraschenderweise in der Umgebung saure Wiesen erworben, weil er »hintenherum« erfahren habe, dass die Staatsregierung ein Programm zur Entwässerung solcher Wiesen auflegen werde – damit wären die Wiesen ungleich mehr wert gewesen. Er, R., habe damals auch gehört, Strauß sei an dem Kurhotel wirtschaftlich beteiligt. Tatsächlich sei Strauß, in jenen Tagen noch Bundesverteidigungsminister, einige Male auf dem Blumenhof erschienen. Später habe der Unternehmer, weil er sich mit einem anderen Projekt übernommen hatte, mit circa 80 Millionen Mark bankrott gemacht. Er, R., habe eine Banklehre absolviert und sei schließlich zum Bankvorstand aufgestiegen. In dieser Funktion sei es ihm gelungen, in großem Umfang für die CSU Parteispenden zu werben.

Aufgrund seiner Verdienste sei er bei der Feier zum 40-jährigen Bestehen der CSU in München Strauß vorgestellt worden. Strauß, von Tochter Monika begleitet, habe zu ihm gesagt, er

freue sich, ihn kennenzulernen. Er habe erwidert: »Herr Ministerpräsident, wir sind uns schon einmal begegnet.« Strauß:
»Wo?« Er habe geantwortet: »Im Kurhotel Blumenhof.« Daraufhin habe sich Strauß abrupt, ohne ein weiteres Wort zu sagen,
von ihm abgewendet – ihn vor allen umstehenden Fotografen
und anderen Begleitern brüskierend. R. zeigte mir Fotos dieser
Szene. Weiter erzählte er, dass ihn Monika Hohlmeier später
gefragt habe, was denn damals los gewesen sei. Er habe es ihr
geschildert. Daraufhin habe sie gesagt, der Papa habe damit
klarstellen wollen, dass er »mit der Sache« nichts zu tun habe.
Warum wohl? War hier denn etwas anrüchig?

Die Stiftung für kranke Kinder

Die Eigentümer des Baur-Versandunternehmens in Burgkun-
stadt, Friedrich und Kathi Baur, verfügten 1957 in einem gemeinsamen Testament, dass nach ihrem Tod mehrere Testamentsvollstrecker ihr Unternehmen und die von ihnen gegründete Stiftung
betreuen sollten. Die Erträge der Stiftung sollten der Erforschung
und Behandlung von Kinderkrankheiten, insbesondere neuro-
muskulärer Art wie Kinderlähmung, dienen. Einer der Testamentsvollstrecker sollte der jeweilige bayerische Ministerpräsident sein. 1984 übernahm F. J. Strauß dieses Amt unter Verstoß
gegen die Bayerische Verfassung, die einem Ministerpräsidenten
eine solche Tätigkeit untersagt. Er erhielt dafür, wie schon erwähnt, jährlich 250 000 bis 300 000 Mark bis zu seinem Tod, insgesamt circa 1,3 Millionen Mark.

Die Vergütung war der Höhe nach weit mehr als das, was sich
die Eheleute Baur vorgestellt hatten. Die Ausgaben für die Tes-
tamentsvollstreckung überstiegen sogar die gemeinnützigen
Aufwendungen der Stiftung. Allein 1,5 Millionen Mark ver-
schlang die zwischengeschaltete Scheinfirma KBV Kontor Be-

teiligungs- und Verwaltungs-GmbH, die offenkundig den Verstoß gegen die Verfassung verschleiern sollte.

Deshalb hatte die Witwe Kathi Baur in einem weiteren Testament rechtswirksam eine Begrenzung der Vergütung auf 60 000 Mark jährlich verfügt. Strauß aber kassierte, wie allgemein bekannt wurde, ungerührt weiter volle 300 000 Mark. Das war etwa so viel wie sein Gehalt als Ministerpräsident, er wurde zum Doppelverdiener. Dafür hatte er einmal im Jahr an einer Sitzung der Testamentsvollstrecker teilzunehmen, die praktischerweise in der Staatskanzlei stattfand. Ansonsten anfallende Arbeit erledigte ein Ministerialrat der Staatskanzlei, dem er hierfür 10 000 Mark zahlte.

Der Regierung von Oberfranken als Stiftungsaufsicht und drei anderen Mitgliedern des Stiftungskuratoriums wurde die Kenntnis von der Begrenzung auf 60 000 Mark vorenthalten, ebenso angeforderte Informationen, wie Regierungspräsident Winkler 1994 vor dem Amigo-Untersuchungsausschuss bitter beklagte. Die Eheleute Baur hatten in ihrem gemeinsamen Testament zudem bestimmt, der Ministerpräsident könne die Vergütung auch für gemeinnützige Zwecke in seinem Geschäftsbereich verwenden. Doch auch davon nahm Strauß geflissentlich Abstand.

Nach seinem Tod kassierten die Strauß-Geschwister die letzte angefallene Testamentsvollstreckervergütung. Als Edmund Stoiber Ministerpräsident wurde, machte er die geheimen Einnahmen seiner Vorgänger publik und verkündete, er werde dies nicht fortsetzen. Die Öffentlichkeit war voller Empörung über das Verhalten von Strauß, aber auch über das seiner Erben. Eine FDP-Landtagsabgeordnete rügte, die Gelder sollten »kranken Kindern zufließen und nicht den gesunden Kindern eines Ministerpräsidenten«.

Die Geschwister Strauß aber focht das nicht an. Sie lehnten es entschieden ab, das Geld oder auch nur den 60 000 Mark übersteigenden Betrag herauszugeben oder der Stiftung oder anderen gemeinnützigen Zwecken (etwa der Marianne-Strauß-Stiftung) zuzuführen. Max Strauß drohte gar, wer dies durchzusetzen versuche, werde sich eine »blutige Nase« holen. »Von uns gibt es keinen Pfennig zurück«, erklärte er dem *Spiegel.* Er lehne »öffentlichen Finanz-Striptease« ab. Seine Schwester Monika Hohlmeier, damals Staatssekretärin im Unterrichtsministerium, sagte, für sie sei die Sache »gegessen«.

Edmund Stoiber deklarierte das erstaunlicherweise als Privatangelegenheit. Er beförderte Monika Hohlmeier sogar alsbald zur Kultusministerin. Als solche durfte sie für viele, viele Kinder sorgen, ohne dass es sie auch nur einen Pfennig gekostet hätte.

Edmund Stoiber galt von nun an als derjenige, der mit dem Amigo-Unwesen aufräumen wollte. Er erhielt von vielen Seiten Lob. Ab jetzt genoss er das Image des Saubermanns. Sein Beweggrund war aber höchstwahrscheinlich auch noch ein ganz anderer: Er musste ernsthaft damit rechnen, dass die Sache mit den Testamentsvollstreckervergütungen irgendwann auffliegen würde. In Erinnerung an seine frühere öffentliche Beichte, dass er die Vorteile des Amigo-Systems in Anspruch genommen habe, zum Beispiel kostenlose Urlaubsflüge und Autobenutzungen, hätten sich die Bürger dann gesagt: Er hat ja heimlich damit weitergemacht. Dieses Risiko durfte Stoiber nicht eingehen. Er selbst erklärte, es habe in der Stiftungsangelegenheit Anfragen aus der Presse gegeben, da sei er Veröffentlichungen lieber zuvorgekommen (*Spiegel* 11/94, S. 25). Es war ihm wohl bewusst, dass er sonst zurücktreten hätte müssen.

Die Fürsorge für weniger betuchte Bürger

CSU ist die Abkürzung von Christlich-Sozialer Union. Als Parteivorsitzender musste es für Strauß ein Hauptanliegen sein, den programmatischen Anspruch des Christlich-Sozialen zu erfüllen. Er musste sich als Anwalt der ärmeren Schichten geben. Nach außen hin propagierte er das mit gewaltigem Stimmaufwand, aber in Wirklichkeit hielt er es mit den Reichen und Superreichen. Flick, Diehl, Zwick, Jahn, Grundig, Hurler, März und andere sind Beispiele hierfür. Er profitierte von ihrem Reichtum, umgekehrt schlugen sie Gewinn aus seiner Macht – selbstverständlich heimlich, die Bürger durften um Gottes willen nichts davon erfahren. Nur ab und zu konnte man etwas ahnen, beispielsweise als der *Stern* ein großformatiges Foto abdruckte, das Strauß auf der Jacht von Friedrich Karl Flick zeigte: die vielköpfige Schiffmannschaft pyramidenförmig aufgestellt, oben an der Spitze der strahlende Strauß.

In einem 1975 veröffentlichten Büchlein *Deutschland Deine Zukunft* prangerte F.J. Strauß an, der Neid sei in der Bundesrepublik der gesellschaftliche Antrieb geworden. In einer CDU/CSU-Abschlussbesprechung vor der Verabschiedung der Einkommensteuerreform 1974 habe ich es erlebt, dass Strauß erklärte, die Hauptsache sei, dass keine Neidgefühle entständen. Das war sein einziger Beitrag zur Sache. Der angebliche Neid der Ärmeren auf die Reichen missfiel ihm, und das aus gutem Grund. Er kam aus einfachsten Verhältnissen. Jetzt aber war er selbst reich und wollte immer noch reicher werden. Kein anderer Politiker außer ihm erklärte je den Neid zum politischen Problem.

Warum gerade ihm der Neid so verwerflich erschien, war damals rätselhaft. Aber heute wird sein Motiv klar, wenn man den erstaunlichen Reichtum betrachtet, den er in aller Heimlichkeit angehäuft hat.

Was »sozial« ist, definierte Strauß auf seine Weise. Er polterte: »Sozial bedeutet, ohne den lebensfremden Gerechtigkeitsscheinmoralismus, ohne Ideologiebesessenheit und ohne den Wahn der totalen Gleichheit und Gleichmacherei zu handeln« (zitiert nach *Frankfurter Rundschau* vom 18. Juli 1979). Natürlich:

Wie sonst konnte er vor sich selbst seine unstillbare Geldgier rechtfertigen? Die anderen Bürger standen weit unter ihm, da durfte er sich wohl mit Fug und Recht nehmen, was er haben wollte. Welch ein Wahn zu glauben, die Gleichheit stehe dagegen! Angesichts seines nunmehr aufgedeckten, fragwürdigen bis illegalen Reichtums ist der doppelbödige Sinn seiner Äußerungen zu erkennen.

Aber als Strauß 1980 als Kanzler kandidierte, flehte er die einfachen Bürger an, ihm ihre Stimmen zu geben. Beschwörend wies er auf seine ärmliche Herkunft hin: »Ich stehe dem kleinen Mann – ob es der Kumpel an Rhein und Ruhr ist, ob es der Arbeiter am Flugplatz in Berlin ist, ob es der Taxichauffeur in Hamburg ist oder ob es die breite Schicht der Hausfrauen ist – näher als die meisten der hohen Funktionäre und Manager ... Ich komme aus dem Milieu einer Arbeitervorstadt. Ich kenne die Mentalität und Psychologie der breiten Massen unseres Volkes, ... weil das meine Natur ist, weil ich dort mehr politische Heimat habe als in manchen Häusern der Vornehmen und der Reichen, die heute vor Helmut Schmidt herumscharwenzeln« (Stefan Finger, *Franz Josef Strauß. Ein politisches Leben*, S. 438).

Nach der verlorenen Kanzlerwahl hatte er dieses Glaubensbekenntnis schnell wieder vergessen. Als im Zuge einer großen Steuerreform die Abgaben für Benzin und leichtes Heizöl angehoben und zugleich staatliche Sozialleistungen gekürzt werden sollten, versuchte er vehement die Besteuerung des Flugbenzins aufzuheben – zugunsten betuchter Privatflieger. (Finger, S. 516). Damit hatte er sich entlarvt. Sein Ansehen sank erheblich, auch in der CSU. Die Öffentlichkeit hatte erkannt, auf wessen Seite er wirklich stand. Aber die Bürger ahnten nicht, in welchem Ausmaß er sich selbst über die Jahrzehnte hinweg bereichert hatte – auf ihre Kosten.

Die Fürsorge für die CSU

F. J. Strauß gerierte sich als der »große Vorsitzende« seiner Partei, insgeheim aber betrachtete er sie wohl auch und vor allem als Einkunftsquelle. Es besteht der dringende Verdacht, dass Strauß sogar seine eigene Partei betrog, indem er Geld, das ihr gehörte oder für sie bestimmt war, nicht weitergereicht hat. Dafür gibt es hochrangige Kronzeugen. So hatte der CSU-Schatzmeister Wolfgang Pohle 1970 in einem Brief beklagt: »Die Beträge, die an den Landesvorsitzenden gehen, sind im Allgemeinen nur mit Schwierigkeiten herauszubekommen, wenn überhaupt.« Das besagt, dass Strauß einen Teil dieser Beträge der CSU vorenthielt. Pohle beklagte weiter, dass Strauß sich um Aussprachen hierrüber gerne drückte.

Der frühere Ministerpräsident Max Streibl erzählte nach seinem Sturz dem *Spiegel*, als CSU-Generalsekretär habe er »schon gemerkt, dass Geld fließt, das nicht in der Partei landet. Ich wusste nur, was über die offiziellen Konten der Partei lief.« Und der *Spiegel* berichtete 1996 unwidersprochen, aus zufällig gefundenen Akten des CSU-Schatzmeisters Pohle erschließe sich, dass der Bundesverteidigungsminister Strauß seit 1962 über seinen Strohmann Friedrich Zimmermann an einer Baugesellschaft namens Bauunion beteiligt war, und zwar mit »Spendengeldern, die der Partei zugedacht waren und eigentlich in die Parteikasse gehört hätten«. Unter Berufung auf einen der CSU-Schatzmeister berichtete der *Spiegel*, dass Strauß von CSU-Sonderkonten Geld entweder gar nicht oder höchst ungern an die Schatzmeister weitergegeben habe. Selbst dann nicht, wenn das Geld dringend gebraucht wurde.

Später bekräftigte der frühere Bundesinnenminister Friedrich Zimmermann in einem Interview vom 16. November 2010 mit dem Journalisten Egmont Koch, dass die Partei von dem Geld auf den Sonderkonten nichts gesehen habe. Von anderer Seite war zu erfahren, dass es bei der Deutschen Bank ein Konto gab, über das Strauß allein verfügungsberechtigt war. Wie vereinbarte sich das mit den Aufgaben des Schatzmeisters? Dem CSU-Landesverband gegenüber soll sich Strauß darüber hinaus hartnäckig geweigert haben, über die Verwendung der auf diesem Konto eingegangenen Gelder Auskunft zu geben. Was waren denn dann die Prüfungsberichte wert, die die Wirtschaftsprüfer zu erstellen hatten?

Zum Zeitpunkt des Todes von Strauß war die CSU sogar faktisch pleite, weil sie keinen Zugriff auf das Geld hatte, wie Ministerpräsident Streibl später preisgab. Schon als CSU-Generalsekretär habe er damit Probleme gehabt. Wenn er Strauß damit konfrontiert habe, dass kein Geld mehr da sei, sei Strauß in die Schweiz gefahren und habe Geld geholt. Daraus resultiert die Frage: Wie viel von dem von Strauß vereinnahmten Geld floss zu Lebzeiten der Partei zu? Wie viel davon war nach seinem Tod noch da? Auf den Konten in der Schweiz offenkundig nichts. Denn die Geschwister Strauß haben erklärt, es habe sich um Konten gehandelt, auf denen ihre Eltern eigenes Geld angelegt hätten, demnach war das privates Geld.

Wer nun geglaubt haben sollte, dass sich die Parteispitze, zumal der CSU-Vorsitzende Seehofer, umgehend zu dem bereits in meinem Buch *Macht und Missbrauch* hart belegten Verdacht, der große Vorsitzende habe seine eigene Partei betrogen, erklären würde, sah sich getäuscht. Obwohl der Vorwurf gegen den verklärten Patron ungeheuerlich war. Schließlich ging es um die Veruntreuung von vielen Millionen, um schwere Straftaten der Untreue und der Unterschlagung. Aufklärung war Seehofer schon den Parteimitgliedern schuldig. Doch was geschah? Er und die Parteispitze hüllten sich in Schweigen. Man sah sich nicht gewillt, vielleicht ja auch außerstande zu dementieren. Was soll man dazu noch sagen?

Die AVIA-Ölgesellschaft

Die Verdienste von F. J. Strauß um eine gesicherte Versorgung der Bevölkerung mit Erdöl spiegeln sich in den Ergebnissen intensiver Recherchen wider, welche die Journalisten Rudolf Lambrecht und Michael Mueller in ihren 2010 erschienenen Buch *Die Elefantenmacher* dargelegt haben. Sie spürten folgende, hier gedrängt wiedergegebene Vorgänge auf:

Als Strauß 1980 als Kanzler kandidierte, war dies ganz im Sinne des saudi-arabischen Königshauses. Die Saudis erhofften sich von ihm eine Lockerung der deutschen Beschränkungen für Rüstungsexporte, vor allem wollten sie den Kampfpanzer Leopard 2 kaufen. Karlheinz Schreiber zufolge sagte der saudi-arabische Botschafter zu, dass die Saudis die CSU und Strauß im bevorstehenden Wahlkampf finanziell unterstützen wollten. »Strauß sollte«, so Schreiber, »einen Dollar pro Barrel Öl bekommen und ich auch.«

Diese Angaben decken sich mit einer eidesstattlichen Versicherung, die ein Mitstreiter Schreibers abgegeben hat. Unter Bezug auf ein Gespräch vom 30. Januar 1980 in der saudischen Botschaft in Bonn heißt es darin, der bevollmächtigte Minister Youssuf Mottabakani habe erklärt, »dass Saudi-Arabien bereit sei, über Ölverträge und damit zu machende Kommissionen der CSU und Strauß finanziell zu helfen, um die Wahl für Strauß zu gewinnen«.

Tatsächlich wurde in Riad ein Vertrag zwischen der saudischen Ölgesellschaft Petromin und der deutschen Ölhandelsorganisation AVIA mit Sitz in München unterschrieben. Schreiber war daran allerdings nicht beteiligt. Der Vertrag war sensationell, weil die Saudis bis dahin nur an staatliche Ölgesellschaften und an die internationalen Unternehmen wie Shell, BP oder Esso verkauft hatten. Strauß hatte daran »maßgeblich mitgestrickt«. In einem Schreiben an Kronprinz Fahd hatte er sich für den

Deal eingesetzt und zugesagt: »Ich bin wie immer bereit, Ihre Königliche Hoheit in jeder nur möglichen Art und Weise zu unterstützen.«

Der Kontrakt sah die Lieferung von 100 000 Barrel Öl täglich für drei Jahre vor, insgesamt etwa 15 Millionen Tonnen. Lambrecht und Mueller zufolge fielen dabei etwa 550 Millionen Mark an Schmiergeldern an, die unter mehreren Partnern aufgeteilt und zumeist über Liechtensteiner, Schweizer und panamesische Briefkastenfirmen abgezogen wurden. Und weiter: »Zu den Begünstigten gehörte nach den vorliegenden Akten auch die CSU.«

Für die Verteilung der Schmiergelder bediente sich die AVIA der beiden Kaufleute Goldhofer aus München und Jens-Jürgen Jensen aus Hamburg. Der Löwenanteil ging an eine Liechtensteiner Briefkastenfirma namens Terlano Anstalt. Laut Betriebsprüfungsbericht eines Münchner Finanzamts gingen dorthin 230 000 Dollar pro Tag. Über die Zeitdauer der Lieferungen waren es etwa 125 Millionen Dollar. Wer hinter Terlano stand, blieb unbekannt.

In den Unterlagen von Jensen war unter dem Datum des 23. August 1980 – kurz vor der Bundestagswahl, als Strauß als Kanzler kandidierte – die Notiz zu finden: »Parteispende über Hoffmann 200 000 DM«. Auf einem anderen Blatt, auf dem er die Schmiergeldanteile verschiedener Mitkassierer festhielt, vermerkte Jensen: »CSU 0,01«. Das sollte ein Cent pro Barrel bedeuten, was im ersten Jahr der Öllieferung über 700 000 Mark gewesen wären.

Doch auf Anfrage von Lambrecht und Mueller antwortete die CSU, es gebe in ihren Unterlagen »keinerlei Hinweise auf Spenden« von Hoffmann, Jensen oder der AVIA. Wer war überhaupt dieser Hoffmann? Es handelte sich offensichtlich um den Honorargeneralkonsul Hans Hoffmann, einen engen Freund von Strauß, mit Sitz in Malaga und einer Villa in Marbella, wo Kronprinz Fahd sein Nachbar war. Strauß hatte in seiner Zeit als Verteidigungsminister Hoffmann den würdevollen Titel verschafft und bei ihm viele Urlaubstage verbracht, wie Lambrecht und Mueller berichten.

Ermittlungen des Münchner Finanzamts sowie der Staatsanwaltschaft München im Zusammenhang mit einer Strafanzeige gegen Jensen wegen eines Betrugsfalls führten zu einer Firma LCF in Panama und einer Firma LCF Energie AG in der Schweiz. An beiden Firmen war Jensen beteiligt. Ein Teil des Schmiergeldes war an die LCF in Panama geflossen; unbekannt blieb, wer dort mitkassierte.

Bei beiden LCF-Firmen tauchte neben Jensen als weiterer Gesellschafter der Deutsche Norman Leiser mit Wohnsitz in der Schweiz auf. Als die Staatsanwaltschaft wegen des Betrugsfalls gegen Jensen ermittelte, wurde Leiser die Sache offenbar zu heiß. Er bat einen Treuhänder, die LCF Energie AG in seine Obhut zu nehmen. Diese ging schließlich unter dem neuen Namen Zekom AG in Konkurs.

Als der Treuhänder im Rahmen des Konkursverfahrens vom Konkursamt des Kantons Nidwalden zur LCF Energie/Zekom vernommen wurde, machte er laut Protokoll eine überraschende Aussage: Er sei ahnungslos »in eine Firma gekommen, die hohe Politik machte, Handel mit Gaddafi trieb, Raketen nach Iran liefern wollte und eine sehr gewagte Steuerproblematik einfädelte«. Zu den Gesellschaftsverhältnissen gab er an: »Meines Wissens, das ich nur vom Hörensagen weiß, waren die Gründer: Norman Leiser, Engelberg, Franz Josef Strauß, München, Dr. Gayler, Bahnhofquai, Zürich, später auch Dr. Straub, Zug. Auch soll Herr Dr. Goldstein, AVIA Internat. Gründer gewesen sein und Libyen eine Beteiligung gehalten haben.«

Zum Aktienkapital gab der Treuhänder an: »Gründung 100 000, voll, Verteilung weiß ich nicht, und Dr. Gayler ist verstorben, ebenso Dr. Goldstein und F.J. Strauß« (so das Vernehmungsprotokoll vom 11.05.1995). Anmerkung: Mit Goldstein dürfte Goldhofer/München gemeint sein.

Mit dieser Aussage konfrontiert, erklärte Leiser: »Der lügt. Franz Josef Strauß war kein Gesellschafter von mir. Dem kam es doch nur auf die Kohle an.« Um verdeckt Provisionen zu kassieren, benötige man keinen Treuhänder, es genügten Unterkonten bei einer Bank.

Das war jedoch kein wirkliches Dementi. Strauß musste natürlich nicht Mitgesellschafter im Rechtssinne sein. Wenn er aber verdeckt dahinterstand, konnte die Aussage des Treuhänders richtig sein. Welchen Grund auch sollte dieser für eine Falschaussage gehabt haben? In Leisers Arbeitszimmer stand eine Büste von F. J. Strauß. Und es liegt nahe, dass Ludwig Huber diese Gesellschaft im Auge hatte, als er, wie erwähnt, Strauß in verdeckter Form vorhielt, er habe unter anderem eine Beteiligung in der Schweiz.

Aber auch abgesehen von der Firma LCF gilt: Die Gesamtumstände des AVIA-Deals begründen den massiven Verdacht, dass Strauß heimlich Gelder zugeflossen sind. Hinter diesem Deal stand schließlich die erklärte Absicht der Saudis, Strauß finanziell zu unterstützen, damit er Kanzler würde. Auf welchem Wege sonst hätten sie ihn damals finanziell gefördert?

Das öffentliche Wohl

Was hat Strauß für Deutschland geleistet? Der »Aufbau« der Bundeswehr war eine einzige Kette von Skandalen, Misswirtschaft und Bestechlichkeitsvorwürfen. Der von ihm verursachte Schaden ging in die Milliarden. Die Ostpolitik Brandts, ohne die später die Wiedervereinigung nicht oder nicht so rasch möglich gewesen wäre, bekämpfte er bis aufs Messer. Als die CDU dem

Friedensvertrag mit Polen zustimmte und auch das Kabinett Goppel ankündigte, im Bundesrat zustimmen zu wollen, versuchte er, Goppel davon abzubringen mit den Worten: »Alfons, du machst doch aus Scheiße keinen Kaviar!« Beamte, die das Gespräch mitbekamen, haben diese »staatsmännische« Äußerung bezeugt. Umgekehrt aber lobte er von den UN geächtete Unrechtsregime wie das des chilenischen Diktators Augusto Pinochet und der südafrikanischen Apartheidsregierung, womit er der Bundesregierung große Schwierigkeiten bereitete.

Der frühere CSU-Bundesminister Alois Niederalt, enger Weggefährte von Strauß, äußerte mir gegenüber grimmig: »Das öffentliche Wohl, das war sein eigenes!« Das Credo von Strauß habe gelautet: Ich bin die CSU, die CSU ist der Staat, also bin ich der Staat!

Als ich auf Einladung der CSU eine Lesung in Günzburg hielt, war eigens der hoch angesehene ehemalige Innenminister Bruno Merk gekommen. Er begrüßte mich auf das freundlichste und kaufte sich gleich ein zweites Buch, weil er sein erstes bereits verschenkt hatte. In einer Ansprache beklagte er: Während er das Wohl des Staates im Auge gehabt habe, sei es Strauß nur um das Interesse der Partei gegangen – und häufig auch »um seinen eigenen Vorteil«. Als er, Merk, um leistungsfähige Verwaltungseinheiten zu schaffen, die Gebietsreform durchgeführt habe, bei der viele Bürgermeister kleiner Gemeinden ihre Posten verloren, habe ihm Strauß heftige Vorhaltungen gemacht: Diese 8000 Bürgermeister seien schließlich das Rückgrat der Partei! Als die CSU bei der nächsten Landtagswahl Stimmen verlor, habe Strauß ihm in einer Sitzung des Landesvorstands die Schuld hierfür zugeschoben, beklagte der frühere Minister.

Natürlich ist nicht zu leugnen, dass Strauß auch Leistungen erbracht hat. Wenn man so lange eine Spitzenposition einnimmt, kann dies gar nicht anders sein. Aber wenn man in die andere Waagschale all seine Straftaten, die vielfachen Missbräuche staatlicher Mittel und andere Fehlleistungen legt, dann haben diese bei Weitem das Übergewicht. Er war ein Karrierist, der das Gemeinwesen »Bundesrepublik« als eine Weihnachtsgans betrachtete, die es auszunehmen galt. Die normalen, rationalen Aktivitäten waren der Vorhang, der diese Ausbeutung vor dem Publikum verdeckte. Weil sie nur das Positive zu sehen bekamen, klatschen auch heute noch viele Leute Beifall. Sie vermögen oft nicht zu glauben, was sich im Verborgenen abspielte. Soll man sie für ihren guten Glauben tadeln?

Was hat Strauß für Bayern geleistet? Horst Seehofer hat erklärt, Strauß habe aus dem Agrarland Bayern einen modernen Industriestaat geschaffen. Diese Behauptung ist schlechterdings falsch. Zum einen hat eine wissenschaftliche Untersuchung nachgewiesen, dass Bayern schon vor dem Zweiten Weltkrieg eine Industrieregion war – bereits 1921 gab es mehr Beschäftigte in der Industrie als in der Land- und Forstwirtschaft (so Richard Zwill, Direktor des Hauses der Bayerischen Geschichte). Und zum anderen wurde Strauß überhaupt erst 1978 Ministerpräsident. Alfons Goppel, der 16 Jahre lang zuvor Ministerpräsident gewesen ist, war Seehofer zufolge anscheinend nur Statist. Der frühere stellvertretende Ministerpräsident Ludwig Huber urteilte, als er im April 1996 seine *Erinnerungen* vorstellte, zutreffend: »Strauß war spektakulär, aber Erhard, Seidl und Goppel haben mehr Spuren für die Fortentwicklung des Landes hinterlassen.« Beispielsweise hat die Gründung der Raffinerien bei Ingolstadt Goppels Wirtschaftsminister Otto Schedl betrieben, die Luft- und Raumfahrtindustrie hat vor allem der Ingenieur Ludwig Bölkow konzipiert – in der Regierungszeit Goppels. Und Siemens kam nach Bayern, weil der frühere Standort Berlin, eine geteilte Stadt und vom DDR-Gebiet umschlossen, nicht mehr geeignet war.

Überdies hieße es, die Möglichkeiten eines einzelnen Politikers maßlos zu überschätzen, wollte man Seehofer Glauben schenken. Unternehmer warten doch nicht auf die Wegweisung eines Politikers, sie gestalten selbst. Nicht zu übersehen ist zudem, dass Bayern mit über 70 000 Quadratkilometern fast ein Drittel der Fläche der alten Bundesrepublik einnahm und verkehrsmäßig ein optimaler Standort war. Da war es nur natürlich, dass sich zusätzlich Industrie hier ansiedelte und gedieh.

Hinsichtlich der Leistungen von Strauß als Ministerpräsident bezeugt auch der frühere Kultusminister Prof. Hans Maier, »dass die drei Kabinette Strauß … im Land weit weniger bewegt haben als die vier Kabinette Goppel«. Ohnehin tragen weitestgehend die Ministerien die Regierungsarbeit, der Staat funktioniert recht gut selbst dann, wenn der Ministerpräsident wenig tut. Der geringeren Effizienz von Strauß entsprach sein Regierungsstil. In den Sitzungen des Kabinetts führte er die Minister regelrecht vor. Die bewährten Grundsätze der Verwaltung, so Maier, »spielten plötzlich keine Rolle mehr. Wer sich darauf berief, wurde verhöhnt.«

Den Bürgern aber täuschte Strauß den seriösen Landesvater und omnipotenten Sachwalter des Gemeinwohls vor.

Sein Büroalltag in der Staatskanzlei sah offenbar nicht so aus, dass er dort unermüdlich für die Bürger gearbeitet hätte – entgegen der Darstellung nach außen. Einer der engsten Mitarbeiter von Strauß schilderte dem Journalisten Rudolf Lambrecht den Ablauf. Danach kam Strauß, falls er nicht aufgrund eines Termins schon früher da sein musste, erst gegen 11 Uhr, wegen übermäßigen Alkoholkonsums am Abend zuvor häufig missgelaunt. Dann habe er sich als Erstes die Pressemappe vorlegen lassen, anschließend habe er einige Zeit gearbeitet. Aber ab 16 Uhr schon habe er mit seinen Freunden telefoniert, wohin man am Abend wieder ausgehen könnte. Das Regieren überließ Strauß weitgehend seinem Kabinett und der Verwaltung. Auch in seiner Bonner Zeit mühte er sich keineswegs unentwegt für die Bürger ab. So ging er zum Beispiel bis zu 50-mal (!) im Jahr

auf die Jagd. »Mit dem Flugzeug war das ja leicht möglich«, erzählte der frühere Pilot Lothar Lehmeier, der Strauß mit dem
Zwick-Flugzeug und später mit dem Hurler-Flugzeug herum-
flog.

Zu bedenken ist insbesondere der ungeheure Schaden, den er
dem Freistaat Bayern zugefügt hat: durch »Steueroptimierung«
in eigener Sache, durch Behinderung der Steuerverwaltung in
anderen Fällen, durch Gewährung fragwürdiger bis rechtswidriger Steuernachlässe zugunsten seiner Gönner, durch Zuschan-
zen öffentlicher Aufträge gegen Bares. Der Schaden geht vermutlich in die Milliarden.

Die Missachtung des öffentlichen Wohls beschränkte sich
nicht auf seine Person, sie übertrug sich wie eine ansteckende
Krankheit auf seine nähere Umgebung, auf seine Helfer und
Helfershelfer. Für sie wurde das Wohl ihres Herrschers und För
derers oberste Richtschnur. Da sie seinen Willen durchzusetzen
hatten, verloren umgekehrt die Minister an Macht, ihre verfas-
sungsmäßige Ressortverantwortlichkeit wurde geschwächt, bisweilen untergraben. Dieses »System Strauß«, schrieb der frühere
Kultusminister Prof. Hans Maier, begann »selbsttragend« zu
funktionieren, nachdem Edmund Stoiber Generalsekretär und
Gerold Tandler Fraktionsvorsitzender geworden waren.

Zugleich wandelte sich die Einstellung der Spitzenbeamten.
Unter Ministerpräsident Alfons Goppel verfuhr man nach Recht
und Gesetz und nach dem, was ordnungsmäßig, vernünftig erschien. Ein persönlicher Wille Goppels wurde in den Einzelfällen der ministeriellen Verwaltungstätigkeit normalerweise nicht
spürbar. Nun aber hieß es: »Strauß will es!« Da gab es kein Halten mehr. Was er wollte, wurde durchgezogen, was sollten da
Recht und Gesetz? Ich habe es mehrfach erlebt, dass der
Strauß-Intimus Lothar Müller, Amtschef im Finanzministerium,
einem Referatsleiter, der anderes wollte, entgegenhielt: »Da
springt Ihnen der Strauß mit dem nackten Arsch ins Gesicht.«

Die jahrelange Gewohnheit bildete einen neuen Typ absolut höriger Beamten heraus, der vermehrt unter dem rigorosen Regiment von Edmund Stoiber in Erscheinung trat. Als ich mich einmal einem Ministerialdirektor (die höchste Beamtenstufe in Bayern) gegenüber beklagte, dass vielfach rechtswidrig gehandelt würde, schaute er mich nachdenklich an. Dann belehrte er mich: »Es kommt doch in erster Linie darauf an, seinen Minister nach vorne zu bringen.« Ich gab auf. Diese Spezies von Beamten machte Karriere in den Ministerien, aber auch in der Justiz und den höheren Behörden. Doch keiner dieser titelgeschmückten Herren würde je über sich hören wollen, was Bismarck einst über einen Beamten am kaiserlichen Hof sagte: »Zum Kammerherrn fehlt ihm nichts, zum Menschen fast alles.«

Noch ein Wort zu den angeblich überdimensionalen Leistungen der CSU-Spitzenpolitiker allgemein. Wieder sei der frühere Innenminister Bruno Merk zitiert. In meiner erwähnten Lesung in Günzburg rügte er, dass die CSU-Führung ständig hochmütig der CDU vorhalte, dass sie alles besser mache als diese. Umgekehrt habe die CDU nie so abschätzig über die CSU geurteilt. In der Tat: Fährt man vom bayerischen Neu-Ulm über die Donaubrücke hinüber ins württembergische Ulm, so trifft man dort auf keine Elendsquartiere. Und fährt man hinter Aschaffenburg ins Hessische, so findet man kein Notstandsgebiet vor. Tüchtige Ministerpräsidenten und Minister, egal welcher Partei zugehörig, gab es nicht minder in den anderen Bundesländern. Nicht jedes Bundesland freilich verfügt über gleich günstige Voraussetzungen. Schade, dass Strauß oder Stoiber sich nicht in Schleswig-Holstein, Bremen, im Saarland oder in Niedersachsen bewähren konnten. Denn dann wüssten diese Länder nicht, wohin mit ihrem Wohlstand, sie ständen in allen Bereichen an der Spitze, Bayern aber wäre ohne diese beiden Politiker ein ärmliches Agrarland geblieben – wenn man dem von bestimmten CSU-Spitzenpolitikern verbreiteten Aberglauben folgen wollte.

2 Die Angst vor Strauß

Dem 17-jährigen Gymnasiasten Franz Strauß bescheinigte sein Klassenlehrer im Beurteilungsbogen hervorragende Leistungen, aber auch »starke Selbstüberhebung«. Deswegen zurechtgewiesen, habe er sich zu rächen versucht, indem er Teile seiner Mitschüler aufhetzte, »dabei aber selbst im Hintergrund zu bleiben verstand«. Dann schrieb der Klassenlehrer:

Außerdem halte ich ihn für einen Menschen, der einmal seine Ziele mit brutaler Rücksichtslosigkeit verfolgen wird
(zitiert nach Werner Biermann)

Die üblen Eigenschaften traten demnach schon früh zutage, sie haben sich nicht erst im Verlauf jahrzehntelanger Machtausübung herausgebildet. Bereits als junger Sonderminister und später als Atomminister wurde Strauß Bundeskanzler Adenauer unheimlich. Seine maßlose Egozentrik, seine Dreistigkeit, sich über Vorgaben hinwegzusetzen, seine Frechheit gegenüber hochgestellten Unionspolitikern und dem Bundeskanzler selbst ließen erwarten, dass er eine ihm anvertraute Machtposition missbrauchen würde. Adenauer musste ihn immer wieder ermahnen, sogar schriftlich, sich an die Kabinettsdisziplin zu halten. Gegenüber den FDP-Ministern Franz Blücher und Victor-Emanuel Preusker bezeichnete er die Ausfälle von Strauß als Flegeleien und beklagte, er könne ihn »höchstens mal wieder für einige Wochen in Ordnung bringen, hinterher würde es immer wieder Schwierigkeiten geben« (Wolfram Bickerich, *Franz Josef Strauß. Die Biographie*, S. 72, Finger, S. 124).

Die Befürchtungen Adenauers und Krones

Strauß wollte mit Brachialgewalt Bundesverteidigungsminister werden. Doch Adenauer verweigerte ihm diese Machtposition, er übertrug das Amt Theodor Blank.

Der Bundeskanzler sah klar. Als ihm später der Regierungssprecher Felix von Eckardt vorschlug, Theodor Blank als Bundesverteidigungsminister abzulösen, erwiderte er: »Wissen Sie, was das bedeutet? Das bedeutet Franz Josef Strauß als Bundesverteidigungsminister!« (So von Eckardt in seinen Erinnerungen). Gegenüber Heinrich Krone, dem Vorsitzenden der CDU/CSU-Fraktion, äußerte Adenauer laut dessen Tagebuch: »Wir müssen den Kampf mit Strauß aufnehmen; wenn es dabei zum Bruch zwischen der CDU und der CSU komme, müsse das in Kauf genommen werden.« Adenauer sagte Strauß sogar ins Gesicht: »Solange ich Kanzler bin, werden Sie nie Verteidigungsminister«, so Strauß selbst in seinen Erinnerungen.

Adenauer sah sich dann doch gezwungen, ihn zum Verteidigungsminister zu machen. Aber Adenauer sollte recht behalten: Alsbald ging es los mit den Strauß-Skandalen wegen Korruptionsverdacht (HS 30-Affäre, Onkel-Aloys-Affäre, Deeg-Affäre, Fibag-Affäre) und Affären mit Prostituierten bei Dienstreisen in die USA. Die Presse berichtete in großen Lettern, Strauß prozessierte unentwegt gegen den *Spiegel*, der konsequent die Fakten aufdeckte. Zweimal schlug Adenauer dem Bundespräsidenten vor, Strauß zu entlassen. Doch Strauß konnte sich halten.

Die Furcht vor Strauß wuchs. Am 18. Juli 1960 hielt der Fraktionsvorsitzende Krone in seinem Tagebuch fest: Adenauer habe ihm mit Blick auf einen kurz zuvor in der Türkei erfolgten Militärputsch besorgt gesagt:»Man wisse doch nicht, was eines Tages in Strauß fahren könne und was dann aus der Wehrmacht (er meinte die Bundeswehr) würde.« Im Dezember 1961 notierte Krone:»Der Kanzler hat mir gegenüber mehr als einmal gesagt, dass er wegen Strauß beunruhigt sei. Er habe die Soldaten, und wohin sein Weg gehe, wisse man nicht.«

Krone teilte diese Befürchtungen voll und ganz. Und Strauß wusste von dieser Angst. General Gerd Schmückle erzählte später, er habe erlebt, wie Strauß zu Krone am Telefon sagte, er ängstige sich wohl noch zu Tode, dass er von Bundeswehrgenerälen auf eine ferne Insel verdammt werden würde (Finger, S. 194).

Am 9. April 1962 vermerkte Krone in seinem Tagebuch,»der Kanzler habe ihm gesagt, Strauß müsse gehen. Er sei besorgt, was dieser ›unbeherrschte Mann‹ einmal anrichten könne« (Finger, S. 194). Er wollte unbedingt Bundeskanzler werden, Adenauer unmittelbar nachfolgen. Das hatte man allgemein erkannt. Die CDU-Spitze war sich bewusst, dass dies verhindert werden musste, weil er zu gefährlich war, aber auch weil sein übermäßiger Alkoholkonsum seine Hemmungslosigkeit offenbarte.

»Der Schöpfer der Bundeswehr« und seine Affären

Auf der Konferenz »Zukunft der Bundeswehr«, zu der die CSU-Frauen-Union Anfang September 2010 nach Kulmbach eingeladen hatte, erklärte die Europaabgeordnete Monika Hohlmeier:»Mein Vater hat die Bundeswehr als Antwort auf die Zeit danach geschaffen.« Ein wahrhaft dreister Anspruch. Strauß hatte zwar maßgeblichen Anteil am Aufbau der Bundeswehr, aber zusammen aufgebaut haben sie zahlreiche Politiker, Staatssekretäre, Generäle und Beamte, angefangen mit Theodor Blank als erstem Verteidigungsminister. Wer die Regierungsarbeit kennt, wird bestätigen, dass ein Minister sich nicht alles ausdenken und entscheiden muss, sondern dass ihm sein Ministerium Entscheidungsvorlagen zuleitet. Diese sind auf den verschiedenen Ebenen des Ministeriums und unter Beteiligung anderer betroffener Ministerien meist so abgeklärt, dass ihnen der Minister in aller Regel ohne Weiteres zustimmen kann. Natürlich präsentiert er dieses Ergebnis unter seinem Namen, also als eigene Leistung. Zugespitzt könnte man sagen: Der beste Minister ist der, der sein Ministerium machen lässt.

Das glanzvolle Wirken des Bundesverteidigungsministers Strauß war eine schier endlose Kette von Skandalen, gipfelnd in der *Spiegel*-Affäre. Strauß sah sich immer wieder dem Vorwurf der Korruption ausgesetzt, aber auch dem Vorwurf chaotischer Entscheidungen. Der *Spiegel* berichtete darüber, führte mit ihm spektakuläre Prozesse.

Als Bundesverteidigungsminister hatte Strauß massiv und unseriös auf Beschaffungen eingewirkt. Dadurch geriet er frühzeitig in den Verdacht der Bestechlichkeit. Die Umstände hatte insbesondere der *Spiegel* penibel recherchiert. So schwerwiegend die Verdachtsmomente aber auch waren, Strauß konnte nicht überführt werden. Im Hinblick auf die hier dargelegten Bestechungshinweise in anderen Fällen, seinen inländischen Vorrat an Bargeld in enormer Höhe sowie das bei mehreren Banken in der Schweiz lagernde Geld, außerdem die mutmaßliche Beteiligung in Höhe von zwei Millionen Mark an der Jahn-Firma Transcommerce in Liechtenstein, das beträchtliche Grundvermögen in Deutschland und das Vermögen in Kanada – all das zusammengenommen, kommt man jedoch nicht umhin, den früheren Verdacht als sehr stark zu bewerten.

Ministerialdirektor Wilhelm Rentrop, Leiter des Bundeswehr-
beschaffungsamts in Koblenz, äußerte seinerzeit laut *Spiegel*:
»Strauß ist gut beraten, wenn er verhindert, dass ich je unter Eid
über meine Koblenzer Erfahrungen aussagen muss.«

Aber Eingriffe von Strauß gab es auch in anderen Bereichen.
Von einem früheren Leiter des Finanzbaureferats der Oberfinanzdirektion München wird berichtet, Bundesverteidigungsminister Strauß habe ihm diktieren wollen, welche Firmen er zu
nehmen habe. Daraufhin habe er Strauß geschrieben, dass Aus-
schreibung und Auftragsvergabe Sache der Bauverwaltung sei.
Andere Informanten teilten mit, unter Strauß als Bundesverteidigungsminister hätten die Bundeswehrstandorte mit dem Kai-
serbräu in Rott am Inn (der Brauerei seiner Schwiegereltern)
Bierlieferungsverträge abgeschlossen. Die kleine Brauerei, der es
bis dahin recht schlecht gegangen sei, sei sodann für Millionen
an ein Münchner Brauereiunternehmen verkauft worden.

Einer anderen Information zufolge empfahl der Bundesverteidigungsminister Strauß einem reichen Bauunternehmer aus
Niederbayern, Grundstücke in der Nähe der Gemeinde Hemau
zu kaufen, weil er dort demnächst eine Kaserne bauen werde.
Der Unternehmer griff zu. Als dann die Kaserne tatsächlich gebaut wurde, konnte der Unternehmer den Grund erheblich teurer an den Bund verkaufen. Ob Strauß dafür einen Obolus erhalten hat, ist nicht bekannt, es liegt aber nahe. Denn welches
Motiv sonst hätte Strauß für sein rechtswidriges Verhalten gehabt?

Bekannt ist ein Parallelfall. In seinem Wahlkreis Schongau/
Weilheim verteilte der Bundesverteidigungsminister Strauß
Wohltaten, indem er Grundstücke für die Bundeswehr zu einem
Preis erwarb, der doppelt so hoch war wie der Verkehrswert.
Dafür rügte ihn der Bundesrechnungshof heftig: »Das Verfahren
stand nicht im Einklang mit dem Grundsatz der Gleichheit vor
dem Gesetz. Es widersprach auch dem Gebot der wirtschaft-

lichen Verwendung der Haushaltsmittel.« Aber die Sache hatte
für Strauß keine Konsequenzen.

Zwei Strauß-Skandale seien hier insbesondere herausgegriffen: die HS-30-Schützenpanzer- und die Starfighter-Affäre, die
beide in einem Fiasko endeten.

Die HS-30-Schützenpanzer-Affäre

Am 16. Oktober 1956 wurde Strauß Verteidigungsminister. Im
Jahr darauf bestellte er bei der schweizerischen Firma Hispano
Suiza 10 680 Schützenpanzer, obwohl die Firma keinen Prototyp
vorweisen konnte – sie hatte überhaupt noch nie einen Schützenpanzer gebaut. Dennoch zahlte Strauß einen Vorschuss von
205 Millionen Mark, damals eine ungeheure Summe. Die Firma
konnte indessen nicht liefern, das Geld war verloren. Am 3. November 1958 erklärte Strauß im Bundestag, die Verträge könnten
jederzeit mit sofortiger Wirkung gekündigt werden. Jahre nach
seinem Rücktritt (am 18. Oktober 1966) äußerte er gegenüber
dpa, die Lieferverträge hätten »wegen der eindeutigen Rechtslage« nicht annulliert werden können.

Der Bundesrechnungshof stellte Strauß 1967 ein katastropha-
les Zeugnis aus: Der Beschaffung habe keine Planung zugrunde
gelegen, die auch »nur den Anschein der Durchführbarkeit« für
sich in Anspruch nehmen konnte. Sie habe gegen die Grundsätze der Wirtschaftlichkeit verstoßen und die Abwehrbereitschaft
der Bundeswehr beeinträchtigt.

Von Anbeginn stand die Auftragsvergabe an die Firma Hispano Suiza in der Öffentlichkeit unter dem Verdacht der Bestechung. Und tatsächlich: Der Reichsminister a. D. Gottfried Treviranus, in den 60er-Jahren als Rüstungslobbyist tätig, sagte im
November 1966 vor der Staatsanwaltschaft in Bonn und anschließend unter Eid vor einem Richter aus, er habe den Bun-

desverteidigungsminister Strauß bei einem Besuch im Herbst 1958 eine Liste mit Beamten sowie sonstigen Personen übergeben, die von Hispano Suiza bestochen worden seien. Die Summe der Bestechungsgelder bezifferte er mit 18 Millionen Mark. Strauß indessen bestritt, je eine solche Liste erhalten zu haben. Doch am 29. Oktober 1966 meldete die *Welt* aus Bonn, Staatssekretär Karl Gumbel vom Bundesverteidigungsministerium habe bestätigt, dass Treviranus die besagte Liste überreicht habe.

Strauß hatte somit nicht nur das Parlament bewusst falsch oder irreführend unterrichtet. Er hatte auch seine Amtspflichten dadurch gröblich verletzt, dass er die Staatsanwaltschaft über die ihm aufgezeigte Bestechung nicht informierte. Warum unterließ er dies?

Als Journalisten 1966 Schmiergeldzahlungen an mehrere Personen im Zusammenhang mit der HS-30-Schützenpanzeraffäre aufdeckten, setzte der Bundestag einen Untersuchungsausschuss ein. Dieser kam in seinem 1969 veröffentlichten Bericht zu dem Ergebnis, dass Oberst Redepenning, der persönliche Referent von Strauß im Verteidigungsministerium, 2,3 Millionen Mark erhalten hatte, der CDU-Politiker Otto Lenz 300 000 Mark und der Arzt Dr. Otto Praun ebenfalls 300 000 Mark. Wer war dieser Dr. Praun? Damit ist man bei dem bekannten Kriminalfall »Vera Brühne« angelangt. Dr. Praun und seine Haushälterin wurden 1960 in Prauns Villa in Pöcking am Starnberger See ermordet aufgefunden. Vera Brühne, die ein Verhältnis mit ihm hatte, und ihr Freund wurden der Täterschaft beschuldigt. Angenommenes Tatmotiv: Vera Brühne befürchtete, Dr. Praun würde sein Testament, in dem sie als Erbin eingesetzt war, umstoßen, weil sich ihre Beziehung abgekühlt hatte. Nach einem aufsehenerregenden Indizienprozess wurde Brühne am 4. Juni 1962 zusammen mit ihrem Freund zu lebenslangem Zuchthaus verurteilt.

Der Verfasser eines Buches über den Fall, Peter Anders, stieß in mehrjährigen Recherchen auf zahlreiche Umstände, aufgrund deren er sich sicher war, dass Vera Brühne und ihr Freund unschuldig waren und dass man ihnen einen Mord in die Schuhe schob, den andere im Auftrag der Waffenlobby begangen hatten. Insbesondere verstarb die Hauptbelastungszeugin schon wenige Jahre später plötzlich unter mysteriösen Umständen. Von einem Beamten des Landeskriminalamts erfuhr Anders, dass Verteidigungsminister Strauß und Dr. Praun sich seit Langem kannten.

Strauß' Empfehlungen hätten, so der Kriminalbeamte, dem in Waffengeschäften aktiven Dr. Praun alle Türen geöffnet. Dieser habe sich für seine Tätigkeiten entsprechend bezahlen lassen, sei aber mit seinen Forderungen schließlich maßlos geworden.

In der Tat war es unerklärlich, dass ein Arzt vom Starnberger See bei der beabsichtigten Beschaffung von über 10 000 HS-30-Schützenpanzern Schmiergeld kassierte! Ende 1969 berichtete dann die *Bild*-Zeitung, Praun sei in Waffengeschäften unterwegs gewesen – das mache seinen Reichtum plausibel, der nicht aus seiner Praxis stammen konnte. Der Sohn Dr. Prauns erhob gegen den Bericht Klage. Doch am 2. Dezember 1969 entschied die 18. Zivilkammer des Landgerichts München I, dass *Bild* behaupten dürfe, Dr. Praun habe Waffengeschäfte getätigt und von einem Agenten rund 300 000 Mark erhalten, was schon zuvor der Untersuchungsausschuss des Bundestags festgestellt hatte.

Peter Anders schildert, dass die »Gegenseite«, die offenbar von seinen Recherchen erfahren habe, ihn mehrmals bedrohte und ihn mit Geldangeboten bis zu 200 000 Mark ruhigstellen wollte. Als er schließlich in der Zeitung *Heim & Welt* das Erscheinen seines Buches, das neue Tatsachen bringen würde, ankündigte, habe er eine Überraschung erlebt: Im Spätherbst 1978 habe ihn F. J. Strauß angerufen, der gerade Ministerpräsident geworden war. Strauß habe sich zunächst von ihm das Ehrenwort zu schweigen geben lassen und dann gesagt: »Ich möchte Ihnen einen Deal vorschlagen«, nämlich: »Ich verbürge mich dafür, dass Vera Brühne begnadigt wird.« Ausbedungene Gegenleistung: »Legen Sie Ihr Buch auf Eis. 15 Jahre. Bis zu dem Tag, an dem Frau Brühne begnadigt wird.« Bis dahin habe Strauß alles unternommen, so Anders, um eine Wiederaufnahme des Falles zu verhindern. Anders ging auf den Deal ein.

Ein halbes Jahr später, am 30. Mai 1979, begnadigte der Ministerpräsident Strauß Vera Brühne. Nach 17 Jahren kam sie frei – auf Bewährung. Die Begnadigung war eine Sensation. Denn »lebenslang« war damals wirklich noch lebenslang, zudem handelte es sich um einen Doppelmord. Drei Jahre zuvor hatte Ministerpräsident Goppel ein Gnadengesuch abgelehnt.

Anders berichtet, dass Vera Brühne ihre Eigentumswohnung in der Kaulbachstr. 40 in München schuldenfrei vorfand, für ihren Lebensunterhalt wurde gesorgt – aber sie habe bis zu ihrem Lebensende »unter Bewachung« gestanden. Das Buch von Anders erschien tatsächlich erst im Jahr 2000 (7. Auflage 2012).

Staatssekretär a. D. Erich Riedl erinnerte mich später an diese unerklärliche Begnadigung durch Strauß und spekulierte über dessen Motiv. Das Rätsel ist wohl gelöst. Es erscheint plausibel, dass Strauß und seine »Waffenbrüder« belastende Enthüllungen durch das Buch von Peter Anders fürchteten, möglicherweise auch, dass Vera Brühne doch noch über die Waffengeschäfte Dr. Prauns, von denen sie wusste oder jedenfalls wissen konnte, plaudern würde.

Am Rande einer Lesung, die ich am 28. November 2010 in Tutzing hielt, wollte mich unbedingt ein Herr vertraulich sprechen. Er stellte sich als jahrzehntelanges CSU-Mitglied vor. Dann erzählte er mir, dass er als junger Man nach dem Studium bei Dynamit Nobel, ein dem Flick-Konzern zugehöriges Unternehmen, beschäftigt gewesen sei. Die Firma hätte den Auftrag gehabt, die Zündungen für die Granaten des HS-30-Schützenpanzers herzustellen. In Zusammenhang mit diesem Auftrag habe die Firma Zahlungen »nach Griechenland« geleistet – angeblich bestimmt für den Bundesverteidigungsminister Strauß. Diese Zahlungen seien umso merkwürdiger gewesen, als die Schützenpanzer schließlich nicht gebaut und damit auch die Granaten nicht hergestellt wurden. Strauß hatte bereits zu dem 1972 verstorbenen Friedrich Flick ein gutes Verhältnis – wie später zu dessen Sohn Friedrich Karl. Der Historiker Stefan Finger schreibt, Strauß habe Friedrich Flick über Jahre hinweg »unternehmenspolitisch beraten«, doch seien dafür niemals spezielle Zahlungen an Strauß erfolgt. Das mag sein. Aber auch einem gründlichen Historiker bleibt vielleicht mal etwas verborgen.

Die Starfighter-Affäre

Strauß bestellte 1960 bei der Flugzeugfirma Lockheed Starfighter. Die Verträge waren, wie der Bundesrechnungshof feststellte, »miserabel«. Die extra für die Bundeswehranforderungen neu zu entwickelnde Technik der Flugzeuge war äußerst kompliziert und bei keinem einzigen Prototyp erprobt. Der Fliegergeneral Johannes Steinhoff riet Strauß dringend, allerhöchstens 250 Maschinen zu bestellen, mehr könne die Bundeswehr vorerst gar nicht verkraften. Auch andere Generäle warnten. Strauß aber bestellte 700 Maschinen! Die Folgen: Bis Ende 1979 waren 209 Starfighter abgestützt, 92 Menschen hatten dabei den Tod gefunden.

Der Bundesrechnungshof rügte Strauß auf das Schärfste. Er habe öffentliche Mittel in Milliardenhöhe verschleudert und das Parlament fortgesetzt getäuscht. Weiter kritisierte der Bundesrechnungshof, das Vorgehen von Strauß habe »die militärische Einsatzfähigkeit über Jahre hinweg beeinträchtigt«. Aufgrund dieser vernichtenden Feststellungen hätte Strauß zurücktreten müssen. Aber den Anstand, freiwillig zu gehen, besaß er nicht.

Und zwingen konnte man ihn nicht, weil er der Vorsitzende der mitregierenden CSU war. Strauß hatte weitgehend entgegen dem Rat seiner Staatssekretäre, Generäle und Beamten gehandelt und sie brüskiert. Generäle hatten damals einen schlechten Stand gegenüber dem Minister. Nach dem Zweiten Weltkrieg galt absolut das Primat der Politik, sie hatten zu schweigen – und dies spielte Strauß voll und ganz aus. Er benahm sich so rüpelhaft, dass sich Bundeskanzler Konrad Adenauer und Bundespräsident Theodor Heuss, wie Gesprächsprotokolle ausweisen, gemeinsam Sorgen machten, was aus dem Bundesverteidigungsministerium werden solle. Dem Inspekteur der Luftwaffe, General Johannes Trautloft, soll Strauß beispielsweise angeboten haben, er könne ihn am Arsch lecken.

Was waren die Gründe der Starfighter-Katastrophe? Für die massiven technischen Mangel waren es unstreitig die überzogenen Eigenschaften, die das Flugzeug haben sollte und die von dem maßlos ehrgeizigen Minister Strauß gefordert wurden. Doch die technischen Versprechungen waren in den Verträgen nicht bindend festgelegt, weshalb sie Lockheed die Möglichkeit zu finanziellen Nachforderungen boten.

Aber die Frage bleibt, warum Strauß, entgegen dem ausdrücklichen Rat von Steinhoff nicht 250, sondern 700 Maschinen kaufte. Und warum waren die Verträge mit Lockheed für die Bundesrepublik so desaströs? Was war denn hier los mit dem angeblichen Genie Strauß?

Die Rechtsanwälte des *Spiegel* erklärten nach Vertragsabschluss, Strauß sei ein der Korruption schuldiger Minister, weil die Kosten für anrüchige Vergnügungen, die Strauß bei Amerikareisen genossen hatte, von Lockheed getragen worden seien. Strauß erhob gegen diese Darstellung 1965 Privatklage, zog diese aber wieder zurück – auffälligerweise erst im Gerichtstermin. Wohl deshalb, weil vor dem Gerichtssaal ein Zeuge auf seine Vernehmung wartete, der um diese Dinge wusste: Ernest Hauser, ein ganz enger Freund von Strauß aus Schongauer Tagen, den Strauß, nachdem er Bundesverteidigungsminister geworden war, bei Lockheed untergebracht hatte – als Mittelsmann zwischen der Firma und dem Bundesverteidigungsministerium. Warum nur bedurfte es eines solchen Mittelsmannes? Was sollte der denn leisten? In seiner Funktion verdiente Hauser 1,75 Prozent Provision an den Starfighter-Käufen, es waren viele Millionen (Werner Biermann, S. 49).

1975/76 kam auf, dass Lockheed zahlreiche Politiker und Militärs verschiedener Staaten in den 1960er- und 1970er-Jahren mit Riesensummen bestochen hatte. Die Vorwürfe bestätigten sich jeweils, so wurden zum Beispiel zwei ehemalige japanische Ministerpräsidenten überführt, und Prinz Bernhard der Niederlande musste deshalb von allen öffentlichen Ämtern zurücktreten. Auch Strauß wurde 1975 beschuldigt: von Ernest Hauser als Zeuge vor einem Untersuchungsausschuss des amerikanischen Senats.

Hauser hatte kein Motiv, seinen Wohltäter und Freund zu Unrecht zu beschuldigen. Strauß war sein Trauzeuge gewesen und hatte die Patenschaft des am 9. Mai 1963 in Bonn getauften Söhnchens übernommen. Doch Hauser konnte für seine Aussage keine Beweise vorlegen. Strauß blieb dennoch unter Verdacht, zumal sich die Vorwürfe gegen andere Beschuldigte bestätigt hatten und er auch in weiteren Skandalen der Bestechlichkeit verdächtigt wurde.

Im Dezember 1989 erhielt ich von einem Angehörigen des Büros des US-Verbindungsoffiziers für Bayern – inzwischen war ich Referatsleiter für Verteidigungslasten im Finanzministerium geworden – den Hinweis, Strauß habe tatsächlich Geld von Lockheed erhalten, und zwar über Liechtenstein. Ob dies zutraf, ließ sich freilich nicht überprüfen.

All diese Vorgänge erscheinen heute in einem neuen Licht. Denn mittlerweile ist erwiesen, dass Strauß käuflich war. Es

steht fest, dass er gewaltige Summen unrechtmäßig vereinnahmt hat. Daher ist der Lockheed-Bestechungsverdacht umso
schwerwiegender geworden, und der Tod der abgestürzten Piloten und die Verschleuderung öffentlicher Mittel belasten Strauß
jetzt noch mehr.

Diese Beurteilung wird durch folgende Episode bekräftigt:
Nach den Aussagen von Ernest Hauser vor dem US-Senatsaus-
schuss kündigte Strauß Hauser mit sofortiger Wirkung die
Freundschaft auf. Für ihn war Hauser fortan ein Todfeind. Da
war, wie es dem Charakter von Strauß entsprach, nur noch der
blanke Hass. Strauß nannte ihn einen »Schwindler«, verdächtig-
te ihn, ein Werkzeug der Kommunisten zu sein. Deshalb ist unglaublich und entlarvend, was mehr als 20 Jahre später geschah:

Im Jahr 1986 saß eines Tages in der Gastwirtschaft des Hotels
Kneitinger im niederbayerischen Abensberg eine CSU-Runde
beieinander, mit dabei Bundesinnenminister Friedrich Zimmermann. Unvermittelt erhob sich Zimmermann, sagte zur Verblüffung aller, er müsse jetzt gehen, denn er fahre heute Abend noch
in die Schweiz, und zwar zu Ernest Hauser wegen Lockheed –
im Auftrag von Strauß! Dies erzählten mir zwei Teilnehmer der
Tischgesellschaft.

Wie erklärt es sich, dass der nunmehrige Ministerpräsident
Strauß seinen engen Vertrauten Friedrich Zimmermann, einen
leibhaftigen Bundesminister, zu einem Mann entsandte, der ihn
angeblich übel verleumdet hatte? Offensichtlich musste Strauß
Hauser weiterhin fürchten. Wegen einer Bagatelle wäre der
selbstbewusste Zimmermann bestimmt nicht in die Schweiz
gefahren. Und warum eigentlich war der Treffpunkt die Schweiz?
Hauser war Amerikaner. Musste Zimmermann Hauser etwas
von Strauß überbringen? Und falls ja, was?

Friedrich Zimmermann war als »getreuer Hausknecht« von
Strauß (so Heribert Prantl/SZ) für eine solch heikle Aufgabe der
geeignete Mann. Über Jahrzehnte hinweg war er mit Strauß

durch dick und dünn gegangen, ihm auch durch Affären und gemeinschaftliche wirtschaftliche Interessen verbunden. Kennzeichnend ist folgende Episode: Bei der Beerdigung des Rechtsanwalts Franz Dannecker, dem wohl engsten Vertrauten von Strauß, raunte ein CSU-Minister, als der Sarg in die Grube hinabgelassen wurde, einem anderen prominenten CSU-Politiker zu: »Hier wird viel Geld versenkt. Der kannte als Einziger die Konten von Strauß in der Schweiz.« Dieser CSU-Minister war Friedrich Zimmermann, damals Bundesinnenminister. Der CSU-Politiker, zu dem er das sagte, ebenfalls ein Mitglied der Bundesregierung, hat mir das selbst erzählt.

Die Lockheed-Affäre ist nur eine der zahlreichen Beschaffungsaffären bei der Bundeswehr, in denen Strauß unter dem Verdacht der Bestechlichkeit stand oder im Hinblick auf das, was man inzwischen über ihn weiß, jetzt unter einen solchen Verdacht zu stellen ist. Die vom Bundesrechnungshof immer wieder scharf gerügte Misswirtschaft von Strauß hat die Bundesrepublik Milliarden gekostet.

Aber auch ansonsten war die Bundeswehr unter Strauß in einem miserablen Zustand. Das wenige Wochen vor der *Spiegel*-Affäre abgehaltene NATO-Manöver »Fallex 62« hatte drastisch offengelegt, dass es an Waffen, Gerät und Soldaten fehlte. Und dass schon unmittelbar nach Ausbruch eines Krieges das Sanitätswesen und die Nahrungsmittelversorgung zusammengebrochen wären. Die NATO gab daher der Bundeswehr und ihrem bereits seit sechs Jahren amtierenden Befehlshaber Strauß die schlechtestmögliche Note »zur Abwehr bedingt geeignet«.

So viel zum glorreichen »Schöpfer der Bundeswehr«.

Noch eine Anmerkung: Anscheinend hat Strauß auch sein späteres Amt als Bundesfinanzminister für sich zu nutzen gewusst. Er verfügte damals über ein Wertpapierkonto bei der Commerzbank in Bonn. Im Herbst 1967 gab er Order, für einen mittleren fünfstelligen Betrag Aktien der Huta-Hegerfeld AG, Essen, zu kaufen. Kurze Zeit danach wurde bekannt, dass das Unternehmen den Zuschlag für ein großes Projekt der Entwicklungshilfe in Afrika erhalten hatte. Der Kurs schoss nach oben. Es gibt keinen Beweis, aber es liegt nahe, dass Strauß Insiderwissen genutzt hat.

Der Bankangestellte, der seinerzeit das Wertpapierkonto verwaltete, schrieb mir, er sei bereit, den Vorgang öffentlich zu bezeugen.

Die Spiegel- und die Hans-Herrschaft-Affäre

Der *Spiegel*-Herausgeber Rudolf Augstein und seine Redakteure schätzten Strauß sehr bald als hemmungslos ein. Sie warnten eindringlich vor seiner Aggressivität und seinem Machttrieb, vor seinem heimlichen Streben nach Atomwaffen und seiner Korruptheit. Die Situation wurde immer angespannter, geradezu explosiv.

Und tatsächlich: Kurz nach dem NATO-Herbstmanöver, am 26. Oktober 1962, stürmten Polizisten die *Spiegel*-Redaktion, verhafteten den Herausgeber Rudolf Augstein und mehrere Redakteure. Dahinter stand Strauß. Mit der falschen Anschuldigung des Landesverrats wollte er seine Widersacher mundtot machen. Chefredakteur Conrad Ahlers, der gerade in Spanien in Urlaub war, wurde durch Anweisung an den deutschen Militärattaché in Madrid festgesetzt. Nach dessen Verhaftung ließ Strauß sich zu seinem Haus auf dem Venusberg in Bonn fahren. Sein Fahrer berichtete: »Kaum hatte er den grauen Dienstwagen bestiegen, da schlug er sich mit unbändiger Freude auf die Schenkel und rief: ›Die Schweine – jetzt haben wir sie endlich!‹« Der Sohn des Fahrers, der Historiker Stefan Finger, hat dies in seiner Strauß-Biografie wiedergegeben.

Feige log Strauß vor dem Bundestag, er habe mit der Sache überhaupt nichts zu tun. Als die Wahrheit ans Licht kam, musste er zurücktreten.

Was Strauß getan hatte, war eine Ungeheuerlichkeit, die Öffentlichkeit war entsetzt. Es war das erste Mal nach dem Ende des Dritten Reiches, dass missliebige politische Gegner durch rechtswidrige Verhaftung ausgeschaltet werden sollten. Niemand hatte geglaubt, dass sich so etwas wiederholen könnte. Man hatte rechtsstaatliche Sicherungen geschaffen, doch Strauß hatte sie unterlaufen. Die Einschätzung Adenauers und Krones, dass dieser Mann gewaltbereit war, hatte sich bestätigt.

Wäre Strauß guten Glaubens gewesen, dass alles rechtlich in Ordnung sei, hätte er den Bundestag nicht belügen müssen. Dass er das getan hatte, bewies seine Missachtung gegenüber dem Parlament, bewies seine Gefährlichkeit. Schon in der Lockheed-Affäre hatte der Bundesrechnungshof, wie bereits erwähnt, scharf gerügt, dass er den Bundestag mit seinen Angaben zur Beschaffung fortgesetzt getäuscht habe. Nachdem er nunmehr auch im *Spiegel*-Skandal der Lüge überführt war, war davon auszugehen, dass er auch bei den ihm vorgeworfenen Korruptionsfällen und Sexaffären mit Prostituierten während Dienstreisen in den USA den Bundestag, die Gerichte und die Öffentlichkeit mit der Unwahrheit bedient hatte.

2012 waren 50 Jahre seit der *Spiegel*-Affäre vergangen, und in zahlreichen Medienberichten wurde an die üble Rolle von Strauß erinnert. In Vergessenheit geriet, dass seinerzeit ein gleichartiger, ebenfalls Strauß zuzurechnender Übergriff vorausgegangen war. Im Zuge der Fibag-Affäre hatte Hans Herrschaft, der Finanzberater der Fibag, als Zeuge vor dem hierfür eingesetzten Untersuchungsausschuss des Bundestags Bundesverteidigungsminister Strauß massiv belastet – es ging um den Verdacht der Korruption. Am Tag danach war Herrschaft in München verhaftet worden, Strauß hatte ihn wahrheitswidrig

landesverräterischer Beziehungen bezichtigt. Ebenso wahrheitswidrig verbreitete die Justizpressestelle München, Herrschaft
habe inzwischen eine Ehrenerklärung für Strauß angeboten.
Nach 20 Tagen wurde Herrschaft aus der Haft entlassen, nach
fünf Jahren wurde das Verfahren gegen ihn eingestellt – ohne
Verhandlung.

Die Befürchtungen der Amerikaner

Selbst die Amerikaner trauten dem Bundesverteidigungsminister Strauß Gewaltanwendung zu, wie ein überraschender Bericht des *Spiegel* von 2008 aufgedeckt hat. 1961 hatte sich Henry
Kissinger, der spätere Außenminister, zu einem Gespräch mit
Strauß getroffen. Gleich danach schrieb er einen Brandbrief an
die Kennedy-Regierung, für die er damals als Berater tätig war.
Er mahnte, die Amerikaner sollten ihre Atomwaffen in der Bundesrepublik so sichern, dass es »physisch unmöglich« werde, sie
»zu nehmen oder einzusetzen ohne unsere Zustimmung«. Denn
in einer Krisensituation sei Strauß zuzutrauen, diese Waffen
»einfach zu nehmen«, falls er dies im Interesse der Bundesrepublik für notwendig erachte.

Tatsächlich sicherten damals plötzlich die US-Streitkräfte ein
bis dahin mäßig bewachtes Atomwaffendepot bei Frankfurt mit
Straßensperren, schweren Maschinengewehren und hunderten
Militärpolizisten, wie der dafür verantwortliche US-Offizier
2008 dem *Spiegel* offenbarte. Als Grund sei ihm damals gesagt
worden, »deutsche Elemente, die im Auftrag des Verteidigungs-
ministers handeln würden, könnten versuchen, unsere Waffen
zu stehlen«.

In seinem 2011 erschienenen Buch *Böse Jahre, gute Jahre*
berichtet der frühere Kultusminister Prof. Hans Maier, der evan-

gelische Militärbischof Hermann Kunst habe ihm eines Tages erzählt, wie er Strauß während der Kubakrise 1962 handlungsunfähig in einem Gebüsch liegen sah. Der Bundesverteidigungsminister war volltrunken. Kunst zu Maier: »Ich wusste plötzlich: Dieser Mann darf nicht Bundeskanzler werden.« Auch der Adenauer-Intimus Heinrich Krone habe sich ähnlich geäußert, berichtet Maier. Der *Spiegel* hatte von jeher propagiert: Strauß darf nicht Kanzler werden!

Die CDU konnte verhindern, dass er als Kanzler kandidierte, solange ihr eigener Kandidat Helmut Kohl erfolgreich war. Dass sie Strauß 1980 schließlich dennoch zum Kanzlerkandidaten kürte, dass sie vor seiner permanenten Aggression zurückwich, ist ein Makel ihrer Geschichte.

Die Angst der CSU-Minister in Bayern

Strauß wollte Ministerpräsident in Bayern werden. Das schaffte er, aber auch nur gegen erheblichen, wenngleich verdeckten Widerstand. Minister Franz Heubl als stellvertretender Parteivorsitzender hatte erklärt: »Für den bayerischen Ministerpräsidenten braucht's einen Herrn, Strauß aber ist kein Herr.« Man fürchtete den anrückenden Patron. Schon bevor er ankam, flüchtete sich der integre Innenminister Bruno Merk auf den Posten des Präsidenten des Sparkassen- und Giroverbands, Finanzminister Ludwig Huber auf den Präsidentenstuhl der Landesbank, Heubl auf den erhöhten Sitz des Landtagspräsidenten. Der frühere Kultusminister Prof. Hans Maier berichtet in seinen Memoiren, Merk habe ihm gesagt, er sei »eisern entschlossen, nicht in ein Kabinett Strauß einzutreten«.

Im Übrigen: Auch ich war in heller Angst. Ich wusste, dass Strauß (wie es dann auch kam) versuchen würde, mir das Leben zur Hölle zu machen. Der Rechnungshof konnte mir eine Zuflucht bieten, dachte ich, dort genoss man richterliche Unabhängigkeit. Aber als ich da vorfühlte, sagte man mir, Strauß würde in jedem Fall verhindern, dass ich Prüfungsleiter würde.

Wie bereits im Buch *Macht und Missbrauch* geschildert, verfolgte er mich wegen meines Widerstands gegen gesetzwidrige Begünstigungen bestimmter Steuerpflichtiger, die ihm nahestanden. Er zwang Finanzminister Max Streibl, gegen mich schärfstens vorzugehen mit Disziplinarverfahren und Strafversetzung. Streibl bat den CSU-Fraktionsvorsitzenden August Lang, bei Strauß zu intervenieren. Als Lang in einer Landtagssitzung Strauß darauf ansprach, log dieser, er habe mit der Sache nichts zu tun, das sei allein Angelegenheit des Finanzministers.

Strauß hatte die intrigante Aggressivität zu seiner ersten Natur gemacht, die Täuschung zu seiner zweiten und die Rachsucht zu seiner dritten.

Prof. Hans Maier erzählt in seinem Buch weiter, dass Strauß als Ministerpräsident gegen kritische Stimmen zunehmend allergisch war. Als er, Maier, einmal einen Artikel im *Bayernkurier* kritisiert habe, habe ihm ein wohlmeinender Kollege gesagt: »Bist du eigentlich noch ganz dicht? Weißt du nicht, wo die Glocken hängen? Weißt du nicht, wo Gott wohnt?«

Prof. Maier berichtet, er habe erlebt, wie Strauß plötzlich explodieren konnte: »Der Zorn, der Hass auch gegen andere brach dann so durch, dass ich entsetzt war.« Aus Angst vor ihm wagten es die Mitglieder des CSU-Landesvorstands einschließlich des Schatzmeisters nicht, von Strauß Rechenschaft über die von ihm eingerichteten Sonderkonten zu verlangen. Friedrich Zimmermann: »Das hätte jemand mal wagen sollen, dort mitreden zu wollen.«

Der Korrupte, der Lügner, der Steuerhinterzieher, der Mann, der das Volk und sogar die eigene Partei betrog, er hatte es weit gebracht: Er war der Gott, vor dem man sich fürchtete! Das war die Perversion des demokratischen Rechtsstaats.

Weiter bekennt Prof. Maier, er sei schließlich zurückgetreten, weil ihn die Angriffe von Strauß auf Dauer zermürbt hätten und bereits seine Gesundheit darunter gelitten habe.

Gewaltanwendung wie bei der *Spiegel*-Affäre erlaubte sich Strauß später nicht mehr – ausgenommen in einem Wiederholungsfall. Der Bundesrechnungshof hatte 1976 bei seiner Prüfung in bayerischen Finanzämtern mehrere Fälle beanstandet, in denen Steuerpflichtige auf Weisung »von oben« gesetzwidrig begünstigt worden waren. Daraufhin veranlasste Strauß, dass Ministerialdirektor Lothar Müller, sein Intimus im Finanzministerium, dem Bundesrechnungshof Hausverbot erteilte. Das war eine Art »Finanzstaatsstreich«, denn der Bundesrechnungshof ist gemäß dem Grundgesetz ein Verfassungsorgan. So wie Strauß den *Spiegel* auszuschalten versuchte, schaltete er nunmehr das Kontrollorgan Bundesrechnungshof aus. Er hatte sich nicht geändert. Als ich die Aktion dem Landtag gegenüber aufdeckte, musste man die Maßnahme wieder zurücknehmen – eine herbe Niederlage für Strauß.

Eine Art von Gewaltanwendung war es schließlich auch, wenn er Minister anbrüllte, die seinen Anordnungen nicht so nachkamen, wie er wollte, sodass sie den »Rausschmiss« aus dem Kabinett fürchten mussten. Oder wenn er Beamte, die nicht willfährig waren, wegversetzen ließ.

Strauß – ein Vorbild?

3 Das Bargeldsystem des F. J. Strauß und sein Vermögen

Das Bargeldsystem

Größere Mengen an Bargeld stehen seit jeher unter dem dringenden Verdacht der Steuerhinterziehung und der Herkunft aus strafbaren Handlungen – also nicht erst seit Inkrafttreten des Geldwäschegesetzes, das die Banken und andere Stellen verpflichtet, Bargeldgeschäfte ab 15 000 Euro der Staatsanwaltschaft anzuzeigen. Denn Geldtransfers, die das Licht nicht scheuen, erfolgen durch Überweisung von Konto zu Konto. Bargeld möchte unsichtbar bleiben.

Strauß war seit 1963 Vorsitzender der CSU. Bis zu seinem Tod im Jahr 1988 hatte er viel Muße, Bargeld einzusammeln, es gab eine große Zahl von Quellen mit ergiebiger Schüttung. Die Kollekte dürfte wahrscheinlich über 200 Millionen Mark betragen haben, weniger wäre eher erstaunlich. In dem erwähnten, von Max Strauß gegen mich vor dem Landgericht Köln angestrengten Zivilprozess sprach der als Zeuge vernommene frühere Banker Burkhard K. von einem noch höheren Betrag an Bargeld, den ein Mann anlegen wollte, den Burkhard K. für Max Strauß hielt und meines Erachtens auch halten durfte. Im Urteil äußerte die Kammer – mit fragwürdiger Begründung –, sie sei von K.s Aussage nicht voll überzeugt, räumte aber ein, dass diese auch nicht widerlegt sei, ich aber die Beweislast trüge. Dies kann man aber auch ganz anders sehen. Da ich Berufung eingelegt habe, ist der Ausgang des Verfahrens abzuwarten. Der prominente Großunternehmer Erich Lejeune, absolut unverdächtiges CSU-Mitglied, schrieb am 1. April 1994 in einer Zeitungskolumne, Strauß habe einen »überaus ausgeprägten Erwerbssinn an den Tag gelegt«. Das alles sei in den inneren Zirkeln der CSU sehr wohl bekannt gewesen.

In seinem später von der Staatsanwaltschaft beschlagnahmten Tagebuch notierte der CDU-Schatzmeister Walter Leisler Kiep nach einem Gespräch mit Otto Wiesheu: »Erstaunliche Dinge über das Entstehen des FJS-Vermögens.«

Als Bundesverteidigungsminister war Strauß in der »Onkel-Aloys-Affäre« dem Vorwurf der Bestechlichkeit ausgesetzt. Der Fahrer des Dr. Aloys Brandenstein, einem Nennonkel von Marianne Strauß, hatte vor Gericht ausgesagt, er habe Brandenstein wiederholt zusammen mit einem Koffer, in dem er bei anderer Gelegenheit Geld gesehen habe, zur Dienstvilla von Strauß in Bonn gefahren. Als Brandenstein wieder herausgekommen sei, sei der Koffer seinem Gewicht nach leer gewesen. Das Gericht beurteilte die Aussage als wahr, sah aber die Korruption als nicht erwiesen an, weil der Fahrer nicht gesehen hatte, ob auch dieses Mal Geld im Koffer war. Strauß stand jedoch weiterhin unter schwerem Verdacht, zumal der Nennonkel als Mittelsmann im Rüstungsgeschäft auf unerklärliche Weise binnen weniger Monate zum Millionär geworden war und er diesen Reichtum öffentlich mit seiner Beziehung zu Marianne Strauß erklärte.

Karl-Heinz Spilker, CSU-Schatzmeister von 1971 bis 1991, erzählte dem *Spiegel*, Strauß habe Ende 1962 in einem Zimmer des Bonner Hotels Königshof von einem Industriellen der Großchemie einen sechsstelligen Geldbetrag entgegengenommen. Und der Strauß-Intimus Friedrich Zimmermann bekannte 2004: »Ich war oft dabei, wenn in einem Nebenzimmer so ein dickes

Kuvert überreicht wurde, ohne Quittung, ohne alles. Ob Strauß sich das Geld privat in die Tasche steckte oder nicht, war denen völlig wurscht« (zitiert nach Werner Biermann).

Eine Annahme von Bargeldzahlungen Friedrich Karl Flicks in Höhe von insgesamt 950 000 Mark ist ebenfalls erwiesen. Wie bereits erwähnt, wurde Flick im Untersuchungsausschuss des Bundestags zur Flick-Affäre von 1981 wegen geheimer Zahlungen des Flick-Konzerns an Politiker gefragt: »Diese Beträge haben Sie Herrn Strauß in bar übergeben?« Antwort Flick: »Zwei- oder dreimal, ja!« Von Bonner Staatsanwälten dazu vernommen, äußerte Strauß laut Protokoll: »Dazu vermag ich keine Auskunft zu geben, weil ich keine konkrete Erinnerung habe.« Das sagte er auch vor dem Untersuchungsausschuss des Bundestags. Allein schon wegen der gewaltigen Höhe der Beträge ist davon auszugehen, dass er log – derartige Zuwendungen vergisst man nicht einfach so. Zudem hatte er sich in München auf diese Aussage eigens vorbereitet, wie Edmund Stoiber 2012 in seinen Memoiren offenbarte. Ohne zu merken, wie er seine eigene Denkungsweise entlarvte, gab Stoiber preis, dass man Strauß damals geraten habe, auf Fragen des Untersuchungsausschussmitglieds Otto Schily zu antworten, er frage ihn ja auch nicht, ob sein Honorar als Strafverteidiger im Baader-Meinhof-Prozess aus Banküberfällen gestammt habe. Stoiber stolz: »Ich unterstützte diese Idee nachdrücklich. Und tatsächlich, genauso kam es dann auch.«

Bargeld lacht! Strauß nahm nachweislich auch Bargeld zum Beispiel von einem Münchner Großkaufmann, der Firma Inselfilm, der Druckerei Gerber, vom Bäderkönig Eduard Zwick und sicher noch von vielen anderen potenten Unternehmern. Ein Informant berichtete, dass die Sekretärin eines Wirtschaftsverbands bei Festbanketten immer an die Seite von F. J. Strauß platziert worden sei: »Sein Jackett hing neben ihr auf der Stuhllehne, und in unbewachten Augenblicken ließ sie immer die prall gefüllten Umschläge in seine Tasche gleiten. Und das nicht gerade selten.« Aufschlussreich ist auch der bereits erwähnte, von einem Angestellten in einem Brief an die *Süddeutsche Zeitung* geschilderte Vorfall, als Max Strauß bei der Druckerei Gerber 70 000 Mark abholen wollte, der Betrag aber nicht bereitlag, weil man das vergessen hatte. Nichts hätte nun nähergelegen, als das Geld auf ein Strauß-Konto zu überweisen. Der Geldabholer aber kam zwei Stunden später zurück, um die inzwischen bei der Bank abgehobene Summe einzukassieren.

Bargeld macht glücklich! Noch glücklicher macht es, wenn es in der Schweiz liegt. Lothar Lehmeier, früherer Pilot von Eduard Zwick und dann von Jost Hurler, die wie erwähnt Strauß ihre Flugzeuge zur Verfügung stellten, teilte in einer eidesstattlichen Versicherung mit, dass er Strauß mehrmals wegen Bankgeschäften in die Schweiz flog. Über einen Flug nach Zürich und nach Genf mit den Ehepaaren Strauß und Zwick berichtete er: »… schon vor und auf dem Flug … wurde davon gesprochen, dass es sich um eine ›Bankentour‹ handelt, dass von beiden Ehepaaren Bargeld auf Schweizer Banken deponiert werden solle; beide Ehepaare hatten Handkoffer dabei; die Ehefrauen, so hieß es, seien mitgeflogen, weil sie in Zürich Unterschriften leisten müssten.« Anzumerken ist: Der Transport des Geldes per Flugzeug hatte den Vorteil, dass die deutschen Zollbeamten, die nach Schmuggel von Bargeld ins Ausland fahndeten, umgangen wurden.

Lehmeier weiter: »Durch meine häufigen Flüge für Eduard Zwick und Franz Josef Strauß wurde ich mehrfach Zeuge, wie Frau Zwick oder Herr Zwick Herrn Strauß Umschläge mit Bargeld überreicht hat.«

Mit der Schilderung Lehmeiers stimmt überein, was der Journalist Werner Biermann mir in einem Brief mitgeteilt hat. Danach hatte er Monika Hohlmeier 2002 in einem gefilmten Interview die Frage gestellt, was an der Behauptung dran sei, ihre Mutter sei »manchmal mit größeren Geldmengen ins Ausland

Eidesstattliche Versicherung

Ich, ████████████████████, gebe nachfolgende Eidesstattliche Versicherung ab. Meine Aussagen sind wahrheitsgemäß und ich kann mich an die beschriebenen Ereignisse auch gut erinnern. Ich bin mir bewusst, dass eine falsche Eidesstattliche Versicherung strafbar sein kann. Diese Versicherung darf auch vor Gericht verwendet werden.

1. Ich war ███████████████████████████ als Chefpilot der Privatmaschine BE 90 des Strauß-Freundes Eduard Zwick, Bad Füssing, beschäftigt. In dieser Funktion habe ich viele Flüge mit und für Herrn Franz Josef Strauß durchgeführt. Danach war ich für Herrn Jost Hurler als Pilot tätig, ebenfalls einen Freund von Strauß.

2. Ich bin nach wie vor im Besitz meines Flugbuches und meines Taschenkalenders ████████████████████████, die ich für die nachfolgenden Aussagen zu Rate gezogen habe.

3. Die Details der folgenden Flüge sind mir genau erinnerlich. Meine Erinnerungen stimmen mit den Angaben in meinem Flugbuch und den regelmäßigen Eintragungen in meinem Taschenkalender überein:

[...]

████████████████ Flug mit dem CSU-Generalsekretär Gerold Tandler nach Nizza; es wurde im Hotel Negresco übernachtet; abends an der Bar sprach Herr Tandler davon, er werde am nächsten Tag "einigen Millionen" in Nizza verstecken.

████████████████ Flug mit Ehepaar Strauß und Ehepaar Zwick nach Zürich und Genf; schon vor und auf dem Flug nach Zürich wurde davon gesprochen, dass es sich um eine "Bankentour" handelt, dass von beiden Ehepaaren Bargeld auf Schweizer Banken deponiert werden solle; beide Ehepaare hatten Handkoffer dabei; die Ehefrauen, so hieß es, seien mitgeflogen, weil sie in Zürich Unterschriften leisten müssten. Am Flughafen Zürich wartete bereits eine schwarze Limousine auf die beiden Ehepaare.

████████████████ Flug von München nach Toulon-Hyeres und Nizza. Damals fand eine große Feier entweder bei Strauß oder bei Zwick in Südfrankreich statt. An Bord waren: Ehepaar Hurler, die Herren Pirkl, Streibl, Kiesl, Dr. Scheublein, Dr. Dannecker, Jahn und Neumeister. Herr Strauß kam zusammen mit den Zwicks in deren Flugzeug. Ich durfte mit Sondererlaubnis auf dem damaligen Militärflughafen Toulon-Hyeres landen, musste aber nach dem Aussteigen der

147

Fluggäste sofort nach Nizza weiterfliegen.

4. Es hat mindestens zwei weitere "Bankentouren" mit Franz Josef Strauß in die Schweiz gegeben, daran kann ich mich erinnern. Das muss nach 1976 gewesen sein; weil mir das entsprechende Flugbuch und der dazu gehörige Kalender abhanden gekommen sind, kann ich diese Flüge nicht mehr genau datieren.

5. Durch meine häufigen Flüge für Eduard Zwick und Franz Josef Strauß wurde ich mehrfach Zeuge, wie Frau Zwick oder Herr Zwick Herrn Strauß Umschläge mit Bargeld überreicht hat.

6. Mir ist in den Gesprächen zwischen Strauß und Zwick auch zu Ohren gekommen, dass sich Herr Strauß sehr für die Steuerbelange von Herrn Zwick einsetzte, der immer wieder Ärger mit dem Finanzamt Passau hatte.

gefahren«. Monika Hohlmeier habe daraufhin bestätigt, dass Marianne Strauß Geld in die Schweiz gebracht habe, allerdings ordnungsgemäß versteuert und als Reaktion auf die terroristische Bedrohung. Biermann beklagte sodann: »Acht Jahre später, Ende Januar 2010, droht mir jetzt Herr F. G. Strauß rechtliche Schritte an, weil ich auf der Grundlage des damaligen Interviews in zwei Büchern geschrieben habe, Marianne Strauß habe Bargeld in die Schweiz gebracht. Solange aber die Familie Strauß, etwa auch im Zuge eines Gerichtsverfahrens, nicht die entsprechenden Banküberweisungen, Kontoauszüge etc. vorlegt, bleibe ich dabei, dass man die Aussage von Monika Hohlmeier nur so verstehen konnte. Sie war eindeutig.« Es stellt sich die Frage: Warum drohte ihm Franz Georg Strauß rechtliche Schritte an?

Aus den Angaben des Piloten Lehmeier und denen von Monika Hohlmeier selbst folgt: Zu dem Bargeld, das sich nach dem Tod von Strauß im Inland befand, ist noch das Bargeld hinzuzurechnen, das bereits zuvor in die Schweiz gebracht worden war.

Renate Piller, der späteren Lebensgefährtin von Strauß, fiel auf, dass Strauß oft Bündel von Schweizer Franken bei sich hatte. Einmal habe er ihr davon eine Kette bei einem Münchner Juwelier gekauft (s. Lambrecht/Mueller, *Die Elefantenmacher*).

Ein höchst erstaunliches Phänomen waren die 300 000 Euro in bar, mit denen Max Strauß die gegen ihn wegen Anlagebetrugs verhängte Geldstrafe bei der Justizkasse bezahlte: Bargeld ohne Ende! Woher kam dieses Bargeld? Diese Frage stellte die Landtagsabgeordnete Susanna Tausendfreund von Bündnis 90/Die Grünen bei einer öffentlichen Veranstaltung in den Raum. Nahm die Staatsanwaltschaft, wie es bei Bargeld in dieser Größenordnung ihre gesetzliche Pflicht gewesen wäre, Ermittlungen zur Herkunft des Geldes vor? Anscheinend nicht.

Der Umfang des Vermögens

Am 29. Dezember 1997 schrieb eine Diplomkauffrau einen erstaunlich optimistischen Brief an das Finanzministerium, wo er auf meinem Schreibtisch landete:

Sehr geehrte Damen und Herren,

häufig ist es nicht einfach, einen Überblick über die eigenen Vermögenswerte zu gewinnen, insbesondere bei Vermögen aus Erbschaften. Ich möchte Sie daher sehr höflich um Ihre geschätzte Mithilfe bitten. Vielleicht können Sie aufgrund Ihrer Unterlagen feststellen, ob mir Liegenschaften zustehen, über die ich keine Nachricht erhalten habe. Ich verfüge über einen makellosen Leumund und vermute daher, das eine oder andere Mal bedacht worden zu sein. Bitte verständigen Sie mich über Ihre Nachforschungen.

Mit freundlichen Grüßen

Einen Überblick über das von Strauß hinterlassene Vermögen zu gewinnen, gestaltet sich schwierig. Während ich der zitierten Diplomkauffrau verständlicherweise nicht helfen konnte, vermag ich in diesem Fall jedoch meine Mithilfe anzubieten.

Max Strauß gab in seinem vor dem Landgericht Köln gegen mich unter anderem wegen der Höhe des Nachlasses geführten Prozess an, der Wert des Nachlasses habe weniger als zehn Millionen Mark betragen. Seine Schwester Monika Hohlmeier hatte früher in einem Fernsehinterview auf die Frage des Journalisten Werner Biermann, was an dem Gerücht wahr sei, ihr Vater habe 200 bis 400 Millionen Mark hinterlassen, geantwortet, etwa ein Zehntel davon treffe zu. Das wären 20 bis 40 Millionen Mark. Hingegen veranschlagte der Bäderkönig Eduard Zwick, der mit Strauß eng befreundet war, dessen Vermögen in einem Interview mit dem *Spiegel* auf 250 Millionen Mark. Dieser Äußerung, die ja dann zumindest für die Höhe des Nachlasses nicht stimmen konnte, traten die Geschwister Strauß, soweit ersichtlich, nicht entgegen.

Wie neuerdings aus einer glaubhaften Quelle aus der Justiz zu erfahren war, soll das Nachlassgericht seinerzeit den Wert des Nachlasses von F. J. Strauß auf deutlich mehr als 20 bis 40 Millionen Mark festgesetzt haben – verbunden mit dem Hinweis, dass die angegebene Summe an der untersten Grenze liegen dürfte, weil die Nachlassgerichte bei den Wertfeststellungen, die auf den Angaben der Erben beruhen, sehr großzügig entscheiden würden. Dies würde damit übereinstimmen, dass mir der Präsident des Bayerischen Obersten Rechnungshofs damals die Frage stellte, ob nach meiner Einschätzung mit einer öffentlichen Untersuchung über die Herkunft des Millionen-Vermögens der Frau Hohlmeier zu rechnen sei. Anscheinend meinte er damit den gesamten Nachlass, mit dem Bezug allein auf die Strauß-Tochter hatte er sich wohl missverständlich ausgedrückt.

In dem von Max Strauß gegen mich vor dem Landgericht Köln angestrengten Prozess wies mein Anwalt auf die Möglichkeit hin, dass im Nachlassverfahren ein viel höherer Betrag als 20 bis 40 Millionen Mark festgesetzt worden sein könnte, und beantragte die Beiziehung der Nachlassakten. Doch Max Strauß bestritt, dass es ein Nachlassverfahren gegeben habe und dass Nachlassakten existierten. Über eine Grundbucheinsicht konnte ich indessen ermitteln, dass es sehr wohl ein Nachlassverfahren gegeben hatte – und zwar beim Nachlassgericht München, geführt unter dem Aktenzeichen 96 VI 9332/88. In diesem Verfahren war am 14. November 1988 der Erbschein ausgestellt worden. Mit der äußerst befremdlichen, rechtlich falschen Begründung, das Vorbringen sei verspätet und außerdem ein unzulässiger Ausforschungsbeweis, lehnte die Kölner Kammer gleichwohl die Beiziehung der Nachlassakten ab. Es bleibt abzuwarten, wie das Berufungsgericht diese Frage sieht.

Als inländisches Vermögen ist, soweit ersichtlich, anzusetzen:
– von Strauß angesammeltes Bargeld in Millionenhöhe,
– das Grundvermögen, bestehend aus dem Haus in der Hirsch-Gereuth-Straße in München-Sendling, einer Villa in Rottach-Egern am Tegernsee, einer Eigentumsetage im Münchner Listweg und einem Wohnblock in der Wilhelmstraße in München (nach Wolfram Bickerichs Strauß-Biografie),
– eventuell kommt weiteres Vermögen (zum Beispiel Wertpapiere) hinzu sowie möglicherweise nicht bekanntes Grundvermögen, das Strauß – Hinweisen zufolge – in München, Erlangen oder anderswo besessen haben könnte. Aus Bankkreisen verlautet, dass er bei der Bayerischen Vermögensverwaltungsgesellschaft – einer Tochter der Bayerischen Vereinsbank – einen Sack voll Goldmünzen gelagert haben soll. Nachzuweisen ist dies aber nicht.

Als ausländisches Vermögen ist, sofern ersichtlich, anzusetzen:
– das Geld auf Schweizer Konten. In einem Interview mit der *Bayerischen Staatszeitung* vom 24. Juli 2009 gab Max Strauß zu, dass es Geld gab, »das auf Schweizer Konten lag«. Der *Spiegel* berichtete 1994, Max Strauß habe eingeräumt, dass es »ein paar Millionen« gewesen sein könnten,
– eine Villa in Les Issambres in der Bucht von Saint Tropez an der Côte d'Azur,
– eventuelle Vermögenswerte in Kanada. Dabei soll es sich um Hotels handeln. Fest steht, dass in Kanada eine Gesellschaft »FMS Investments Limited« existierte (FMS steht für Franz Josef und Marianne Strauß) Nach eigenem öffentlichen Bekunden veräußerte Monika Hohlmeier zum 1. Januar 1999 ihren Drittelanteil an ihre beiden Brüder. Nach der Rückkehr von einer Kanadareise berichtete Ministerpräsident Max Streibl, der kanadische Premierminister habe ihm erzählt, er kenne die Geschwister Strauß recht gut, weil sie mehrere Hotels in Kanada besäßen.

Falls Strauß Geschäfte im Ausland – zum Beispiel durch Lieferung von U-Boot-Plänen und U-Boot-Teilen nach Südafrika oder im Zusammenhang mit dem saudischen Ölgeschäft der AVIA, mit Airbus-Verkäufen oder dem Milliardenkredit an die DDR – getätigt hat, könnten Provisionen dafür auf ausländische Konten bezahlt worden sein.

Hinsichtlich des Airbus ist zu bemerken, dass Strauß in seiner Funktion als Aufsichtsratsvorsitzender laufend Airbus-Verkäufe im Ausland tätigte. Für ein Airbus-Geschäft mit Kanada ging eine Provision in Höhe von 5,2 Millionen Mark auf ein von Karlheinz Schreiber für F.J.Strauß in der Schweiz geführtes Konto ein. Das war wenige Tage vor seinem Tod. Es kann jedoch nicht ernsthaft angenommen werden, dass Strauß erstmals kurz vor seinem Lebensende sich entschlossen hätte, für ein vermitteltes

Airbus-Geschäft eine Provision zu verlangen. Dabei ist nicht allein auf Vermögen in der Schweiz abzuzielen (siehe die oben erwähnte Äußerung des Treuhänders der Firma LCF Energie/Zekom in der Schweiz beim Konkursamt Nidwalden, Strauß sei ein Mitgründer). Vielmehr ist auch in Liechtenstein und Luxemburg möglicherweise verstecktes Vermögen einzubeziehen, worauf schon Ludwig Huber in seiner zitierten Äußerung angespielt hat. Insoweit ist zusätzlich zu verweisen auf die von Ludwig Huber erwähnte Mitteilung Friedrich Jahns, Strauß habe bei seiner (Jahns) Firma Transcommerce in Liechtenstein viel Geld verloren.

Der ungestüme Drang von Strauß zum großen Geld manifestierte sich während der gesamten Zeit seiner politischen Aktivität. Schon sein früherer persönlicher Referent Marcel Hepp, stellvertretender Chefredakteur des *Bayernkurier*, notierte in seinem Tagebuch: »Seine Geldgier steigt mit seinem Einkommen.« Und in den 1970er-Jahren verkündete eine CSU-Werbebroschüre: »Der Mehrung seines Vermögens gibt er sich mit demselben Eifer hin, den er in der Politik walten lässt.« Das Ergebnis beweist es. Doch wie kann man als Abgeordneter, Minister und Ministerpräsident zu solchen Reichtümern gelangen? So viel ist da nicht zu verdienen, die Bezüge sind zudem zu versteuern.

Noch eine Anmerkung: Peer Steinbrück ist keineswegs der Erste, der für seine Reden Honorar forderte. Das tat lange vor ihm schon Strauß – und er verlangte keineswegs weniger als Steinbrück. Strauß berechnete sogar Honorar für Interviews mit ausländischen Fernsehanstalten. Dagegen war nichts einzuwenden. Aber skurril wurde es, als er von Karikaturisten, die ihn zeichneten, wie Ernst Maria Lang und Dieter Hanitzsch, nachdrücklich Honorar einfordern wollte – federführend dabei war seine Frau Marianne. Das war Geldgier pur!

4 Das Ansehen von F. J. Strauß und sein Bild von den Menschen

Die Sicht der Menschen im Land auf Strauß war recht unterschiedlich – viele hatten starke Vorbehalte gegen ihn, viele bewunderten ihn vor allem in Bayern, viele verabscheuten ihn. Hingegen war die Sicht von Strauß auf seine Mitmenschen recht einheitlich: Sie war geprägt von Verachtung.

F. J. Strauß und sein Nimbus

Das Erscheinungsbild

Wenn Strauß redete, im Bundestag, auf Versammlungen, im Fernsehen, trat er auf wie der Chefankläger der Bundesrepublik. Schneidend prangerte er die angeblichen Untaten von SPD und FDP an, die heuchlerische Charakterlosigkeit ihrer Repräsentanten. Bundeskanzler Willy Brandt und den Bundesminister Egon Bahr brandmarkte er im Zuge der Ostpolitik faktisch als Vaterlandsverräter. Die führenden Leute der CDU stellte er öffentlich als lahme und einfältige Figuren hin, insbesondere Helmut Kohl, solange er noch nicht Bundeskanzler war. Und jedem Kanzler, so der frühere CSU-Bundesminister Niederalt, bereitete er »ungeheure Schwierigkeiten«. Sich selbst aber präsentierte Strauß als den Staatsmann, der die Probleme klarsichtig erkennt und rational zu entscheiden wüsste, wenn man ihn nur ließe. »In historischen Dimensionen denkend«, wie er sich selbst immer wieder bescheinigte (er hatte früher einmal neben Latein und Griechisch Geschichte studiert), gab er vor, deshalb auch die Zukunft zu kennen. Behielt er, wie so oft, nicht recht, hatte er immer eine Ausrede parat. Das haben viele, die ihn erlebten, bezeugt.

Der Kampf für »Recht und Ordnung« und der Kampf gegen eine »sozialistische Neidgesellschaft« waren vornehmlich seine innenpolitischen Schlachtrufe. Wenn er dieses Credo mit Nachdruck und mit geschickten Argumenten vortrug, waren viele beeindruckt, viele überzeugt. Wenn er sich in seiner Rhetorik steigerte, mit Donnerstimme und Zorneseifer Missstände und Missgriffe anprangerte, schwitzend vor Anstrengung und Erregtheit, dann musste man glauben: Dieser Mann steht felsenfest hinter dem, was er sagt! Das ist ein Politiker, der Prinzipien hat. Dass der Bannerträger der bürgerlichen Werte von Ehrlichkeit, Fleiß und Anstand selbst genau das Gegenteil von dem tat, was er verkündete, erschien einem Großteil der Menschen ausgeschlossen.

Doch alles war Schein, Lug und Trug. Hinter der Fassade tat sich ein Abgrund auf. Im Leben des F. J. Strauß gab es nirgendwo einen festen Boden – das christliche Fundament, auf dem er angeblich stand, war vorgespiegelt. Von ihm stammt der Satz: »Man muss seine Prinzipien so hoch aufhängen, das man unter ihnen durchschlüpfen kann.« Das schien witzig gemeint, in Wirklichkeit aber war es sein Lebenselixier. Nochmals sei sein einstiger enger Weggefährte, der Bundesminister Alois Niederalt, zitiert, der mir gegenüber äußerte: »Er hielt sich an keine Gesetze, an nichts!« Grimmig fügte Niederalt hinzu: »Er hätte halt 20 Jahre früher auf die Welt kommen sollen, dann hätte er

Gauleiter werden können.« Freiherr Karl Theodor zu Guttenberg (Großvater von »KT«), Staatsminister im Auswärtigen Amt
unter Kiesinger, urteilte über Strauß: »Er ist der gleiche Typ, der
uns tausend Jahre regiert hat.« Es gab nur ein einziges Prinzip,
an das Strauß sich hielt. Es hieß: »Ich!«

Das Selbstbildnis

Nichts kennzeichnete ihn mehr als das, was er – wie erwähnt –
zu dem mutigen Piloten sagte, der ihm nach einem Flug nach
Budapest, wo Strauß einen Fleischimport zu Billigpreisen einfädelte, vorhielt: »Aber gestern haben Sie doch in der Nibelungenhalle in Passau gefordert, die Bauern sollten einen gerechten
Preis für ihr Fleisch erhalten.« Unbekümmerte Antwort von
Strauß: »So muss man's halt machen!« Nach vorne so reden,
hintenherum anders handeln. Das Frappierende: Er genierte
sich vor dem Piloten nicht einmal, suchte keine Ausrede. So als
ob es das Natürlichste wäre, seine Mitmenschen zu hintergehen.
Nichts enthüllt den Charakter von Strauß mehr als diese seine
Worte über sich selbst. Prägnanter kann man sein ganzes Leben
und Wirken nicht umreißen. Er zog mit Donnerstimme gegen
die angeblichen Zerstörer der »Werteordnung« zu Felde, tatsächlich aber trat er diese selbst mit Füßen.
    Strauß kannte keine Ehrlichkeit. Warum auch sollte er ehrlich
sein, wenn ihm die Lüge (zum Beispiel Steuerhinterziehung und
Korruption) mehr einbrachte?
    Strauß kannte keinen Respekt. Nicht seiner Frau gegenüber,
die schon bald nach der Heirat von Frauen- und Prostituierten-
gerüchten hören musste. Nicht Ministern gegenüber, die er anbrüllte wie Max Streibl, Karl Hillermeier und Prof. Hans Maier.
Oder die er per Rufmord herabwürdigte wie Franz Heubl oder
Bruno Merk, der ihm am 9. Juli 1977 schrieb: »Die Praxis der

schriftlich oder mündlich verbreiteten Dossiers über Parteifreunde wird von mir nicht stillschweigend hingenommen …
Erfolgreiche Arbeit … ist nicht ohne ein Mindestmaß an wech-
selseitigem Respekt und menschlicher Achtung möglich.« Strauß
brüllte, wie schon erwähnt, sogar Bundeskanzler Adenauer an,
was er selbst in seinen Erinnerungen mit offenkundigem Stolz
mitteilte.

Strauß kannte keine Verantwortung. Andernfalls hätte er als
Bundesverteidigungsminister in der hochgefährlichen Kubakrise nicht volltrunken in einem Gebüsch herumgelegen, es
hätte die Beschaffungsaffären beim Aufbau der Bundeswehr
nicht gegeben – und keine *Spiegel*-Affäre.

Strauß kannte keine Achtung vor dem Recht. Dies haben viele bezeugt, so auch Prof. Hans Maier, der zugleich August Lang,
den früheren Vorsitzenden der CSU-Landtagsfraktion, zitierte:
»Für Strauß hat Goppel kein Verhältnis zur Macht – für Goppel
hat Strauß kein Verhältnis zum Recht.« Die Belege hierfür sind
seine maßlose Bereicherung und seine Willkür bei Auftragsver-
gaben, Stellenbesetzungen, Steuernachlässen zugunsten seiner
ihm umgekehrt tributpflichtigen Freunde.

Strauß kannte keine Disziplin. Strauß war sicher enorm leis-
tungsfähig, doch geordnetes, regelmäßiges Arbeiten war seine
Sache nicht. So beklagte der frühere stellvertretende Ministerpräsident Ludwig Huber mir gegenüber, er habe noch nie erlebt, dass
eine Besprechung mit Strauß pünktlich begonnen habe. Er war
notorisch unpünktlich. Besucher etwa ließ er stundenlang warten
(Bickerich, S. 67). Das resultierte aus seiner irrwitzigen Hybris.
Sogar der französische Botschafter musste, als er Verteidigungsminister war, in seinem Vorzimmer warten – eine Missachtung
ohnegleichen. Den General Burkhard Müller-Hillebrand, der eine
Viertelstunde lang gewartet hatte und dann gegangen war, ließ er
durch Feldjäger vorführen! Das war nicht nur eine menschenverachtende Demütigung, sondern auch ein unfassbarer Amtsmiss-

brauch, denn das gehörte nicht zu den Aufgaben der Feldjäger! Und schier unglaublich, wie oft einem CSU-Mitglieder oder Journalisten erzählen, sie hätten Strauß sturzbetrunken erlebt.

Wie schon erwähnt, lag der deutsche Verteidigungsminister während der Kubakrise, in der die Bundeswehr in Alarmbereitschaft versetzt worden war, in einer Nacht betrunken in einem Gebüsch. Als er 1980 als Kanzler kandidierte, gab es einen aufklärerischen Kinofilm über Strauß. Der Film zeigte eine Szene aus einer Veranstaltung mit Strauß, in der seine Frau Marianne und Edmund Stoiber rasch eine Flasche Alkohol wegräumen. Max Streibl erzählte dem *Spiegel*, dass ein Treffen von Strauß mit Unternehmensvertretern beinahe katastrophal gelaufen wäre, weil Strauß bereits betrunken angekommen sei. Eine glaubhafte Quelle berichtet, er sei einmal vor einem Fernsehinterview so betrunken gewesen, dass er das Wasser nicht mehr halten konnte. Ein hilfreicher Begleiter habe ihm daraufhin geholfen, die Hose zu wechseln. Dabei habe ihm Strauß einen Tritt in den Hintern verpasst. Schlimm war seine Aggressivität, die Prof. Hans Maier beschreibt: »Wehe, wenn plötzlich Emotionen, Wutausbrüche seine Intelligenz überschwemmten. Dann konnte sich der Mann ... in ein zuckendes Bündel von Wut und Aggressivität verwandeln.«

Das Götzenbild

Ein Götze ist ein falscher Gott. Wenn Stoiber, Seehofer und gewisse andere Mitstreiter Strauß zum anbetungswürdigen Gottvater der CSU erhoben haben, so ist das eine verwerfliche Ikonografie.

Das Volk hat ein Recht auf die Wahrheit. Es darf nicht getäuscht werden, schon gar nicht von Leuten, die ein staatliches Amt innehaben.

Der pompös inszenierte Leichenzug durch München im Oktober 1988, der die Menschen ehrfürchtig erschauern ließ vor der erhabenen Größe des dahingegangenen Staatsmanns Strauß, war in Wahrheit ein makabres Schauspiel: Durch die Verklärung wurde darüber hinweggetäuscht, dass der übelste Politiker der deutschen Nachkriegszeit zu Grabe geleitet wurde. Einbalsamiert, um der Nachwelt wie ein Pharao noch über mehrere tausend Jahre erhalten zu bleiben.

Und welche honorigen Persönlichkeiten hat man nicht inzwischen mit dem 1996 kreierten »Franz-Josef-Strauß-Preis« ausgezeichnet? Unter den bisherigen Preisträgern finden sich der frühere amerikanische Präsident George Bush sen., der ehemalige amerikanische Außenminister Henry Kissinger, Roman Herzog, Helmut Kohl und Friedensnobelpreisträger Michail Gorbatschow. Bei seinem Besuch in Israel im September 2012 kündigte Horst Seehofer Staatspräsident Schimon Peres an, er werde ihn demnächst mit dem Preis auszeichnen. Da darf natürlich nicht aufkommen, wer Strauß wirklich war.

Die Sicht des F. J. Strauß auf seine Mitmenschen

Wie viele Menschen haben Strauß nicht über Jahrzehnte erlebt, im Fernsehen und Radio, in der Presse, auf Veranstaltungen. Sie haben sich ein Urteil über ihn gebildet, teils negativ, teils positiv. Aber wie hat er sie umgekehrt gesehen? Nach alldem, was inzwischen zutage getreten ist, kann es wohl nur eine Antwort geben: Er hielt sich selbst für begnadet schlau, alle anderen aber für schwachsinnig – dazu geschaffen, von ihm ausgenutzt zu werden, ausnahmslos alle!

In der Passauer Nibelungenhalle fanden sich an jedem Aschermittwoch die treuesten Anhänger von Strauß ein, um ihn zu sehen, zu hören und ihm zuzujubeln. Wie es hieß, traf Strauß jedes Mal mit erheblicher Verspätung ein. Seine Anhänger glaubten, Strauß sei eben ein viel beschäftigter Staatsmann.

Doch die Verspätung war dem Vernehmen nach von Strauß einkalkuliert. Ein hoher Beamter, langjähriges CSU-Mitglied, bestätigte dies. Einer aus der damaligen Umgebung von Strauß berichtete, er habe ihn einmal darauf aufmerksam gemacht, dass er eine Stunde früher aufbrechen müsse, wenn er rechtzeitig in Passau sein wolle. Darauf Strauß: »Die sollen warten. Die sollen erst einmal eine Maß Bier in sich hineinlaufen lassen!«

Wenn dann endlich der sehnlichst erwartete hohe Herr unter den Klängen des Bayerischen Defiliermarschs, jovial winkend, mit Gefolge seinen Einzug hielt, ahnten seine Anhänger nicht, was er in Wirklichkeit von ihnen hielt.

Strauß war ein Mann von überragender Intelligenz und enormer Eloquenz. Er erkannte sicher sehr früh, dass er deshalb Macht über Mitmenschen ausüben konnte. Im politischen Raum kommt es darauf an, die Mehrheit von Versammlungen und Gremien auf seine Seite zu ziehen. Er sah, dass er meist Sieger blieb, seine Gegner mussten sich fügen, insbesondere in dem begrenzten und daher beherrschbaren Territorium Bayern und innerhalb der dort etablierten Partei. Das Bewusstsein absoluter Überlegenheit, das Gefühl, der Recke Siegfried zu sein, verleitete ihn sehr bald dazu, Hemmungen abzustreifen und sich alles zu nehmen, dessen er habhaft werden konnte: politische Ämter, Geld, Frauen.

Für die meisten Menschen war es ein absolutes Rätsel, dass er alle seine Skandale überlebte. Gerade deswegen aber bewunderten ihn viele paradoxerweise; er wurde schließlich zum Monument. Doch der Grund seiner unerschütterlichen Standfestigkeit waren nicht seine Fähigkeiten, seine Intelligenz. Es war seine politische Schlüsselstellung als CSU-Vorsitzender!

Weil die CDU in Bonn ohne die von ihm beherrschte CSU

nicht regierungsfähig war, erkannte Strauß, dass er auf nichts und niemanden Rücksicht nehmen musste. Unter Adenauer jagte eine Affäre die andere. Selbst über die *Spiegel*-Affäre wäre er nicht gestürzt, hätte nicht der Koalitionspartner FDP seinen Rücktritt erzwungen. Da die CSU aber weiter unentbehrlich war, blieb er dennoch mächtig. Im Laufe der vielen Jahre machte ihn seine Schlüsselstellung schier unangreifbar, was auch immer er anstellen mochte. Er versuchte nicht einmal mehr, die Contenance zu wahren – am Schluss stand bald jede zweite Woche ein anderer Skandal in der Zeitung. Er schämte sich nicht vor denjenigen, bei denen er Bargeldsummen abkassierte. Er schämte sich nicht einmal vor Begleitern, sich immer wieder mit Prostituierten einzulassen. Er schämte sich nicht, sich immer wieder zu besaufen, herumzubrüllen, andere unflätig zu beschimpfen. Seine grenzenlose Schamlosigkeit ist das, was einen fassungslos macht. Konrad Mayer, Amtschef des Finanzministeriums, warnte mich einmal: »Sie kennen Strauß nicht, dem ist alles wurscht!«

Bei seiner Kanzlerkandidatur 1980 hatte er öffentlich versichert: »Ich habe keine dunkle Seite wie andere, bei mir weiß jeder, woran er ist.« Man sieht: Das Bewusstsein, dass er korrupt war, dass er einen mutmaßlich illegalen, vermutlich riesigen Bargeldschatz aufgehäuft hatte und lange Zeiten der Öffentlichkeit unbekannte Konten in der Schweiz unterhielt, dass er laufend gegen Recht und Gesetz verstieß, dieses Bewusstsein trieb ihn um. Er glaubte offenbar, alle täuschen zu können, vermutlich weil er alle für geistig minderwertig hielt. Aber das war der Irrtum, an dem er als Kanzlerkandidat scheiterte. Denn dass er so dachte, war für die Mehrheit der Bundesbürger zu erkennen oder zu erahnen. Im Verlauf seines Wahlkampfs spürte er, dass er mit seinem Täuschungsversuch gescheitert war. Da erfasste ihn Verzweiflung. Seine Tochter Monika gab in Interviews preis, dass er mehrmals nachts mit seiner Frau Marianne tief deprimiert im

Wohnzimmer gesessen sei und geweint habe, weil er die »Verleumdungen« nicht mehr habe ertragen können. Dabei kannten die angeblichen Verleumder überhaupt nur kleine Bruchstücke seiner dunklen Seite.

Immerhin gelang es ihm, sich hinter ihrem Rücken unendlich zu bereichern. Da konnte er dann wieder lachen, wenn auch nur ins Fäustchen. Er konnte sich sagen: Ich bin doch schlauer als sie alle.

Strauß verachtete nahezu jedermann. Hartnäckig unterstellte er seinen Mitmenschen Lebenslügen, bezichtigte seine Umwelt der »Realitätsverkennung«, höhnte über »Wirklichkeitsverluste« und »Selbsttäuschungen« und spottete über die »Traumtänzer« (so Jürgen Leinemann). Der Nobelpreisträger Otto Hahn war für ihn »ein alter Trottel, der die Tränen nicht halten und nachts nicht schlafen kann, wenn er an Hiroshima denkt«. Wie sehr muss er erst recht alle diejenigen verachtet haben, die ihm zujubelten, Loblieder auf ihn sangen, ihm gar eigenes Geld hinterherwarfen oder sich untertänig vor seiner Majestät verneigten!

Seine Intelligenz wurde durch seinen hemmungslosen Charakter blockiert, wenn es um seine Interessen ging. Sein chaotisches Verhalten als Bundesverteidigungsminister beweist es. Dass er damals Atomwaffen für die Bundeswehr wollte, was er zunächst vehement abstritt, später aber zugab, sollte vermutlich nur seine eigene Machtposition erhöhen. Er wollte sagen können: Ich, Strauß, bin Herr über Atombomben! Der *Spiegel*, der ihm das seinerzeit vorwarf, hat ihn zweifellos richtig eingeschätzt.

Wenn der Kabarettist Helmut Schleich Strauß imitiert, wie er maßlos in seinen Schimpftiraden über Freund und Feind herzieht, jeden für total unfähig, ja als Trottel erklärt, in den für ihn typischen bildhaften, witzigen Formulierungen, dann muss man unwillkürlich lachen. Doch man muss sich vor Augen halten:

Strauß wollte nicht als Komiker oder Hanswurst auftreten, er meinte das alles todernst. Wenn man sich das nicht klarmacht, wird er verharmlost zu einem witzigen Original.

Hemmungslose Herrschaftspraktiken und Aufstieg und Fall eines Blenders

Viele Menschen im Bayernland, mit denen man über Strauß spricht, meinen, heute würde er über seine Affären stürzen, die Bevölkerung sei kritischer geworden, er sei »gerade noch rechtzeitig gestorben«. Diese These erscheint zweifelhaft. Es gibt Beobachtungen, die dafür sprechen, dass sich eine derartige Karriere wiederholen könnte, sicher nicht in gleicher, aber doch in ähnlicher Weise.

Eine ausnahmehafte Besonderheit bei Strauß war, dass er von Anbeginn der Bundesrepublik aktiv Politik betrieb und das über 40 Jahre hinweg, sodass die Bevölkerung geradezu die Zwangsvorstellung hatte, er gehöre in diese Machtposition, was immer er sich an Skandalen leistete. Doch auch unter anderen Voraussetzungen können entschlossene Politiker eine vergleichbare Machtstellung erringen. Man denke an Edmund Stoiber. Gestützt auf einen straff durchorganisierten Parteiapparat und auf absolute Gefolgschaft geeichte Parteigänger herrschte er mit schneidender Rigorosität so uneingeschränkt, dass der ihm nachfolgende CSU-Vorsitzende Erwin Huber später öffentlich bekannte, Stoiber habe am Schluss sogar mehr Macht gehabt als Strauß. Aufgrund seiner Erfolge habe die CSU-Spitze ihm diese Macht auch zugestanden. Und hatten sich die Abgeordneten früher ängstlich vor Strauß geduckt, so trieb sie, wie der CSU-Landtagsabgeordnete Gabsteiger im Nachhinein gegenüber der Presse bekannte, unter Stoiber »die nackte Angst« – mit dem

Resultat, dass sie alles abgenickt hätten. Stoiber wäre sogar fast Bundeskanzler geworden. Die von ihm persönlich mit zu verantwortende Zehn-Milliarden-Euro-Pleite der Bayerischen Landesbank, die 3,8-Milliarden-Euro-Verluste in der Hypo-Alpe-Adria-Affäre und der skandalöse, bereits nach einem Jahr ausgefallene Zwei-Milliarden-Mark-Kredit an Leo Kirch waren keine unglücklichen Zufälle. Es waren die Ergebnisse seiner keinen Widerspruch duldenden Herrschaft. Dennoch machte die CSU-Spitze Stoiber nach seinem Abgang sogar noch zum Ehrenvorsitzenden der CSU.

Die Karriere des Roland Koch in Hessen ist ein weiteres Beispiel für hemmungslose Herrschaftspraktiken. Koch kam nach oben, weil ihn die Banken und andere potente Interessenten dort haben wollten. Skandale und Lügen gab es zuhauf, aber er konnte selbstsicher auftreten und den überlegenen Chef geben, der in der großen Politik zu Hause ist. So vermochte er einen Großteil der Bevölkerung über Jahre hinweg zu täuschen. Die Auflösung, besser Vernichtung des 35-köpfigen Steuerfahndungsteams in Frankfurt, das riesige Steuerhinterziehungen und Schwarzgeldverschiebungen bei den Großbanken aufgedeckt und dadurch Steuermehreinnahmen von einer Milliarde Mark hereingeholt hatte, wäre eines F. J. Strauß würdig gewesen (s. »Die unheilbare Paranoia der hessischen Steuerfahnder«, S. 282 ff.). Dieser hatte ebenfalls die Steuerfahndung ohne alle Skrupel blockiert. Eiskalt berechnendes, brutales Vorgehen war das Charakteristikum Roland Kochs. Und doch wurde er sogar als möglicher Kanzlerkandidat genannt.

Ein eindrucksvolles Lehrstück, wie sich die Bevölkerung blenden lässt, war der fulminante Aufstieg des Karl-Theodor zu Guttenberg. Smart im Auftreten, das gepaart war mit ungewöhnlicher Eloquenz und jugendlichem Schwung sowie dem Glamour einer bildschönen Frau, viel Geld und eleganter Kleidung, wirkte er wie ein J. F. Kennedy. Mit nur 37 Jahren von CSU-Chef

Horst Seehofer als Nachfolger von Michael Glos auf den Sessel des Bundeswirtschaftsministers gehievt, erschien er den Bürgern als außerordentliche Begabung. Sie sagten sich: Dieser Mann hat Charisma! Er ist zu den höchsten Ämtern befähigt, ihm gehört die Zukunft – so die nahezu allgemeine Überzeugung. Zwar hatte Guttenberg bis dahin noch nie etwas mit Wirtschaft zu tun gehabt, überspielte das aber dadurch, dass er munter in Interviews zur katastrophalen Bankenkrise und zu ihren wirtschaftlichen Folgen drauflosplapperte, meist so schnell, dass man kaum folgen konnte. Neben dem sehr sachkundigen Bundesfinanzminister Peer Steinbrück konnte er nicht punkten, aber das ließ sich mit seiner kurzen Amtszeit von etwa einem halben Jahr bis zur Bundestagswahl erklären. Es war nicht auszuschließen, dass er fähig war, wenngleich noch keine Verdienste zu erkennen waren, welche die überschwänglichen Lobpreisungen vieler gerechtfertigt hätten.

Genauso sah das auch ein ehemaliges Mitglied der Bundesregierung, mit dem ich mich über dieses Phänomen unterhielt. Eine frühere CSU-Bundestagsabgeordnete, die der gleichen Meinung war, erzählte mir, dass man sich früher nach den Reden Guttenbergs in der CSU-Landesgruppe immer gefragt habe: »Was hat er jetzt eigentlich gesagt?« Nach seinem Sturz berichtete der *Spiegel* über eine Anekdote, die Michael Glos, der frühere Vorsitzende der Landesgruppe, erzählte: Eine Bekannte und ihr Mann hatten einer Rede Guttenbergs zugehört und waren danach beeindruckt gewesen. Als etwas Zeit vergangen war, fragte die Frau ihren Mann: »Hast du eigentlich verstanden, was er gesagt hat?« Der Mann antwortete: »Nein, ich dachte, du hast es verstanden.«

Steil bergauf ging es, als Guttenberg nach der Bundestagswahl 2008 Verteidigungsminister wurde. Er verkündete alsbald die Abschaffung der Wehrpflicht, was viele erfreute. An die Stelle der Wehrpflichtigen sollten Freiwillige treten. Obwohl klar war, dass diese Reform sehr teuer würde, versprach Guttenberg zugleich die Einsparung von acht Milliarden Euro in seinem Wehretat. Er räumte ein, dass in Afghanistan kriegsähnliche Zustände herrschten, was andere Politiker nicht aussprechen wollten. Die Leute waren begeistert. Man sagte zueinander: Das ist kein Kleingeist, kein Erbsenzähler, kein verdruckter Politiker wie die anderen, der ist offen und ehrlich. Man umjubelte ihn. Selbst die kritische Presse beweihräucherte ihn, der *Spiegel* sah ihn bereits auf dem direkten Weg ins Kanzleramt.

Ein gewaltiger Paukenschlag hätte allerdings aufschrecken müssen. Erst einen Monat im Amt, entließ Guttenberg von einem Tag auf den anderen den Generalinspekteur der Bundeswehr und seinen Staatssekretär. Seine Begründung: Sie hätten ihm in der Affäre um das Kundus-Bombardement eine wesentliche Unterlage, den Feldjägerbericht, vorenthalten. Daher habe er zu ihnen kein Vertrauen mehr. Die Bürger im Lande waren tief beeindruckt ob der Tatkraft des jugendlichen Helden. Nach mehreren Besuchen in Afghanistan war Guttenberg auf dem Höhepunkt seiner Popularität angelangt.

Freilich konnte er vor dem eingesetzten Untersuchungsausschuss des Bundestags keinen Nachweis dafür erbringen, dass er getäuscht worden war. Insbesondere die Mitschrift seiner Büroleiterin, die bei dem fraglichen Gespräch zugegen war, erwähnte keine Frage des Ministers, ob es einen Feldjägerbericht gebe, folglich auch keine verneinende Antwort. Vielmehr hielt sie fest, dass der Minister mehrfach die Frage nach weiteren Berichten gestellt habe. Daraufhin habe Generalinspekteur Wolfgang Schneiderhan den Bericht der Feldjäger genannt und gesagt, dass dieser für Oberst Georg Klein, der das Bombardement angeordnet hatte, nicht günstig sei.

Selbst wenn Guttenberg den Eindruck gehabt hätte, der Generalinspekteur und der Staatssekretär hätten ihm den Feldjägerbericht vorenthalten wollen, hätte es genügt, die beiden zu rügen, schließlich hatten sie das Bombardement in Kundus nicht zu verantworten. Die Art und Weise, wie der 37-Jährige, der beruflich bis dahin so gut wie nichts eigenverantwortlich geleistet hatte, sie stattdessen gnadenlos feuerte – und bald darauf ohne rechtliche Anhörung den Kapitän der *Gorch Fock* –, erinnerte an Stauß, der als Verteidigungsminister mit den obersten Offizieren und Beamten seines Ministerium ganz ähnlich umsprang. Dass Guttenberg fehlendes Vertrauen und Täuschung als Grund angab, während er selbst wenige Jahre zuvor mit seiner Doktorarbeit das Vertrauen der Professoren durch Täuschung missbraucht hatte, spricht für sich.

Verblüffend war, dass Umfragen zufolge selbst nach Aufdeckung des Betrugs mit der Doktorarbeit noch 70 Prozent der Bevölkerung meinten, Guttenberg könne weiterhin Minister bleiben. Das vermeintliche Charisma wirkte noch fort. Warum nur? Die Mehrheit der Menschen hängt offensichtlich dem Irrglauben an, ein Charismatiker könne in der Politik alles richten. Der Grund hierfür ist wohl, dass sie meistens keine Vorstellung davon haben, wie Regierungsarbeit in Wirklichkeit vonstattengeht. Bei den so unendlich verflochtenen und vielschichtigen Lebensverhältnissen lösen sich Probleme nicht durch die großartige Idee eines Charismatikers in Wohlgefallen auf. Vielmehr haben die politischen Amtsträger durch Fakten- und Aktenstudium sowie durch Abwägen der Vor- und Nachteile eine Maßnahme so lange zu prüfen, bis sie sich dann zumeist zu einem vertretbaren Kompromiss durchringen. Aber der Fall Guttenberg beweist, dass trotz des gehobenen Bildungsstandards der Bürger der glanzvolle Auftritt eines geschickten Blenders diesem zu höchsten Ämtern verhelfen kann. Der CDU-Bundestagsabgeordnete Wolfgang Bosbach, Vorsitzender des Innenausschusses des Bundestags, sagte in einer Fernsehdiskussion, er habe den Aufstieg Guttenbergs mit Erstaunen verfolgt. Denn es sei doch nicht so, dass alle anderen Politiker »nur als Glühwürmchen herumschwirrten«.

Wie kläglich vermeintliches Charisma in sich zusammenbrechen kann, hat der Bericht der Kommission der Universität Bayreuth vom 5. Mai 2011 aufgezeigt. Sie war zu dem Ergebnis gekommen, dass Guttenberg eindeutig vorsätzlich getäuscht habe. Obwohl er »die ehrenwörtliche Erklärung« abgegeben habe, dass er die Arbeit selbst verfasst und keine anderen als die angegebenen Quellen und Hilfsmittel benutzt habe, habe er fremde Texte ohne Kennzeichnung »in einem kaum vorstellbaren Ausmaß, in allen Einzelheiten einschließlich der Interpunktion« übernommen. Dann führte die Kommission aus, Guttenberg habe öffentlich erklärt, es sei ihm »ein aufrichtiges Anliegen«, sich an der Klärung der Fragen hinsichtlich seiner Dissertation zu beteiligen. Tatsächlich aber habe er Kontakt zur Universität bis zu seinem Rücktritt nur über seinen persönlichen Referenten im Bundesverteidigungsministerium und danach über seine Rechtsanwälte aufgenommen. Außerdem habe er sich zu den Plagiatsvorwürfen hinsichtlich der einzelnen Texte nicht geäußert.

Was die Kommission dann zitiert, macht den Charismatiker zum Komödianten. Guttenberg schrieb, seine Erklärung gegenüber der Kommission, zu der er nicht verpflichtet sei, diene »nicht der Rechtfertigung und der Verteidigung«. Sie erfolge »ausschließlich zum Schutze der Universität Bayreuth«, die durch sein »wissenschaftliches Fehlverhalten in die Gefahr des Misskredits geraten« sei. Und weiter: Dass er in die Veröffentlichung des Berichts der Kommission einwillige, sei »ein entgegenkommender Verzicht auf seine Persönlichkeitsrechte im Interesse der Aufklärung des Sachverhalts zum Schutze des Ansehens der Universität Bayreuth«.

Dennoch antworteten Seehofer, Beckstein und andere Politiker auf die Frage, ob Guttenberg eine zweite Chance erhalten sollte: selbstverständlich! Jeder Mensch hat Anspruch auf eine zweite Chance. Auch viele Leute, die von Journalisten interviewt wurden, meinten das Gleiche. Dem ist entgegenzuhalten, dass zwar ein Straftäter, der nach Verbüßung seiner Strafe in die Gesellschaft zurückkehrt, eine zweite Chance erhalten muss. Aber ein Minister, der wegen groben Fehlverhaltens zum Rücktritt gezwungen wurde, muss nicht erneut ein politisches Spitzenamt übernehmen. Warum nur sollte man ein solches Risiko eingehen? Strauß bekam eine zweite Chance – er hat sie missbraucht.

5 Der Herrschaftsstil der Strauß-Epigonen Stoiber und Seehofer

Stoibers Regentschaft

Edmund Stoiber bezeichnete sich zu Lebzeiten von Strauß als dessen »Alter Ego«, nahm sich ihn später zum Vorbild und handelte danach – ohne Skrupel.

Ein halbes Jahr, nachdem Stoiber Ministerpräsident geworden war, sagte ich zu einem Kabinettsmitglied, Stoiber regiere ja wider Erwarten recht moderat. »Passen Sie auf, der wird sich noch entwickeln«, war die Antwort. Und so kam es auch. Ein anderes Kabinettsmitglied erzählte mir später, wie es bei den Sitzungen so zuging. Einmal habe sich in einer Kabinettssitzung herausgestellt, dass der Präsident des ADAC sich mit einem Anliegen an Stoiber als Ministerpräsident sowie an Beckstein als den zuständigen Ressortminister gewandt hatte, was aber beide zunächst nicht wussten. Das Antwortschreiben von Beckstein war zustimmend, das von Stoiber ablehnend. In der Kabinettssitzung habe Stoiber gesagt, ein solcher Widerspruch gehe natürlich nicht an. Beckstein habe eingewendet, er habe zwei Jahre lang gebraucht, bis er seine Kollegen aus den anderen Bundesländern in dieser Sache überzeugt habe. Daraufhin Stoiber: »Wer irrt hier, der Ministerpräsident oder der Minister? Also Günther, bring das in Ordnung!«

Ein anderes Mal habe, so das gleiche Kabinettsmitglied, ein

Minister Stoiber widersprochen – einmal, zweimal, dreimal. Daraufhin habe er den Minister unter dem Tisch getreten und ihm zugeraunt: »Halt dei Fotzn!« Nach der Sitzung habe er zu dem irritierten Minister gesagt: »Wenn du noch einen Satz gesagt hättest, hätte er dich rausgeschmissen!« Der Minister habe sich daraufhin bei ihm bedankt. Der langjährige Kultusminister Hans Zehetmair bekannte später in einem SZ-Interview zu den Kabinettssitzungen unter Stoiber: »Er war es gewohnt, dass alles abgenickt wurde.«

Erwin Huber sagte in einem Interview mit der Zeit, dass Stoiber im Wesentlichen allein entschieden habe: »Wir von der Parteispitze haben ihn wegen seiner Erfolge in diese absolute Machtposition hineinwachsen lassen.« Ihm, Huber, hätten für ein solches Spitzenamt zwei Eigenschaften gefehlt: »Brutalität und Illoyalität«, erklärte er in Bezug auf Stoiber 2010 gegenüber dem Spiegel. Huber bezeichnete Stoiber als rachsüchtig: »Der böse Rachetrieb war stärker als alles andere.«

Stoibers Brutalität manifestierte sich in dramatischen Beispielen. Der CSU-Bundestagsabgeordnete Erich Riedl wurde, obwohl nach dem Ermittlungsergebnis der Augsburger Staatsanwaltschaft unschuldig, fünf Jahre lang wegen angeblicher Bestechlichkeit verfolgt – die Bundestagsverwaltung bezeichnete dies als »böswillig«. Riedl verlor sein Mandat und sein Amt als Staatssekretär im Bundeswirtschaftsministerium. In abstoßender Weise feuerte Stoiber den Justizminister Alfred Sauter mit der wahrheitswidrigen Anschuldigung, er sei für die Millionenverluste der LWS verantwortlich, obwohl er, Stoiber, genau wusste, dass er selbst der Hauptschuldige war. Gustl Mollath bekam von ihm rechtswidrigerweise keine Antwort, als er sich mit mehreren Petitionen an ihn wandte, weil man ihn wegen der von ihm angezeigten Schwarzgeldverschiebungen der HypoVereinsbank in die Psychiatrie wegsperren wolle – die Bank hatte im Zeitraum von 1995 bis 2000 rund 500 000 Mark an die CSU gespendet. Ich selbst wurde mit Verfahren überzogen, die alle kläglich scheiterten. Die Beispiele ließen sich fortsetzen.

Bei einem solchen Regierungsstil braucht man sich über nichts mehr zu wundern: weder über das Zehn-Milliarden-Loch der Landesbank noch über das 3,8-Milliarden-Desaster mit der Hypo-Alpe-Adria-Bank noch über den faulen Zwei-Milliarden-Mark-Kredit der Landesbank an Leo Kirch. Desgleichen nicht über widersinnige Ausgabenkürzungen wie zum Beispiel für den Unterhalt öffentlicher Gebäude und Straßen. Seine fragwürdig bis rechtswidrigen Machenschaften gegen hinderliche Amtsträger oder missliebige Parteifreunde kennzeichnen Stoiber ebenfalls.

Der CSU-Landtagsabgeordnete Günter Gabsteiger bekannte nach dem Sturz Stoibers, die CSU-Abgeordneten hätten sich ständig von Stoiber schikanieren lassen. »Wir alle waren jahrelang ganz einfach zu feige, den Mund aufzumachen gegen Stoiber«. Zu allem habe man die Hand gehoben, jeden habe die kalte Angst umgetrieben um die eigene Position.« Man beachte: Die Abgeordneten hatten »Angst« vor demjenigen, der eigentlich dem Parlament gegenüber verantwortlich war! Das verfassungsrechtliche Bild von frei gewählten Abgeordneten, die »nur ihrem Gewissen verantwortlich sind« (Artikel 13 der Bayerischen Verfassung), war Makulatur geworden.

Der Anti-Amigo

Edmund Stoiber gab sich nach seinem Amtsantritt als gestrenger Gegner des Amigo-Systems aus, das sein Ziehvater Strauß flächendeckend etabliert hatte. Doch bei bestimmten Fragen, wenn er nämlich selbst begünstigt war, versagte erstaunlicherweise sein Gedächtnis. Dies galt zum Beispiel für seine Beziehungen zu dem Strauß-Partner Dieter Holzer, der inzwischen mehrfach verurteilt wurde wegen Bestechung, Strafvereitlung und Beihilfe zum Betrug, zuletzt zu drei Jahren Gefängnis.

Als Stoiber am 20. Juni 2002 vor einem Untersuchungsausschuss des Landtags gefragt wurde, was er dafür bezahlt habe, dass er zwischen 1982 und 1989 sieben dreiwöchige Urlaube mit Familie in der Luxusvilla Holzers an der Côte d'Azur verbrachte, konnte er nicht einmal eine Größenordnung nennen, wie der Minderheitsbericht feststellte. Dieser führte weiter aus:

Dass die Beziehungen zu Dieter Holzer wesentlich enger gewesen sein müssen, als Dr. Stoiber ausgesagt hat, wird durch die Tatsache gestützt, dass er auf Anraten von Dieter Holzer im gleichen Haus wie dieser in München ein Appartement kaufte. Die Finanzierung des Kaufes wirft Fragen auf, zumal sich Dr. Stoiber nicht daran erinnern konnte, ob er die Immobilie bar bezahlt bzw. wie er den Kauf finanziert hat. Weder der Bundestagsuntersuchungsausschuss noch dieser des Bayerischen Landtags konnten klären, ob der Kauf mit finanzieller Unterstützung Holzers oder anderer Dritter erfolgte (Stoiber in 473/37 ff.).

Dass Stoiber nicht mehr wusste, wie er den Kauf finanziert hatte, war absolut unglaubwürdig – das war schließlich kein Alltagsgeschäft. Überdies hätte er zu Hause in seinen Unterlagen nachschauen und dann den Untersuchungsausschuss des Bundestags beziehungsweise Landtags informieren können, um sich von jedem Verdacht reinzuwaschen.

Die Verantwortlichkeit Edmund Stoibers für die Landesbank-Verluste und andere Finanzaffären

Tritt Edmund Stoiber heute auf Veranstaltungen oder in Talk-shows im Fernsehen auf, so gibt er sich als weiser Elder States-man, als äußerst erfolgreicher Spitzenpolitiker, als ein Doktor Allwissend. *Weil die Welt sich ändert* hat er seine 2012 heraus-gekommenen Memoiren betitelt und damit kundgetan, dass er ein globaler Denker ist. Dieser Ansicht ist auch Horst Seehofer. In seinem Grußwort zur Präsentation von Stoibers Memoiren bezeichnete er ihn neben Strauß als den größten Politiker der bayerischen Nachkriegsgeschichte.

Die Wirklichkeit sieht freilich anders aus. Zunächst einmal ist festzustellen: Als Stoiber 1993 bayerischer Ministerpräsident wurde, übernahm er ein intaktes, gut funktionierendes Staats-wesen mit geringer Schuldenlast und einer Landesbank mit respektabler Ertragslage. Als er 2007 zurücktreten musste, war die Lage anders.

Die LWS-Affäre

Die Landeswohnungs- und Städtebaugesellschaft Bayern (LWS) hatte von 1994 bis 1998 Verluste von über 467 Millionen Mark eingefahren. Dafür war Stoiber der Hauptverantwortliche. Er hatte als Innenminister die LWS in das Bauträgergeschäft ge-drängt, für das sie überhaupt nicht gerüstet war. Wie ein aufge-fundener Briefwechsel offenbarte, hatte er dies gegen den ent-schiedenen Widerstand des Finanzministeriums durchgesetzt. Als dies offenbar wurde, gebrauchte er die Ausrede: »Wenn ich eine Autobahn baue, bin ich nicht für die Unfälle verantwortlich, die darauf passieren.«

Die Leo-Kirch-Affäre

Als Leo Kirch sich Anfang 2001 anschickte, Bernie Ecclestone das Formel-1-Geschäft abzukaufen, benötigte er hierfür zwei Milliarden Mark, das ihm die Banken nicht leihen wollten, weil sein Unternehmen bereits mit etwa sieben Milliarden Mark verschuldet war. Schließlich erhielt er den Kredit doch noch, und zwar von einer sehr spendablen Bank, der Bayerischen Landesbank. Und das, obwohl er dort bereits mit zwei Milliarden Mark verschuldet war. Und obwohl die Innenrevision der Bank gefordert hatte, das Kreditengagement Leo Kirchs zurückzufahren. Finanzminister Kurt Faltlhauser erteilte als Vorsitzender des Verwaltungsrats für den Kredit eine Eilgenehmigung (bei zwei Milliarden Mark!). Staatskanzleiminister Erwin Huber und sein Chef Edmund Stoiber rechtfertigten die Kreditvergabe öffentlich, insbesondere im Landtag, damit, dass der Medienstandort München gestärkt werden solle. Die SZ hingegen schrieb damals in dicken Buchstaben: »Stoiber, Faltlhauser und Huber steuern die Landesbank mit Vollgas ins Risiko«. Genauso kam es. Ein Jahr später war Leo Kirch pleite, die Verwertbarkeit der gegebenen Sicherheiten ungewiss.

Der renommierte Rechtsanwalt Peter Spörlein erstattete daraufhin Strafanzeige gegen Edmund Stoiber wegen des Verdachts der Untreue. Seine plausible Begründung: Stoiber habe sich mit der Kreditvergabe lediglich die Medienunterstützung Leo Kirchs in seinem bevorstehenden Wahlkampf als Kanzlerkandidat erkaufen wollen. Selbstverständlich wies die Staatsanwaltschaft die Strafanzeige gegen ihren obersten Chef zurück.

Die Landesbank-Affäre

Die Landesbank fuhr in den Jahren 2007 und folgend schwerste Verluste ein und konnte nur gerettet werden, indem die Staatsregierung zehn Milliarden Euro als Eigenkapital zuschoss. Die von den bayerischen Steuerzahlern zu tragende Staatsverschuldung stieg dadurch mit einem Schlag um fast die Hälfte! Die Verluste der Landesbank resultierten zum einen daraus, dass sie nur nachrangig gesicherte Hypotheken (Subprime-Papiere), genauer: darauf gestützte undurchsichtige Derivate, vornehmlich in den USA erwarb. 2007 musste eine Wertberichtigung von 2,3 Milliarden Euro vorgenommen werden, 2008 wurden Verluste von fünf Milliarden Euro ausgewiesen. Zum anderen ergaben sich Verluste in Höhe von 3,7 Milliarden Euro aus dem Kauf der Kärntner Bank Hypo Group Alpe Adria.

Und wie schon beim Kirch-Kredit trat auch hier wieder das Trio Stoiber, Huber und Faltlhauser tatkräftig in Erscheinung, mit von der Partie war außerdem Beckstein. Mit Ausnahme von Stoiber waren sie alle Mitglieder des Verwaltungsrats der Landesbank. Bekanntlich erwies sich der Kauf als eine katastrophale Pleite, die 3,7 Milliarden Euro kostete. Als das publik wurde, hieß es zunächst, Stoiber habe damit überhaupt nichts zu tun gehabt. Doch nachdem der stellvertretende Verwaltungsratsvorsitzende Siegfried Naser in Bedrängnis geraten war, offenbarte er plötzlich in der *Börsenzeitung* in Bezug auf Stoiber, »dass das gesamte Kabinett unter seiner Leitung beraten und den Kauf begrüßt hat«. Und dann kam heraus: Als die kroatische Nationalbank ihre wegen der Tochterbanken in Kroatien erforderliche Zustimmung zum Kauf der Hypo Group Alpe Adria verweigerte, setzte Stoiber den kroatischen Ministerpräsidenten, wie dieser erklärte, mit der Drohung unter Druck, den Beitritt Kroatiens zur EU zu blockieren. Der Präsident der kroatischen Nationalbank sprach sogar von einem unannehmbaren Verhalten Stoibers. Kroatien hatte seinerzeit schließlich seine Zustimmung erteilt.

Damit war offenkundig, dass Stoiber faktisch den Kauf der Hypo Group Alpe Adria entschieden hatte, er wollte sich als Global Player inszenieren. Zuvor schon hatte Finanzminister Faltlhauser dem Vorstand der Landesbank vorgeworfen: »Ihr seid doch zu blöd, eine Bank zu kaufen.« Die erste Due-Diligence-Prüfung durch Wirtschaftsprüfer und Fachleute aus dem Bankwesen hatte bei der Hypo Group Alpe Adria schwere Mängel ergeben, die zweite Prüfung ebenfalls. Trotzdem genehmigte der Verwaltungsrat den Erwerb. Es ist unglaublich: Dem Kauf wurde im Umlaufverfahren zugestimmt, das heißt ohne Erörterung in einer Sitzung! Im Umlaufverfahren werden normalerweise von Aufsichtsgremien nur Bagatellbeschlüsse gefasst, bei denen ohne Diskussion allgemeine Zustimmung zu erwarten ist. Der Kauf der Hypo Group Alpe Adria war jedoch ein Großprojekt, der Kaufpreis betrug 1,6 Milliarden Euro! Trotzdem – und das war der Höhepunkt – wurde im Kaufvertrag auf die üblichen Gewährleistungsansprüche verzichtet!

Das skandalöse Fehlverhalten der Verwaltungsratsmitglieder Faltlhauser, Huber, Beckstein, Naser und Schmid erklärt sich allein daraus, dass Stoiber die Bank unbedingt kaufen wollte. Warum sollten sie da durch Einwände oder durch ein Veto ihren Herrn gegen sich einnehmen? Was würde ihnen denn schon passieren, wenn etwas schiefginge? Sie konnten davon ausgehen, dass die CSU die bevorstehende Landtagswahl wieder gewinnen würde und dass sie deshalb für nichts geradestehen müssten. Dass die CSU über 17 Prozentpunkte an Stimmen einbüßen und die absolute Mehrheit verlieren würde, konnte damals niemand voraussehen.

Später redeten sich die Verwaltungsratsmitglieder darauf hinaus, sie hätten sich auf den Vorstand der Landesbank verlassen. Die vom Untersuchungsausschuss des Landtags beigezogenen

Gutachter Prof. Schmidt und Prof. Lutter hielten dem entgegen, dass es ja gerade Aufgabe von Aufsichtsräten sei, einem Vorstand nicht zu vertrauen, sondern ihn zu kontrollieren.

Somit stellte sich die Frage der Haftung – es wurde spannend. Nach monatelangem Warten erklärte schließlich der Landesbank-Chef Gerd Häusler, die Verwaltungsratsmitglieder hätten sämtlich schuldhaft Pflichtverletzungen begangen, die zu massiven finanziellen Schäden geführt hätten. Huber, Beckstein und Schmid könnten dennoch nicht auf Schadensersatz verklagt werden, weil sie nur fahrlässig, aber nicht grob fahrlässig gehandelt hätten. Bei Faltlhauser und Naser werde die Haftungsfrage noch geprüft. Diese Entscheidung hatte Häusler sicher mit Horst Seehofer vereinbart, der ihn als Sanierer geholt hatte. Man beachte den gewählten Zeitpunkt der Bekanntgabe: Ausgerechnet drei Tage vor Heiligabend, wenn alle Leute nur Weihnachtsvorbereitungen im Kopf haben, wird verkündet, dass Huber, Beckstein und Schmid verschont würden! Damit war sichergestellt, dass es keine große öffentliche Empörung gab, zumal der Landtag sich bereits in die Weihnachtsferien verabschiedet hatte und auch die Journalisten bald in den Weihnachtsurlaub fahren würden.

Nach der Rechtslage hätte man durchaus erwägen können, Huber, Beckstein und Schmid wegen grober Fahrlässigkeit in Haftung zu nehmen. Denn sie hatten dem Kauf der Hypo Group Alpe Adria zugestimmt, obwohl, wie erwähnt, die beiden Due-Diligence-Prüfungen die Auskünfte der Hypo-Group-Alpe-Adria-Bank als völlig unzureichend und die Risiken als hoch bezeichnet hatten. Dass sich Huber, Beckstein und Schmid darüber hinwegsetzten, grenzt für mich an mehr als grobe Fahrlässigkeit, das halte ich schon fast für bedingten Vorsatz. Die Entscheidung, sie nicht in Haftung zu nehmen, beweist: Wer in der CSU-Spitze angelangt ist, hat nichts mehr zu fürchten, egal was er anstellt.

Edmund Stoiber freilich wies vor dem Untersuchungsausschuss jede Verantwortlichkeit von sich. Er schob die Schuld allein auf seine früheren Minister. Der ehemalige Justizminister Alfred Sauter griff ihn deswegen in der CSU-Fraktion an. Recherchen der *SZ* zufolge sollen Beamte der Staatskanzlei Stoiber sogar vor dem Kauf der Hypo Group Alpe Adria gewarnt haben.

Einer der Gutachter-Professoren rügte: »Mit öffentlichem Geld geht man nicht in die Spielbank.« Doch Edmund Stoiber war in einer glücklichen Lage: Zwar faktisch für den Kauf der Bank verantwortlich, konnte er nicht belangt werden, weil er nicht Mitglied des Verwaltungsrats war.

Schließlich wurde entschieden, Faltlhauser und Naser, die keine Hausmacht in der CSU hatten, in Haftung zu nehmen, aber auch da wird sich wohl noch eine Lösung finden lassen. Verklagt wurden außerdem sämtliche Mitglieder des Vorstands der Landesbank.

Im September 2012 schreckte eine Hiobsbotschaft die Öffentlichkeit auf: Die österreichische Regierung, welche die Hypo Group Alpe Adria verstaatlichte, um sie nicht Bankrott gehen zu lassen, weigerte sich, ein Darlehen in Höhe von drei Milliarden Euro zurückzuzahlen, das die Landesbank der Hypo Group Alpe Adria nach dem Kauf gewährt hatte. Denn, so die Begründung, es habe sich dabei nicht um ein echtes Darlehen gehandelt, sondern um zugeschossenes Eigenkapital. Das trifft offenbar zu. Landesbank-Vorstandsmitglied Michael Kemmer hielt nämlich nach einem Besuch im August 2008 in Graz in einem Vermerk fest, dass die Hypo Group Alpe Adria einen »fortlaufenden zusätzlichen Kapitalbedarf« habe. Dieser werde von dem Vorstandschef der Österreichischen Versicherung Grawe sehr kritisch beurteilt.

Die Risikoabteilung der Landesbank lehnte es in diversen Vorlagen ab, der Hypo Group Alpe Adria weiteres Geld zu geben, ihre Ertragslage und ihr Risikomanagement seien »mangelhaft«. Doch Erwin Huber und die anderen Kontrolleure im Verwaltungsrat setzten sich darüber hinweg – vermutlich, um die Katastrophe vor der einen Monat später anstehenden Landtagswahl 2008 zu verheimlichen.

Somit ist davon auszugehen, dass die Hypo Alpe Adria die Bürger nicht nur 3,7 Milliarden Euro, sondern 6,7 Milliarden Euro kosten wird. Spielsüchtige Personen werden vor sich selbst geschützt, indem sie ein Eintrittsverbot in Spielbanken erhalten. Aber welchen Schutz gibt es vor Politikern, die öffentliches Geld in vielfacher Milliardenhöhe verzocken?

Der Verkauf der Bayern-Werke

Die dunklen Vorgänge um Landesbank und Hypo Group Alpe Adria provozieren Fragen an einen der federführenden beteiligten Politiker im Hinblick auf ein früheres staatliches Unternehmen: Einem renommierten Münchner Journalisten zufolge, der sich auf eine ministerielle Quelle beruft, war bei der Veräußerung der Bayern-Werke ein enger Freund des Politikers als Vermittler beteiligt. Trifft das zu? Und stimmt es, dass dieser ein Honorar von rund drei Millionen Mark kassiert hat? Wenn ja, für welche Leistung? Und falls ja, wie kam es dazu, dass er eingeschaltet wurde?

Die Finanzaffären in Stoibers Memoiren

Die diversen Affären erwähnt Stoiber in seinen Memoiren nicht. Weder taucht die Landesbank auf noch die Bank Hypo Group Alpe Adria. Stoibers Erinnerungen schildern die einzigartige Erfolgsgeschichte eines überragenden Staatsmanns, der zwar nur ein deutsches Bundesland regierte, aber wegen seiner weltbekannten Leistungen von allen Großen auf dieser Erde gefragt wurde, wie man es machen muss. Er bekennt: »Oft war ich überrascht, wie bereitwillig und selbstverständlich sich die Türen von Staats- und Regierungschefs, von Kaisern und Königen für uns öffneten.« Unbarmherzig zählt er dann jeden einzeln auf, mit dem er sprechen durfte: von Sarkozy und Barroso über die Staatsoberhäupter Südamerikas bis hin zu Putin, Kaiser Akihito und dem chinesischen Staatspräsidenten. So viel Glanz überstrahlt jede Verantwortlichkeit.

Stoiber verabschiedete sich nach seinem erzwungenen Rücktritt im Landtag mit der Anrufung des Allerhöchsten: »Gott mit dir, du Land der Bayern!« Doch noch bevor dieser zur Stelle war, hatte sich Horst Seehofer vorgedrängelt. Und weiter ging alles seinen gewohnten Gang.

Seehofers Regentschaft

Horst Seehofer eifert erklärtermaßen ebenfalls Strauß nach. In der ARD-Sendung *Beckmann* bekräftigte er am 11. Januar 2010 mit verklärter Miene: »Strauß ist mein Vorbild.« In der Tat ist Seehofers Verhalten vielfach dem seines Idols gleich oder ähnlich. In einem Artikel vom September 2012 schrieb der *Stern* über Seehofer: »Will man an der Spitze einen Mann mit zwei Gesichtern?« Die Illustrierte hielt Seehofer eiskalte Doppelmoral im Privatleben und populistische Wechselhaftigkeit im politischen Geschehen vor. Der *Stern*: »Mal sehen wir ein sympathisches Lausbubengesicht. Und einen Moment später wird daraus die Fratze des abgezockten Politprofis.«

Seehofer steht im bisher einzigartigen Ruf, alle Augenblicke etwas anderes zu sagen – insofern hebt er sich von Strauß ab. Von einem CSU-Landtagsabgeordneten wird die Aussage kolportiert, er habe vormittags eine Zusage von Seehofer in einer

Sache erhalten, wisse aber nicht, ob diese abends noch gelte. Der *Stern* erinnerte daran, dass Seehofer nach einem Gastauftritt von Angela Merkel auf einem CSU-Parteitag vor den Kameras die absolute Geschlossenheit der Union beschwor. Bissig kommentierte die direkt neben ihm stehende Kanzlerin: »Mal sehen, was morgen Mittag ist.«

Das Idol Horst Seehofers und seiner Gefährten

Sozialministerin Christine Haderthauer hatte 2009 in einem unbedachten Interview geäußert, Strauß sei nicht ihr Vorbild, es habe doch da etliche Dinge gegeben, die sie anderen nicht zur Nachahmung empfehlen würde. Außer sich über diesen Tabubruch drohte ihr Seehofer sofort mit dem Rausschmiss aus dem Kabinett, räumte ihr aber noch eine letzte Chance ein. Daraufhin pries sie sofort in einer weiteren Erklärung Strauß über alle Maßen. Das machte in der Presse großen Wirbel. Dass die Bürger draußen im Lande nicht wissen dürfen, was es mit Strauß in Wirklichkeit auf sich hatte, ist in einer Demokratie nicht hinnehmbar. Wie vereinbart Seehofer das mit seinem Amtseid?

Ein Journalist machte mich darauf aufmerksam, dass Bundeskanzlerin Angela Merkel auf dem CSU-Parteitag in Nürnberg im Juli 2009 in ihrer Ansprache kein einziges Mal den Namen Strauß erwähnt habe. Dies sei auffällig gewesen, weil sonst jeder CDU-Vorsitzende auf den CSU-Parteitagen als Hommage an die CSU immer wieder an den großen F. J. Strauß erinnert habe. Mag sein, dass die Kanzlerin dies per Zufall unterlassen hat.

Als im Sommer 2010 die feierliche Inauguration der Heinrich-Heine-Büste in der Walhalla bei Regensburg stattfand, erklärte Seehofer, keiner der bayerischen Ministerpräsidenten der Nachkriegszeit habe das Format für die Walhalla gehabt – ausgenommen F.J.Strauß. Zuvor schon hatte Markus Söder propagiert, Strauß gehöre in die Heldengalerie, und Peter Ramsauer, damals CSU-Landesgruppenchef, hatte einen entsprechenden Antrag angekündigt. Sollten Seehofer und sein Kabinett beschließen, dessen Büste dort aufzustellen, würden sie diese gar noch neben der Büste von Sophie Scholl (Weiße Rose) platzieren. Hatte Strauß doch 1980 bei seiner Kanzlerkandidatur verbreiten lassen, er habe im Dritten Reich Widerstandskreisen angehört; einen Beweis hierfür war er freilich schuldig geblieben. Bedenklich: Käme Strauß in die Walhalla, wäre dort nur noch Platz für drei weitere Büsten.

Im Januar 2011 tagte die CSU wie alljährlich in Wildbad Kreuth. Als Seehofer dort vor einem großen Plakat mit dem Bild von Strauß stand, erklärte er: »Ich stehe hier vor dem Bild von Franz Josef Strauß, meinem großen Vorbild.« Das war anscheinend Richtlinie seiner Politik. Der Bayerische Rundfunk hielt die Äußerung für so wichtig, dass er sie am 16. Januar 2011 berichtete. Seehofer hat offenbar noch viel vor.

Noch bestürzender war, dass zuvor, am 3. Dezember 2010, die Hüterin des Rechts in Bayern, die Justizministerin Beate Merk, in der Fernsehsendung *Nachtcafé* des SWR im Rahmen einer Talkshow mit dem Thema »Vorbilder Mangelware?« verzückt bekannte, Strauß sei ihr Idol. Wie zu hören war, waren darüber verschiedene Richter eines Oberlandesgerichts recht ungehalten, zumal Merk das ohne jede Not gesagt habe. Für mich war das Glaubensbekenntnis der Ministerin ein Alarmsignal. Denn zu diesem Zeitpunkt lag ihr bereits eine Strauß schwer belastende Zeugenaussage vor, die ihr mein Anwalt zugeleitet hatte, nachdem die Strauß-Abkömmlinge gegen mich Strafantrag wegen Verleumdung ihres hehren Vaters gestellt hatten. Ich wusste jetzt, was die Glocke geschlagen hatte. Merk hatte sich törichterweise verraten: Es war nur zu klar, wie die ihr unterstehende Staatsanwaltschaft handeln sollte. Und so lief es auch.

All das, was ich über Strauß offengelegt hatte, die ungeheuerlichen strafbaren Missbräuche, die viele bis dahin ahnungslose Menschen empörten und erschütterten – in den Augen von Seehofer und Merk war es offenbar ohne Belang.

Die Karikaturisten zeichnen Strauß gemeinhin, wie er in weißem Gewande, mit Flügeln bestückt, hoch oben am blauen Himmel auf einer Wolke sitzt und hinabschaut auf die Erde, auf den Freistaat Bayern, das Treiben seiner Amtsnachfolger zutiefst missbilligend. Als ausreichend gesicherte Adresse kann die Wolke indes nicht gelten. Bei einer Lesung von mir im Toskana-Saal der Würzburger Residenz zeigte Prof. Dr. Horst Schäfer-Schuchardt, der Präsident der dortigen Società Dante Alighieri, in seiner Ansprache auf, an welch fürchterlichen Aufenthaltsorten des Inferno der Dichter Dante, begleitet von Vergil, bei seiner Jenseitswanderung üble Politiker gesehen hatte. In meiner Erwiderung gab ich zu bedenken, dass der eine oder andere auch auf dem Berg der Läuterung unterwegs sein könnte. Für Strauß gilt das wohl nicht.

Profilierung

Seehofer ist nur einer von 16 Regierungschefs der Länder, die CSU repräsentiert lediglich 6,8 Prozent des Wählerpotenzials. Aber indem er ständig die Kanzlerin angreift – so wie Strauß früher nimmermüde Helmut Kohl angriff –, verschafft er sich Schlagzeilen. Das hat er sich von Strauß abgeschaut. Er erhöht seine Bedeutung, wenn er immer wieder sagt: »Mit mir ist das nicht zu machen!« So geriert er sich als Nebenkanzler. Mehrmals drohte er mit Koalitionsbruch, erinnerte damit an den Kreuther Trennungsbeschluss. Aber als er Sperrfeuer aus den eigenen Reihen bekam, zog er – so wie Strauß – schnell den Kopf ein. »Ich habe das Wort ›Koalitionsbruch‹ nicht in den Mund genommen«, versicherte er.

Und ähnlich wie Strauß hält er sich einen Generalsekretär, der stellvertretend für ihn scharf zubeißt, wenn auch nicht so abstoßend wie dereinst Edmund Stoiber als Generalsekretär von Strauß.

Weltruf

Anders als Strauß erlangte Seehofer über die Landesgrenzen hinaus keine Bekanntheit. Lediglich im amerikanischen Außenministerium wurde man auf ihn aufmerksam. Die Botschaft in Berlin hatte nämlich berichtet, Seehofer verfüge nur über einen »beschränkten Horizont«. Durch einen Datenklau in den USA gelangten die geheimen Unterlagen in die Presse. In der Bundesrepublik und insbesondere in der CSU zeigte sich niemand überrascht, wie Seehofer beurteilt wurde.

CSU-Parlamentarier

Wie unter Strauß hat die Landtagsfraktion nichts zu melden, sie führt ein Schattendasein. Die CSU-Landesgruppe im Bundestag hält Seehofer am kurzen Zügel, allerdings wagt sie – anders als unter Strauß – bisweilen Widerspruch. Ihr früherer Chef Michael Glos warnte Seehofer gar, er müsse aufpassen, dass »die Zahl derer nicht zunimmt, die an seinen außerirdischen Fähigkeiten zweifeln«. Seehofer selbst quälen keine Selbstzweifel. Er argumentierte, wenn man ihm vorwerfe, er wisse nicht, was er wolle, könne das nicht stimmen – sonst hätte er es doch nicht zum Bundesminister und schließlich Ministerpräsidenten gebracht. Ein zwingendes Argument war das nicht.

Recht und Moral

Strauß hatte nicht das mindeste Verhältnis zu Recht und Moral. Warum Seehofer ihn sich trotzdem zum Vorbild nimmt, müsste er erklären. Fest steht, dass sich unter dem Ministerpräsidenten Seehofer die fragwürdigen Machenschaften der Justiz in politischen Fällen fortsetzten. Zu verweisen ist zum Beispiel auf das Vorgehen gegen mich, auf den Fall Gustl Mollath (s. S. 318 ff.) oder auf das Vorgehen gegen die Kriminalkommissare Sattler und Mahler (s. S. 279 ff.). Wie einst auch Strauß beurteilt er selbst schlimmes Fehlverhalten offenbar generös, wenn es sich um Protagonisten aus dem eigenen Lager handelt. Die mit der Münchner Wahlfälschungs- und Dossieraffäre belastete Monika Hohlmeier kürte er zur Europaabgeordneten. Den mit der Plagiatsaffäre belasteten Karl-Theodor zu Guttenberg lud er öffentlich zur weiteren Mitarbeit ein. Daraufhin zeichnete der Karikaturist Dieter Hanitzsch in der *SZ* eine Karikatur: Der freundlich lächelnde Seehofer steht da mit ausgebreiteten Armen und ruft: »Lügner, Betrüger, Hochstapler, willkommen in der CSU!«

Auch sich selbst erteilte Seehofer Dispens, nachdem aufgekommen war, dass er als Vize seiner christlichen Partei jahrelang eine Geliebte hatte: »Man kann halt nicht immer alle Normen einhalten. Das bringt so das Leben mit sich«, rechtfertigte er sich. Logisch: Wenn einem das Leben so übel mitspielt, kann man nichts machen. Eine empfehlenswerte Rechtfertigung auch für alle Sünder, die vor Gericht stehen – sie können sich auf Seehofer berufen.

Keinesfalls zu rechtfertigen war jedoch, was Seehofer als Bundeslandwirtschaftsminister tat, um sich den Weg zum Vorsitz der CSU freizukämpfen. Weil er wegen seiner Liebesaffäre starken Gegenwind aus der oberen Etage der CSU verspürte, bestellte er Redakteure des *Stern* in sein Ministerium und erklärte: »Ich bin gut informiert, ich habe viel Material!« Dabei wies er auf den Schreibtisch seines Dienstzimmers. Dass er auf diese Weise, so konnte man das durchaus verstehen, hinderlichen Parteifreunden öffentlich mit der Enthüllung *ihrer* Liebesaffären drohte, noch dazu als Bundesminister von seinem Dienstsitz aus, war unfassbar. Es war eine skandalöse Grenzüberschreitung ohnegleichen. Karl-Theodor zu Guttenberg hatte man angekreidet, dass er zu einer Pressekonferenz ins Bundesverteidigungsministerium eingeladen hatte, um in diesem dienstlichen Rahmen den Journalisten seine Lügen zur Privatsache »Doktorarbeit« aufzutischen. Doch was Seehofer gemacht hatte, war ungleich schlimmer: Die Bundeskanzlerin hätte ihn wegen gröblicher Verletzung seiner Amtspflichten entlassen müssen. Dass Seehofer derart bedenkenlos war, erwies ihn als Strauß ebenbürtig. Und wie dieser wusste und nutzte er, dass er als »Koalitionspartner« nicht zum Rücktritt gezwungen werden konnte.

Dass ihn die CSU-Delegierten dann trotz seiner sittenwidrigen Drohung wieder zum stellvertretenden und schließlich zum ersten Vorsitzenden wählten, bedarf keines Kommentars.

Verträge

Seehofer bestand auf der Einführung des Betreuungsgeldes, weil es im Koalitionsvertrag vereinbart sei. Andererseits widersetzte er sich der Einführung der ebenfalls im Koalitionsvertrag vereinbarten Kopfpauschale im Gesundheitswesen. Michael Glos hielt ihm dies öffentlich vor: Der Vertrag trage nun einmal die Unterschrift des CSU-Vorsitzenden.

Apropos Betreuungsgeld: Seitens CDU und FDP, der Unternehmer, der Gewerkschaften und von Fachleuten wurde Seehofer mit massiven Einwänden gegen das von ihm geforderte

Betreuungsgeld konfrontiert. Statt als Heimprämie für teils bildungsferne Schichten sollten die erforderlichen Mittel in Höhe von wenigstens zwei Milliarden Euro für den dringend benötigten Ausbau von Kindestagesstätten verwendet werden. In einem ungewöhnlichen Aufruf warnten im August 2012 vier ehemalige Bundesfamilienministerinnen (zwei der CDU, zwei der SPD angehörig) vor der Einführung des Betreuungsgeldes, denn es sei strukturell unwirksam und diskriminierend. Die Oppositionsparteien warfen Seehofer vor, er wolle damit nur die Landtagswahl gewinnen. Horst Seehofer focht das alles nicht an – er setzte sich durch, obwohl dadurch der Schuldenberg der Bundesrepublik noch größer wird!

Versprechungen

»Das machen wir«, sagt Seehofer angeblich spontan, wenn er mit einem Projekt konfrontiert wird. Das sei ein geflügeltes Wort in der CSU, berichtete die Presse. Sie wusste aber auch zu vermelden, dass diese Zusagen großteils keinen Bestand hätten. Die *Süddeutsche Zeitung* veröffentlichte am 22. März 2010 sogar eine ganze Seite mit einer Gegenüberstellung unter der spöttischen Überschrift »Was man versprochen hat, muss man auch halten«.

Wegen seiner Sprunghaftigkeit lachte und lästerte man in der CSU über Seehofer, doch angesichts der bevorstehenden Wahlen im Herbst 2013 scharte man sich doch wieder um ihn, das Leittier.

Haushaltsmittel

Wegen des Landesbank-Debakels und des desaströsen Fehlverhaltens Stoibers und der verantwortlichen Minister versprach Seehofer 2008 bei seiner Wahl zum Ministerpräsidenten einen »völligen Neuanfang«. Die Bürger atmeten auf. Doch 2010 entdeckte man, dass er gleich nach seinem Amtsantritt insgeheim beim Hamburger Meinungsforschungsinstitut CMS eine »Resonanzstudie« in Auftrag gegeben hatte. Sie sollte die Wahlabsichten der Bürger sowie parteipolitische Tipps für den Umgang mit anderen Parteien abfragen. Das alles nicht etwa auf Parteikosten, sondern auf Staatskosten! Die Resonanzstudie empfahl unter anderem, Seehofer solle die FDP angreifen, was er dann nach Kräften tat.

Für die rechtswidrige Zweckentfremdung staatlicher Mittel wurde Seehofer vom Bayerischen Obersten Rechnungshof heftig gerügt. Doch er zeigte keine Reue, erklärte sogar: »Ich würde das jederzeit wieder tun!« Genauso hatte sich Strauß als Bundesverteidigungsminister verhalten, als er mehrmals vom Bundesrechnungshof schärfstens getadelt worden war. Als die Opposition Seehofer daraufhin vor dem Bayerischen Verfassungsgerichtshof verklagte, erhielt sie voll und ganz recht. Erst jetzt versprach Seehofer kleinlaut, er werde die Rüge des Rechnungshofs beherzigen.

Anno dazumal überprüfte ein Rechnungshof die Kosten für den Bau eines Deiches an der norddeutschen Küste. Er beanstandete, die Menge der angelieferten Steine sei geringer gewesen als in der amtlichen Abrechnung angegeben. Die Behörde redete sich in ihrer Not darauf hinaus, eine jähe Sturmflut habe die fehlenden Steine hinweggespült. Nach einiger Zeit schrieb der Rechnungshof zurück: »Es bedurfte dortseits nicht der Herbeiführung einer Sturmflut, es war diesseits nur ein Rechenfehler.«

Als der Bayerische Oberste Rechnungshof die Einholung der Resonanzstudie auf Staatskosten monierte, bediente sich Horst Seehofer einer sturmflutähnlichen Ausrede: »Wir haben nach der Kompetenz der Regierung bei der Wirtschafts- und Finanzkrise nach dem Landesbankdebakel gefragt« (so in einem *SZ*-Interview). Da aber, wie gerade dieses Debakel offenbart hatte, diese Kompetenz von vornherein nicht vorhanden war, hätte es auch keiner Nachforschungen nach ihrem Verbleib bedurft.

Keck erklärte Erwin Huber dennoch im August 2012, er persönlich stehe für die Wirtschaftskompetenz der CSU, deshalb wolle er wieder in den Landtag. Offenbar hatte er vergessen, dass er als Verwaltungsratsmitglied der Landesbank für deren vielfache Milliardenverluste verantwortlich war. Und als neuen Bundeswirtschaftsminister konnte Horst Seehofer in der großen Bankenkrise lediglich den in Studium und nachfolgender kurzen Juristenkarriere nicht besonders hervorgetretenen Karl-Theodor zu Guttenberg anbieten, der mit Wirtschaft bis dahin nichts zu tun hatte. Mit nur 37 Jahren wurde er der jüngste Bundeswirtschaftsminister Deutschlands. Seehofer selbst kann als gelernter Verwaltungsinspektor – wie schon seine Vorgänger Stoiber und Beckstein, beides Juristen – weder eine wirtschaftliche Ausbildung noch eine wirtschaftliche Praxis vorweisen.

Im Übrigen kam heraus, dass bereits Stoiber solche Resonanzstudien bestellt hatte. Als er 2002 als Kanzler kandidierte, wurde eine solche Studie, die allein 137 538 Euro kostete, zu bundespolitischen Fragen in Auftrag gegeben, eindeutig auch zur Förderung seiner persönlichen Karriere. Weitere Studien folgten. Die Kosten für den Steuerzahler: insgesamt 558 000 Euro.

Eine Anmerkung hierzu: Es mag noch andere geheime Zweckentfremdungen von Haushaltsmitteln geben. Vor Jahren wurde mir im Finanzministerium auch die Zuständigkeit für Finanzhilfen in Katastrophenfällen übertragen. Der bis dahin zuständige Kollege teilte mir die einschlägigen Titel im Haushalt mit. Zu einem Titel sagte er: Dieser ist zwar offiziell ebenfalls für solche Finanzhilfen bestimmt, der braucht Sie aber nicht zu interessieren. Denn er ist in Wirklichkeit für besondere Ausgaben des Herrn Ministerpräsidenten vorgesehen.

Existiert dieser Haushaltstitel nach wie vor? Und gab oder gibt es noch mehrere solche kaschierte Ausgabentitel?

Schuldenabbau

Der Freistaat Bayern hat über 32 Milliarden Schulden – verursacht zu rund 40 Prozent durch das von der Regierungsspitze verschuldete Landesbankdebakel. Pro Tag fallen eine Million Euro Zinsen an! Die gute Konjunktur spülte 2011 3,5 Milliarden Euro zusätzliche Steuereinnahmen in die Staatskasse. Dennoch wollte Seehofer davon nur 250 Millionen in die Tilgung der drückenden Schulden stecken. Der Rechnungshof kritisierte das hart. Verächtlich gab sich Seehofer als überlegener Staatsmann: »Das hat mich überhaupt nicht beschäftigt, null.« Man könnte meinen: Originalton Strauß!

Darüber entstand großes Befremden in der Öffentlichkeit. Der Rechnungshof hat kraft Verfassung die Staatsregierung zu kontrollieren – ihn lächerlich zu machen, stand Seehofer wirklich nicht zu. Über seine Einlassung schüttelte daher jedermann den Kopf. Als Seehofer das bemerkte, machte er auf dem Absatz kehrt. Plötzlich verkündete er die Tilgung aller Staatsschulden bis 2030. Unerfindlich, wie das in der kurzen Zeit gehen sollte und mit welchen Mitteln? Erneut allgemeines Schütteln des Kopfes!

Eine Antwort blieb Seehofer selbst schuldig. Er ließ sie durch seinen Adlatus Söder vortragen. Die Mittel sollten teils aus dem Verkauf der maroden Landesbank kommen – die allerdings niemand haben wollte. Und teils sollten die Mittel aus einer Kürzung der gemäß dem Länderfinanzausgleich abzuführenden Beträge resultieren – es war jedoch völlig ungewiss, ob Verhandlungen hierüber Erfolg haben würden. Kopfschütteln wiederum ob dieser wunderlichen Antwort bei Parteifreunden ebenso wie bei der Opposition.

Zugleich aber kündigte Seehofer zum allgemeinen Erstaunen den Bau eines neuen Konzertsaals in München für 330 Millionen Euro an, den eines weiteren in Nürnberg für 50 Millionen sowie den Bau eines Museums für die Sudetendeutschen für 20 Millionen Euro, um deren Wählerstimmen einzufangen. Somit kein Schuldenabbau. Dann unversehens nur einige Wochen später: Seehofer bestimmt, dass 2013 eine Milliarde Euro für die Schuldentilgung ausgegeben werden.

All dieses Gebaren erinnert stark an die unvergesslichen Leistungen des F.J.Strauß beim Aufbau der Bundeswehr. Verfügt Seehofer etwa doch über die ihm von Michael Glos zugeschriebenen »außerirdischen« Fähigkeiten? In jedem Fall war und ist er ein Protagonist der Wechselhaftigkeit.

Schein und Sein

Seehofer gibt vor, der Freistaat Bayern habe einen nahezu ausgeglichenen Staatshaushalt. Das wird unterstrichen durch die erwähnte Tilgung der Schulden von einer Milliarde Euro und die angekündigte jährliche weitere Tilgung.

Doch der Schein trügt. Wenn Ausgaben zwingend notwendig wären, aber nicht getätigt werden, ist der Staatshaushalt eben nicht annähernd ausgeglichen. Neben anderen verqueren Einsparungen wird am Unterhalt für staatliche Gebäude und Straßen so heftig gespart, dass der Bayerische Oberste Rechnungshof warnte, die späteren Reparaturen kämen ungleich teurer. Bereits jetzt sei die Verkehrssicherheit eines Drittels der Staatsstraßen gefährdet. Gemäß einer Auskunft des Innenministeriums auf eine parlamentarische Anfrage beträgt der aktuelle Reparaturstau hier bereits 734 Millionen Euro, die Regierung gab 2012 jedoch nur 102 Millionen Euro aus. Hinzukommen 1339 reparaturbedürftige Brücken, wofür 800 Millionen Euro aufzuwenden wären, für 2013 aber bloß 34,5 Millionen Euro eingeplant sind. Von einer »Zeitbombe« berichtete im Januar 2013 der Bayerische Rundfunk.

Die Gebäude der Universitäten sind teils so marode, dass der Sanierungsstau landesweit auf fünf Milliarden Euro veranschlagt wird. Bereits 2006 hatte der Rechnungshof den baulichen Zustand der Uni Regensburg gerügt. Das Seehofer-Kabinett hat inzwischen zwar vier Milliarden Euro für die Sanierung der Universitätsgebäude vorgesehen – jedoch verteilt auf zehn Jahre!

Dieser Rückstau an jetzt notwendigen, aber in die Zukunft verschobenen Reparaturen ist nichts anderes als eine vor den Bürgern versteckte Staatsverschuldung. Mit dem Zweck, sich selbst vor den anstehenden Wahlen als Politiker zu brüsten, der denen in den anderen Bundesländern turmhoch überlegen ist. Freilich, die Rechnung wird den Bürgern erst präsentiert, wenn Seehofer seine zweite Amtszeit absolviert hat.

Kommunikation

»Den Leuten eins überbügeln – das ist seine Art zu kommunizieren«, zitierte die *Süddeutsche Zeitung* ein Mitglied des CSU-Parteivorstandes. Seehofer hatte bei einer CSU-Weihnachtsfeier über Söder gesagt, er sei »vom Ehrgeiz zerfressen«, habe einen »pathologischen Ehrgeiz sowie charakterliche Schwächen« und leiste sich »zu viel Schmutzeleien«. Konnte das denn wahr sein, fragte man sich. Zugleich nannte Seehofer zu Guttenberg ein »Glühwürmchen« – was auf ihn selbst zurückfiel, denn er hatte ja maßgeblichen Anteil an seiner Ernennung erst zum Bundeswirtschaftsminister und dann zum Bundesverteidigungsminister. Den Bundesverkehrsminister Ramsauer machte er als »Zar Peter« verächtlich. Zu den anwesenden Journalisten sagte er, sie könnten das alles berichten.

So wie sein Vorbild Strauß kennt auch Seehofer keine Hemmungen, über Parteifreunde herzuziehen. Ein CSU-Abgeordneter bescheinigte ihm einen Mangel an Bescheidenheit.

Stupor mundi

Wegen seiner hohen intellektuellen Fähigkeiten wurde der von Sizilien aus regierende Kaiser Friedrich II. von Hohenstaufen »stupor mundi« genannt – das Staunen der Welt. Der Regent Horst Seehofer aus Ingolstadt erregt gerade wegen des ihm vielfach nachgesagten Fehlens solcher Fähigkeiten viel Erstaunen – in der politischen Welt und sogar in der CSU-Welt. Das berichtete die *Süddeutsche Zeitung* am 10. Juli 2012 aus der CSU-Landesgruppe in Berlin. Dort sei man sehr verärgert über sein brachiales Auftreten. Bei den CSU-Bundestagsabgeordneten rumore es schon lange wegen der »sprunghaften und polternden Art Seehofers« bei den Steuersenkungen, beim Betreuungsgeld und bei der Euro-Rettung. »Er tritt auf wie der Befehlshaber aus München«, beklagte sich ein Mitglied des Parteivorstands. »Irgendwann wird Seehofer nicht mehr ernst genommen«, wurde ein CSU-Bundestagsabgeordneter zitiert. Auch sein Vorbild Strauß erlitt schließlich dieses Schicksal.

Rätselhaft ist, warum Seehofer trotz der kontinuierlichen Vorhaltungen aus der Partei, aus der CDU, aus den Medien, er schwanke ständig hin und her, rede mal so, mal so, treffe unhaltbare Aussagen, keine Selbstprüfung vornimmt. »Wende ohne Ende«, höhnte die *SZ*, seine ständigen Wechsel aufreihend. Die meisten Politiker würden vor Verlegenheit in den Boden versinken und sich vornehmen, dass ihnen so etwas nicht mehr passieren dürfe. Nicht so Horst Seehofer. »Bei Seehofer gibt es gar keine Linie. Heute so, morgen so«, kommentierte der frühere Innenstaatssekretär Bernd Weiß gegenüber der Boulevardzeitung *tz*. »Das ist wie ein großer schwerfälliger Sattelzug, wo einer vorne am Führerbock das Lenkrad hin und her reißt und der Anhänger hinten immer mehr ausbricht, herumschlingert, sich aufschaukelt.« Er, Weiß, sehne sich nach einer CSU, »die wieder erkennbar für etwas steht«. In einem im Januar 2013 erschienenen Buch warf Weiß Seehofer vor, er agiere nur »aus Gründen des Machterhalts«.

Seehofer hat eine Handelsschule absolviert, war dann im mittleren Dienst am Landratsamt Eichstätt tätig. Über die Verwaltungsschule arbeitete er sich hoch in die Inspektorenlaufbahn – eine anerkennenswerte Leistung. Mit 30 Jahren wurde er in den Bundestag gewählt, später wurde er Minister. Der Umstand, dass er ohne Abitur und Studium so weit gekommen ist, scheint in ihm den unverrückbaren Glauben erzeugt zu haben, er sei kluger als alle Studierten – er war ja nunmehr Vorgesetzter vieler Akademiker.

II. Teil

Anspruch und Wirklichkeit

1 Christlichkeit und Sozialwohl

Das christlich-soziale Leitbild

In Paragraf 1 der CSU-Satzung ist zu lesen: »Die Christlich-Soziale Union erstrebt eine staatliche Ordnung in demokratischer Freiheit und sozialer Verantwortung auf der Grundlage des christlichen Welt- und Menschenbildes.« Folgerichtig bekräftigte bisher jeder bayerische Ministerpräsident und Minister den abgelegten Amtseid mit den Worten: »So wahr mir Gott helfe.«

Das christliche Menschenbild der Satzung umfasst dem sprachlichen Verständnis nach gleichermaßen die Frauen, somit auch Ehefrauen. Genau dieser Umstand aber sollte in der Praxis zu zahlreichen, wenngleich verdeckten Satzungsverstößen von CSU-Spitzenpolitikern führen. Allerdings ist ihnen zugutezuhalten, dass sie kraft ihres bundesweiten, teilweise globalen Wirkungsanspruchs als Männer von Welt zu betrachten sind. Als solchen sind ihnen großzügigere Freiheiten als den normalen Christenmenschen zuzugestehen.

Im Juli 2007 erklärte der damalige CSU-Vorsitzende Erwin Huber gegenüber der *Leipziger Volkszeitung*, er wolle dafür sorgen, »dass die christlichen Sittengesetze auch in der praktischen Politik wahrgenommen werden«. Vor der Bundestagswahl 2009 um Stimmenfang bemüht, propagierte er, die CSU müsse, was das christliche Menschenbild sowie Ehe und Familie angehe, den Unterschied zur FDP herausarbeiten.

Hatte die CSU wirklich mehr Christlichkeit zu bieten als die FDP? Welcher CSU-Spitzenpolitiker stand hierfür? Praktizierte überhaupt er selbst die propagierte Christlichkeit? Ein eifriger Kirchgänger in seinem Dorf war Huber wohl schon. Aber wie übel er dem Regierungsdirektor Heiner Fischer-Stabauer mitspielte, nachdem dieser gegen Gerold Tandler ein Steuerstrafverfahren eingeleitet hatte, oder wie er vor dem Landtag bezüglich der Landesbankverluste die Unwahrheit sagte, zeigt ihn ohne christliche Schminke. Zur Erinnerung: Ende 1995 leitete Regierungsdirektor Fischer-Stabauer gegen Gerold Tandler, den ehemaligen Finanzminister und stellvertretenden CSU-Vorsitzenden, nunmehr Mitglied des Linde-Vorstands, ein Strafverfahren wegen des Verdachts der Steuerhinterziehung ein. Das sollte er büßen. Bald darauf wurde ihm auf Weisung »von oben« – Finanzminister war Erwin Huber – der Fall entzogen und strikt verboten, ihn an die Staatsanwaltschaft abzugeben. Bei der nächsten dienstlichen Beurteilung wurde ihm die Befähigung zum Finanzamtsvorsteher aberkannt. Als er sich über einen Anwalt mit einer Petition an den Landtag wandte, wurde dieser von Finanzminister Erwin Huber mit unwahren Angaben bedient. Noch kurz vorher war Fischer-Stabauer vom Finanzministerium wegen seiner sehr geschickten Verhandlungen im Prozess gegen Johannes Zwick gelobt worden – er hatte 30 Millionen Mark Steuern hereingeholt.

Verhielt es sich mit Edmund Stoiber anders? »Und schließlich bleibt die Grundlage meiner Politik das klare Bekenntnis zum christlichen Sittengesetz«, schreibt er in seinen Memoiren. Dass er sich dazu bekannte, trifft zu. Doch die Praxis zeigte das genaue Gegenteil. Man braucht nur an das Strafverfahren wegen Bestechlichkeit gegen Erich Riedl, CSU-Staatssekretär im Bundeswirtschaftsministerium, zu denken, das sechs Jahre lang offengehalten wurde, obwohl die Staatsanwaltschaft Augsburg es einstellen wollte, oder daran dass Stoiber wider besseres Wissen den Justizminister Alfred Sauter zum Sündenbock für die hundertfachen Millionenverluste der Landeswohnungs- und Städtebaugesellschaft Bayern machte, obwohl er selbst der Hauptverantwortliche war. Die Beispiele für die »christlichen« Praktiken des Edmund Stoiber ließen sich beliebig vermehren.

Auf einem eigens hierfür anberaumten Treffen der »Veteranen« der CSU im November 2010 in Wildbad Kreuth wurde über das künftige Werbeetikett der Partei beraten. Es war offenbar dringend zu klären, wie man sich den Wählern fürderhin darstellen sollte. Aufgrund der vielen Affären war das recht schwierig geworden! Zunächst herrschte, wie die Presse berichtete, ziemliche Ratlosigkeit. Schließlich kam man überein, sich zumindest auf den Begriff »konservativ« zu einigen. Doch dann stellte Seehofer als vorderster Bannerträger klar, nicht das Konservative, sondern das »Christlich-Bayerische« sei das Leitbild. Da hatte er wahr gesprochen. Wenn man hinter die Kulissen schaute, konnte man immer wieder diese von Strauß und Stoiber überkommene angeblich »bayerische« Ausprägung des Christlichen wahrnehmen.

Die christliche Sittsamkeit als politische Waffe und Werbeinstrument

Als Angela Merkel Bundeskanzlerin geworden und Edmund Stoiber als Superminister auf sich zu nehmen bereit war, sagte dieser im letzten Moment ab. Er erklärte plötzlich, er wolle in München bleiben. Da der SPD-Vorsitzende Franz Müntefering zurückgetreten sei, müsse er als CSU-Vorsitzender auch nicht mehr in Berlin sein. Das war eine nicht nachvollziehbare Logik. Und tatsächlich: Stoiber hatte den Bürgern die Unwahrheit aufgetischt. In der CSU-Spitze sprach sich bald herum, dass Karin

Stoiber gegen die Übersiedlung ihres Gatten nach Berlin ein harsches Veto eingelegt hatte. Edmund Stoiber musste schließlich kläglich zugeben, dass doch nicht Franz Müntefering die Ursache für seinen Rückzug aus Berlin gewesen sei, sondern eine drohende eheliche Krise: »Meine Ehe war in Gefahr, meine Frau wäre nicht mitgegangen« – so zitierte ihn Rudolf Erhard in seinem Buch *Edmund Stoiber. Aufstieg und Fall*. Und schrieb weiter, sogar bayerische Kabinettsmitglieder hätten verschiedentlich Journalisten darauf angesprochen, warum sie denn nichts über die »angebliche« Affäre Stoibers, so war offenbar Stoibers Bekenntnis (miss-) verstanden worden, berichten würden. Da Kabinettsmitglieder sich jedoch hüten würden, Gerüchte über ihren Chef zu verbreiten, versuchte der Journalist mit dieser Quellenangabe, das Adjektiv »angebliche« gleichzeitig zu neutralisieren. Offenbar ist dies gelungen, denn von einer Klage Stoibers gegen diese Buchpassage wurde nichts bekannt.

Auch über eine andere CSU-Größe gab es schon Spekulationen. In geselliger Runde, es war ein Kreis seriöser Herren, ging eine sehr bekannte Schauspielerin plötzlich aus sich heraus – ein, zwei Gläser Wein hatten ihre Zunge gelöst. Ja, sie habe einen unehelichen Sohn, gestand sie. Der Vater sei eine hochstehende Persönlichkeit. Der Sohn sei bestens versorgt, ein entsprechendes Übereinkommen garantiere dies. Vor dessen Unterzeichnung sei sie in die Staatskanzlei bestellt worden. Dort habe man sie bearbeitet, und sie habe sich schriftlich verpflichten müssen, über den Vater ihres Sohnes zu schweigen. Aber die Schauspielerin gab dann doch einen Fingerzeig: »Warum heißt er denn mit Vornamen ...?« In zwei Fernsehsendungen erzählte sie nur von ihrem ehelichen Kind, den unehelichen Sohn ließ sie unerwähnt. Ein bisschen allerdings verplapperte sie sich, sodass doch aufschien, dass es da noch einen Sohn gab.

Der frühere Finanzminister von Waldenfels zog es vor, in einer Fernsehsendung lediglich von seinen vier Kindern zu reden, ein uneheliches Kind mit einer PR-Lady in Nürnberg unterschlug er geflissentlich. Die Presse berichtete darüber in Schlagzeilen.

Horst Seehofer brachte es fertig, sich mit seiner Familie in der *Bunten Illustrierten* im Wohnzimmer unterm Kreuz zu präsentieren, sein harmonisches Familienleben bei den Wählern zur Werbung einsetzend – und das zu einer Zeit, als er schon eine Geliebte in Berlin hatte. Als Ministerpräsident bekannte er in einer Neujahrsansprache, er schöpfe seine »ganze Kraft aus einer intakten Familie«.

In einem anderen Fall gelang es dem Vernehmen nach einem CSU-Politiker, seinen Konkurrenten zu überreden, von einer Kandidatur für eine Spitzenposition Abstand zu nehmen – indem er ihn sanft auf dessen heimliche Geliebte in München und das uneheliche Kind hinwies. So konnte er selbst aufrücken.

Keinen Hehl machte der frühere stellvertretende CSU-Vorsitzende und stellvertretende Ministerpräsident Ludwig Huber, dem man mehrere Liebesverhältnisse nachsagte, aus seiner Beziehung zu Renate Thyssen. Er brachte sie sogar zu einem staatlichen Empfang mit, sehr zum Entsetzen von Alfons Goppel und anderen CSU-Spitzenpolitikern. Aber so viel Ungeniertheit war die Ausnahme.

Ein früherer CSU-Minister wurde von einem engen Mitarbeiter gewarnt, dass ihm seine außereheliche Affäre gefährlich werden könnte, sie sei nicht jedermann verborgen geblieben. Der Minister erwiderte: »Sie haben recht«, erhob sich und verließ den Raum. Einige Zeit später nahm er den Beamten auf die Seite: »Sie müssen das verstehen. In der Partei hat man nur Feinde. Da muss man sich an jemanden anlehnen können. Und meine Frau lässt es halt nicht mehr zu.« Aber anscheinend überforderte ihn die Doppelbelastung. Als ich einmal zu einer Besprechung in sein Ministerium kam, trat ein mit mir gut bekannter Beamter, der für die Festsetzung der staatlichen Beihilfe zuständig war, an mich heran: Der Minister habe Ausgaben für

Stärkungsmittel bei ihm zur Beihilfe eingereicht. »Was soll ich nur machen?«, fragte er mich. »Wenn es Vitamintabletten wären oder ähnliche Mittel, aber so etwas ...« Da war guter Rat teuer.

Ein Kabinettsmitglied war mit Begleitung im Münchner Fasching unterwegs. Auf dem Heimweg kam es zu einem Verkehrsunfall. Eine Frauengestalt sprang aus dem Wagen und flüchtete. Hätten die Ehefrau und die Presse davon erfahren, so wäre das für den Herrn sehr peinlich gewesen. Er rief seinen Fahrer an und bat ihn um Hilfe. Dieser beteuerte gegenüber der Polizei, er sei die vermeintliche Frau gewesen, habe sich als solche verkleidet. Merkwürdig daran ist, dass in diesem Fall der Herr den Chauffeur gefahren hätte. Und wer vergnügt sich im Fasching ausgerechnet mit seinem Fahrer? Gleichwohl präsentierte sich der CSU-Politiker werbewirksam mit Ehefrau und Kindern auf einer Broschüre, die er vielfach drucken und verteilen ließ.

Ein früherer, allgemein als rigoros und katholisch sittenstreng bekannter Spitzenpolitiker erklärte nach Jahren seiner Ehefrau, ungeachtet der gemeinsamen Kinder, er wolle sich von ihr trennen. Seitdem soll er, wie ein ehemaliges Kabinettsmitglied zu wissen glaubt, mit seinem Freund zusammenleben.

Ein Politiker mit viel Geltung in der CSU heiratete eine wohlhabende Frau. In einem Ehevertrag wurde, wie es hieß, vereinbart, dass ihm nach einer bestimmten Frist die Hälfte ihres Vermögens zufallen solle. Als die Frist um war, ließ er sich scheiden.

Anspruch und Wirklichkeit – in keiner Partei ist die Kluft so groß wie in der CSU, nicht an der Basis, sondern in der Spitze. Um es klar zu sagen: Die geschilderten Fälle sind lediglich Beispiele, die sich beachtlich vermehren ließen.

Die christlichen Wähler im Lande dürfen derlei jedoch um Himmels willen nicht erfahren. Sie könnten sonst das Vertrauen in die zur Schau gestellte christliche Moral und damit auch in die politische Integrität ihrer obersten Entscheidungsträger verlieren. Verfehlt wäre es allerdings, sämtliche Spitzenpolitiker der CSU unter Verdacht zu stellen. Max Streibl etwa konnte derlei nicht nachgesagt werden. Wohl deshalb wandte sich, wie kolportiert wird, die verzweifelte Ehefrau eines Ministers mit einer »Aufsichtsbeschwerde« an ihn, weil ihr Mann ein Verhältnis mit seiner Sekretärin habe. Das hatte für den Minister, wie es hieß, Konsequenzen.

Wie man das aufgezeigte Verhalten nach christlichen und charakterlichen Maßstäben bewerten will, ist eine Seite. Diese Bewertung kann jeder für sich vornehmen. Die andere Seite – um diese geht es hier – ist die Unverfrorenheit, sich selbst als Tugendbold auszugeben, während gleichzeitig die Wähler getäuscht und die politischen Gegner, soweit dort Anstößiges aufscheint, an den Pranger gestellt werden.

Die christliche Sittsamkeit des F. J. Strauß

Werner Dollinger, langjähriger Stellvertreter von Strauß als Parteivorsitzender, rühmte dessen Verhältnis zu Religion und Christentum: »Eine Formulierung kommt bei ihm immer wieder vor, das ist die Ausrichtung nach dem christlichen Sittengesetz. Und dies ist für eine Partei, die das Wort ›christlich‹ in ihrem Namen trägt, ein entscheidendes Fundament. Ein Parteivorsitzender ohne ein derartiges Fundament kann eine solche Partei nicht führen« (zitiert nach dem Strauß-Biografen Wolfram Bickerich). Lässt man all seine Machenschaften im Bereich der Politik und des Geldes beiseite: Hielt sich Strauß wenigstens im familiären Bereich an das von ihm selbst propagierte christliche Sittengesetz? Diese Frage ist umso legitimer, als er seine Ehefrau Marianne und seine Kinder werbewirksam in der politischen Öffentlichkeit präsentierte.

Bei seiner Hochzeit mit Marianne Zwicknagl im Jahr 1957 in Rott am Inn waren Bundeskanzler Adenauer und mehrere Bundesminister anwesend. Mit seiner Marianne reiste er zum Papst nach Rom – großes Bild in der Presse mit Pius XII. Kurz darauf schrieb die ostdeutsche *Berliner Zeitung* in einem Sonderbericht auf Seite eins, Strauß habe seit Jahren gleichzeitig intime Beziehungen zu fünf verschiedenen Frauen unterhalten, der Bericht nannte Namen. Außerdem sei er ein notorischer Bordellgänger in München. Der von dem CDU-Bundesminister Ernst Lemmer herausgegebene *Westberliner Kurier* druckte den Bericht im Wortlaut nach. Aber welche Überraschung: Strauß schwieg. Daraufhin empörte sich der CSU-Kultusminister Alois Hundhammer vor der CSU-Landtagsfraktion: »Der Betroffene selbst gibt keinerlei Erklärung ab. Einen solchen Mann, dazu noch mit seiner Braut, hat der Heilige Vater empfangen, und der Kardinal ist nach Rott gefahren, um ihn zu trauen.« Strauß erklärte dazu lediglich: »Man sollte bei uns vorsichtig sein mit Verwendung kommunistischer Quellen« (Bickerich, S. 132 ff.). Ein klareres Dementi wollte er offenbar nicht wagen.

Aber schon vier Jahre später, seine Ehefrau war inzwischen 29 Jahre alt, habe Strauß, wie der *Spiegel* berichtete, bei einer offiziellen Reise als Bundesverteidigungsminister in dem Hotel St. Francis in San Francisco eine farbige Prostituierte nachts eine Stunde lang auf sein Zimmer genommen. Anschließend sei es zu einem lautstarken Streit zwischen beiden wegen der Bezahlung gekommen. Strauß verklagte den *Spiegel*, nahm die Klage aber zurück, als das Magazin den Hoteldirektor, dessen Tochter und einen Taxifahrer als Zeugen benannte. Bei einer anderen offiziellen Reise im Jahr 1961 habe Strauß in New York ebenfalls die Liebesdienste einer Dame in Anspruch genommen, so wiederum der *Spiegel*. Bei der nächsten Kabinettssitzung versuchte Strauß, Bundeskanzler Adenauer in irgendeiner Sache mundtot zu machen. Plötzlich Adenauer: »Herr Strauß, Sie waren in New York. Musste es denn wieder eine Mulattin sein?«

Bei seinem Amtsantritt als Bundesverteidigungsminister hatte Strauß die Soldaten in einem Tagesbefehl vom 31. Oktober 1956 zu peinlichst einzuhaltender Disziplin aufgerufen:

Tut alles, um der Bundeswehr Achtung und Vertrauen bei unserem Volk und im Ausland zu verschaffen. Vermeidet peinlich und sorgfältig jedes Wort und jede Handlung, die diesem Ziel schaden könnte. Wir sind uns gemeinsam unserer Sache bewusst, weil sich unsere Arbeit auf den Grundlagen von Sitte und Recht vollzieht!

Er selbst aber tat genau das Gegenteil.

In New York war der Bundesverteidigungsminister Strauß von einem deutschen Diplomaten, dem Wirtschaftsattaché Freudenberger, betreut worden. Dieser war ein Freund von US-Verteidigungsminister Robert McNamara, später war er für den Flick-Konzern tätig. Lange war er ein Vertrauter von Strauß, bis er sich Anfang der 1970er-Jahre – auch auf Anraten seiner Frau – von Strauß trennte. Er erzählte später seinem Arzt in Burghausen, er habe die undankbare Aufgabe gehabt, Marianne Strauß den Vorfall in New York als bösartige Pressekampagne darzustellen. Tatsächlich aber habe alles genauestens gestimmt, was die Presse geschrieben habe.

Bundeskanzler Adenauer konnte einen anderen Bundesminister der CSU, einen Klassenkameraden von Strauß, mit der Frage disziplinieren: »Weiß eigentlich Ihre Frau, dat Sie hier in Bonn eine Geliebte hab'n?« An Strauß brauchte er diese Frage nicht zu richten, seine Ehefrau Marianne konnte Einschlägiges ja in den Zeitungen lesen. Man hätte sich nicht gewundert, wenn sie ihn mit den Kindern, die damals noch recht klein waren, verlassen hätte. Indes, dazu kam es dann doch nicht. Marianne zog nicht aus.

Als Strauß 1971 wieder in New York war, dieses Mal in Beglei-
tung seines engen Vertrauten Walter Schöll, wurde er von zwei
Prostituierten ausgeraubt, als er des Nachts nach der Rückkehr
ins Hotel nochmals allein zu einem Streifzug aufgebrochen war.
Etwa ein Jahr vorher war seine Affäre mit einer 17-jährigen
Gymnasiastin aus Köln zu Ende gegangen. Er, damals Bundes-
finanzminister, hatte sie hingebungsvoll betreut und ihr aus
Dankbarkeit einen gebrauchten VW geschenkt.

In einem Fernsehgespräch mit Golo Mann im Jahr 1980, dem
Jahr seiner Kanzlerkandidatur, empfahl sich Strauß mit dem
Ausspruch: »Ich stehe auf der Grundlage des christlichen Sit-
tengesetzes in der weitesten Auslegung seines Textes« (Bernd
Engelmann, S. 148). Indessen war im Leben und Wirken des
F.J.Strauß durchgängig das Gegenteil der Fall, egal, ob es sich
um Macht, Geld oder Frauen handelte.

Eduard Zwick, der Bäderkönig, erzählte 1994 gegenüber dem
Spiegel, er, Strauß, Dannecker und Schöll hätten sich einmal in
Wien in einem verschwiegenen Etablissement vergnügt. Die
Puffmutter habe ihnen schließlich angeboten, sich am Umbau
einer Edelabsteige finanziell zu beteiligen. Sie habe ihnen ein
Zimmer gezeigt, in dem einst ein österreichischer Adeliger beim
Liebesspiel sein Leben ausgehaucht habe. Sie hätten sich die
Pläne zuschicken lassen, sich fantastische Gewinne ausgerech-
net. Dennoch hätten sie schließlich von einer finanziellen Be-
teiligung Abstand genommen, weil sie erkannt hätten, dass sie
sich die Beteiligung an einem Bordell doch nicht erlauben
könnten.

Wie schon erwähnt, berichtete Zwick, er habe zu den Geburts-
tagsfeiern von Strauß in Südfrankreich jeweils leichte Damen
einfliegen lassen. Zweimal versuchten einzelne Damen, Zwick
mit Hinweis auf Strauß zu erpressen, eine wurde, wie Zwick
preisgab, mit 60 000 Mark Schweigegeld abgefunden – so Wolfram
Bickerich in seiner Strauß-Biografie.

Die Kabarettistin Lisa Fitz erzählte in ihrer vor Kurzem erschienenen Autobiografie, Strauß habe sie, als sie Anfang 20 (und Strauß demnach etwa 56) war, einmal angerufen, zum Abendessen in sein Stammlokal eingeladen und sie anschließend in eine private Absteige abgeschleppt. Sie habe dann aber gegen Mitternacht einen Rückzieher gemacht, weil er so hässlich gewesen sei. Der Journalist Rudolf Lamprecht berichtet, es hätte dem früheren Bundesinnenminister Hermann Höcherl und dem CSU-Bundestagsabgeordnete Hans Drachsler besonderes Vergnügen bereitet, ihm bei einem Treffen die Frauenaffären von Strauß in Bonn aufzulisten.

Strauß-Biograf Bickerich wusste auch ansonsten von den »vielen Frauen daneben und dazwischen« zu berichten, »die der Kurzweil dienten«.

Dass der Vorsitzende der Christlich-Sozialen Union sich nahm, was er nur kriegen konnte, plauderte schon früher Hendlkönig Friedrich Jahn aus. Gegenüber Landesbankpräsident Ludwig Huber bekannte er, er habe Strauß Kellnerinnen zur Verfügung gestellt. Und Franz Dannecker habe Strauß Prostituierte aus der Verdistraße in München besorgt. Ludwig Huber hielt das in einer eidesstattlichen Versicherung vom 18. Dezember 1987 fest. Von zwei anderen Unternehmern heißt es ebenfalls, dass sie Strauß Liebesdienerinnen bereitgestellt hätten.

Auf seine Ehefrau Marianne nahm Strauß keine Rücksicht. Von einem der von Jahn bezahlten Besuche von Strauß und seiner Ehefrau auf dem Wiener Opernball berichtet eine zuverlässige Quelle, in der Loge hätten auch zwei junge, hübsche Damen gesessen. Strauß habe sie trotz der Gegenwart seiner Frau Marianne auf seine Weise »bewundert«. Diese sei außer sich gewesen. Man habe sie nur mit größter Mühe wieder beruhigen können.

Marianne Strauß dürfte oft traurig über all die Gerüchte gewesen sein, wird erzählt. Kein Wunder. Am 22. Juni 1984 fährt sie in ihren Heimatort Rott am Inn, besucht dort unter anderem alte Freunde. Als sie abends von dort wieder abfährt, rast sie zwischen Wildbad Kreuth und Rottach-Egern mit durchgedrücktem Gaspedal auf gerader Strecke in eine Waldschonung. Am nächsten Morgen wird sie tot aufgefunden. Als offizielle Todesursache wird ein Herzinfarkt angegeben. Man spricht von einer Gürtelrose und eingenommenen Medikamenten (Stefan Finger, S. 508 f.). Es gab jedoch auch Spekulationen über einen Selbstmord, schließlich war sie erst 53 Jahre alt. Ein Oberstaatsanwalt äußerte, sie sei vollgepumpt gewesen mit chemischen Substanzen und habe auch Alkohol im Blut gehabt. Einem Spitzenbeamten der Polizei zufolge hatte sie eine große Menge an Beruhigungsmitteln genommen. Von anderer Seite wurde kolportiert, es habe sich um Schlafmittel gehandelt. Gegen Gürtelrose verordnet man, gemäß ärztlicher Auskunft, jedoch keine Beruhigungsmittel, sondern Schmerzmittel.

Strauß zeigte sich in der Öffentlichkeit damals tief erschüttert. Auf den Fotos von der Beerdigung wird er von seinen Kindern gestützt. Später wurde die rührselige Geschichte verbreitet, er habe mit seiner »geliebten Frau Marianne« alt werden wollen und ihren Unfalltod nie verwunden. Unbeachtet blieb jedoch, was vier Monate vorher, am 10. Februar 1984, Schalck-Golodkowski nach einem Gespräch mit dem engen Strauß-Intimus Josef März an Stasi-Chef Erich Mielke berichtete: »Es entspricht den Tatsachen, dass Strauß auch aus familiären Gründen – ernsthafte Diskrepanzen mit seiner Ehefrau – nach Bonn will.« Er wollte sich demnach faktisch von ihr trennen. Dass Marianne Strauß verzweifelt war und Selbstmord beging, ist daher nicht auszuschließen.

Dafür könnte auch sprechen, dass – Werner Biermann zufolge – der Nachlass von Strauß den Hinweis auf vier Briefe enthält, die Marianne Strauß unmittelbar vor ihrer Abfahrt in Rott am Inn schrieb – an alte Freundinnen und einen Pfarrer.

Wenn sie mit diesen Kontakt aufnehmen wollte, warum griff sie nicht zum Telefon?

Die hier geschilderte Hemmungslosigkeit charakterisiert Strauß durchgängig. Sein Persönlichkeitsbild ist einheitlich. So wie er sich ohne Rücksicht auf seine Ehe oder sein Amt als CSU-Vorsitzender, Bundesminister und Ministerpräsident mit Frauen einließ, so bedenkenlos verhielt er sich auch sonst. Ein Vorsitzender Richter eines obersten Gerichts erzählte mir, ein allgemein bekannter CSU-Spitzenpolitiker habe zu ihm über Strauß gesagt: »Er macht Frauengeschichten, die sind schlimm. Aber er macht Geldgeschäfte, die sind noch schlimmer!«

Die soziale Gerechtigkeit

In welchem Maße der große Vorsitzende F. J. Strauß sozial gesinnt war, bedarf keiner weiteren Darlegung. Erklärtermaßen wollte er einen »Gerechtigkeitsscheinmoralismus« vermeiden. Aber auch nach Strauß war und ist das soziale Gewissen bei manchen CSU-Spitzenpolitikern nicht besonders ausgeprägt.

An was allem sollte nicht gespart werden, als Edmund Stoiber einen ausgeglichenen Landeshaushalt vorlegen wollte, um sich erneut als Kanzlerkandidat zu empfehlen. Sogar an den Universitäten, an der Erwachsenenbildung und am Blindengeld wollte man sparen! Und wie sieht es unter Horst Seehofer aus? Die Ausgaben für den Sexualkundeunterricht sollten gekürzt werden, berichtete aufgeregt die Presse. Dann aber nahm man doch davon Abstand. Gespart wurde in anderen Bereichen. Die Betreuung der Kinder berufstätiger Eltern durch Kindergärten ist völlig unzureichend, Ganztagsschulen gibt es nur für fünf Prozent der Schüler – das ist die geringste Zahl aller

Bundesländer, der Durchschnitt liegt bei 20 Prozent. Trotz des krassen Lehrermangels und Unterrichtsausfalls wurden 2011 von 1500 ausgebildeten Gymnasiallehrern nur 407 eingestellt, von 2460 ausgebildeten Grundschullehrern nur 845.

Es gibt in Bayern zu wenig Richter, Staatsanwälte und Gerichtsvollzieher, »sodass jederzeit und überall der Kollaps eintreten kann«, beklagte der Vorsitzende des Bayerischen Richtervereins. Die Gefängnisse sind überfüllt, es fehlen seit Jahren etwa 1000 Plätze. Und auf 100 Häftlinge kommen nur etwa 40 Bedienstete, das ist die schlechteste Relation in allen Bundesländern. Warum auch sollte man sozial sein zu denen, die sich selber nicht sozial verhalten?

Den Beamten verordnete man ein Sparpaket von 500 Millionen Euro, vor allem eine Nullrunde bei den Gehältern für 2011. An den Beamten zu sparen, ist halt immer populär. Der frühere Inspektor Horst Seehofer weiß das.

Andererseits muss man einsehen: Wenn die staatlichen Einnahmen nicht ausreichen, dann gilt es die Ausgaben zu kürzen, notfalls auch dort, wo es wehtut. Doch wie steht es mit den Steuereinnahmen wirklich? Die verblüffende Antwort lautet: Man verzichtet zu einem wesentlichen Teil darauf, sie zu erheben. Wer sich vom gestrengen Vorgehen seines Finanzamts malträtiert fühlt, möchte das nicht glauben. Aber es ist so. Der Einnahmenverlust beruht auf verschiedenen Ursachen.

Ursache Nr. 1: Politische Protektion in bestimmten Einzelfällen

Gegenüber Edmund Stoibers Finanzminister von Waldenfels protestierte der Vorsitzende der Bayerischen Finanzgewerkschaft, Josef Bugiel, in einem im *Handelsblatt* veröffentlichten Brief dagegen, dass aufgrund »politischer Protektion« durch Weisung

»von oben« Millionenbeträge an Steuern nachgelassen würden. Als Beispiele nannte er die Großfälle Zwick, Hurler und Moksel. Bugiel überreichte darüber hinaus dem damaligen Finanzstaatssekretär ein etwa fünf Zentimeter dickes Bündel an Unterlagen über vergleichbare Fälle.

Nachstehend wird eine Schätzung der rechtswidrigen Steuernachlässe bei den von der Steuergewerkschaft zitierten Skandalfällen und bei weiteren Beispielsfällen genannt oder angesprochen:

Zwick	63 Millionen Mark
Hurler	100 Millionen Mark (evtl. bis 120)
Moksel	50 Millionen Mark
Jahn	100 Millionen Mark
Diehl	60 Millionen Mark (wegen Veräußerungsgewinn)
Kirch	150 Millionen Mark
Flick	x Millionen Mark
Diehl	x Millionen Mark (wegen anzunehmender unbeschränkter Steuerpflicht)
Beisheim	x Millionen Mark (wegen anzunehmender unbeschränkter Steuerpflicht)

Dazu ist Folgendes zu bemerken:
Nachdem die Steuernachlässe für Zwick und Moksel aufgeflogen waren, musste sie Finanzminister von Waldenfels unter dem Druck der Öffentlichkeit widerrufen. Der erwähnte Steuernachlass für Leo Kirch beruht auf den Angaben des Steuerfachanwalts Peter Spörlein gemäß einer Information aus der Steuerverwaltung, der Steuernachlass Jahn auf dessen eigener Mitteilung gegenüber Ludwig Huber. Die Höhe der anderen Steuernachlässe erschloss sich zum Teil aus Presseveröffentlichungen, zum Teil aus den Angaben Dritter. Abweichungen sind daher möglich, aber im Wesentlichen stimmt die angegebene Höhe.

Der Milliardär Friedrich Karl Flick erhielt, wie mir Prof. Franz Klein, der frühere Präsident des Bundesfinanzhofs, mitteilte, einen Nachlass bei der Vermögenssteuer in unbekannter, vermutlich nicht geringer Höhe. Der vor drei Jahren verstorbene Milliardär Karl Diehl hatte seit 1971 offiziell seinen Wohnsitz in der Schweiz – er hatte jedoch, wie aus verschiedenen Umständen zu schließen ist, in Nürnberg zumindest einen zweiten Wohnsitz. In einem am 6. März 2011 in BR-alpha gesendeten Film, den eine Journalistin über Diehls Leben gedreht hatte, hieß es: »Er wohnt seit Jahren im Haus seines Sohnes Werner«, also in Nürnberg. Kein einziges Mal erwähnte der Film einen Aufenthalt Karl Diehls in der Schweiz, obwohl ihn die Journalistin, wie sie äußerte, ein ganzes Jahr ständig begleitet hatte. Er wäre demnach gemäß dem Doppelbesteuerungsabkommen mit der Schweiz (Artikel 4) in Deutschland nicht nur beschränkt, sondern unbeschränkt steuerpflichtig gewesen. Für den Milliardär Otto Beisheim, der ebenfalls offiziell in der Schweiz wohnte, gilt dies entsprechend. Bei der Verleihung des Bayerischen Verdienstordens am 19. Juli 2000 durch Edmund Stoiber gab die Staatskanzlei öffentlich Rottach-Egern als dessen Wohnsitz an. Beisheim war auch Mitglied des Golfclubs Bad Wiessee. Der bereits erwähnte Steuerfachanwalt Peter Spörlein erstattete deswegen im November 2003 Strafanzeige bei der Steuerfahndungsstelle Rosenheim. Im Dezember 2010 berichtete die Münchner *Abendzeitung*: »Am Tegernsee residiert Otto Beisheim und verwaltet die Milliarden aus seinen Anteilen. Wie so viele Superreiche lebt der 86-Jährige gerne zurückgezogen.« Am 19. Februar 2013 meldete die *SZ*, am Vortag habe man Beisheim »mit 89 Jahren tot in seinem Haus in Rottach-Egern am Tegernsee gefunden«.

Soweit bekannt, wurden weder Karl Diehl noch Otto Beisheim trotz Anzeigen von den Steuerbehörden behelligt. Da die Höhe ihrer ausländischen Einkünfte nicht bekannt ist, kann darüber nur spekuliert werden.

Nach einer parlamentarischen Anfrage der SPD-Landtags-fraktion vom 20. Dezember 2010 zu beiden Fällen berief sich Finanzminister Fahrenschon auf das Steuergeheimnis – zu Unrecht. Denn angesichts der Größenordnung der zur Diskussion stehenden Steuermillionen und der massiven Zweifel am gesetzmäßigen Verhalten der Staatsregierung bestand ein zwingendes öffentliches Interesse an Aufklärung, sodass gemäß Paragraf 30 der Abgabenordnung das Steuergeheimnis nicht griff. Zum Vergleich: Das Topmodel Nadja Auermann wurde 2011 in Berlin wegen Steuerhinterziehung in Höhe von 272 000 Euro vor Gericht gestellt. Sie hatte wahrheitswidrig bis 2002 als Hauptwohnsitz Monaco angegeben, lebte aber bereits seit 1999 in Berlin. Die Polizei hatte aus Handwerkerrechnungen und Tankquittungen ein »Bewegungsprofil« erstellt. So etwas war bayerischen Finanzministern nicht möglich: Die beiden Milliardäre waren für sie anscheinend unsichtbar, was allerdings die Ordensverleihungen, in deren Genuss Diehl und Beisheim kamen, unverständlich macht.

Die Verschonung Karl Diehls steht in überaus harmonischem Einklang damit, dass die Betriebsprüferin Ingrid Meier unter Finanzminister Kurt Faltlhauser 1999 »von oben« ohne Begründung daran gehindert wurde, 60 Millionen Mark an Steuern von den Diehl-Gesellschaftern zu erheben. Als sie gegen diese Rechtswidrigkeit gemäß ihrer Remonstrationspflicht protestierte, wurde ihr der Fall entzogen und sie selbst beruflich schwer diskriminiert. Josef Bugiel, der Vorsitzende des Hauptpersonalrats im bayerischen Finanzministerium, sprach von »nicht nachvollziehbaren und sehr personenbezogenen Entscheidungen« und kritisierte den damaligen Präsidenten der Oberfinanzdirektion Nürnberg. Das Bundesamt für Finanzen, insbesondere dessen Vizepräsident, hatte die Betriebsprüferin in ihrer Auffassung nachdrücklich unterstützt. Allerdings stimmte später dessen Nachfolgerin erstaunlicherweise, und zwar ohne konkrete Begründung, der Nichterhebung der Steuer zu. Sie war früher die persönliche Referentin Faltlhausers gewesen, als dieser Staats-sekretär im Bundesfinanzministerium war.

Während die Betriebsprüferin weiter um die Erhebung der Steuer kämpfte, verlieh Ministerpräsident Stoiber 2003 Werner Diehl sogar noch das Bundesverdienstkreuz. Die Diehl-Stiftung ihrerseits, regelmäßig Gastgeberin des ältesten Parlamentari-schen Abends der Bayerischen Landesvertretung in Berlin, war angeblich 2003 Sponsor für einen Empfang Stoibers in Berlin mit mehr als 1000 Gästen aus Politik, Wirtschaft und Diplomatie. Als sich die Betriebsprüferin 2008 hoffnungsvoll an den neuen Ministerpräsidenten Beckstein wandte und ihn auf die bevorste-hende Verjährung der Steuerforderung hinwies, stand sie wei-terhin auf verlorenem Posten. Beckstein sorgte nicht für die Einziehung der Steuerschuld, sondern verlieh Werner Diehl stattdessen auch noch den Bayerischen Verdienst-orden. Irritie-rend ist nur, dass einem CSU-Politiker zufolge Beckstein früher geäußert haben soll, die Firma Diehl sei eine seiner Hauptquel-len für Spenden an die CSU.

Weiter verstört die Behandlung der Strafanzeigen, welche die Betriebsprüferin gegen Karl Diehl und gegen Verantwortliche der Finanzverwaltung gestellt hat. Obwohl ein von der Staatsanwalt-schaft eingeholtes Gutachten den Verdacht der Steuerhinterzie-hung und der Untreue bejahte, wurden die Ermittlungsverfahren eingestellt. Als die Landtagsabgeordnete Christine Stahl vom Bündnis 90/Die Grünen Justizministerin Beate Merk damit kon-frontierte und sie aufforderte, die Betriebsprüferin zu rehabilitie-ren, erklärte Merk, dazu bestehe kein Grund. Die Ermittlungen hätten keinen hinreichenden Tatverdacht ergeben, eine »unbot-mäßige Einflussnahme« von oben sei nicht erfolgt. Es drängt sich eine Parallele zum bekannten Fall des Gustl Mollath und sei-nen Strafanzeigen gegen die HypoVereinsbank sowie zum gleichartigen Verhalten der Justizministerin auf (s. »Die paranoide Wahnsymptomatik des Ingenieurs Gustl Mollath«, S. 318).

Ursache Nr. 2: Politische Protektion durch Unterbesetzung der Finanzämter

Der Bayerische Oberste Rechnungshof legte im März 2012 seinen Jahresbericht für das Jahr 2010 vor. Der Bericht war aufschlussreich. Trotz großteils sinnwidriger Sparmaßnahmen diagnostizierte er im bayerischen Staatshaushalt ein beträchtliches Defizit. Im Jahr 2010 betrug es 1,2 Milliarden Euro. Das war keine Überraschung, es konnte gar nicht anders sein. Denn die bayerische Steuerverwaltung ist personalmäßig seit Jahren von der politischen Spitze so sehr ausgezehrt worden, dass sie heute unter allen Bundesländern den letzten Platz einnimmt. Wie der Rechnungshof rügte, hat Bayern die relativ geringste Zahl an Betriebsprüfern, Steuerfahndern und Umsatzsteuersonderprüfern, was zu »massiven Steuerausfällen« führt.

Die Bayerische Finanzgewerkschaft prangerte an, neben dem Milliardengrab Landesbank sei das eine weitere desaströse Fehlleistung Stoibers gewesen. Dieter Ondracek, der Vorsitzende der Deutschen Steuergewerkschaft, erklärte empört, Bayern habe sich zu einer Steueroase entwickelt. Die Münchner *Abendzeitung* brachte auf der Titelseite: »Bayern – ein Paradies für Steuerbetrüger« – das daneben abgebildete Staatswappen zeigte die Aufschrift »Steuerfreistaat«.

In der bayerischen Steuerverwaltung sind nicht nur 1900 vorhandene Planstellen nicht besetzt, sondern überdies wären zusätzliche Planstellen dringend erforderlich. Im Durchschnitt erbringt ein Betriebsprüfer jährlich Steuereinnahmen in Höhe von drei Millionen Euro, ein Umsatzsteuersonderprüfer 1,5 Millionen Euro und ein Steuerfahnder über eine Million Euro. Dazu der Rechnungshof: »Allein bei der Betriebsprüfung waren mehr als 400 Stellen nicht besetzt. Auch für die Bekämpfung der Umsatzsteuerhinterziehung wird zu wenig Personal eingesetzt, obwohl es hier um Milliardenbeträge geht.« Wohlgemerkt: um

Milliardenbeträge! Der Rechnungshof weiter: »Mit mehr Mitarbeitern würden auch mehr Steuern eingenommen, weitaus mehr, als das zusätzliche Personal kosten würde.«

Wenn dem so ist, warum hat Stoiber das Steuerpersonal derart reduziert? Warum nur weigerte sich Seehofer selbst dann, als ihm der Rechnungshof zum wiederholten Male diese Rechnung aufmachte, mehr Finanzbeamte einzusetzen? Ruppig fertigte er den Rechnungshof ab: »Zur Politik der Bayerischen Staatsregierung gehört es nicht, dass wir unseren Personalapparat noch deutlich vergrößern. Im Gegenteil, wir müssen eher schauen, dass wir Planstellen abbauen.« Das war unlogisch, denn mehr Steuerbeamte bringen dem Staat weit mehr Geld, als sie kosten. Finanzminister Markus Söder befand, die Forderung des Rechnungshofs sei übertrieben. Denn: »Die bayerischen Bürgen zahlen anständig ihre Steuern.« Träfe das zu, könnte man auch die vorhandenen Prüfer abschaffen – lächerlicher konnte die Antwort nicht sein!

Doch nicht allein der Bayerische Rechnungshof und die Finanzgewerkschaft, auch der Bundesrechnungshof haben Stoiber und Seehofer seit Jahren diesen Vorwurf der faktischen Beihilfe zur Steuerhinterziehung in riesigem Umfang gemacht. Warum stellten beide sich taub? Was war ihr Motiv?

Zu Recht rügte die Finanzgewerkschaft, die Staatsregierung habe »keine plausible Antwort«. Ansonsten ist die Staatsregierung um keine Antwort verlegen. Warum aber hier? Ausgerechnet bei einer so einfachen Frage?

Die Wahrheit ist schlicht: Man will seit Strauß eine bestimmte Klientel schonen! Strauß hatte als Ministerpräsident zur Betriebsprüfung und Steuerfahndung dekretiert: »Da hilft nur eines, die Planstellen abbauen!« Das war er seinen noblen Gönnern schon schuldig. Es galt das eiserne Prinzip: »Do, ut des!« (»Ich gebe, damit du gibst!«) Und so geschah es auch. Das illegale Vorgehen zahlte sich wohl aus: Unter den deutschen Parteien ist die CSU die Spendenkönigin. Laut Bundestagsverwaltung erhielt sie 2008 von Unternehmen 6,4 Millionen Euro, die ungleich größere CDU nur geringfügig mehr: 7,5 Millionen Euro, die FDP gar nur 2,69 Millionen Euro. Um sich die eigene Position als Ministerpräsident und Minister zu erhalten, schanzt man den Spendern rechtswidrig eine steuerliche Kompensation zu! Eine bodenlose Unverfrorenheit! Um die persönliche Karriere geht es, um nichts anderes. Das erklärt, warum die regierenden Herrschaften »keine plausible Antwort« geben können.

Die Steuerausfälle mussten und müssen durch Kreditaufnahmen ausgeglichen werden. Man führe sich das Paradoxe einmal vor Augen: Statt die kraft Gesetzes angefallenen Steuern in vollem Umfang einzuziehen, deckt man die Ausgaben durch Kredite! Man praktiziert teilweise genau das, was man den Griechen vorwirft! Die Zinsen hierfür bezahlen alle anderen Steuerzahler, insbesondere die der künftigen Generation. Unter dem ständigen Druck des Rechnungshofs wurden in den Doppelhaushalt 2013/14 schließlich 200 Planstellen für Betriebsprüfer eingestellt. Diese stehen jedoch erst in fünf Jahren nach ihrer Ausbildung zur Verfügung – das bereitet Seehofer keine Qualen, denn dann genießt er bereits seinen Ruhestand. Die Zahl ist ohnehin nur ein Tropfen auf den heißen Stein.

Apropos Finanzausgleich: Der Umstand, dass ein Großteil der Steuermehreinnahmen über den Finanzausgleich anderen Bundesländern zufließen würde, rechtfertigt nichts. Denn das Grundgesetz schreibt die ordnungsgemäße Durchführung der Bundesgesetze vor.

Stoiber und Seehofer haben wiederholt mit großem Propagandaaufwand eine Steuerreform zur Entlastung der Bürger angekündigt. Es blieb bei den Ankündigungen. Faktisch aber gab es längst eine »Steuerreform« zugunsten potenter Steuerpflichtiger – durch Steuernachlässe und durch Unterbesetzung der Finanzämter. Es war eine Steuerreform auf kaltem Wege, vorbei am Bundestag und am Bundesrat. Die Eleganz lag darin, dass die Bürger dessen nicht gewahr werden konnten, weil sich alles innerhalb der Verwaltung abspielte.

Um genau zu sein: Einmal gab es dann doch eine Steuersenkung, allerdings eine sehr spezielle und sehr sonderbare.

Ursache Nr. 3: Politische Protektion durch einseitige Steuersenkung

»Horst Seehofers Finanz-Pirouetten« titelte die *Süddeutsche Zeitung* spöttisch am 19. Dezember 2009, nachdem Seehofer zusammen mit der FDP trotz riesiger Etatlöcher milliardenschwere Steuersenkungen durchgeboxt hatte.

Die *SZ* erinnerte daran, dass er im September 2007 in zwei Interviews gefordert hatte: »Erst neue Schulden weg, dann Steuern senken. Das ist die richtige Reihenfolge. Wer weiter Schulden macht, wird nie die Steuern senken können, da die Zinslast weiter wächst.« Jetzt hatte er genau das Gegenteil durchgesetzt. Hauptnutznießer waren jedoch komischerweise die Hotels, für die der Umsatzsteuersatz gesenkt wurde – die Bürger hingegen spürten so gut wie nichts von einer Entlastung.

Seehofer hatte zuvor die beabsichtigte Steuersenkung so begründet: Angesichts des Volumens der Haushalte »würde die Politik ihre Gestaltungsaufgabe nicht mehr wahrnehmen, wenn sie dazu nicht in der Lage wäre«. Das heißt: Je mehr die staatlichen Haushalte infolge ihrer Ausgaben an Umfang zunehmen, und – wie es in der Bundesrepublik der Fall ist – hierfür zusätzlich Schulden machen, desto eher kann man die Steuern senken! Mit dieser völlig neuen Erkenntnis hat Horst Seehofer die Finanzwissenschaft enorm bereichert und der Politik bis dahin ungeahnte Spielräume eröffnet.

Ursache Nr. 4: Politische Protektion durch den verweigerten Ankauf von Steuer-CDs

Auf der gleichen Linie liegt es, dass Bayern keine Steuer-CDs aus der Schweiz oder Liechtenstein angekauft hat. Es hat sich nur finanziell an den Ankäufen Nordrhein-Westfalens beteiligt – die Gefahr für bayerische Steuerhinterzieher war da ohnehin nicht mehr abzuwenden. Obwohl die Daten aus den Steuer-CDs zusammen mit den durch diese ausgelösten Selbstanzeigen dem bayerischen Fiskus seit 2010 mehr als eine halbe Milliarde Euro an Mehreinnahmen eingebracht haben, erklärte Finanzminister Söder überraschend im Oktober 2012, er lehne eine weitere Beteiligung am Kauf solcher Datenträger ab: »Das machen wir nicht mit.« Entgeistert konnte man lesen, wie dazu die Presse Horst Seehofer zitierte: »Wir haben genug Steuereinnahmen, wir müssen nix zusammenkaufen.« Wie bitte? Wir haben genug Steuereinnahmen?

Anscheinend war Seehofer entfallen, dass der Freistaat Bayern 32 Milliarden Euro Schulden hat. Für deren Tilgung wollte er aber offenbar nicht das Schwarzgeld der Steuerhinterzieher in der Schweiz und Liechtenstein heranziehen. Zugleich freilich wurde bekannt, dass die Behindertenhilfe im Doppelhaushalt 2013/14 um sieben Millionen Euro gekürzt wurde.

Über die Weigerung, Steuer-CDs anzukaufen – das Bundesverfassungsgericht hat einen solchen Erwerb für zulässig befunden –, empörte sich Josef Bugiel, Vorsitzender der Bayerischen Finanzgewerkschaft: Das komme einer strafbaren »Strafvereitelung im Amt« gleich! Die Herren Seehofer und Söder aber ficht das nicht an.

Ganz anders lief das bei den Rentnern. Ende 2009 verschaffte sich der Fiskus Einblick in alle Rentendaten – private wie gesetzliche. 30 Millionen Datensätze wurden bearbeitet. Hunderttausende Rentner wurden vom Finanzamt aufgefordert, Steuererklärungen abzugeben – rückwirkend bis ins Jahr 2006. Dabei machte Finanzminister Söder dann schon mit.

Der soziale Umgang

Nicht immer verhält sich jeder Spitzenpolitiker so freundlich, zurückhaltend und mitfühlend, wie er sich nach außen hin gibt. Die im Folgenden geschilderten Beispiele sind nicht zu verallgemeinern, werden aber erwähnt, weil es sich um CSU-Politiker von Rang handelt.

Der Politiker und seine Ehefrau hatten für ihren Nachwuchs ein Kindermädchen eingestellt. Als dieses selbst schwanger wurde und sich bereits im Mutterschutz befand, wurde es, als eine Veranstaltung im Politikerhaushalt zu bewältigen war, aus dem Mutterschutzurlaub zurückgeholt. Dafür zeigte sich das Ehepaar nach der Geburt des Babys sehr großzügig: Es überließ der jungen Mutter leihweise zwei Bettüberzüge, außerdem zwei gebrauchte Schnuller. Deren Wert war nicht etwa gering zu schätzen, denn sie stammten aus Frankreich! Die abgelegten Baby- und Kleinkindersachen ihrer Kinder erhielt allerdings nicht das Kindermädchen, sondern ein in guten Einkommensverhältnissen lebendes befreundetes Politikerehepaar.

Als die Politikerkinder herangewachsen waren und ein Sprössling geheiratet hatte, rief man bei einem »abhängigen« Unternehmen aus dem staatlichen Bereich an. Man forderte eine 250 Quadratmeter große, luxussanierte Altbauwohnung mit einer Dachterrasse an. Die Miete wurde gleich vorgegeben, sie dürfe nur 600 Mark warm betragen. Der Vorstandsvorsitzende, ließ man ausrichten, möge bitte zur Wohnungsbesichtigung mitkommen. Der arme Mann ärgerte sich maßlos, tat aber, wie ihm geheißen.

Bemerkenswert ist in diesem Zusammenhang auch, dass es Probleme gab, als einer der Sprösslinge ein Staatsexamen abzulegen hatte. Wie ein Kabinettsmitglied Kollegen erzählte, weigerten sich zwei vorgesehene Prüfer, den Kandidaten zu examinieren, sie befürchteten Sanktionen, falls sie ihm eine schlechte Note geben würden. Nach dem Ergebnis der schriftlichen Prüfung bestand nämlich die Gefahr, dass er das Examen nicht bestehen könnte.

Als ein Politikerabkömmling seine Berufstätigkeit aufnahm, wurde er von einem großen privaten Unternehmen eingestellt. Anscheinend sah sich das Unternehmen aufgrund der Position des Vaters in der Pflicht. Obwohl der Berufsneuling nur acht bis zehn Stunden wöchentlich arbeiten wollte, wurde er aber so bezahlt, als ob er die ganze Woche arbeiten würde, und zwar übertariflich – mit Anspruch auf einen Firmenwagen.

Ein anderer Fall verdient ebenfalls Beachtung. Eine prominente Politikerpersönlichkeit, die sich sehr sozial gab, pflegte nach getaner Arbeit im nahe dem Landtag gelegenen Stammlokal einzukehren und dort bis Mitternacht zu verweilen. Anschließend ließ er sich immer von seinem Fahrer, der die ganze Zeit im Auto hatte warten müssen, nach Hause in seinen von München weit entfernten Wohnort fahren. Der Politiker machte es sich derweilen im Auto bequem und schlief. Doch irgendwann war der Chauffeur mit seiner Geduld am Ende und streikte, ebenso wie seine Kollegen. So etwas hatte es noch nie gegeben, der Politiker war darüber sehr bestürzt. Es war nicht zu glauben: Kleine Leute betrachten sich anscheinend auch als Menschen! Aufgrund dieser Erkenntnis ging der Politiker in sich und änderte sein Verhalten.

Es gäbe noch weitere Geschichten über solche Herrscherattitüden zu erzählen, aber es sollen hier keine Spuren gelegt werden.

Ein anderer, ebenfalls nicht gerade sozialer Umgang mit kleinen Leuten betraf Fahrten zum Bundestag in Berlin. Jeder Bundestagsabgeordnete, der Bürger aus seinem Wahlkreis nach Berlin einlädt, hat Anspruch auf einen Zuschuss von vier Cent pro Kilometer für 20 Personen pro Jahr. Das sind jährlich mindestens 6000 Euro. Aus zwei bayerischen Bundestagswahlkreisen wurde mir aus CSU-Kreisen empört schriftlich mitgeteilt, dass das Geld nicht bestimmungsgemäß dazu verwendet wurde, die Fahrt für die in die Hauptstadt reisenden Bürger zu verbilligen, vielmehr habe man damit schwarze Kassen für andere Ausgaben angelegt.

Sicher kommt in anderen Parteien Ähnliches vor. Doch wer als Christ das soziale Banner schwingt und sich entgegengesetzt verhält, verliert seinen Anspruch auf Glaubwürdigkeit.

Günther Beckstein weiß, »dass wir das Soziale nur dann richtig neu denken«, wenn wir uns auf den Grundsatz unseres Glaubens stützen, dass »jeder Mensch Ebenbild Gottes und damit jeder Mensch in seinem Wert ebenbürtig ist. Aus diesem Grundsatz resultieren Werte wie der Respekt voreinander, Rücksichtnahme, Solidarität mit den Schwachen ...« (*Die Zehn Gebote*). Strauß, Stoiber, Tandler, Erwin Huber, Beckstein selbst und andere Gesalbte haben dieses »neue Denken« vorgelebt, ihre Nachfolger sind davon zumindest beseelt.

Die getäuschte katholische Kirche

Wie F.J. Strauß, so propagierten auch Edmund Stoiber, Gerold Tandler, Erwin Huber, Günther Beckstein und andere CSU-Spitzenpolitiker unentwegt das christliche Sittengesetz und die christlichen Grundwerte als Leitlinien staatlichen Handelns. Jeder Ministerpräsident machte sofort nach seiner Wahl einen Antrittsbesuch beim Papst. Die kirchlichen Würdenträger ließen sich täuschen. Sie nahmen nicht wahr, dass die Politiker die

Kirche als Fuhrwerk benutzten, um damit die eigene Karriere als Ernte einzubringen.

Oder wollten Bischöfe, Prälaten und Priester sich täuschen lassen? Dieser bisweilen zu hörende Vorwurf ist sicher unbegründet. Sie vermochten wie die Mehrzahl der Bürger wohl nicht zu glauben, dass die Taten der Politiker nicht mit ihren frommen Worten in Einklang standen. Der damalige *Spiegel*-Herausgeber Rudolf Augstein hingegen schrieb zutreffend nach dem Tod von Strauß, dass dieser »mit seiner Verachtung des Rechtsstaats unter der christlich katholischen Haube die gar nicht so alte Republik in Gefahr gebracht hätte«. Natürlich traten alle CSU-Politiker dafür ein, dass das Kreuz in den Klassenzimmern hängen blieb. Aber was an üblen Dingen geschah, davon hielt sie auch nicht ihr Amtseid ab, den sie stets unter der Anrufung Gottes ablegten. Papst Benedikt XVI. ließ sich ebenfalls täuschen, sagte er doch als Münchner Kardinal beim Tod von Strauß in seiner Predigt: »Wie eine Eiche stand er vor uns ...«

Prof. Hans Maier war nicht nur Kultusminister, sondern über zwölf Jahre Präsident des Zentralkomitees deutscher Katholiken. Dieses Amt, von Strauß als »Katholikenzeugl« bezeichnet, habe Strauß kräftig im Magen gelegen, so Maier. Kein Wunder.

Die gutgläubigen katholischen Priester aber wirkten über die Jahrzehnte hinweg als getreue Wahlhelfer. Damit jedoch ist es wohl inzwischen vorbei, obwohl das Heischen um Wohlwollen anhält. Dass Horst Seehofer als frischgebackener Ministerpräsident sogleich beim Papst vorsprach und später anlässlich der Ernennung von Erzbischof Reinhard Marx zum Kardinal mit nach Rom reiste, war wohl der Versuch einer solchen »captatio benevolentiae«, eines »Trachtens nach Wohlwollen«. Im Übrigen aber ist Reinhard Marx viel zu intelligent, um sich täuschen zu lassen. Im April 2012 überreichte Edmund Stoiber in Castelgandolfo dem Papst ein Buch mit positiven Äußerungen hochstehender Zeitgenossen wie zum Beispiel Franz Beckenbauer über ihn. Ob Benedikt XVI. für diese hochherzige Tat Stoiber einen Sündenablass gewährt hat, wurde nicht bekannt. Der *Osservatore Romano* konnte jedenfalls weder nach der Rückkehr Seehofers noch der Stoibers in ihre Heimat vermelden, dass der Hirtenstab des Papstes ergrünt wäre – anders als weiland Richard Wagners Tannhäuser haben sie anscheinend keine Reue gezeigt.

Wohl mit Blick auf die Landtagswahl 2013 stellte Horst Seehofer sein tief verwurzeltes Christentum öffentlich unter Beweis, indem er sich über Ostern 2012, bewacht von seiner Ehefrau, in das Nonnenkloster Waldsassen begab. Was er dort wollte, stellte er auf Facebook klar: »Möbel im Kopf aufräumen, geistige Kraft schöpfen.« Ersterer Vorsatz des Novizen war löblich, letzterer bedrohlich.

Doch Seehofer vermochte nicht jeden Mann der Kirche zu überzeugen. Denn bald darauf beklagte sich der neue Caritas-Direktor für Bayern, der 90 000 Mitarbeiter repräsentiert, er bekomme keinen Gesprächstermin beim Ministerpräsidenten. Das werfe die Frage auf, »welchen Stellenwert bei ihm das Soziale hat«. Hatte nicht Seehofer propagiert, die CSU sei »die Partei der kleinen Leute«? Und es gebe für ihn »nichts Schöneres, als den kleinen Leuten zu helfen«? Doch Seehofer hatte offenbar Wichtigeres zu tun. Denn tags darauf berichtete die *Süddeutsche Zeitung*, Seehofer habe in Rom dem Papst zum 85. Geburtstag gratuliert. Und am übernächsten Tag vermeldete sie, »Pater Horst geht wieder in Klausur« – Seehofer versammelte seine Getreuen im Kloster Andechs. Das ergab eine hervorragende Optik.

Am 4. Oktober 2012 tagte das bayerische Kabinett zusammen mit der Freisinger Bischofskonferenz. Kardinal Marx drang auf eine humanitäre Unterbringung von Flüchtlingen. Seehofer versicherte ihm, die Sorge ernst zu nehmen und uneingeschränkt für Humanität einzutreten. Humanität – das würde man sich von Seehofer auch in anderen Dingen wünschen.

2 Praktiken im Schattenreich von Strafjustiz und Polizei

Justizministerin in Bayern ist seit Oktober 2003 Beate Merk. Damals holte Edmund Stoiber die Oberbürgermeisterin von Neu-Ulm in sein Kabinett. Sie hat daher zu verantworten, was bis heute in ihrem Ressort geschah. Die Dame sagt von sich: »Ich bin konservativ und liberal.« Bei einem sonntäglichen *Stamm tisch* im Bayerischen Fernsehen betonte sie: »Wir Politiker brauchen das Vertrauen der Bürger.« Natürlich, wenn die Bürger glauben, dass alles in Ordnung ist, dann lässt sich beliebig schalten und walten. Dass dieses Vertrauen aber gerade ihr gegenüber nicht gerechtfertigt ist, wird durch all das belegt, was von ihr zu verantworten ist.

Diese Taten würden eine Ahndung erfordern. Im Hinblick auf die Fälle von Kindesmissbrauch in Internaten und Schulen haben Beate Merk und Horst Seehofer die Verlängerung der Verjährungsfrist für solche Straftaten gefordert. Das Gleiche sollte indessen auch für Amtsdelikte geschehen. Denn wenn eine neue Regierung antritt, sind die Straftaten der bis dahin verantwortlichen Amtsträger meist verjährt, zumal wenn die Vorgängerregierung lange im Amt war.

In *Macht und Missbrauch* habe ich zahlreiche massive Straftaten im Bereich der bayerischen Justiz dokumentiert. Ein Strafantrag gegen mich wurde nicht gestellt, es gab nicht einmal ein Dementi des Justizministeriums. Dies war verständlich, denn da gab es nichts zu bestreiten. Weil sich die »Merkwürdigkeiten« aber seitdem fortgesetzt haben, scheint es angezeigt, die Beweiskette zu verlängern.

Als ich in einer Lesung die Missbräuche in der Justiz, insbesondere bei den Staatsanwaltschaften, anprangerte, meldete sich eine Dame zu Wort. Sie sagte, sie sei früher Richterin am Oberlandesgericht München gewesen. Sie müsse die Staatsanwälte in Schutz nehmen. Die seien nämlich weisungsgebunden. In politischen Fällen würden sie »von oben« Weisungen erhalten, die sie dann halt befolgen müssten. Aber manche Richter entrüsten sich doch. Ein Vorsitzender Richter am Landgericht München I empörte sich darüber, dass die Staatsanwälte die Weisungen des Justizministeriums teils sogar in den Akten liegen ließen!

Im Januar 1994 war es im Rechts- und Geschäftsausschuss des Landtags zu einem gewaltigen Eklat gekommen. Der frühere CSU-Innenstaatssekretär und Münchner Ex-Oberbürgermeister Erich Kiesl warf dem damaligen Justizminister Hermann Leeb plötzlich zu dessen Entsetzen vor, dass spezielle Teile von Staatsanwaltschaft und Gerichten in Bayern sich »zu politischen Zwecken gebrauchen lassen und missbraucht werden«. Dies sei gang und gäbe. Dem Justizminister, der ihn zu stoppen versuchte, schleuderte er entgegen: »Ich bin in der Partei nicht mehr so gebunden, dass ich Rücksicht nehmen müsste.«

Dass die Staatsanwaltschaft in politischen Fällen – in denen sie kraft Dienstvorschrift automatisch nach oben berichten muss – vom Justizministerium gesteuert wird, hatte ich schon wiederholt erlebt oder erfahren. Aber konnte es wirklich sein, dass sich auch Richter missbrauchen ließen? Heute muss ich leider sagen, es ist so. Es gibt hierfür Beweise. Kiesl wusste, was er sagte.

Der mysteriöse Tod des Leitenden Oberstaatsanwalts Jörg Hillinger

Am Vormittag des 26. April 1999 ging es in der Augsburger Staatsanwaltschaft turbulent zu. Ihr Leiter Jörg Hillinger hatte soeben Generalstaatsanwalt Hermann Froschauer in München per Fax mitgeteilt, dass gegen den früheren Rüstungsstaatssekretär Holger Pfahls und die Thyssen-Manager Jürgen Maßmann und Winfried Haastert Haftbefehl erlassen worden sei. Die Haftbefehle lagen bereits bei den Polizeidienststellen. Etwa eine Stunde später klingelte bei Hillinger das Telefon. Der Generalstaatsanwalt untersagte ihm den sofortigen Vollzug der Haftbefehle, er wolle die Angelegenheit bis Anfang der folgenden Woche erst »sorgfältig prüfen«. In Wirklichkeit gab es da nicht mehr viel zu prüfen – die Haftbefehle waren vom Ermittlungsrichter bereits unterschrieben.

Als der zuständige Staatsanwalt Winfried Maier dagegen protestierte und auf den drohenden Vorwurf der Strafvereitelung hinwies, versprach Hillinger, nochmals mit dem Generalstaatsanwalt zu reden.

Kurz darauf erhielt Maier zu seiner Verblüffung einen Anruf des Anwalts von Holger Pfahls, der sich danach erkundigte, ob die Ermittlungen gegen seinen Mandanten fortgeführt würden. Maier gab eine ausweichende Antwort. Hillinger hatte inzwischen nochmals mit Froschauer telefoniert. In einem Aktenvermerk hielt er fest: »Nach erneuter Rücksprache mit dem Herrn Generalstaatsanwalt bestand dieser darauf, dass die Haftbefehle nicht vollzogen werden.«

Um 13 Uhr setzte sich Hillinger ans Steuer seines vier Wochen alten Opel Astra, um nach Dillingen zu einer Tagung zu fahren. Auf der völlig geraden Strecke zwischen Wertingen und Dillingen fuhr er plötzlich in Schlangenlinien. Der Fahrer des Pkw hinter ihm dachte zuerst, vor ihm fahre ein Betrunkener.

Hillinger geriet auf die Gegenfahrbahn und prallte frontal auf einen entgegenkommenden Lkw. Er war sofort tot.

Bevor Froschauer die Haftbefehle zum Vollzug freigab, gelang Holger Pfahls die Flucht, er hatte offensichtlich einen Tipp erhalten. Hillinger hatte dies aufgrund früherer Vorwarnungen bereits befürchtet.

Zwölf Jahre später. Ich sitze Frau Hillinger im Wohnzimmer der geräumigen Münchner Altbauwohnung hinter dem Gasteig gegenüber. Die etwa 60-jährige Dame wirkt im Gespräch sehr überlegt und gut informiert. Freunde von ihr hatten mich nach dem Erscheinen meines Buches, in dem ich auch den mysteriösen Tod ihres Mannes erwähnte, mit ihr zusammengebracht. Ein Landtagsabgeordneter hatte dazu bei einer Lesung, die ich in Dachau hielt, den Zuhörern mitgeteilt, Frau Hillinger, mit der er gesprochen habe, glaube nicht an einen normalen Unfalltod ihres Mannes. Nach dem Erlass der Haftbefehle habe er zu ihr gesagt: »Wenn mir jetzt in den nächsten Tagen etwas zustößt, brauchen wir uns nicht zu wundern.« Die Witwe bestätigt mir, dass es so war. Später erfahre ich vom Sohn eines höheren Polizeibeamten, dass Hillinger ihm gegenüber seinerzeit aufgebracht geäußert habe: »Denen traue ich alles zu.« Auffällig sei gewesen, dass die Kriminalpolizei, die nach dem Unfall zunächst ermittelt habe, den Fall an die Verkehrspolizei abgeben musste. Diese Weisung sei nicht vom Polizeipräsidium, sondern von höherer Stelle gekommen.

Frau Hillinger erinnert sich, dass ihr Mann am Hochzeitstag 1980 zu ihr ahnungsvoll gesagt habe: »Mädle, ich werd' einmal keines natürlichen Todes sterben. Du musst wissen, wir leben in einer Bananenrepublik.«

In Bayern regierte damals Franz Josef Strauß als Ministerpräsident, und Hillinger war nach seiner Tätigkeit bei der Staatsanwaltschaft zum Zeitpunkt seiner Heirat Richter am Schwurgericht. Welche Erfahrungen hatte er gemacht, dass er so etwas befürchten musste?

Dann erzählte Frau Hillinger, der Wagen sei, wie üblich, am Tag vor dem Unfall in einer Hotelgarage in der Nähe abgestellt gewesen. Jeder hätte ihn in dieser Zeit manipulieren können. Ihr Mann sei zwar problemlos nach Augsburg gefahren, doch es gebe Manipulationen, die erst nach einiger Zeit wirken würden. Auf der mittleren Ebene der Justiz würden alle davon ausgehen, dass ihr Mann nicht eines gewöhnlichen Unfalltods gestorben sei. Hillinger war damals 51 Jahre alt.

War es überhaupt »technisch« möglich, dass der Unfall durch einen Anschlag verursacht wurde? Die Antwort lautet: Ja. Ein sachkundiger Kriminalbeamter klärte mich auf, dass es eine ganze Reihe von Möglichkeiten gebe, ein Auto so zu präparieren, dass es erst etwa nach 100 oder 200 Kilometern zu einem Unfall komme. Man könne zum Beispiel das ABS-System oder das Steuerungssystem entsprechend präparieren. Ebenso aber könne man Nervengifte in einem Auto platzieren, die erst nach einiger Zeit wirksam würden. Nähere Details gebe ich hier aus naheliegenden Gründen nicht wieder. Eigenartig war, dass der Wagen – ein Dienstfahrzeug – nach dem Unfall nach Polen verkauft wurde.

Die Obduktion habe Prof. Wolfgang Eisenmenger vorgenommen. Sie selbst habe die ursprüngliche Obduktionsakte gesehen, die etwa zehn Zentimeter dick gewesen sei. Als sie dann bei ihrem Anwalt Einsicht nehmen wollte, habe die Akte nur noch aus zwei Blatt bestanden. Prof. Eisenmenger habe darin relativ wenige Angaben gemacht, etwa zu Größe, Gewicht und Alter ihres Mannes. Außerdem habe er festgestellt, dass ihr Mann keinen Herzinfarkt am Steuer erlitten habe. Völlig gefehlt habe jedoch in der Akte das Ergebnis der toxikologischen Untersuchung. Ein befreundeter Professor habe sich darüber sehr befremdet gezeigt, weil eine solche Untersuchung ansonsten stets stattfinde, insbesondere würden Mageninhalt und Blut auf Giftstoffe untersucht.

Eigenartig ist auch, dass nicht einmal Staatsanwalt Maier als sehr enger Mitarbeiter Hillingers das Obduktionsergebnis erfuhr. Frau Hillinger berichtete mir, die Untersuchungsakte sei als Geheimakte geführt worden. Sie halte es für wahrscheinlich, dass jemand – sie nennt einen Namen – hinter dem Tod ihres Mannes gesteckt habe.

Warum enthielt man der Witwe das Ergebnis der toxikologischen Untersuchung vor? Obwohl noch dazu die Unfallursache absolut rätselhaft war? Und das im Fall eines Leitenden Oberstaatsanwalts, der politisch schwerwiegende Ermittlungen führte? Warum nahm man sogar den eventuellen Vorwurf der Vertuschung in Kauf?

Welchen Grund konnte jemand gehabt haben, Hillinger zu beseitigen? Wer auch immer die von ihm geleiteten Ermittlungen fürchten musste, konnte wissen, dass diese mit seiner Person standen oder fielen. Wie später durch Aktenvermerke, Äußerungen und Vorsichtsmaßnahmen Hillingers bekannt und auch durch Zeugenaussagen des Staatsanwalts Winfried Maier vor einem Untersuchungsausschuss des Landtags untermauert wurde, gab es massive Versuche von oben, die Ermittlungen zu torpedieren. Das aber war bis dahin am entschiedenen Widerstand Hillingers gescheitert. Nur dass dem Staatsanwalt Maier von oben verboten wurde, in der Leuna-Affäre gegen bestimmte Politiker zu ermitteln, obwohl der Schweizer Generalstaatsanwalt Bertossa dazu Beweismaterial übermittelte, hatte er nicht verhindern können.

Etwa drei Jahre vor meinem Treffen mit Frau Hillinger hatte mir der frühere CSU-Bundestagsabgeordnete und Staatssekretär im Bundeswirtschaftsministerium, Erich Riedl, folgende Begebenheit erzählt: Eines Tages habe er einen Telefonanruf von einem guten Bekannten erhalten. Der habe ihn gefragt, ob er bereit sei, sich mit einem Bediensteten der Polizei zu treffen, dieser habe ihm etwas Wichtiges zu sagen. Man vereinbarte daraufhin eine Zusammenkunft im Arabella-Westpark-Hotel in München. Der Mann, den er dort traf, stellte sich als Polizeibeamter vor. Er sagte zu Riedl: »Wir möchten Sie warnen. Passen Sie auf Ihr Leben auf! Wir kennen die Gebräuche im Hause …« Riedl nannte mir den Namen. Er erzählte, er sei völlig konsterniert gewesen, habe sofort an den mysteriösen Unfalltod von Hillinger gedacht. Es war derselbe Name, mit dem Frau Hillinger mir gegenüber den von ihr vermuteten Attentäter bezeichnete!

Vor einiger Zeit trat ein früherer Spitzenbeamter aus dem Bereich des Innenministeriums an mich heran und erzählte mir folgendes Vorkommnis: Das Fernsehen hatte eine Sendung ausgestrahlt, in der es um einen bestimmten Geldtransfer nach München ging. Tags darauf waren die Autoreifen des verantwortlichen Journalisten aufgestochen. Außerdem erhielt er den Telefonanruf eines Mannes, der ihm drohte: »Wir nehmen an, dass Sie Ihr Leben auch in Zukunft zusammen mit Ihrer Familie in Frieden verbringen wollen. Eine solche Sendung möchten wir nicht mehr erleben.« Um wen ging es bei dem fraglichen Geldtransfer? Es war die gleiche Person, die der Polizeibeamte Erich Riedl genannt hatte.

Bei einer Lesung, die ich in Wasserburg am Inn hielt, trat, nachdem ich geendet hatte, ein Zuhörer auf mich zu. Er stellte sich vor und sagte zu mir: »Ich meine es gut mit Ihnen. Ich will Sie warnen. Zivilcourage kann auch in Unvernunft umschlagen. Hören Sie auf mit diesen Lesungen! Ich habe früher einmal einem Kreis um … angehört. Diese Leute haben ganz brutale Methoden.« Die von ihm als Mittelpunkt des Kreises bezeichnete Person war dieselbe, die mir Erich Riedl und Frau Hillinger genannt hatten. Ich fragte: »Was für Methoden?« Antwort:

»Zum Beispiel Gift ins Essen streuen.« Dann sagte er, er sei früher bei der X-Bank in … beschäftigt gewesen, da habe er unglaubliche Sachen erlebt. Er wiederholte mehrmals, ich solle mit den Lesungen aufhören. Da gab ich ihm meine Visitenkarte und bat ihn, mich anzurufen, damit er mir noch Näheres erzählen könne. Er sagte zu, rief mich aber nicht an. Im Nachhinein war ich mir nicht sicher, er mich wohlmeinend warnen wollte oder ob er geschickt worden war, um mich einzuschüchtern.

Die Affäre Schottdorf

»In Deutschland gilt derjenige als viel gefährlicher, der auf den Schmutz hinweist, als der, der ihn gemacht hat«, so Carl von Ossietzky (1889–1938). Auch rund 70 Jahre nach seinem Tod scheint sich an dieser Tatsache nichts geändert zu haben. Ermittlungen der Justiz im Fall Schottdorf belegen dies eindrucksvoll.

Begünstigungen

Im März 2006 zogen Ermittler des Bayerischen Landeskriminalamts den Augsburger Vorzeigestaatsanwalt Uwe Huchel aus dem Verkehr. Der Staatsanwalt hatte in einem Anlagebetrugsverfahren in die eigene Tasche gewirtschaftet. Auch um Öffentlichkeit zu vermeiden, vereinbarten Politik und Justiz mit Huchel eilig einen Deal. Er sollte seine Entlassung beantragen und eine Geldstrafe zahlen. Weitere Ermittlungen würde es dann nicht geben. Die schnelle Einigung wurde jedoch von engagierten Beamten des Landeskriminalamts durchkreuzt. Sie hatten festgestellt, dass der Staatsanwalt auch von dem Augsburger Multimillionär und Labormagnaten Dr. Bernd Schottdorf, der das größte Untersuchungslabor in ganz Europa betreibt – es arbeitet für über 10 000 Ärzte –, mit einem Darlehen in Höhe von 165 000 Euro begünstigt worden war. Warum, wurde schnell klar. Huchel hatte in der Vergangenheit jedes Strafverfahren gegen Schottdorf eingestellt. Mindestens eine dieser Einstellungsverfügungen durfte dieser sogar selbst vorformulieren – auf staatsanwaltschaftlichem Papier. Huchel musste nur noch unterschreiben. Diese polizeilichen Feststellungen nötigten die Staatsanwaltschaft, den Verdachtsmomenten der Bestechung und Rechtsbeugung nachzugehen. Beim Landeskriminalamt wurde zur Beweisführung eine 18-köpfige Sonderkommission »Laboruntersuchungen« eingesetzt. Statt einer Geldstrafe erhielt Huchel dann eine Freiheitsstrafe von drei Jahren und drei Monaten. Applaus von oben ernteten die Polizisten dafür keineswegs. Vielmehr bezeichnete man die erfolgte Nötigung der Staatsanwaltschaft als »Sakrileg«.

Die weitere Folge war, dass die von Huchel eingestellten Verfahren gegen Schottdorf wieder aufgenommen werden mussten. Dem Laborunternehmer wurde vorgeworfen, die Falschabrechnung eines Arztes ermöglicht und gefördert zu haben. Indessen ergaben die Ermittlungen des Landeskriminalamts rasch, dass es sich nicht um einen Einzelfall handelte. Ein System wurde offenbar, an dem hochgerechnet ein Drittel aller niedergelassenen Ärzte Deutschlands verdient: Die Ärzte überweisen Patientenproben zur laborärztlichen Untersuchung und erhalten mengenabhängige Kickbackzahlungen in Millionenhöhe. An nur einer Blutprobe lassen sich auf diese Weise problemlos 800 Euro mitverdienen. Dazu muss der Arzt nicht einmal das Blut selbst abnehmen. Entscheidend ist allein, dass für diese Blutprobe möglichst viele (oft überflüssige) Untersuchungsaufträge an das Labor gerichtet werden. Deutschland ist wohl deshalb nicht zufällig weltweit Spitzenreiter in der Anzahl der Laboruntersuchungen. Diese kosten die Krankenkassen jährlich Multi-Milliarden an Euro, die von den Beitragszahlern aufzubringen sind!

Die Schädlichkeit dieses Systems fürs Gemeinwohl war offenkundig; der Handlungsauftrag an die Justiz ebenso. Nicht so für die Justiz in Bayern. Das Justizministerium äußerte plötzlich Zweifel an der Strafbarkeit der Falschabrechnung der Ärzte. Über die Generalstaatsanwaltschaft wurde dem zuständigen Münchner Korruptionsstaatsanwalt nach über zweijähriger Ermittlungsarbeit »plötzlich« wegen angeblicher Unzuständigkeit das Verfahren entzogen und der Staatsanwaltschaft Augsburg übertragen. Dort wurde das Ermittlungsverfahren gegen Schottdorf und Tausende Ärzte umgehend ohne weitere Ermittlungen eingestellt. Sämtliche Beweismittel wurden Dr. Schottdorf von der Staatsanwaltschaft Augsburg zurückgegeben. Ein wahrhaft bemerkenswerter Vorgang innerhalb der bayerischen Justiz! In München wurde nämlich zeitgleich ein Arzt mit gleicher Abrechnungssystematik angeklagt und vom Landgericht München zu drei Jahren und sechs Monaten Gefängnis verurteilt. Der Bundesgerichtshof bestätigte diese Verurteilung im Januar 2012 – das Justizministerium war damit bloßgestellt.

Die Ärzte, deren Verfahren von der 80 Kilometer entfernten Staatsanwaltschaft Augsburg eingestellt worden waren, konnten jedoch nicht mehr belangt werden. Die gegen sie gerichteten Vorwürfe waren zum Zeitpunkt der BGH-Entscheidung sämtlich verjährt. Allerdings hätte jeweils ein Brief mit dem Tatvorwurf an jeden dieser Ärzte genügt, die Verjährung der Verfahren zu unterbrechen. Die »Problematik« war der Justiz bekannt. Die Polizeibeamten hatten entsprechende Anschreiben vorbereitet. Sie durften diese aber nie absenden. Selbst die Information der ärztlichen Berufsaufsichtsbehörden wurde ihnen intern untersagt. Offenbar sollte das rechtswidrige lukrative Geschäftsmodell des Labormagnaten unangetastet bleiben. Wer in der Staatsregierung war daran interessiert?

Doch damit nicht genug. Die Kriminalbeamten stellten im Jahr 2007 fest, dass wohl der gesamte Schottdorf-Konzern durch Anstellung scheinselbstständiger Laborärzte rechtswidrig strukturiert war. Schottdorf hätte demnach das Krankenkassensystem um möglicherweise mehrere hundert Millionen Euro geschädigt. Diese Feststellungen waren besonders brisant, weil der leicht abgewandelte Vorwurf der Anstellung von Strohpartnern schon im Jahr 2000 in einem Prozess vor dem Landgericht Augsburg verhandelt wurde. Dr. Schottdorf obsiegte damals mit einem Freispruch und erhielt vom Freistaat Bayern Hunderttausende Euro an Strafentschädigung. Laut Beurteilung der Sonderkommission für Laboruntersuchungen erfolgte der Freispruch zu Unrecht, die Augsburger Richter hatten die verdeckten Angestelltenverhältnisse und deren Auswirkung auf das Sozialrecht ungenügend berücksichtigt. Eine Revision der Staatsanwaltschaft beim Bundesgerichtshof hätte den Fehler korrigieren können. Revision hatte die Staatsanwaltschaft zunächst auch eingelegt, doch dann wurde der besagte Staatsanwalt Huchel mit dem Verfahren betraut. Er zog den Revisionsantrag zurück und schickte später eine private E-Mail mit einem Rechtsaufsatz an Dr. Schottdorf. In diesem Aufsatz wurde auf die Strafbarkeit hingewiesen.

Nach der Revisionsrücknahme wäre ein erneutes Gerichtsverfahren für die Augsburger Justiz einigermaßen blamabel gewesen. Auch deshalb, weil Huchel wohl die Entscheidung zur Rücknahme der Revision mit »Deckung von ganz oben« traf. Also stellte die Staatsanwaltschaft Augsburg den Verfahrensteil im Jahr 2011 ein. Zur Begründung diente der Justizirrtum selbst: Dr. Schottdorf habe mit Verweis auf den Freispruch beim Landgericht Augsburg nicht wissen können, dass er scheinselbstständige Ärzte beschäftigte. Damit biss sich die Katze in den eigenen Schwanz. Selbst die Tatsache, dass unmittelbar nach den Strafanzeigen der Sonderkommission »Laboruntersuchungen«

plötzlich alle Laborärzte im Angestelltenverhältnis beschäftigt wurden, vermochte die Staatsanwaltschaft Augsburg nicht zu »überzeugen«.

Die Polizeiführung unterstützte die Beamten nicht. Im Gegenteil, sie entzog den unbequemen Ermittlern den Fall. Mit schlechten Beurteilungen und der Einleitung von Disziplinarverfahren wurden den vormals bestbeurteilten Beamten alle Berufschancen genommen. Warum? Die Kriminalbeamten ermittelten pflichtgemäß und stellten unangenehme Fragen. Immer wieder aber wurde ihnen von der Polizeiführung nahegelegt, die Kreise der Justiz nicht zu stören. Doch davon ließen sich die Ermittler nicht beirren. Für sie war längst klar, dass die Justizpannen der Vergangenheit kein Zufall waren. Im Geflecht von Politik, Staatsanwaltschaft und Dr. Schottdorf stellten sie zahlreiche Verbindungen fest.

Offenbar zählten aber nicht nur Beamte der Justiz zur Zielgruppe von Schottdorf. Er pflegte auch beste Verbindungen zur CSU. Die Ermittler stießen auf persönliche Kontakte zu weiteren CSU-Mandatsträgern. Seine rechtlichen Interessen vertraten in der Vergangenheit – wie es auch heute noch der Fall ist – CSU-Spitzenpolitiker.

Jedenfalls blieb ein Hilferuf der Beamten an Ministerpräsident Horst Seehofer im Jahr 2010 ungehört. Auch die Thematisierung der Causa Schottdorf im Bayerischen Landtag im Jahr 2011 änderte daran nichts. Dort verteidigte die Staatsregierung die Entscheidungen der Justizverwaltung, die komplette Wahrheit verschwieg sie jedoch. Auf eine Frage zum Umfang des ärztlichen Betrugsnetzwerks nannte Justizministerin Dr. Beate Merk zunächst eine Zahl von 100 Fällen. Auf weitere Nachfrage berief sie sich gegenüber dem Parlament auf Unwissenheit. In dem 2012 veröffentlichen Beschluss des Bundesgerichtshofs hingegen ist von mehreren tausend Ärzten die Rede.

Widerstand und Sanktionen

Die von den Schottdorf-Ermittlungen entbundenen Kriminalbeamten gaben sich indessen nicht geschlagen. Sie erhoben Vorwürfe wegen Rechtsbeugung und Strafvereitelung gegen Justiz und Polizeiangehörige. Obwohl die Vorwürfe sehr konkret waren, verweigerte die Staatsanwaltschaft die Einleitung eines Ermittlungsverfahrens.

Am 12. Januar 2010 fand vor dem Landgericht München I die Hauptverhandlung gegen den oben erwähnten Arzt statt, der angeklagt war, Privatkassen mit falschen Laborrechnungen um 1,1 Millionen Euro betrogen zu haben. Der Prozess geriet zu einem Rieseneklat.

Der Leiter der Sonderkommission für Abrechnungsbetrug, Kriminalhauptkommissar Stephan Sattler, sagte im Prozess aus, im Jahr 2006 habe eine polizeiliche Durchsuchung des Großlabors Schottdorf in Augsburg stattgefunden. Dabei sei man auf Unterlagen über eine Spende an Ministerpräsident Edmund Stoiber in Höhe von 25 000 Euro gestoßen. In dem Begleitschreiben sei eine gewisse Erwartungshaltung gegenüber Edmund Stoiber zum Ausdruck gekommen. Über diesen Fund habe das Landeskriminalamt pflichtgemäß die Staatsanwaltschaft informiert.

Und dann erhob der Kriminalhauptkommissar einen schwerwiegenden Vorwurf: Nachdem man der Staatsanwaltschaft die Erkenntnisse über die Spende Schottdorfs gemeldet hatte, habe seine Sonderkommission »unheimliche Schwierigkeiten« gehabt, weiter zu ermitteln. Sie sei abrupt von 17 auf vier Mann reduziert worden. Außerdem habe er Anweisung bekommen, die Ermittlungen gegen zehn Ärzte in München nicht weiterzuverfolgen. Er rügte zornig: »Ich habe noch nie erlebt, dass in ein Verfahren so massiv eingegriffen wurde.« Dieser Vorwurf der Strafvereitelung im Amt (Paragraf 258, 258a des Strafgesetz-

buchs) war unausgesprochen gerichtet gegen die Staatsanwaltschaft und die polizeilichen Vorgesetzten, aber zugleich gegen
Justizministerin Beate Merk als Vorgesetzte der Staatsanwaltschaft sowie gegen Innenminister Günther Beckstein als Vorge-
setztem des Landeskriminalamts. Angesichts der Brisanz der
aufgefundenen Spendenunterlagen war davon auszugehen,
dass sie beide eingeschaltet waren.

Der Vorwurf von Kriminalhauptkommissar Sattler wurde in
der Berichterstattung der Presse von einem zweiten Beamten
des Landeskriminalamts bestätigt: »Ab dem Zeitpunkt war es
unwahrscheinlich schwierig weiterzuarbeiten«, sagte dieser.
Und ein weiteres Mitglied der Sonderkommission beklagte in
einem großen Bericht der *Süddeutschen Zeitung*: »Da wurden
viele Monate Ermittlungsarbeit einfach in die Tonne getreten.
Das stinkt doch.« Jeder, der weiß, wie ängstlich normalerweise
Beamte sind, kann ermessen, welch ohnmächtiger Zorn sich
hier bei den Beamten aufgestaut hatte. Offensichtlich brannten
sie darauf, die skandalösen Vorgänge in dem anstehenden Prozess dem Gericht und der Öffentlichkeit zur Kenntnis zu bringen. Die unverhohlene Missachtung der Gesetze »durch die da
oben« war das eine, was sie empörte. Die erlittene Demütigung
war das andere. Beides zusammen hatte in ihnen eine gewaltige
Frustration erzeugt.

Selbstverständlich widersprachen der Generalstaatsanwalt
und Oberstaatsanwälte sofort den schweren Anschuldigungen:
Es habe niemals politischen Einfluss auf die Ermittlungen gegeben, alles sei in Ordnung!

Justizministerin Beate Merk ließ durch einen Sprecher kurioserweise verkünden: »Das Landeskriminalamt und die Staatsanwaltschaft haben gesagt, dass es keine Einflussnahme gab,
also werden wir hier erst einmal nicht intensiver einsteigen.«
Das Justizministerium musste ja wohl selbst wissen, ob es Einfluss genommen hatte oder nicht oder ob gar Ministerpräsident

Edmund Stoiber hier aktiv geworden war. Deshalb brauchte es wirklich nicht »intensiver ein(zu)steigen«.

Der Chef der Ermittlungsabteilung des Landeskriminalamts konnte jedoch den Abbau der Sonderkommission nicht bestreiten. Er versuchte ihn gegenüber der Presse damit zu erklären, man habe die Beamten bei anderen Ermittlungen gebraucht. Den Vorwurf Sattlers entkräftete er damit, dass er ihn auf freundliche Art für unzurechnungsfähig erklärte: »Man muss unseren Ermittler verstehen. Er hat viel Herzblut in die Untersuchungen gesteckt und deshalb eine subjektive Sichtweise auf den Fall.« Dazu stand aber in Widerspruch, dass auch der zuständige Staatsanwalt die Ermittlungen energisch vorantrieb. Er wollte, wie er vor Gericht aussagte, den Münchner Fall als Pilotverfahren durchführen, um einen groß angelegten Medizinbetrug aufzudecken. Auffälligerweise wurde er plötzlich als Richter an das Oberlandesgericht München versetzt. Warum löste man einen eingearbeiteten Staatsanwalt gerade dann ab, wenn es um den mit Edmund Stoiber gut bekannten Schottdorf ging? Warum hatte man seinerzeit den gewissenhaften Staatsanwalt Winfried Maier in Augsburg in dem Moment versetzt, als es um Max Strauß, Karlheinz Schreiber und Holger Pfahls ging? Warum ließ man sie diese Verfahren nicht zu Ende führen?

Wie gewaltig die Wut der Kriminalbeamten war, zeigte sich schon daran, dass sich die Affäre bereits vor dem Prozesstermin herumsprach. Ein Bekannter hat mir den Skandal mit etlichen Details geschildert. Ein Beamter des Landeskriminalamts soll sogar, wie von verschiedener Seite zu erfahren war, einem Vorgesetzten entgegengehalten haben: »Wir sollen gegen die organisierte Kriminalität ermitteln und sind doch selbst Teil der organisierten Kriminalität.« Als die Kriminalbeamten ihren Vorgesetzten vorwarfen, sie hätten noch vor Kurzem Weisung erteilt, die Ermittlungen voranzutreiben, erklärten diese, das sei »ein Missverständnis« gewesen.

Bezeichnend ist in diesem wie in allen pseudopolitischen Fällen die ständige Wiederkehr des gleichen Phänomens: Anders als in den normalen Fällen vertritt man an vorgesetzter Stelle eine andere Meinung als an untergebener. Der Gipfel der Einflussnahme war aber in diesem Fall: Gegen den Leiter der Sonderkommission leitete die Staatsanwaltschaft ein Verfahren wegen Falschaussage ein, weil er vor Gericht von einem schweren Eingriff in das Ermittlungsverfahren gesprochen hatte! Dieser strafrechtliche Vorwurf war haltlos, denn der Abbau der Sonderkommission war eine Tatsache. Dass er dies als Eingriff bezeichnete, war eine Wertung. Bloße Wertungen sind jedoch nicht strafbar, selbst dann nicht, wenn sie unzutreffend sind. In der Tat scheint der Staatsanwalt, der das Verfahren gegen den Kriminalhauptkommissar eingeleitet hat, dies nur auf Weisung getan zu haben.

Nicht viel anders erging es einem anderen Mitglied der Sonderkommission, dem Kriminalhauptkommissar Robert Mahler (s. a. »Die Kriminalhauptkommissare Stephan Sattler und Robert Mahler«, S. 279). Schottdorf hatte den Beamten angezeigt, weil der ihn trotz des Wissens um seine angebliche Unschuld strafrechtlich verfolgt habe. Die Staatsanwaltschaft hätte diesen Vorwurf rasch überprüfen können. Stattdessen ließ sie das Verfahren laufen und laufen. Das Brisante daran: Mahlers ursprüngliche Anzeige gegen Schottdorf führte seinerzeit in München zum Erlass richterlicher Durchsuchungsbeschlüsse. Diese wurden von der Staatsanwaltschaft Augsburg nach Übernahme des Verfahrens schlichtweg ignoriert. Ein eindeutiger Fall von Strafvereitelung und Rechtsbeugung! Mutmaßlich um dies zu vertuschen, sollte Mahler durch das gegen ihn geführte Ermittlungsverfahren mundtot gemacht werden. Der ursprünglich für den höheren Dienst vorgeschlagene, ausgezeichnet qualifizierte Beamte konnte seine anstehende Beförderung für lange Zeit in den Wind schreiben und musste stattdessen viel Geld für seine Verteidigung aufwenden. Schließlich wurde das Verfahren gegen ihn eingestellt.

Doch Schottdorf wollte die Einstellung des Verfahrens nicht hinnehmen. Er strengte ein Klageerzwingungsverfahren an. Allerdings bewirkte er damit das Gegenteil von dem, was er beabsichtigt hatte. Denn das Oberlandesgericht München befand, dass die Entscheidungen der Staatsanwaltschaft Augsburg unter ihrem Leiter Reinhard Nemetz falsch waren und dass Schottdorf sich strafbar gemacht habe. Eine späte Genugtuung für Mahler.

Diese Vorgänge erfordern Rechenschaftslegung: Die Justizministerin Beate Merk, der frühere Innenminister Günther Beckstein und Innenminister Joachim Herrmann sollten vor einem Untersuchungsausschuss Rede und Antwort stehen – und zwar unter Eid. Denn sie sind verantwortlich.

Das politische Interesse am Wohlergehen des Großlabors Schottdorfs war augenscheinlich sehr ausgeprägt. Es heißt, aus dem gefundenen Schriftverkehr sei hervorgegangen, dass Schottdorf persönlich mit Ministerpräsident Stoiber bestimmte Anliegen besprochen habe. Zudem sei die erwähnte Spende augenscheinlich nicht die einzige an die CSU gewesen. Denn im Antwortschreiben der CSU-Parteizentrale sei die Frage gestellt worden, wie man es dieses Mal mit der Stückelung der Spende halten solle. Ein hochrangiger Ärztefunktionär soll unter Berufung auf ein Kabinettsmitglied geäußert haben, die CSU habe früher von Schottdorf eine außerordentlich hohe Spende erhalten – angeblich in Höhe von fünf Millionen Mark. Dieser Vorwurf fand sich auch in zwei Strafanzeigen vom 25. Oktober und 23. November 1999 wieder. In der Strafanzeige vom November wird der Betrag von fünf Millionen Mark ausdrücklich erwähnt.

Der DOBA-Fonds MTC München-Berlin

Die Doblinger Unternehmensgruppe beschäftigt über 1500 Mitarbeiter und erzielt einen Jahresumsatz von über 500 Millionen Euro. Die Nettomieterträge belaufen sich pro Jahr auf rund 170 Millionen Euro. Als Holding firmiert die Doblinger Beteiligung GmbH mit Sitz in München. Das Vermögen von Alfons Doblinger wird auf fast eine Milliarde Euro geschätzt.

Die Doblinger-Gruppe gründete zahlreiche Fonds, in die 18 000 Kommanditisten fast zwei Milliarden Mark investierten. Herausgegriffen sei hier der DOBA-Fonds München-Berlin. Vorsitzender des Beirats dieses Fonds war von 2007 bis 2010 Prof. Dr. Friedrich Reutner/Heidelberg. Die Anleger des Fonds erlitten schwere Verluste. Anfang 2011 stellten mehr als 50 von ihnen Strafantrag wegen Betrugs und Untreue gegen mehrere Akteure des Fonds, den sie mit rechtswidrigen Unregelmäßigkeiten begründeten. Dazu wurde Prof. Reutner von einer Kriminalkommissarin als Zeuge vernommen. Nach der zweistündigen Vernehmung habe die Kommissarin, so Prof. Reutner, zu ihm gesagt, dass die Anzeigen wohl berechtigt seien, aber keine Chance hätten. Sie habe auf einen anderen Kriminalbeamten verwiesen, der wegen einer früheren Strafanzeige eines ehemaligen Partners von Alfons Doblinger ermittelt habe. Dieser Kollege habe sich für eine Verurteilung eingesetzt, inzwischen jedoch resigniert.

Tatsächlich kam es so, wie die Kriminalkommissarin vorausgesagt hatte. Die Staatsanwaltschaft München I stellte sämtliche Ermittlungsverfahren ein. Sie führte mehrmals als Begründung an, den Beschuldigten könne die angezeigte Straftat »nicht mit der für die Anklageerhebung notwendigen Sicherheit nachgewiesen werden« – teilweise nannte sie andere Gründe. Beschwerden gegen die Einstellungsverfügungen beim Generalstaatsanwalt hatten keinen Erfolg. Dazu steht allerdings im Widerspruch, dass zahlreiche Geschädigte Klage auf Schadensersatz eingereicht und vor dem Oberlandesgericht München recht bekommen haben. Eine von Alfons Doblinger erhobene Nichtzulassungsbeschwerde wurde vom Bundesgerichtshof zurückgewiesen.

Doblinger war bereits früher von der Staatsanwaltschaft unglaublich milde behandelt worden. So berichtete der *Spiegel* 1990, dass Doblinger nach Einleitung staatsanwaltschaftlicher Ermittlungen wegen Untreue und Gründungsschwindels nur mit einem »freiwilligen Bußgeld« von 36 000 Mark belegt worden war – was er bei seinen Einkommens- und Vermögensverhältnissen aus der Portokasse bezahlen konnte. Prof. Reutner glaubt einen möglichen Zusammenhang zwischen dem Verhalten der Staatsanwaltschaft und den Beziehungen Doblingers zur CSU-Spitze zu erkennen: »Doblinger spricht von ›meinem Freund Seehofer‹. Seehofer warb selbst bei einer Verkaufsveranstaltung der Firma Wirler Vermögensplanung in Ingolstadt für DOBA-Fonds.« Ein anderer prominenter CSU-Spitzenpolitiker, Theo Waigel, sitze in zwei Aufsichtsräten von Doblinger-Gesellschaften. Insoweit schildert Prof. Reutner einen ihn äußerst irritierenden Vorgang aus dem Jahr 1995.

Schließlich verweist er noch darauf, die *Süddeutsche Zeitung* habe unter der Überschrift »Umstrittene Parteispenden« berichtet, dass die Doblinger-Firma Scheffelgrund 124 000 Euro an die CSU gespendet habe – als größte Einzelspende einer Firma überhaupt.

Die Verluste der Landesbank und die Wahrheit

Erwin Huber hatte als Finanzminister und Mitglied des Verwaltungsrats der Landesbank vor der Kommunalwahl im Februar 2008 versichert, zu den Verlusten der Landesbank gebe es »keine belastbaren Zahlen«. In Wirklichkeit aber wusste er, dass der vorläufige Jahresabschluss bereits 1,9 Milliarden Euro an Verlusten auswies und dass der Finanzvorstand den Härtegrad der Zahlen als »gut« bezeichnete – so das Sitzungsprotokoll. Nach der Landtagswahl 2008 stellte sich indessen heraus, dass die Verluste sogar mehrere Milliarden Euro betrugen. Erwin Huber musste als Finanzminister zurücktreten.

Um die Landesbank zu retten, sah sich die Regierung gezwungen, einen Kredit von zehn Milliarden Euro aufnehmen. Dafür fallen täglich eine Million Euro an Zinsen an! Bis Mitte Oktober 2012 waren insgesamt bereits eine Milliarde Euro an Zinsen aufgelaufen! Hingegen Seehofer in seiner Neujahrsansprache 2013: Bayern tilge Altschulden, bilde Reserven und investiere in die Zukunft.

Doch die bisher veröffentlichen Verluste entsprechen anscheinend noch nicht der vollen Wahrheit – die tatsächlichen Verluste sind angeblich katastrophal. Im Jahr 2010 beliefen sich – laut einer Information, die sich auf eine Besprechung höchster CSU-Kreise bezog – die Verluste auf 70 Milliarden Euro. Ende 2012 wurde bekannt, wiederum unter Berufung auf höchste CSU-Kreise, dass mit noch höheren Verlusten zu rechnen sei. Dies deckt sich damit, dass wenig später aus einer anderen Quelle zu erfahren war, die Wirtschaftsprüfgruppe des Landeskriminalamts habe in Gutachten die Verluste noch höher beziffert. Des Weiteren heißt es, der Bayerische Oberste Rechnungshof habe die Haftung des Freistaats Bayern mit 110 Millionen Euro beziffert, falls die Landesbank Bankrott mache. Die Staatsverschuldung würde sich damit nahezu vervierfachen.

Diese Ausarbeitungen waren für die Staatsanwaltschaft bestimmt, befinden sich aber, wie verlautet, nicht in deren Akten. Wie ist das möglich? Werden die Verluste selbst vor der Staatsanwaltschaft geheim gehalten?

Die Geheimhaltungsstufe war schon bei der seinerzeitigen

Durchsuchung der Landesbank merkwürdig hoch. General-staatsanwalt Christoph Strötz setzte zum einen nur hierfür eigens ausgewählte Kriminalbeamte ein. Zum anderen durften diese kraft Anweisung keine Unterlagen beschlagnahmen, sondern lediglich Einsicht nehmen! Eine Durchsuchung ohne mögliche Beschlagnahme – was war das doch für eine kuriose Aktion!

Horst Seehofer, Markus Söder und Erwin Huber wissen zweifellos über die tatsächlichen Verluste der Landesbank Bescheid. Daher macht es fassungslos, dass Söder als Finanzminister im Auftrag Seehofers Mitte 2012 im Landtag verkündete, die Tilgung des staatlichen Schuldenbergs von 32 Milliarden Euro bis 2030 werde zu einem wesentlichen Teil durch den Verkauf der Landesbank finanziert. Bisher fand sich kein Käufer, und es wird sich auch keiner finden! In Wahrheit wird der Schuldenberg wegen der Einstandspflicht des Freistaats für die Verluste ungeheuer anwachsen. Aber bis zur Landtags- und Bundestagswahl im Herbst 2013 müssen die Verluste um jeden Preis geheim gehalten werden – die bisher Gutgläubigen unter den Wählern könnten sonst unruhig werden und sich für eine andere Partei entscheiden.

Die gelöschte Festplatte von Max Strauß

Bei der Beurteilung des oben geschilderten Skandals im Landeskriminalamt im Zusammenhang mit dem Fall Schottdorf ist zu berücksichtigen, dass Günther Beckstein bereits vorbelastet war durch einen ähnlichen Skandal. Es ging um die Festplatte von Max Strauß, die dieser oder ein Dritter aller Wahrscheinlichkeit nach nicht ohne dessen Wissen vor einer bevorstehenden Durchsuchung gelöscht hatte, sowie um ein in seiner Anwaltskanzlei beschlagnahmtes Streamerband (Datensicherungsband).

Die damaligen Vorgänge sind neu zu bewerten, zumal ein verblüffender Umstand bekannt wurde.

Die Staatsanwaltschaft Augsburg bat 1996 das Landeskriminalamt um technische Amtshilfe beim Entziffern des Streamerbands. Obwohl das Landeskriminalamt nach Artikel 7, Absatz 2, Nummer 5 des Polizeiorganisationsgesetzes hierzu verpflichtet war, lehnte es diese Amtshilfe ab. Im Schreiber-Untersuchungsausschuss des Landtags behaupteten der frühere LKA-Präsident Hermann Ziegenaus und zwei seiner Mitarbeiter, sie seien mit der Sache nicht befasst gewesen. Man habe auch nichts von einem Auftrag der Staatsanwaltschaft Augsburg gewusst, ebenso sei der Zusammenhang des Beweismittels mit Max Strauß unbekannt gewesen. Als daraufhin der Untersuchungsausschuss überraschend die Akten anforderte, stellte sich jedoch heraus, dass die Aussagen falsch waren. Innenminister Beckstein teilte nunmehr eilends mit, dass der Präsident sehr wohl mit der Sache befasst war. Es sei auch bekannt gewesen, dass es sich um ein Beweismittel gegen Max Strauß handelte und ein formelles Ersuchen der Staatsanwaltschaft vorlag. Aber sonderbar: Beckstein ordnete gegen die drei Beamten wegen ihrer Falschaussage kein Disziplinarverfahren an! Und die Staatsanwaltschaft leitete kein Strafverfahren gegen sie ein!

Als Präsident Ziegenaus das Amtshilfeersuchen auf seinen Schreibtisch bekam, war für ihn offenkundig, dass die Lesbarmachung des Streamerbands politisch äußerst brisant sein konnte. Denn was mochte darauf alles gespeichert sein? Details über finanzielle Angelegenheiten des Ministerpräsidenten Strauß, Bankverbindungen, oder Belastendes über CSU-Spitzenpolitiker? Deshalb widerspräche es jeder Erfahrung, wenn der LKA-Präsident nicht sogleich das Innenministerium verständigt hätte. Selbst in Fällen von weit geringerer politischer Bedeutung ist es üblich, dass eine Behörde das vorgesetzte Ministerium einschaltet. Waren aber Beamte des Innenministeriums informiert, so haben diese mit Sicherheit ihren Chef Beckstein um Weisung gebeten, was zu tun sei. Kein Ministerialbeamter hätte es gewagt, hier eigenständig zu entscheiden. Das führt zu der Schlussfolgerung, dass Beckstein selbst die Verweigerung der Amtshilfe veranlasst haben könnte. Ein früherer Spitzenbeamter, der mit den Abläufen im Innenministerium und Polizeiapparat bestens vertraut ist, kam zum gleichen Ergebnis.

Diese Annahme gründet auch darauf, dass Präsident Ziegenaus es bestimmt nicht gewagt hätte, von sich aus der Staatsanwaltschaft die Amtshilfe zu verweigern. Denn dies wäre nicht nur ein gesetzwidriger Verstoß gegen das Polizeiorganisationsgesetz, sondern auch eine strafbare Vereitelung im Amt (Paragraf 258a StGB) gewesen. Nur wenn er die Rückendeckung des Ministeriums hatte, konnte er gefahrlos handeln.

Somit ist schlussfolgernd anzunehmen, dass Innenminister Beckstein schon vor der Vernehmung des Präsidenten Ziegenaus und der zwei Kriminalkommissare gewusst haben könnte, dass diese eine Falschaussage machen würden. Eine Falschaussage, die sie selbst, aber auch ihn schützen würde. Dies gilt umso mehr, als es absolut üblich ist, dass Aussagen von Beamten vor einem Untersuchungsausschuss zusammen mit dem Ministerium vorbereitet werden. Das wiederum würde erklären, warum Beckstein gegen Ziegenaus und die beiden Kriminalkommissare kein Disziplinarverfahren einleitete und warum kein Strafverfahren wegen Falschaussage eröffnet wurde – anders als gegen den Leiter der Sonderkommission in der Schottdorf-Affäre.

Ist es vorstellbar, dass Beckstein, der – wie ein Kabinettskollege sich erinnerte – gegenüber Stoiber stets sehr ängstlich war, ohne Rücksprache mit dem Ministerpräsidenten entschieden hat? Erich Riedl, der frühere Staatssekretär im Bundeswirtschaftsministerium, wiederum hat öffentlich erklärt, das Strafverfahren gegen ihn sei entgegen dem Votum der Staatsanwaltschaft Augsburg rechtswidrigerweise nicht eingestellt worden, weil seiner Vermutung nach Ministerpräsident Stoiber unter dem Druck von Max Strauß gestanden habe. (Anmerkung: Max Strauß lag mit Erich Riedl in heftigem Streit.) Das ist durchaus plausibel, denn Max Strauß dürfte in der Tat über brisantes Insiderwissen verfügen. Laut Erich Riedl hat er selbst Folgendes geäußert: Wenn er sich nur einen Tag hinsetze und niederschreibe, was er über Edmund Stoiber wisse, dann hätte dieser ein echtes Problem.

Falls dies zuträfe, hätte Max Strauß Edmund Stoiber womöglich auch dahingehend unter Druck setzen können, dass seine Festplatte und das Streamerband nicht wieder lesbar gemacht wurden. Das würde die Annahme nahelegen, dass letztlich Edmund Stoiber die Verweigerung der Amtshilfe durch das Landeskriminalamt zu verantworten habe. Sowohl das Strafverfahren gegen Staatssekretär Erich Riedl als auch die Festplatte und das Streamerband von Max Strauß waren Chefsache. Daher die Schlussfolgerung: Es dürfte nicht völlig fernliegend sein, dass die Entscheidung in beiden Fällen Edmund Stoiber getroffen hat!

Damit stellt sich natürlich auch die Frage, wer seine Hand im Spiel hatte, als die Festplatte und das Streamerband schließlich verschwanden. Bei meinen Lesungen wurde ich von den Zuhörern immer wieder gefragt, ob ich dazu etwas sagen könne. Das zeigt, wie sehr das Vertrauen der Bürger in Polizei und Justiz mittlerweile erschüttert ist. Denn wenn in einem politischen Skandalfall das Landeskriminalamt die Amtshilfe verweigert, hohe Kriminalbeamte strafbare Falschaussagen machen und schließlich sogar ein beschlagnahmtes Beweisstück verschwindet, geht es um Elementares. Das haben die Bürger verstanden.

Aber ist das Streamerband überhaupt verschwunden? Eine verblüffende Frage. Die Staatsanwaltschaft übersandte das Band, nachdem sie es vom Landeskriminalamt zurückerhalten hatte, einem privaten Sachverständigen, damit er es wieder lesbar mache. Bei diesem Sachverständigen oder bei der anschließenden Rücksendung ist das Datensicherungsband dann verschwunden. Als ich jedoch in einem Gespräch mit Kennern der Materie äußerte, die Festplatte sei verloren gegangen, lächelten diese. »Ja«, sagten sie, »ein Datenband ist verschwunden, aber welches?« Dann erfuhr ich, dass es im Landeskriminalamt ein festes Verfahren gibt, um Datenträger als Beweismaterial zu sichern. Nach Erhalt werde zunächst eine »Spiegelplatte« gezogen, von dieser eine weitere, mit der dann gearbeitet werde. Gehe eine Platte auf dem Rücktransport verloren, gebe es noch die beiden anderen. »Wenn die Leute wüssten ...«, würde es deshalb bisweilen im Landeskriminalamt heißen, sobald die Rede auf das angeblich verschwundene Datenband von Max Strauß komme.

Günther Beckstein hat in seinem Lehrbuch über die Zehn Gebote immerhin bekannt: »Auch ich bin in meinem Amt vor Gott und den Menschen schuldig geworden.« Edmund Stoiber hingegen hat bisher kein derartiges Geständnis abgelegt.

Die Siemens-Schmiergeldaffäre und eine geheimnisvolle CD

Michael Christoforakos, Chef von Siemens in Griechenland, war Zentralfigur einer riesigen Bestechungsaffäre und flüchtete vor seiner Verhaftung im Mai 2009 nach Deutschland. Da er von Griechenland mit internationalem Haftbefehl gesucht wurde, hielt er sich in Rosenheim verborgen. Der ahnungslose Gastwirt H. hatte ihm dort auf Bitte des Rechtsanwalts K., der Christoforakos betreute, Unterkunft gewährt. Als H. bemerkte, dass Christoforakos sich in dieser Wohnung laufend mit K. und einem anderen Anwalt traf, wurde ihm die Sache unheimlich.

Mithilfe eines Detektivs installierte er ein verborgenes Aufnahmegerät, das die Gespräche von Christoforakos mit seinen Anwälten mitschnitt.

Die *Süddeutsche Zeitung* berichtete später, H. habe einem Freund per SMS mitgeteilt, die entstandene CD sei eine tickende Zeitbombe mit Details aus zehn Jahren. Die Münchner Justiz habe ermittelt, dass es Absprachen zwischen Siemens und den großen Parteien in Griechenland gegeben habe, wonach mindestens zehn Millionen Euro an Schmiergeldern fließen sollten.

Zwei Tage nach der Lauschaktion stürmte ein Sondereinsatzkommando der Polizei das Versteck des Griechen. Dabei fand es auch einen Hinweis auf den heimlichen Mitschnitt und beschlagnahmte die CD. Einer der betroffenen Anwälte hörte sich bei der Staatsanwaltschaft die CD an und erstattete Strafanzeige wegen des unerlaubten Mitschnitts gegen den Gastwirt. Die Staatsanwaltschaft eröffnete gegen diesen ein Ermittlungsverfahren, teilte ihm aber angeblich über seinen Anwalt mit, dass sie an einer öffentlichen Verhandlung nicht interessiert sei, sondern die Sache über einen Strafbefehl erledigen wolle.

Die CD bleibe als unerlaubter Mitschnitt unter Verschluss, erklärte eine Münchner Oberstaatsanwältin gegenüber der *SZ*. Sie fügte hinzu: »Das hören wir uns nicht einmal an, geschweige denn, dass wir es auswerten.« Ob dem Glauben zu schenken war, mag dahinstehen. Denn die Oberstaatsanwältin durfte sehr wohl ahnen oder gar wissen, dass die CD auch wiedergeben konnte, dass die Anwälte von Christoforakos schon mehrmals mit der Staatsanwaltschaft verhandelt hatten, während ihr Mandant in seinem Versteck saß, und dass sie diesen anschließend informierten. Sofern entsprechende Hinweise zutreffen sollten, würde dies das mangelnde Interesse des zitierten Staatsanwalts an einer öffentlichen Verhandlung gegen den Gastwirt verständlich machen. Es würde auch erklären, dass angeblich ausgerechnet im Polizeicomputer in Rosenheim der internationale Haftbefehl gegen Christoforakos nicht aufschien.

Kann es sein, dass Oberstaatsanwälte ihre schützende Hand über Christoforakos hielten, während seine Anwälte mit ihnen verhandelten? Mit der Folge, dass der internationale Haftbefehl aus Griechenland nicht vollstreckt wurde? Könnte es sein, dass aus der CD hervorging, dass die Staatsanwaltschaft mit den Anwälten vorab vereinbart hatte, Christoforakos müsse eine Geldstrafe von 750 000 Euro zahlen und erhalte ein Jahr Gefängnis auf Bewährung, werde aber im Gegenzug nicht nach Griechenland ausgeliefert? Das wäre gesetzwidrig gewesen. Dass es tatsächlich so gewesen sein könnte, dafür sprechen die Umstände. Deshalb stellt sich die Frage: Geschah dies alles ohne Wissen und ohne Rückendeckung der Justizministerin Beate Merk?

Gesetzwidrig war es auch, wie die Staatsanwaltschaft die strafrechtliche Ahndung der Bestechungsaffären gegenüber dem Siemens-Gesamtvorstand handhabte. Da ließ sie verlauten, den Vorstandsmitgliedern seien keine Bestechungshandlungen anzulasten, sondern nur eine Verletzung der Aufsichtspflicht gegenüber den Angestellten, die die Bestechungen durchgeführt hätten. Es liege insoweit nur eine Ordnungswidrigkeit vor, sodass nur ein Bußgeld zu verhängen sei. Dem stand jedoch entgegen, dass die Vorstandsmitglieder sehr wohl über die Bestechungshandlungen von einem Beauftragten des Unternehmens unterrichtet worden waren, wie dieser selbst aussagte – ohne dass sie gegen die Bestechungen einschritten. Da sie hierzu aber kraft ihrer Weisungsbefugnis eine Rechtspflicht gehabt hätten, ist dies nach rechtlichen Regeln einem aktiven Tun gleichzusetzen. Von einer bloßen Verletzung der Aufsichtspflicht kann daher nicht die Rede sein.

Vor allem jedoch ist bei dem Milliardenumfang der gezahlten Bestechungsgelder davon auszugehen, dass die Vorstandsmitglieder von den Bestechungen nicht nur gewusst, sondern diese auch ihrem Willen entsprochen haben. Anscheinend wurden trotzdem bloß nachgeordnete Angestellte wegen Bestechung bestraft, die Hauptverantwortlichen hingegen kamen billig davon. Obwohl allein die Vorstandsmitglieder über die Zahlung von Parteispenden entscheiden. Ein Schelm, der sich hier etwas zusammenreimt.

Die 700 000 Euro des Datenschutzbeauftragten in Liechtenstein und andere Merkwürdigkeiten

Die vom Bundesnachrichtendienst gekaufte CD mit den Daten von Steuerpflichtigen, die Gelder nach Liechtenstein verbracht hatten, belastete den bayerischen Datenschutzbeauftragten Dieter Betzl schwer. Es stellte sich heraus, dass er über 700 000 Euro bei einer Liechtenstein-Bank angelegt, die Erträge daraus dem deutschen Finanzamt aber nicht angegeben hatte. Betzl wurde daraufhin vom Präsidenten des Landtags vom Dienst suspendiert.

Nach einiger Zeit aber wurde die Öffentlichkeit von der Pressemeldung überrascht, das Verfahren gegen Betzl sei eingestellt worden, und zwar nach Paragraf 153a StPO gegen Zahlung einer Geldauflage von nur 15 000 Euro. Für jeden Rechtskundigen war klar, dass dies unzulässig war. Denn eine Verfahrenseinstellung nach dieser Vorschrift setzt voraus, dass erstens die Schuld gering ist und zweitens durch die Zahlung des Geldbetrags »das öffentliche Interesse an der Strafverfolgung« beseitigt ist. Wenn ein Spitzenbeamter, noch dazu ein Datenschutzbeauftragter, der eine besondere öffentliche Vertrauensstellung einnimmt, mehr als 700 000 Euro auf einer Bank in Liechtenstein deponiert, um die Erträge nicht in Deutschland versteuern zu müssen, kann die Schuld kaum größer sein. Außerdem geht das öffentliche

Interesse dahin, dass gerade ein solcher Spitzenbeamter keinesfalls so glimpflich davonkommt. Denn eine Auflage ist keine Strafe, Betzl ist damit nicht vorbestraft. Dies stellt einen evidenten Fall von Rechtsbeugung dar, politisch zu vertreten von der Justizministerin Beate Merk – wie bereits mehrfach erwähnt, besteht in politischen Fällen für die Staatsanwaltschaft stets Berichtspflicht »nach oben«.

Schon vorher war bekannt geworden, Betzl sei in der CSU bestens vernetzt und wisse sehr viel. Er war sieben Jahre lang im Finanzministerium tätig, dann viele Jahre in der Verwaltung des Landtags, bis er schließlich vom Landtag zum Datenschutzbeauftragten gewählt wurde. Der Fall wurde noch skandalöser, als durchsickerte, dass die Staatsanwaltschaft Betzl ursprünglich die Zahlung von 50 000 Euro auferlegen wollte. Das war vor der Landtagswahl 2008 gewesen. Nach der Landtagswahl gab sich die Staatsanwaltschaft plötzlich mit nur 15 000 Euro zufrieden.

Als Erklärung für die Einstellung bot die Staatsanwaltschaft an, Betzl habe einschlägige Unterlagen in einem Reißwolf vernichtet, die Schnipsel ließen sich nicht mehr zusammensetzen. Diese Version vermag nicht zu überzeugen. Denn immerhin musste feststehen, dass Betzl tatsächlich eine Steuerhinterziehung begangen hatte, sonst wäre mangels Straftat die Verhängung der Auflage nicht zulässig gewesen.

Überdies fällt auf, dass der Fall ursprünglich in Bochum anhängig war. Die Münchner Staatsanwaltschaft soll jedoch darauf gedrängt haben, dass er an sie abgegeben wurde. Laut einem Bericht der *Financial Times* habe sie den Bochumer Kollegen das Verfahren regelrecht entrissen. Aber nicht nur in diesem politischen Fall irritiert, was die von der Justizministerin Beate Merk weisungsabhängige Staatsanwaltschaft mit den Fällen gemacht hat, die von Bochum im Zusammenhang mit den Steuersünder-CDs abgegeben wurden. Merk könnte insofern noch in Erklärungsnot geraten.

Doch es gibt sogar noch krassere Fälle als den Fall Betzl. Ein Richter empörte sich gegenüber einem Rechtsanwalt, dass in einem »CSU-Fall«, in dem es um Steuerhinterziehung in Höhe von 64 Millionen Mark ging, das Verfahren ebenfalls nach Paragraf 153a der Strafprozessordnung eingestellt wurde. Dem Justizministerium ist der Fall sicherlich bekannt. Der Landtag sollte eine entsprechende Anfrage an die Staatsregierung stellen.

Zu erinnern ist auch daran, dass der Münchner Leitende Oberstaatsanwalt Manfred Wick das gegen Leo Kirch eröffnete Strafverfahren wegen des Verdachts der Steuerhinterziehung in Höhe von 450 Millionen Euro über die Schweiz gegen den heftigen Protest der Steuerfahndung kurz vor einer Bundestagswahl einstellte – mit einer unhaltbaren Begründung. Über drei Jahre lang war Kirch nicht ein einziges Mal verhört worden geschweige denn, dass er in Haft gekommen wäre.

Als der Skandal öffentlich wurde, erklärte ein Oberstaatsanwalt, Leo Kirch sei zu diesem Zeitpunkt (das heißt vor der Bundestagswahl) auf die Justiz zugekommen, um seine Sicht der Dinge darzulegen und um das Verfahren abzukürzen. Sicherlich hatte er das nicht getan, um möglichst rasch verurteilt zu werden. Er konnte gut einschätzen, dass Bundeskanzler Helmut Kohl und Edmund Stoiber sehr an der Unterstützung durch seine Fernsehsender im Wahlkampf gelegen war. Und er sollte sich nicht verrechnen.

Erst recht skandalös ist der Gegensatz zu einem anderen Fall, der publik wurde. Da zeigte die Staatsanwaltschaft nämlich ein sehr penibles Rechtsbewusstsein. Gegen einen Häftling, der wegen Diebstahls einsaß und in der Haft den Stempel von einer Briefmarke im Wert von 55 Cent wegradierte, um sie wieder verwenden zu können, leitete sie ein Strafverfahren ein. Wortreich begründete ein Augsburger Oberstaatsanwalt gegenüber der Presse, dass der Täter vorbestraft sei und die Justiz deswegen scharf vorgehen müsse. Der Gesetzgeber habe eben entschieden, dass auch Bagatelldelikte verfolgt werden müssten. Und so hieß es in der Anklageschrift: »Die Staatsanwaltschaft hält wegen des besonderen öffentlichen Interesses an der Strafverfolgung ein Einschreiten von Amts wegen für geboten. Ich erhebe die öffentliche Klage …« Der Oberstaatsanwalt erklärte, dass der Häftling wegen seines Versuchs mit einigen Monaten Gefängnis zusätzlich zu rechnen habe. Nicht nur der Laie staunt, wie subtil die Unterschiede sind.

Der Komponist von Türkheim

Als im Frühjahr 2010 immer mehr Fälle von sexuellem Missbrauch an Kindern durch Geistliche und Pädagogen bekannt wurden, schlug Justizministerin Beate Merk publikumswirksam eine Verdoppelung der Verjährungsfrist für solche Delikte auf 20 Jahre vor. Wie erwähnt, schloss sich Ministerpräsident Seehofer dieser Forderung sofort an.

Im merkwürdigen Gegensatz zu diesem engagierten Eintreten für eine konsequente Ahndung steht das staatsanwaltschaftliche Verhalten in einem aufsehenerregenden Missbrauchsfall, über den der *Spiegel* im Jahr 2004 – damals war Beate Merk bereits Justizministerin – unter der Überschrift »Das Schweigen von Türkheim« berichtete. Es ging um den gegen einen gefeierten Musicalkomponisten gerichteten Vorwurf, er habe 28 Jahre lang während seiner Tätigkeit als Musiklehrer Mädchen sexuell missbraucht. Dem *Spiegel* zufolge erklärte die Polizei nach einer Hausdurchsuchung, man habe zahlreiche selbst gedrehte Videobänder gefunden »mit eindeutig pornografischem Inhalt«. Der Musiklehrer, der den Missbrauch der Mädchen »an mehreren Tatorten« gefilmt habe, wurde verhaftet. Der Polizeichef von Krumbach erklärte, er werde die Ermittlungen mit Hochdruck führen.

Von einer Bestrafung des Musiklehrers wurde indessen nichts bekannt. Hing dies damit zusammen, dass er eine Hymne für Edmund Stoiber komponiert hatte, die bei der Feier zu dessen 60. Geburtstag in der Staatskanzlei aufgeführt wurde? Beweise dafür gibt es nicht – ein Einwohner von Türkheim, der mich anrief, führte dies jedenfalls darauf zurück. Eine Anfrage meinerseits bei einem der an der Aufdeckung der Affäre Beteiligten bestätigte, es sei ihm unerklärlich, dass es zu keinem Strafprozess gekommen sei. Obwohl die Staatsanwaltschaft bereits Anklage erhoben hätte und obwohl 1900 Zeugenaussagen vorgelegen hätten, sei das Verfahren eingestellt worden. Obwohl einige der Delikte bereits verjährt seien, könne das wohl kaum für sämtliche gelten.

Wie verträgt sich das nun mit der Forderung der Justizministerin Merk, die Verjährungsfristen für sexuelle Missbrauchsfälle zu verlängern?

Der Informant berichtete mir außerdem, dass er mit einem der Polizeibeamten gesprochen habe, die damals mit enormem Arbeitsaufwand ermittelt hätten. Dieser habe ihm gesagt, er und seine Kollegen seien völlig frustriert und demotiviert. Der Fall bedarf öffentlicher Aufklärung. Die Justizministerin ist zur Rede zu stellen.

Der beleidigte Justizminister a. D.
Manfred Weiß

Der fränkische CSU-Landtagsabgeordnete Manfred Weiß war einst Richter am Landgericht Nürnberg-Fürth. Im Jahr 1999 schaffte er es, Justizminister zu werden, als Mann des Vertrauens von Ministerpräsident Edmund Stoiber, der zuvor den integren Justizminister Alfred Sauter wahrheitswidrig zum Sündenbock der LWS-Affäre gemacht und gefeuert hatte. Profilieren sollte sich Weiß allerdings nur ein einziges Mal. Das aber erst nach seiner kurzen Amtszeit, die im Herbst 2003 endete. Und das kam so:

Etliche Bürger des Städtchens Heideck in Mittelfranken waren mit ihrem CSU-Bürgermeister nicht mehr einverstanden, obwohl sie durchaus für die CSU waren. In einer Versammlung klagten 35 Heidecker dem früheren Justizminister, der jetzt CSU-Kreisvorsitzender war, ihr Leid. Zugleich erklärten sie, in die CSU eintreten zu wollen. Weiß sagte ihnen die Aufnahme zu. Dann aber wurde elf Heideckern die Aufnahme in die Partei verweigert – vermutlich weil der CSU-Kreisverband eine »feindliche Übernahme« befürchtete. Wütend darüber, dass Weiß sein Versprechen nicht eingehalten hatte, protestierten zwei der Abgelehnten, Peter Villhauer und Martin Zeh, zusammen mit einem CSU-Mitglied vor dem Kongresszentrum in Nürnberg, wo gerade der CSU-Parteitag stattfand, mit einem Plakat, auf dem stand: »Stoppt Dr. Weiß! Kein Lügner in den Landtag. Dr. Manfred Weiß hat 35 Heidecker Bürger belogen.«

Der Justizminister a. D. stellte daraufhin Strafantrag. Die Staatsanwaltschaft, von Verfolgungseifer beseelt, erhob Anklage wegen »Verleumdung gegen eine Person des politischen Lebens«. Das Verfahren dauerte 16 Monate, nicht weniger als vier Staatsanwälte waren damit befasst. Das Amtsgericht stellte das Verfahren zunächst ein, wogegen die Staatsanwaltschaft Berufung zum Landgericht einlegte – zugunsten von Weiß. Dieser sagte vor dem Landgericht aus, niemals habe er den Heideckern die Aufnahme in die CSU versprochen. Nachdem der Richter aber fünf Zeugen vernommen hatte, äußerte er, es gebe keinen Zweifel mehr, dass Weiß die Aufnahme zugesagt habe. Das Selbstzeugnis des Manfred Weiß war damit entwertet. Villhauer und Zeh wurden freigesprochen. Der Fall ging groß durch die Presse.

In Schreiben an Ministerpräsident Horst Seehofer und den CSU-Fraktionsvorsitzenden Georg Schmid stellte Villhauer nach dem Urteil die Frage: »Hat ein Abgeordneter, der als Lügner in der Öffentlichkeit steht, überhaupt noch die Legitimation, sein Mandat auszuüben? Ich meine, nein.« Trotzdem blieb Weiß Landtagsabgeordneter.

Doch das Verhalten von Manfred Weiß, der von sich selbst behauptet, Ehrlichkeit und Geradlinigkeit seien stets sein Markenzeichen gewesen, bedarf noch einer weitergehenden kritischen Betrachtung. Wie erwähnt, hat das Landeskriminalamt, als es seinerzeit von der Staatsanwaltschaft Augsburg gebeten war, das gelöschte Datenband von Max Strauß wieder lesbar zu machen, die Amtshilfe verweigert. Als diese skandalösrechtswidrige Weigerung publik wurde, behauptete Weiß am 4. Mai 2000 im Landtag, dies sei keineswegs mangelnde Mitwirkungsbereitschaft gewesen, vielmehr hätten die technischen Voraussetzungen gefehlt. Darauf hatte sich das Landeskriminalamt in seinem Ablehnungsschreiben jedoch nicht berufen, sondern einen ganz anderen Grund vorgeschützt, nämlich dass sie einen privaten Sachverständigen nicht unterstützen wolle. Demnach sagte Weiß im Landtag die Unwahrheit.

Als Weiß Justizminister war, liefen in Augsburg die Ermittlungsverfahren gegen Max Strauß, Holger Pfahls, Walther Leisler Kiep und andere. Der damit betraute Staatsanwalt Winfried Maier beklagte sich 2001 vor dem Schreiber-Untersuchungsausschuss des Bayerischen Landtags bitter, wie er »von oben« her in seinen Ermittlungen behindert und schikaniert worden sei, insbesondere von dem damaligen Generalstaatsanwalt Hermann Froschauer. Daraufhin sagte dieser vor dem Untersuchungsausschuss, er habe stets in Übereinstimmung mit dem Justizministerium gehandelt.

Justizminister Manfred Weiß distanzierte sich in keiner Weise von seinem Generalstaatsanwalt. Im Gegenteil: Als dieser in

Pension ging, lobte er in einer Feierstunde die Leistungen Froschauers über alle Maßen. Auch das war ein Selbstzeugnis des Justizministers.

Der »geblitzte« und der bestrafte Landtagsvizepräsident

Ein Polizeibeamter des gehobenen Dienstes schilderte in einem Bericht an das Innenministerium eine Reihe missbräuchlicher Amtsausübungen. Er berichtete unter anderem: Ein CSU-Landtagsvizepräsident sei von Beamten seiner Dienststelle im Stadtgebiet »geblitzt« worden. Es habe ein Fahrverbot gedroht. Daraufhin sei vor Auswertung des Films das Kennzeichen des Politikers aus der Liste der Kennzeichen gestrichen worden – »auf Weisung von oben«. Alle seine Kollegen seien darüber entsetzt gewesen. Er habe daraufhin eine Kopie der Liste zusammen mit dem Lichtbild der Messung und dem üblichen Protokoll dem zuständigen Oberstaatsanwalt zugeleitet.

Was war die Folge? Er sei, so der Polizeibeamte, von seinen Vorgesetzten gemobbt worden.

Ganz anders erging es einem SPD-Landtagsvizepräsidenten nach einem Verkehrsunfall. Während er vorwärts in eine Parklücke einfahren wollte, versuchte ihn ein von hinten kommender Motorradfahrer tollkühn rechts zu überholen. Das misslang, der Biker stürzte beim Zusammenstoß. Wegen seines verkehrswidrigen Verhaltens wurde er bestraft. Trotzdem versuchte die Staatsanwaltschaft hartnäckig, auch dem SPD-Politiker eine Mitschuld an dem Unfall nachzuweisen. Dieser wehrte sich zwar energisch, bekam aber dennoch vor Gericht nicht recht.

Solch unterschiedlicher Verfolgungseifer der Justiz irritiert schon gewaltig.

Anzumerken ist: Anders als bei dem »geblitzten« CSU-Politiker verfuhr man, als 2006 durchsickerte, dass zwei Polizisten, die Franz Beckenbauer begünstigen wollten, zwei Strafzettel wegen zu schnellen Fahrens verschwinden ließen. Sie wurden zu acht Monaten Gefängnis auf Bewährung verurteilt und aus dem Staatsdienst entlassen.

CDs aus Liechtenstein und der Schweiz

Ein Journalist berichtete mir eines Tages, eine Person, die Strauß nahestand, erzähle herum, ein bestimmter Spitzenpolitiker und dessen enger Freund seien auf einer staatlicherseits erworbenen CD aus Liechtenstein aufgetaucht.

Im Frühjahr 2011 befragte mich zu meiner Überraschung Staatsanwalt Timo Dörffer von der Staatsanwaltschaft Bochum, ob ich mit einem bestimmten Namen etwas anzufangen wüsste. Ich bejahte. Es war der Name eines engen Freundes dieses Politikers.

Der Staatsanwalt teilte mir mit, es gebe eine verdeckte Information, deren Urheber anscheinend ein CSU-Mann sei, der sich offenbar rächen wolle. Diese Information habe folgenden Inhalt: Der »Freund« habe geglaubt, sein Name und seine Bankdaten seien neben dem Namen des Politikers auf einer Liechtenstein-CD enthalten. Daraufhin habe er beim Finanzamt Selbstanzeige erstattet. Doch als er erfuhr, dass sein Name nicht auf der CD gespeichert sei, habe er es geschafft, dass seine Selbstanzeige aus der Akte des Finanzamts wieder entfernt worden sei. Falls dies zutreffe, so der Staatsanwalt, sei nicht auszuschließen, dass der Spitzenpolitiker geschont werden sollte – und damit zwangsläufig auch sein Freund. Insofern sei denkbar, dass der Inhalt des Briefes wahr sei.

Der Wohnort dieses »Freundes« und das zuständige Finanzamt waren mir bekannt. Ich wusste zudem, dass er, wozu mich der Staatsanwalt befragte, im Zusammenhang mit einem aufsehenerregenden Strafprozesses gegen einen Dritten namentlich in Erscheinung trat. Folglich konnte ich dem Staatsanwalt behilflich sein und ihm eine Unterlage zusenden, in der der Politikerfreund namentlich erwähnt war.

Etwa ein Jahr später erzählte mir zu meiner nicht geringen Überraschung ein Journalist, der Sprössling eines bekannten CSU-Politikers habe ihm genau dasselbe gesagt, nämlich dass der Politiker und sein Freund auf der Liechtenstein-CD genannt seien.

Eine *Spiegel*-Journalistin, die in der Sache recherchierte, konfrontierte den »Freund« mit dem Gerücht. Er dementierte. Erstaunlicherweise wusste er bereits, um was es sich handelte, denn er hatte bereits eine schriftliche Darstellung dazu vorbereitet. Der Verdacht gegen ihn ist damit aber noch nicht entkräftet.

Von anderer Seite verlautete nämlich, der mit ihm befreundete Politiker habe über die Jahre auf einem Konto in Liechtenstein hohe Summen erhalten; es handle sich insgesamt um einen dreistelligen Millionenbetrag.

Darüber hinaus stellt sich die grundsätzliche Frage: Wie wird mit den Daten umgegangen, die sich auf den CDs aus Liechtenstein und der Schweiz befinden? Kann es sein, dass bestimmte Steuerpflichtige aussortiert und verschont werden oder dass ihnen noch eine Selbstanzeige ermöglicht wird? Außerbayerische Staatsanwälte sollen höchst irritiert darüber sein, wie nach Bayern abgegebene Steuerhinterziehungsfälle weiterbehandelt werden.

Der Bayerische Oberste Rechnungshof prüft laufend die einzelnen Finanzämter. Es ist jedoch zu fragen, ob der Rechnungshof auch die Auswertung der erworbenen CDs seitens anderer Stellen, die im Vorfeld stattgefunden hat, überprüft. Dass dies dringend vonnöten wäre, zeigen die immer wieder bekannt gewordenen Steuerskandale.

Die Erwartungen der politischen Spitze an Richter und Staatsanwälte

Politiker erwarten von der Justiz häufig Berücksichtigung ihrer Interessen – erst recht dann, wenn der Justizminister von der eigenen Partei gestellt wird. Die Richter weisen heute selbst darauf hin, dass sich ihre Beförderungsabhängigkeit von der politischen Spitze auf die Entscheidungen auswirken kann. Sie fordern deshalb, dies zu ändern, etwa durch Selbstverwaltung wie zum Beispiel in Italien.

So unglaublich es klingt: Die Justiz kann man im Geheimen als politisches Steuerungsinstrument zum Machterhalt missbrauchen! Eigene Parteigänger und Wohltäter, die üppige Parteispenden geben, werden vor Strafverfolgung verschont – da gibt es angeblich keine »ausreichenden Anhaltspunkte« für die Einleitung eines Ermittlungsverfahrens, oder ein Verfahren wird gegen Zahlung einer bescheidenen Geldauflage eingestellt. Gegen Störenfriede und andere missliebige Personen hingegen geht man mit aller Härte oder sogar mit konstruierten Begründungen vor.

Krass sind die Missstände und Missbräuche bei den Staatsanwaltschaften. Vor allem die für die Öffentlichkeit nahezu unsichtbaren Generalstaatsanwälte sind politische Vertrauensposten in Reinkultur. Sie bilden den verlängerten Arm des Justizministers, der über sie unbemerkt die Staatsanwaltschaften steuern kann. In Bayern gibt es drei Generalstaatsanwälte, jeweils bei den Oberlandesgerichten in München, Nürnberg und Bamberg. Bei der Besetzung des Postens in Nürnberg im Jahr

2011 intervenierten der Richterverein und die Staatsanwaltschaftsvertreter bei Justizministerin Merk wegen des Verdachts politischer Stellenbesetzung.

Politische Zuverlässigkeit wird aber auch von den Leitern großer Staatsanwaltschaften erwartet, wie Jörg Hillinger, der unter mysteriösen Umständen zu Tode gekommene integre Leiter der Staatsanwaltschaft Augsburg, öffentlich kundgetan hat. Er hatte sich massiv gegen Eingriffe von oben wehren müssen und dem Justizministerium vorgeworfen, Vorwarnungen weiterzugeben sowie den Generalstaatsanwalt rechtswidrig dazu veranlasst zu haben, von Richtern unterschriebene Haftbefehle einzubehalten.

Strauß spottete als Kanzlerkandidat 1980 bei Treffen mit Wirtschaftsführern über die gegen die CDU wegen Parteispenden laufenden Strafverfahren: In Bayern gebe es mit Staatsanwälten keine Probleme, die seien an der kurzen Leine.

Der hoch angesehene Steueranwalt Peter Spörlein griff nach dem berüchtigten Steuererlass über 67 Millionen Mark für den Bäderkönig Eduard Zwick und dem ausgefallenen Zwei-Milliarden-Euro-Kredit der Landesbank für Leo Kirch in Strafanzeigen und über die Presse die verantwortlichen Politiker an: Edmund Stoiber, Georg von Waldenfels, Erwin Huber, Kurt Faltlhauser sowie den Justizminister Hermann Leeb. Natürlich vermochte er mit seinen Strafanzeigen nicht durchzudringen. Aber er erzählte mehrmals, dass ihn immer wieder Vorsitzende Richter im Münchner Strafjustizzentrum angesprochen und ermuntert hätten: Geben Sie nicht auf, Herr Spörlein! Machen Sie weiter! Sie glauben ja gar nicht, was bei uns los ist!

Die Außenansicht einer Justizministerin

Am 12. Juli 2010 leitete Justizministerin Beate Merk im Münchner Justizpalast eine Podiumsdiskussion zum Thema, wie die Polizei gegen gewalttätige Ausschreitungen besser zu schützen sei. »Ich fordere härtere Strafen. Wir müssen drakonischer rangehen!«, war von ihr zu hören. Wer aber schützt die Polizeibeamten vor Beate Merk? Oder vor ihren Dienstmannen? Beamte des Landeskriminalamts, insbesondere der Kriminalhauptkommissar Stephan Sattler und der Kriminalkommissar Robert Mahler, können davon ein Lied singen (s. »Die Kriminalkommissare Stephan Sattler und Robert Mahler«, S. 279 ff.).

Und wer schützt andere Personen vor ihr und ihren Helfern? Der Ingenieur Gustl Mollath, dessen unglaubliche Leidensgeschichte noch geschildert wird (S. 318 ff.), ist ein lebendes Mahnmal. Was mir selbst widerfahren ist, gemeint ist der Fall Strauß, demonstriert, wie man in »politischen« Fällen unter der Aufsicht von Beate Merk vorgeht. Allein schon, dass das von den Geschwistern Strauß initiierte Strafverfahren bisher drei Jahre lang offengehalten wurde – ohne dass man (von einem von der Staatsanwaltschaft Bochum angeregten Rechtshilfeersuchen abgesehen) offenbar überhaupt ermittelt hätte.

Auf der anderen Seite stehen dann die Fälle, in denen die der Justizministerin unterstehende Staatsanwaltschaft oder sie selbst behauptet, es bestehe kein für ein Ermittlungsverfahren ausreichender »Anfangsverdacht« oder die Anhaltspunkte reichten für eine Anklageerhebung nicht aus. (Hypo Vereinsbank/Mollath, Geschwister Strauß/Erbschaftsmillionen-Aussage, Schottdorf, Doblinger-Fonds DOBA MTC usw.) Aber bei dem Häftling, der eine Briefmarke wiederverwendbar macht, da schlägt man sofort zu!

Der ihr sehr gewogene Edmund Stoiber hatte Beate Merk im Oktober 2003 ins Kabinett geholt. Ihr justizieller Lebenswandel spiegelt sich nach außen hin vornehmlich in der *Süddeutschen Zeitung* wider. Einmal warnt sie davor, dass die Gefangenen an nichts anderes denken als ans Ausbrechen. Ein anderes Mal möchte sie ein Delikt »Sportbetrug« (sprich: Doping) in das Strafgesetzbuch einfügen. Im August 2012 gibt sie sich besorgt wegen der in den Gefängnissen herrschenden Gewalt. Dann wiederum fordert sie eine Verlängerung der Verjährungsfrist für Sexualdelikte an Minderjährigen auf 20 Jahre.

Was Beate Merk nicht fordert, was aber dringend vonnöten wäre, ist eine Verlängerung der Verjährungsfrist für Amtsdelikte (wie zum Beispiel Rechtsbeugung, Strafvereitelung, Verfolgung Unschuldiger) auf ebenfalls 20 Jahre. Derzeit tritt die Verjährung schon dann ein, wenn die in der Regierung Verantwortlichen längere Zeit das Staatsruder in der Hand halten. Ebenso dringlich wäre es, die Strafverfolgung gegen Regierungsmitglieder und gegen hohe Beamte der Bundesanwaltschaft zu übertragen. Nach der bestehenden Rechtslage ist hierzulande eine Strafverfolgung faktisch ausgeschlossen, weil die Regierung gegenüber der Staatsanwaltschaft weisungsberechtigt ist. In anderen Ländern, wo diese unabhängig ist, werden sogar Ministerpräsidenten angeklagt, zum Beispiel Berlusconi in Italien, Olmert in Israel, Sanader in Kroatien. Hingegen wäre eine Strafanzeige gegen einen bayerischen Minister, Ministerialdirektor oder Generalstaatsanwalt völlig sinnlos, geschweige denn gegen einen Ministerpräsidenten.

Von Beate Merk ist vor der Landtagswahl 2013 noch manche pressewirksame Initiative zu erwarten, um sich auch für die Zukunft als Ministerin zu empfehlen – eine Verlängerung der Verjährungsfrist für Amtsdelikte aber bestimmt nicht. Warum sollte ihr dies ein Herzensanliegen sein? Um Amtsmissbräuchen in der Staatshierarchie wirksamer vorzubeugen? Dass sie härtere Strafen für Amtsdelikte gefordert hätte, davon war ebenfalls nichts zu hören.

Im Frühjahr 2012 startete Justizministerin Merk – vermutlich, um sich für die Kabinettsbildung nach der Landtagswahl 2013 in Positur zu setzen – eine erstaunliche Aktion, nämlich eine Umfrage über die Zufriedenheit mit der Justiz. Stolz präsentierte sie das Ergebnis: 70 Prozent der Bürger seien zufrieden. Das mag so sein oder auch nicht. Ihre persönliche Verantwortlichkeit für die himmelschreienden Justizskandale in bestimmten »politischen« Fällen lässt sich damit nicht wegretuschieren. Die breite Öffentlichkeit hat das Vertrauen zu ihr verloren.

Dass Horst Seehofer an ihr festhält, stellt ihn selbst bloß.

3 Zermürbung und Zwangspensionierung

Der Erlkönig lockt in Goethes gleichnamiger Ballade: »Du liebes Kind, komm, geh mit mir! Gar schöne Spiele spiel ich mit dir.« Dann droht er: »Und bist du nicht willig, dann brauch ich Gewalt.« Erlkönige sind in der staatlichen Hierarchie Wirklichkeit: Ministerpräsidenten, Minister und andere Träger eines Spitzenamts im Freistaat Bayern sind freundlich zu ihren Beamten, zeigen sich zugänglich und wohlmeinend, belohnen mit Beförderung. Wehe aber, es entsteht einmal eine Situation, in der ein Beamter sich weigert mitzumachen, weil das schöne Spiel gegen Recht und Gesetz verstößt, sogar strafbar ist. Dann kann es geschehen, dass ihm schweres Leid zugefügt wird. Der Beamte mag sich beschweren, bei Gericht klagen, sich an den Landtag wenden, vergeblich. Der Erlkönig ist zu mächtig, er schickt seine Getreuen vor. Sie verdecken seine Verfehlungen vor der Öffentlichkeit durch falsche Darstellungen und Zeugenaussagen, leiten Ermittlungs- und Disziplinarverfahren gegen den angeblichen Störenfried und Querulanten ein. Stellt er Strafanzeige, wird ihr keine Folge geleistet. Das alles zieht sich so lange hin, bis der Beamte körperlich und seelisch am Ende ist, erschöpft und ausgeschaltet. Erlkönig hat ihm ein Leid getan.

Einige dieser Fallgeschichten münden in einer Katastrophe: in schwerer Erkrankung, Zwangspensionierung oder gar Psychiatri-

sierung der Betroffenen. Häufiger sind die weniger spektakulären, aber üblichen Fälle der Diskriminierung wie beispielsweise
Blockade der Beförderung, Versetzung an einen anderen Dienst-
ort oder eine andere Dienststelle, Übertragung unter der Qualifikation liegender Aufgaben, Beschränkung der Arbeitsmittel,
schlechte Beurteilung, Beleidigung. Hinzu kommen noch andere
Mittel des Mobbings wie zum Beispiel laufende Anforderung un-
nötiger schriftlicher Berichte, ständige Beanstandungen, keine
sachgerechte oder gar keine Antwort auf Beschwerdebriefe.

Der Ansbacher Polizeichef Werner Maluck

Werner Maluck war einst der oberste Polizeibeamte der Stadt
Ansbach, dem Sitz der Regierung von Mittelfranken. Er war
hervorragend beurteilt, an der Polizeischule lehrte er Beamten-
recht. Im Jahr 1980 verschwand eines Tages im Ansbacher Poli-
zeipräsidium Munition, 97 Patronen vom Kaliber neun Milli-
meter, hergestellt von Heckler und Koch. Pflichtgemäß machte
Maluck seinem Vorgesetzten, dem Polizeipräsidenten Helmut
Kraus in Nürnberg, sofort Meldung. Als diese indessen wider
Erwarten zu keiner Untersuchung führte, erstattete Maluck
Strafanzeige gegen Unbekannt.

Bald darauf, im Dezember 1980, wurden im nahen Erlangen
der jüdische Verleger Shlomo Levin und seine Lebensgefährtin
Frieda Poeschke erschossen in ihrem Haus aufgefunden. Die am
Tatort entdeckten Patronenhülsen passten zu der Munition, die
zuvor im Ansbacher Polizeipräsidium verschwunden war. Uwe
Behrendt, ein Mitglied der neonazistischen Wehrsportgruppe
Hoffmann, wurde der Tat verdächtigt, konnte sich aber in den
Libanon absetzen, wo er angeblich in einem Wehrlager Selbst-
mord beging. Die Nürnberger Szenezeitung *Plärrer* berichtete

außerdem, bei der Kriminalpolizei Ansbach habe es einen Verbindungsmann zu den Neonazis gegeben.

Das bayerische Innenministerium erklärte jedoch, die Tatsache, dass die in Erlangen verwendeten Patronen von der gleichen Art wie die in Ansbach verschwundenen waren, lasse nicht den Schluss zu, dass sie auch von dort stammten. Denn es habe sich um »Allerweltsmunition« gehandelt. Maluck sah das anders. Er verwies darauf, dass die Patronen mit Datum gekennzeichnet waren. Daher remonstrierte er gegen die seiner Ansicht nach unwahre Darstellung des Nürnberger Polizeipräsidenten. Er warf der Regierung vor, sie decke Neonazis. Daraufhin wurden gegen ihn ein Strafverfahren wegen Verleumdung und ein Disziplinarverfahren eingeleitet. Doch unmittelbar bevor zwei der Ansbacher Polizeibeamten in dem Strafverfahren als Zeugen aussagen sollten, begingen diese Selbstmord – so die offizielle Mitteilung. Als indessen Maluck und sein Anwalt Einsicht in die Leichenakten nehmen wollten, wurde ihnen das verwehrt. Dies war äußerst befremdlich. Denn selbst wenn Maluck möglicherweise keinen Rechtsanspruch auf Einsichtnahme hatte, stand andererseits auch kein rechtliches Hindernis dagegen – schließlich war er der zuständige Polizeichef.

Die Affäre sollte sich noch in eine andere Richtung ausweiten. Maluck beschuldigte Innenminister Günther Beckstein, er habe früher als Rechtsanwalt einen bevorstehenden Polizeieinsatz, von dem er wegen seiner guten Beziehungen zur Staatsanwaltschaft erfahren habe, an seinen Mandanten, den berüchtigten Bordellkönig Stiegler, verraten. Dass Beckstein Stiegler überhaupt beriet, hatte einen üblen Beigeschmack, weil er damals als Landtagsabgeordneter Mitglied des Ausschusses für innere Sicherheit war. Ein Mann aus dem Umfeld Stieglers hatte eine eidesstattliche Versicherung abgegeben, dass Beckstein die bevorstehende Razzia verraten habe und darüber hinaus von Stiegler für seine Dienste mit verschiedenen Geldzahlungen belohnt worden sei. Wie Maluck erfuhr, hatte die Steuerfahndung deshalb gegen Beckstein ein Ermittlungsverfahren eingeleitet, aber dann »von oben« die Weisung erhalten, nicht zu ermitteln. Daraufhin, so heißt es, sei es in der Steuerfahndung Nürnberg geradezu zu einem Aufstand gekommen – der zuständige Steuerfahndungsbeamte sei so frustriert gewesen, dass er vorzeitig in Pension gegangen sei. Selbstverständlich sprach sich all das in der fränkischen Steuerverwaltung rasch herum.

Maluck forderte Beckstein öffentlich auf, gegen ihn Strafanzeige wegen Verleumdung zu stellen, wenn seine Beschuldigung falsch sei. Sonderbarerweise stellte Beckstein keine Strafanzeige, auch nicht gegen den Mann, der die eidesstattliche Versicherung abgegeben hatte. Der *SZ*-Journalist Michael Stiller berichtete in seinem 2002 erschienenen Buch *Edmund Stoiber: Der Kandidat* von dem Vorwurf Malucks, Beckstein habe einen bevorstehenden Polizeieinsatz im Nürnberger Rotlichtmilieu verraten. Ein Dementi Becksteins vermochte er nicht zu zitieren. Erstaunlicherweise äußerte sich nicht der Innenminister selbst, sondern nur sein Ministerium: Maluck sei ein »tragischer Fall; er sei über die Geschehnisse in seiner Dienststelle nicht hinweggekommen«. Durch solch mitleidige Worte wurde Maluck quasi für geistig nicht mehr voll zurechnungsfähig erklärt.

Doch dagegen, dass Maluck unzurechnungsfähig war, standen die Fakten. Die verschwundene Munition, die Morde an Levin und Poeschke, die Verwendung gleichartiger Munition hierbei und der Selbstmord der zwei Polizisten waren Tatsachen. Maluck hatte nichts erfunden. Wieso er sich dann die Beckstein vorgeworfenen Handlungen eingebildet haben sollte – er, der dienstlich ausgezeichnet beurteilt war –, das zu erklären wäre Günther Becksteins Pflicht gewesen. Beckstein sollte es noch zum Ministerpräsidenten bringen, Maluck hingegen wurde aus seinem Amt gedrängt. Im Laufe der Auseinandersetzungen geriet er immer mehr unter psychischen Druck und erkrankte schließlich an Herzrhythmusstörungen. Daraufhin wurde »von oben« seine Zwangspensionierung wegen angeblicher Dienstunfähigkeit verfügt. Vergeblich erhob er dagegen Klage vor dem Verwaltungsgericht. So musste er mit nur 48 Jahren in Pension gehen. Das Disziplinarverfahren wurde nach zehn (!) Jahren eingestellt, nicht einmal eine dienstrechtliche Missbilligung wurde gegen Maluck ausgesprochen. Für die vorzeitig an ihn zu bezahlende Pension haben die Steuerzahler aufzukommen.

Für den pflichtbewussten Polizeichef Werner Maluck war eine Welt eingestürzt. Sein Vertrauen in Vorgesetzte und politische Amtsträger, sein Glaube an den Rechtsstaat und die Justiz waren zerstört. Sein beruflicher Lebensinhalt war ihm geraubt. Gedemütigt und gesellschaftlich herabgewürdigt musste er hinnehmen, dass er »entsorgt« wurde. Wie sehr diese seelische Last auch seine Familie bedrückte, lässt sich vorstellen.

Kurz nachdem ich mich Anfang 1993 mit einer Eingabe an den Landtag gewandt hatte, meine Verfolgung durch Strauß schildernd, wandte sich Maluck in einem Brief an mich. Er legte seinen Fall dar, beklagte, dass er für verrückt erklärt werden sollte, nachdem man ihn zuvor krank gemacht habe. Er teilte mit, dass es auch um Tafelgeschäfte in Höhe von 500 000 Mark eines Mannes gegangen sei, »der von Ministerpräsident Strauß unter anderem gedeckt wurde«. Damit diese Steuerhinterziehung nicht aufflog, habe man ihm die dienstrechtliche Aussagegenehmigung versagt, »womit Aktivitäten der Finanzverwaltung beendet wurden«.

Ich glaubte ihm. Die beschriebenen Methoden kamen mir nur allzu bekannt vor. Aber ich konnte nichts für Maluck tun – es war zu spät, er war bereits zwangspensioniert. Überdies war ich selbst in schwerer Bedrängnis. Nach meiner Landtagseingabe schoss die Gegenseite auf mich aus allen Rohren.

Der Kriminalhauptkommissar Klaus Deml
und der Polizeiobermeister Josef Vogl

Wenige Wochen nachdem mich der Brief Werner Malucks erreicht hatte, berichtete die *Süddeutsche Zeitung* über einen spektakulären Kampf, der die gleichen Ingredienzien aufwies wie der Fall Maluck. Kriminalhauptkommissar Deml und Polizeiobermeister Vogl hatten Beschuldigungen gegen ihren Vorgesetzten Eberhard Pilz erhoben, den Leiter der Grenzpolizeiinspektion Furth im Wald. Die Stadt ist bekannt wegen des »Drachenstichs«, einem wiederkehrend aufgeführten Schauspiel, bei dem ein tapferer Fürst einen das Land heimsuchenden Drachen tötet. Damit wird an die Einfälle der Hussiten im 15. Jahrhundert erinnert. Die beiden Kriminalbeamten hingegen sollten ihren Kampf verlieren. Denn ihr Vorgesetzter genoss himmlischen Beistand.

Gegen Pilz hatte Deml im Juli 1989 Strafanzeige erstattet wegen des Verdachts der vorsätzlichen schweren Körperverletzung im Amt, des Meineids, der Rechtsbeugung, Verfolgung Unschuldiger, Urkundenunterdrückung, der Nötigung und der Strafvereitelung im Amt. Zuvor schon hatte er gegen ihn Anzeige erstattet wegen Steuer- und Zollvergehen, Untreue, Trunkenheit im Verkehr und Verrat von privaten Geheimnissen. Dabei wurde er von Polizeiobermeister Vogl unterstützt. Die Staatsanwaltschaft Regensburg verwarf jedoch die Strafanzeigen mit der Begründung, dass »ein Tatnachweis nicht zu führen war«. Stattdessen ging man anschließend gegen Deml und Vogl vor.

Wer war Eberhard Pilz? Er war, so Deml und Vogl, ein Günstling des damaligen CSU-Fraktionsvorsitzenden Gerold Tandler. Als 1987 der amtierende Innenminister August Lang die Leitung der Grenzpolizeiinspektion in Furth im Wald im Zuge einer Umorganisation einem Polizeioberrat übertragen wollte, schaltete Tandler den Ministerpräsidenten Strauß ein. In einem Brief an diesen beklagte er, der Beamte Pilz, »der seit Langem in unserer Partei aktiv tätig ist, wäre danach nur noch Vertreter des Leiters der Grenzpolizeistation … Dass eine solche Entscheidung der Person und den Leistungen des Herrn Pilz nicht gerecht wird, brauche ich nicht besonders zu betonen.« Strauß wies daraufhin Innenminister Lang schriftlich an, in Abstimmung mit Tandler »nach einer sachgerechten, einvernehmlichen Lösung zu suchen und mich über das Ergebnis zu unterrichten«. Das war ein rechtswidriger Eingriff in das verfassungsrechtliche Ressortprinzip, wonach jeder Minister seinen Geschäftsbereich eigenständig verwaltet. Doch Pilz stand nunmehr unter dem Schutz des »Allerhöchsten«.

Aber war es wirklich bloß die verdienstvolle Aktivität in der CSU, die Tandler und Strauß honorieren wollten? Pilz fehlte als Kriminalhauptkommissar eigentlich die formale Qualifikation für den höheren Dienst. Das Bayerische Landesamt für Verfassungsschutz ermittelte außerdem gegen ihn wegen des Verdachts nachrichtendienstlicher Tätigkeit. Er war heimlich in der Tschechoslowakei gewesen, ohne vorher die dienstliche Genehmigung einzuholen. Aus diesen Gründen hatte ihn Innenminister Lang nicht zum Leiter der neu geplanten Grenzpolizeistation machen wollen. Doch Pilz verfügte über eine Qualifikation, die ihn über all das hinaushob: Er war der Schwager des schwerreichen Unternehmers Anton Staudinger, der beste Beziehungen zu CSU-Spitzenpolitikern wie Gerda Hasselfeldt, Georg von Waldenfels, vor allem aber zu Gerold Tandler unterhielt. Letzterer machte mehrmals, laut SZ, seit 18 Jahren mutmaßlich zum Freundschaftspreis oder gar kostenlos Urlaub in den berühmten Poseidon-Gärten auf Ischia, die Staudinger gehörten. Selbstverständlich wurde Staudinger mit dem Bayerischen Verdienstorden ausgezeichnet.

Angesichts dieser Konstellation – und nachdem sich darüber hinaus auch noch das Justizministerium und der Generalstaatsanwalt in Nürnberg eingeschaltet hatten – wäre es ein wahres Wunder gewesen, wenn die Staatsanwaltschaft Pilz die von Deml angezeigten Vergehen hätte nachweisen können. Sie alle wachten darüber, dass Pilz kein Unrecht geschah – schließlich war die Verfolgung Unschuldiger durch die Justiz ein Verbrechen! Der Generalstaatsanwalt ließ den ermittelnden Staatsanwalt kommen und »erörterte« die Angelegenheit mit ihm. Nach seiner Rückkehr instruierte der Staatsanwalt den zuständigen Kriminalbeamten. Der zeigte Deml einen mit roter Tinte beschriebenen Zettel und klagte: »Das sind Anweisungen, mehr darf ich nicht mehr machen.«

Im Dezember 1992 erfuhr Deml, dass Pilz starke politische Rückendeckung habe und deshalb bei den Ermittlungen, die in etwa einem halben Jahr eingestellt würden, nichts herauskommen dürfe. Der Generalstaatsanwalt sei zuvor in München gewesen und habe vom Justizministerium entsprechende Weisungen erhalten. In einer schriftlichen Beschwerde an den Generalstaatsanwalt rügte Deml die rechtswidrig unterlassene Vernehmung von Zeugen und andere unterlassene Ermittlungen – ohne Erfolg.

In ihrer Not und Verzweiflung wandten Deml und Vogl sich an den Landtag und wiesen in einer Petition auf falsche Antworten von Innenminister Stoiber und Staatssekretär Beckstein hin, auf politische Einflussnahme, auf die mangelhaften Ermittlungen der Staatsanwaltschaft sowie auf den paradoxen Umstand, dass die Staatsanwaltschaft Pilz die Vernehmung als einen Beschuldigten nicht »zugemutet« habe. Sie rügten, Pilz sei sogar noch beruflich gefördert worden, sie hingegen seien als rechtmäßig handelnde Polizeibeamte unter Missbrauch der Disziplinargewalt regelrecht fertiggemacht worden. Die Petition wurde von der CSU-Mehrheit im Landtag abgeschmettert.

Zu diesem Zeitpunkt hatte Innenminister Stoiber die beiden Kriminalbeamten bereits zwangspensionieren lassen. Deml hatte zuvor Staatssekretär Beckstein in einem Gespräch alles geschildert, vergeblich. Als Deml eine Kur beantragte, ließ man ihn dienstärztlich untersuchen und stellte als Ergebnis fest, er sei dienstunfähig. Deml klagte dagegen vor dem Verwaltungsgericht und siegte. Daraufhin wurde er ein zweites Mal zwangspensioniert. Jetzt gab er auf, weil er erkannte, dass er auf einen nicht angemessenen Dienstposten abgeschoben würde, falls er den Prozess gewänne.

Gegen Vogl wurde zwei Jahre lang ein Disziplinarverfahren durchgeführt. Er war fälschlicherweise beschuldigt worden, einen Kollegen dazu angestiftet zu haben, Pilz bei einer »Fahrt unter Alkoholeinfluss« zu erwischen. Als sich die Unwahrheit dieser Anschuldigung herausstellte, wurde das Disziplinarverfahren eingestellt. Aber Vogl war aufgrund der andauernden psychischen Belastung krank geworden und wurde deswegen zwangspensioniert. Die Urkunde händigte man ihm an seinem 35. Geburtstag aus, er war verheiratet und Vater von zwei kleinen Kindern. Deml wurde im Alter von 45 Jahren in Pension geschickt. Der Präsident des Polizeiverwaltungsamts habe zu ihm gesagt: »Ihre Pensionierung kommt nicht von uns.«

Als sich Vogl und Deml, wie erwähnt, Ende Januar 1993 an den Landtag wandten, fiel der *SZ* und anderen Zeitungen eine Parallele auf. Drei Wochen zuvor hatte ich beim Landtag eine Eingabe eingereicht mit gleichartigen schweren Beschuldigungen gegen Strauß, Tandler, von Waldenfels und andere. Michael Stiller, der Landtagsjournalist der *Süddeutschen*, schrieb, die Petition der beiden Kriminalbeamten erinnere stark an die betrüblichen Erfahrungen, die der »Ministerialrat Wilhelm Schlötterer bei seinem Kampf gegen Steuerprivilegien für Prominente machen musste. Er hat sich freilich trotz aller Anfeindungen als Ministerialrat behaupten können; die beiden Oberpfälzer Polizisten dagegen sind nahezu ruiniert.«

Die Geschichte fand noch eine überraschende, entlarvende Fortsetzung. Pilz machte Karriere. Ende 1992 wurde er an den Freistaat Sachsen abgegeben; er wurde in Chemnitz Leitender Polizeidirektor und schließlich sogar Polizeipräsident des Landes Sachsen. Doch dann erhoben sich Anfang 2004 auch dort schwere Vorwürfe gegen ihn, nämlich Mobbing von Kollegen, sexuelle Belästigung, ungenehmigte Tätigkeit als Aufsichtsratsmitglied, Einsatz von Untergebenen für private Zwecke, Trunkenheit im Dienst und so weiter. Die Opposition im sächsischen Landtag verlangte seine Ablösung. Und nun holte ihn seine bayerische Vergangenheit ein. Die *Sächsische Zeitung* und die *Freie Presse Chemnitz* erfuhren von den früheren Vorwürfen gegen ihn und stellten fest, dass sie weitgehend den aktuellen Vorwürfen glichen. Der damalige sächsische Innenminister Thomas de Maizière erteilte Pilz einen disziplinar-rechtlichen Verweis und versetzte ihn 2005 mit 60 Jahren in den Ruhestand. Im Vergleich zu dem Unrecht, das er seinen Kollegen Deml und Vogl zugefügt hatte, war dies freilich eine lächerliche Sanktion. Dass indirekt ihre früheren Vorwürfe gegen Pilz bestätigt worden waren, konnte keine Genugtuung für sie sein. Strafrechtlich zur Verantwortung gezogen wurde er wegen der Vorwürfe nie.

Hat sich der bayerische Innenminister Beckstein um Wiedergutmachung bemüht oder sich wenigstens bei Deml und Vogl für das zugefügte Unrecht entschuldigt? Nein, das hat er nicht!

Es gilt noch einmal zurückzublenden. Deml erzählte, im November 1989 habe der persönliche Referent von Ministerpräsident Streibl über einen Dritten versucht, mit ihm ins Gespräch zu kommen. Er wollte unbedingt wissen, was er an Informationen über Tandler und Staudinger habe. Warum war Streibl daran so interessiert? Gerold Tandler, zu diesem Zeitpunkt mächtiger Finanzminister und stellvertretender CSU-Vorsitzender, war – wie die Öffentlichkeit erst später erfuhr, die CSU-Spitze aber vermutlich viel früher wusste – damals bereits mit fast 17 Millionen Mark verschuldet. Für diese Kredite waren zweifellos laufend erhebliche Zinszahlungen zu leisten, ein *Focus*-Bericht mutmaßte es seien 1,4 Millionen Mark jährlich. Woher kam das Geld? Sein Ministergehalt hätte dafür nicht ausgereicht. Beim Bäderkönig Eduard Zwick hatte Tandler seinerzeit 700 000 Mark Schulden. Für Ministerpräsident Streibl war es daher wichtig zu wissen, ob sein Finanzminister auch gegenüber Staudinger verpflichtet war.

Die enorme Verschuldung Tandlers rührte insbesondere daher, dass er in Altötting das Hotel Zur Post erworben und mit vielen Millionen umgebaut hatte. Offenbar aber wollte sich die in großer Zahl erwartete Pilgerkundschaft nicht einstellen. Ein Rechtsanwalt, der dort einkehrte, sprach einen Angestellten darauf an, dass das Hotel so leer wirke. Zu seinem Erstaunen erhielt er die Antwort: von wegen »leer«, das Hotel sei ausgebucht, die Staatsregierung habe die Zimmer für Staatsgäste gebucht. Konnte das sein? In Altötting, so weit weg von München, das über viele Hotels verfügt? Wurde Tandler auf diese Weise subventioniert? Oder war es ein Zufall?

Die Kriminalhauptkommissare Stephan Sattler und Robert Mahler

Hier ist nochmals auf das Schicksal der beiden Kriminalbeamten Sattler und Mahler einzugehen, gegen die im Zuge der bereits geschilderten Ermittlungen gegen das Großlabor Schottdorf Strafverfahren eingeleitet wurden. Es war evident, dass diese Strafverfahren völlig unbegründet waren, dass sie lediglich eine Sanktion darstellten. Und ohne jede sachliche Notwendigkeit hielt die Staatsanwaltschaft diese Verfahren rund zweieinhalb Jahre offen, bevor sie sie nach Paragraf 170, Absatz 2 der Strafprozessordnung einstellte. Was bedeutet, dass eine Straftat nicht vorlag.

Beiden Beamten setzte diese lange Verfahrensdauer enorm zu, die nur dann erklärlich gewesen wäre, wenn umfangreiche Ermittlungen erforderlich gewesen wären. Aber das war nicht der Fall. Kriminalhauptkommissar Sattler wurde als Falschaussage vorgeworfen, dass er, wie erwähnt, vor Gericht ausgesagt hatte, nach dem Fund der Unterlagen über eine Parteispende Schottdorfs an Ministerpräsident Stoiber seien die Ermittlungen »von oben« abrupt gestoppt worden und er habe noch nie einen so schweren Eingriff in ein Ermittlungsverfahren erlebt. Dieser Sachverhalt war so simpel, da musste nicht erst groß nachgeforscht werden.

Mahler war nur ein »kleiner« Sachbearbeiter. Seine Berichte waren von den Vorgesetzten genehmigt sowie von der Staatsanwaltschaft und dem Ermittlungsrichter geprüft worden. Dass man allein ihn mit Strafverfolgung überzog, lässt den Schluss zu, dass man »das Übel an der Wurzel packen wollte«.

Die Kriminalbeamten Sattler und Mahler sahen sich psychisch unter Druck gesetzt, beide spürten schließlich auch starke gesundheitliche Beeinträchtigungen. Man nahm ihnen Arbeitsfreude und Lebensfreude, sie wurden an andere Stellen versetzt. Man kann sich kaum vorstellen, wie es verbittern muss, in einem angeblichen Rechtsstaat für rechtmäßiges Verhalten abgestraft zu werden – von Leuten, die sich unentwegt als Verfechter von Rechtsstaatlichkeit und Demokratie ausgeben.

Aber es gelang nicht, sie zu zermürben. Mahler erhielt schließlich doch noch mit mehr als zweijähriger Verspätung seine Regelbeförderung, allerdings wohl nur deshalb, weil er »signalisiert« hatte, nicht mehr länger in der Vergangenheit herumzustochern. Sattler konnte hingegen jede Hoffnung auf Beförderung begraben.

Wie wollen die Justizministerin Merk, ihr Generalstaatsanwalt Strötz und der Oberstaatsanwalt Nötzel rechtfertigen, dass diese untadeligen und engagierten Beamten grundlos in Bedrängnis gebracht wurden, und das über so lange Zeit? Ihnen musste klar sein, wie sehr Sattler und Mahler unter diesen Beschuldigungen zu leiden hatten. Und sie wussten, dass Strafverfahren nicht länger dauern dürfen als unbedingt notwendig – andernfalls macht sich auch der Strafverfolger strafbar wegen Verfolgung Unschuldiger. Dafür sind sie zur Rechenschaft zu ziehen.

In empörendem Kontrast dazu steht, dass gegen die Beamten des Landeskriminalamts, die seinerzeit wegen der verweigerten Wiederlesbarmachung des gelöschten Datenbands von Max Strauß vor dem Untersuchungsausschuss nachweislich wahrheitswidrig ausgesagt hatten, kein Strafverfahren wegen Falschaussage eingeleitet wurde.

4 Psychiatrisierung

Die unheilbare Paranoia der hessischen Steuerfahnder

Die Einführung der Zinsabschlagsteuer ab 1. Januar 1993 behagte vielen Inhabern unversteuerter Konten ganz und gar nicht. Sie brachten ihr Geld mithilfe der jeweiligen Bank in die Schweiz. Es war ein wahrer Strom von Schwarzgeld, der dorthin abfloss.

Anfang der 90er-Jahre durchsuchte die Steuerfahndung Düsseldorf die Dresdner Bank wegen des Verdachts der Beihilfe zur Steuerhinterziehung durch Schwarzgeldverschiebungen. Dann nahm die Steuerfahndung Frankfurt 1996 die Commerzbank ins Visier, später die Deutsche Bank und die DG-Bank.

Das »Bankenteam« der Steuerfahndung Frankfurt umfasste 48 Fahndungsbeamte. Es stand unter der Leitung des sogenannten Bankenkoordinators Eckard Pisch. Das Team war höchst erfolgreich. Bundesweit holten die Beamten eine Milliarde Mark an hinterzogenen Steuern herein. Von der Oberfinanzdirektion Frankfurt erhielten sie eine schriftliche Belobigung.

Doch 1999 gewinnt die CDU die Landtagswahl in Hessen, Roland Koch wird Ministerpräsident, Finanzminister wird ein mit ihm seit Jahren verschworener Weggefährte, der Jurist Karlheinz Weimar. Im Jahr 2000 fliegt auf, dass die Hessen-CDU 20 Millionen Mark an Schwarzgeld in Liechtenstein versteckt hat. Außer der Staatsanwaltschaft Wiesbaden ermittelt auch die Steuerfahndung Frankfurt, offensichtlich zum Missfallen von Roland Koch, denn die Beamten werden von ihren Vorgesetzten von dem Fall abgezogen. Der frühere CDU-Landeschef Manfred Kanther wird wegen der Schwarzgeldverschiebung angeklagt und zu einer Geldstrafe verurteilt, während Roland Koch behauptet, von dem Schwarzgeld nichts gewusst zu haben. Dies erscheint äußerst unglaubwürdig. Er verspricht »brutalstmögliche Aufklärung«. Aufgeklärt wird nichts, aber das Prädikat »brutalstmöglich« wird bundesweit zum persönlichen Markenzeichen Roland Kochs.

Seine Glaubwürdigkeit wird weiter erschüttert, als er zugeben muss, bewusst einen falschen Rechnungsbericht der CDU über Parteispenden unterschrieben und der Bundestagsverwaltung zugeleitet zu haben. Die Rückflüsse des Schwarzgeldes aus Liechtenstein sind als Darlehen des CDU-Schatzmeisters Casimir zu Sayn-Wittgenstein deklariert worden. Außerdem hat Koch am 10. Januar 2000 auf Anfrage erklärt: »Ich kenne bis zum heutigen Tage keinen einzigen Vorgang außerhalb der offiziellen Buchhaltung der CDU.« Auf einer Pressekonferenz am 8. Februar 2000 muss er jedoch zugeben, dass er in beiden Fällen die Unwahrheit gesagt hat.

Ende 2000 hat Roland Koch die Affären einigermaßen überstanden. Es ist wohl kein zeitlicher Zufall, dass sich nunmehr für die Steuerfahndung das Blatt wendet. Die Finanzbeamten arbeiten weiterhin höchst erfolgreich, die Steuereinnahmen aus Hinterziehungsfällen sind nach wie vor hoch. Plötzlich aber wird »von oben« her der Rückwärtsgang eingelegt. Als das Finanzamt Frankfurt beantragt, das Personal um 25 Steuerfahnder aufzustocken, weil noch 60 000 Verfahren abzuarbeiten seien – das hätte dem Land Hessen und der Bundesrepublik viele Millionen gebracht –, weigert sich das hessische Finanzministerium.

Rechtswidrige Weisungen

Was geschieht stattdessen? Den Steuerfahndern wird am 30. August 2001 eine Amtsverfügung überreicht – seltsamerweise in einem geschlossenen Umschlag. Anders als die sonstigen Dienstanweisungen wird sie nicht in die offizielle Amtsregistratur aufgenommen. Jeder Empfänger der Weisung wird aktenkundig festgehalten. Die geheime Weisung ordnet an, dass ein Verdacht auf Steuerhinterziehung bei Geldtransfers ins Ausland nur noch dann anzunehmen sei, wenn es sich um ein Volumen von über 500 000 Mark oder einen Einzeltransfer von über 300 000 Mark handle. Faktisch war diese Anordnung eine Amnestie, eindeutig gesetzwidrig, denn die Strafprozessordnung macht einen Anfangsverdacht nicht von bestimmten Betragsgrenzen abhängig. Zudem begünstigte die Weisung gerade diejenigen Steuerhinterzieher, die, wie es der Erfahrung entspricht, größere Beträge stückeln.

Die Steuerfahndungsbeamten erkannten sofort, welche Absichten mit dieser Amtsverfügung verfolgt wurden, und waren außer sich. Mehrere machten von ihrem gesetzlichen Recht auf Remonstration Gebrauch. Beamte dürfen rechtswidrige Weisungen nicht blind befolgen. Sie müssen gegebenenfalls bei den Vorgesetzten Widerspruch einlegen, »remonstrieren«. Beharren die Vorgesetzten auf ihrer Weisung, müssen die Beamten ihr nachkommen. Ist sie aber – wie es hier der Fall war – sogar strafbar, dürfen die Beamten sie unter keinen Umständen befolgen. Mit ihrem Widerspruch haben die Steuerfahnder hier jedoch keinen Erfolg.

Die Staatsanwaltschaft Bochum hat Ermittlungen zu Steuerhinterziehungen über Liechtenstein aufgrund der sogenannten Batliner-CD durchgeführt. Ein Angestellter des Liechtensteiner Anwalts Batliner, Treuhänder für viele deutsche Steuerhinterzieher, hat deren Daten auf eine CD-ROM kopiert. Die Frankfurter Steuerfahnder Frank Wehrheim, Rudolf Schmenger und Marco Wehner, die ebenfalls hinsichtlich Liechtenstein ermitteln, vereinbaren am 25. Oktober 2001 mit der Bochumer Staatsanwältin Margrit Lichtinghagen, die Informationen auszutauschen – eine rechtlich zulässige und hier sogar gebotene gegenseitige Amtshilfe. Doch was geschieht? Die Vorgesetzten untersagen den Steuerfahndern die Zusammenarbeit.

Sanktionen

Anfang November 2001 trägt der Sachgebietsleiter und Bankenkoordinator Pisch seine Einwände gegen die erwähnte Amtsverfügung dem Finanzamtsvorsteher schriftlich vor. Daraufhin wird er zum Oberfinanzpräsidenten Albrecht Pfister zitiert. Tage später hat er einen neuen Arbeitsplatz, er wird nach Darmstadt zwangsversetzt. Als sich der Personalrat in einem Schreiben an Finanzminister Karlheinz Weimar gegen die Abstrafung des Bankenkoordinators einsetzt, lässt Weimar durch seinen Staatssekretär ablehnend mitteilen: Pisch habe das Vertrauensverhältnis mit der Amtsleitung beeinträchtigt.

Der sehr tüchtige Amtsrat Schmenger erhält seine dienstliche Beurteilung – zu seiner Überraschung ist sie erstmals negativ. In einem Schreiben der Staatsanwaltschaft hingegen wurde Schmenger belobigt. Gegen ihn, der weiterhin gegen die Amtsverfügung Einwendungen erhebt, werden schließlich disziplinäre Vorermittlungen eingeleitet. Zudem versetzt man ihn in ein anderes Finanzamt. Er ist tief schockiert. Nunmehr darf er ausschließlich Fälle bearbeiten, bei denen das Ergebnis von vornherein feststeht: Fälle, bei denen aufgrund von Verlusten keine Steuer anfällt, sogenannte Nullfälle. Für ihn, der hoch qualifiziert ist, der bislang bei Großfällen Millionen an Steuern hereinholte, ist das eine schwere Demütigung. Er ist total frustriert.

Auch die Ermittlungen der anderen Steuerfahnder werden blockiert. Ministerialbeamte von Weimars Finanzministerium fahren von Wiesbaden nach Frankfurt und stellen gegenüber den Sachgebietsleitern der Steuerfahndung klar, dass die Bankenverfahren aufgrund der Amtsverfügung gelöst seien. Alle noch offenen Verfahren müssten bis Ende 2002 abgeschlossen sein.

Eskalation

Am 26. Juni 2003 unterschreiben 48 Steuerfahnder einen Brief an Ministerpräsident Roland Koch und an Finanzminister Karlheinz Weimar – ein gleichsam verzweifelter Hilferuf. Von dem konservativen Landesvater, der Mitglied einer Partei ist, zu deren Grundprinzipien »Law and Order« gehört, erhoffen sie Verständnis. Sie beklagen, aufgrund der ergangenen Anordnungen drohten erhebliche Steuerausfälle, weil sehr viele Steuerhinterzieher nicht verfolgt werden könnten. Wenn sie deswegen rechtliche Bedenken vorbrächten, riskierten sie, abgelöst oder versetzt zu werden. Und zwar selbst dann, wenn die Staatsanwaltschaft die Bedenken teile. Sie seien haltlosen Vorwürfen und willkürlichen Maßnahmen ausgesetzt.

Durch eine Indiskretion wird der Brief bekannt, bevor er abgeschickt wird. Daraufhin werden die Unterzeichner, wie verlautet, von ihren Vorgesetzten massiv unter Druck gesetzt. Aus Angst ziehen die meisten die bereits geleistete Unterschrift zurück. Die wenigen Beamten, die standhaft bleiben, müssen die Steuerfahndung verlassen. Das Bankenteam wird zerschlagen, die Steuerfahndung beim Finanzamt Frankfurt V wird aufgelöst, die Beamten werden auf drei andere Finanzämter verteilt.

Am 11. August 2003 berichtet der *Spiegel* unter dem Titel »Amnestie durch die Hintertür« über die skandalöse geheime Amtsverfügung, durch die »wohlhabende Steuerhinterzieher geschützt, andererseits sich zu Recht dagegenstellende Beamte kaltgestellt würden«. Finanzminister Weimar streitet im Haushaltsausschuss des Landtags alles ab. Unter der Überschrift »Oase Frankfurt« beschuldigt daraufhin der *Spiegel* am 25. September 2003 den Finanzminister, er habe im Landtag teils Fakten verschwiegen, teils die Unwahrheit gesagt. Der *Spiegel* belegt das mit Beispielen.

Ein Untersuchungsausschuss

Die SPD-Opposition beantragt nunmehr einen Untersuchungsausschuss. Der Landtag beschließt seine Einsetzung. Außerdem reichen sechs der kujonierten Steuerfahnder eine Petition beim Hessischen Landtag ein. Roland Koch erklärt vor dem Landtag: »Es gibt keinen Skandal.«

Gegen die Stimmen der SPD beschließt der Untersuchungsausschuss, nur zwei der Steuerfahnder als Zeugen zu hören. Einer davon ist Wolfgang Schad. Er ist nicht nur Steuerbeamter, sondern auch Präsident des Hessischen Leichtathletikverbands. Und nun passiert Ungeheuerliches: Kurz vor seiner Vernehmung wird Schad ins Finanzministerium geladen. Dort bietet ihm Mario Vittoria, der Leiter der Personalabteilung, eine neue Stellung in dem von Volker Bouffier geführten Innenministerium an, als Referent für die Förderung des Sports. Für den Oberamtsrat Schad ist das ein äußerst attraktives Beförderungsangebot. Als er tags darauf vor dem Untersuchungsausschuss aussagen soll, erklärt Schad, er wolle nur dann aussagen, wenn die Öffentlichkeit ausgeschlossen werde. Er weiß, dass einige seiner Kollegen im Publikum sitzen. In nicht öffentlicher Sitzung wird er sodann gefragt, ob zutreffe, was in der von ihm unterschriebenen Petition stehe. Er verneint! Überhaupt kann er sich an nichts mehr erinnern.

Seine Kollegen erfahren über die Abgeordneten der Opposition von der für sie unfassbaren Aussage. Sie stellen Schad zur Rede. Er rechtfertigt sich damit, dass er einen »Blackout« gehabt habe. Das war absolut unglaubwürdig. Aber selbst wenn: Dann wäre er rechtlich verpflichtet gewesen, seine Falschaussage zu korrigieren. Doch das tat er nicht. Tatsächlich wird er anschließend ins Innenministerium versetzt und dort von Volker Bouffier zum Regierungsrat befördert. Dass er als Kronzeuge umfiel, war für seine Kollegen ein Desaster. Der Untersuchungsausschuss war für sie keine Rettungsinsel mehr, die CDU konnte jubilieren, es sei alles in Ordnung. Die von Schmenger und seinen Mitstreitern eingereichte Landtagspetition wurde selbstverständlich abgewiesen – mit der Mehrheit von einer Stimme, nämlich der von Karlheinz Weimar.

Dann wurde auch Mario Vittoria befördert, zum Oberfinanzpräsidenten in Frankfurt. Sein Angebot an Schad war strafrechtlich als Anstiftung zur Falschaussage zu beurteilen. Denn Schad musste davon ausgehen, dass die Beförderungsofferte unmittelbar vor seiner Zeugenaussage nur dann Gültigkeit hatte, wenn er sich vor dem Untersuchungsausschuss in Wohlverhalten übte. Daher kann dahingestellt bleiben, ob Vittoria dies ausdrücklich zur Bedingung gemacht hatte. Und tatsächlich fasste Schad das Angebot so auf – anders lässt sich seine Blackout-Einlassung vor dem Untersuchungsausschuss nicht erklären.

Wussten Finanzminister Weimar und Innenminister Bouffier von dem, was Vittoria tat? Davon ist auszugehen: Vittoria konnte als Abteilungsleiter im Finanzministerium Wolfgang Schad keine Stelle im Innenministerium anbieten, es sei denn, dass es mit dem Innenminister vorher abgesprochen war. Und Vittoria konnte ohne die vorherige Zustimmung des Finanzministers einem Steuerbeamten keine Versetzung in ein anderes Ressort offerieren.

Das Vorgehen der Politspitze war unfassbar primitiv, die Sache musste auffliegen. Plumpheit war überhaupt das gemeinsame Kennzeichen des sogenannten Tankstellentrios Koch, Weimar und Bouffier. Jahrzehnte zuvor hatten sie sich bei verschiedenen Treffen in einem Tankstellenrestaurant verschworen, die Macht in Hessen zu ergreifen, was ihnen schließlich mit einer ausländerfeindlichen Kampagne gegen die doppelte Staatsbürgerschaft von Türken und anderen Ausländern gelungen war. Gegenüber den missliebigen Steuerfahndern sollte sich ihre Plumpheit dann zur Brutalität steigern.

Schwere Zeiten für Steuerfahnder

Für die Steuerbeamten beginnen schlimme Zeiten. Amtsrat Schmenger muss entdecken, dass über ihn, was unzulässig ist, eine geheime Personalakte mit haltlosen Beschuldigungen geführt wird. Er erhält ein zweites Mal eine schlechte dienstliche Beurteilung. Das Disziplinarverfahren gegen ihn wird zwar eingestellt, doch wird eine dienstliche »Missbilligung« ausgesprochen. Auf seine Klage hin hebt das Verwaltungsgericht Frankfurt diese Verfügung auf. Die ständigen Aufregungen und die tiefe Frustration setzen Schmenger zu, er erkrankt an einem Nierenleiden, muss in eine Reha-Klinik. Dann erleidet er einen Bandscheibenvorfall, er wird längere Zeit krankgeschrieben.

Der Personalratsvorsitzende Thorsten Kimpel wendet sich an Finanzminister Weimar persönlich und bittet um seine Hilfe. Weimar antwortet nicht, stattdessen wird Kimpel an ein anderes Finanzamt zwangsversetzt. Ein Oberamtsrat hat vor dem Untersuchungsausschuss ausgesagt, dass zahlreiche beschlagnahmte Akten der Deutschen Bank, bei denen es um große Steuerhinterziehungen über Liechtenstein ging, nicht ausgewertet worden seien – er wird ebenfalls abgestraft. Als Schmenger eine Aussagegenehmigung beantragt, um seine Dienstvorgesetzten bei der

Staatsanwaltschaft anzeigen zu können, weigert sich das Finanzministerium. Zugleich droht es ihm mit Sanktionen bis hin zur Entlassung aus dem Dienst, falls er trotzdem Anzeige erstatte.

Mehrere Steuerfahnder werden gegen ihren Willen aus der Steuerfahndung in die Servicestelle »Recht« versetzt, die behördenintern als Strafbataillon oder »Archipel Gulag« eingestuft wird. Einer von ihnen erzählt anonym der Illustrierten *Stern*: »Da waren keine Computer, keine Akten, kein Chef. Es gab nichts zu tun. Wir haben aus dem Fenster geguckt und Urlaubsfotos sortiert.« Oberamtsrat Wehrheim, der jahrelang den Großbanken und prominenten Steuerpflichtigen zugesetzt hatte, beklagte gegenüber dem *Stern*: »Da saß ich da ... und war froh, einen Kirchensteuerfall zu bearbeiten, da ging es um 70 Euro.« Der Steuerfahnder Heiko Weser verliert seine Zeichnungsberechtigung, er darf keinen Brief mehr unterschreiben, er hat nicht einmal mehr einen Schreibtisch, im dienstlichen Telefonverzeichnis steht statt seines Namens nur N.N. (lateinische Abkürzung für »nomen nominandum«, »der zu nennende Name«). Ein anderer Steuerfahnder besitzt keinen Computer, nicht einmal ein funktionierendes Telefon, weil er den Nummerncode hierfür nicht bekommt. Ihm und seiner Ehefrau, die früher ebenfalls in der Steuerfahndung tätig war, setzt die zutiefst demütigende Situation nervlich so zu, dass beide krankgeschrieben werden – nicht von einem privaten Arzt, sondern vom Amtsarzt, der das Mobbing als gesundheitsschädigend diagnostiziert.

Dass Mobbing Arbeitnehmer krank machen kann, ist medizinisch erwiesen. Der von oben gedeckte CSU-Bürgermeister einer bayerischen Stadt setzte seinen Mitarbeitern so zu, dass sich sieben in psychiatrische Behandlung begeben mussten, drei sogar stationär. Beamte sind besonders betroffen, weil sie nicht einfach den Dienstherrn wie andere die Firma wechseln können.

Normalerweise besteht zwischen den Beamten und ihren Vorgesetzten ein enges Vertrauensverhältnis. Dieses ist rechtlich so ausgestaltet, dass die Beamten einer besonderen Treuepflicht gegenüber ihrem Dienstherrn unterliegen – umgekehrt obliegt dem Dienstherrn eine Fürsorgepflicht gegenüber den Beamten. In der Regel funktioniert das sehr gut. Wenn aber, wie hier, plötzlich die obersten Vorgesetzten ihre Untergebenen aus rechtswidrigen, sogar strafbaren Beweggründen schikanieren, demütigen, ihnen die Beförderung verbauen, sie disziplinarrechtlich verfolgen – und das über Jahre hinweg, ohne dass die Betroffenen eine Aussicht auf Besserung haben –, reißt das die Untergebenen in einen emotionalen Abgrund. Das Bewusstsein, pflichtgemäß nach Recht und Gesetz gehandelt zu haben, dafür aber abgestraft zu werden, zerstört ihr berufliches Weltbild.

Wer war verantwortlich für die grob rechtswidrige geheime Amtsverfügung, für die zwangsweisen Versetzungen und Umsetzungen, für die Zerschlagung des Frankfurter Bankenteams, für die unsägliche Treibjagd gegen die nicht fügsamen Steuerbeamten? Es war eindeutig die politische Spitze.

Hinter der geheimen Amtsverfügung, die in strafbarer Weise reiche Steuerhinterzieher begünstigte, stand Weimars Finanzministerium. Und wie schon erwähnt, wurden Ende 2002 dessen Vertreter im Finanzamt Frankfurt V vorstellig, um die Weisung durchzusetzen. Weimar war damit persönlich verantwortlich. Es ist davon auszugehen, dass er in enger Absprache mit Roland Koch handelte. Das Vorgehen der Steuerfahndung gegen die Frankfurter Großbanken und reiche Steuerhinterzieher war keine Routineangelegenheit, sondern eine Staatsaffäre. Für Roland Koch musste das absolute Chefsache sein. Bankbosse und vermögende Steuerpflichtige waren vermutlich längst an ihn und Weimar herangetreten – man traf sich ja laufend auf irgendwelchen Empfängen und Veranstaltungen – und hatten sich über die Steuerfahnder beschwert! Koch und Weimar mussten davon ausgehen, dass die Parteispenden dieser wichtigen Geber schrumpfen oder ganz wegfallen würden, wenn man sie nicht vor dem Zugriff der Steuerfahndung schützte. Das hätte die Wiederwahl der Regierung Koch gefährdet.

Am 15. September 2004 wendet sich Amtsrat Schmenger schriftlich an Koch und Weimar. Er bittet sie unter anderem um die »Verfolgung von Straftaten und Dienstpflichtverletzungen in der hessischen Finanzverwaltung« sowie um eine verwaltungsinterne Bereinigung. Er erhält keine Antwort. Auf einen zweiten Brief Schmengers vom 22. November 2004 reagiert Koch wiederum nicht. Weimar lässt seinen Staatssekretär mitteilen, die Sache werde überprüft. Auch auf zwei weitere Briefe Schmengers antworten Koch und Weimar nicht. Zu bedenken ist: Es handelte sich hier um Petitionen. Das Petitionsgrundrecht des Artikel 17 GG gewährt einen Rechtsanspruch auf einen sachgemäßen Bescheid. Aber selbst ein Schreiben des Personalrats des Finanzamts vom 15. September 2005 zur unerträglichen Arbeitssituation und unkorrekten Führung der Personalakten wird von Finanzminister Weimar nicht beantwortet.

Das beharrliche Schweigen Kochs und Weimars scheint zu beweisen: Hinter dem, was geschah, stand ihr Wille. Sie wussten über die skandalösen Vorgänge bestens Bescheid, auch aufgrund der Artikel des *Spiegel* vom 11. August und 25. September 2003, der ständigen Berichte der *Frankfurter Rundschau*, der Einsetzung und der Arbeit des Untersuchungsausschusses. Aber das konnte sie nicht davon abhalten weiterzumachen – brutalstmöglich.

Die Psychiatrisierung

Der von CDU und FDP erstellte Mehrheitsbericht des Untersuchungsausschusses befand, dass sich die Regierung rechtmäßig verhalten habe. Der Bericht wurde am 30. März 2006 im Landtagsplenum behandelt und gegen die Stimmen der Opposition gebilligt. Die *Frankfurter Allgemeine*, die sich so seriös gibt und risikolos unendlich viele Artikel über die Schandtaten im Dritten Reich schreibt, titelte: »Karlheinz Weimar, Leidgeprüfter, der vom Verdacht freigesprochen worden ist, er habe Steuersünder vor Strafverfolgung bewahrt«. Die Petition des Amtsrats Schmenger und seiner Mitstreiter hatte der Landtag bereits zuvor abgewiesen. Für die Widerständler gab es nun keine Instanz mehr, an die sie sich wenden konnten. Jetzt sah man den Zeitpunkt gekommen, sie völlig zu eliminieren.

Zweifellos in Übereinstimmung mit dem Finanzministerium erteilte die Oberfinanzdirektion Frankfurt mit Schreiben vom 7. Juli 2006 dem Versorgungsamt den Auftrag, Schmenger durch einen Nervenarzt auf seine Dienstfähigkeit untersuchen zu lassen. Als dieser sich bei dem als Gutachter benannten Arzt Dr. Thomas Holzmann einfand, war er sehr überrascht zu erfahren, dass er sich psychiatrisch untersuchen lassen sollte. In der Vorladung hatte es lediglich geheißen, seine Dienstfähigkeit sei zu begutachten. Man hatte Schmenger eine Falle gestellt. Eine lediglich einstündige Untersuchung genügte Dr. Holzmann, um zu diagnostizieren: Herr Schmenger biete »ein klinisches Bild, welches eindeutig einer paranoid-querulatorischen Entwicklung entspricht«. Da eine chronische und verfestigte psychiatrische Erkrankung ohne Krankheitseinsicht vorliege, sei er auf Lebenszeit dienstunfähig. Wegen der Unheilbarkeit der Paranoia bedürfe es auch keiner Nachuntersuchung mehr.

Schmenger wurde daraufhin zwangspensioniert – im Alter von nur 46 Jahren!

Tina Feser, Heiko Feser und Marco Wehner traf das gleiche Schicksal. Auch sie wurden zu Dr. Holzmann geschickt. Er bescheinigte ihnen ebenfalls in nahezu gleichlautenden Gutachten unheilbare Paranoia, die von ihnen geschilderten dienstlichen Eingriffe von oben seien wahnhafter Natur – entsprächen also nicht der Wirklichkeit. Sie wurden zwangspensioniert, 36, 37 und 40 Jahre alt.

Wer für geisteskrank erklärt wird, stirbt den bürgerlichen Tod. Er wird nicht mehr ernst genommen, seine Persönlichkeit wird vernichtet. Als Amtsrat Schmenger die Zulassung als Steuerberater beantragte, teilte ihm die Steuerberaterkammer mit – sie konnte ja keinen Verrückten zulassen! –, er müsse sich nochmals einer medizinischen Untersuchung stellen. Schmenger ließ sich von der Universitätsklinik Frankfurt psychiatrisch untersuchen. Prompt stellte diese fest, dass er geistig völlig gesund war. Am 9. November 2007 teilte die Steuerberaterkammer dem Finanzministerium mit, dass sie Schmenger zum Steuerberater bestellt habe. Ein nervenärztliches Gutachten habe »aus psychiatrischer Sicht ergeben, dass Schmenger den Beruf des Steuerberaters in vollem Umfang ordnungsgemäß ausüben kann«. Welche Überraschung für Finanzminister Weimar! Hatte er nicht fest daran geglaubt, dass Schmenger geisteskrank sei? Am 21. Januar 2008 berichtete der *Spiegel* über die Psychiatrisierung und über die sensationelle Wendung im Fall Schmenger. Kaltschnäuzig ließ Weimar gegenüber dem *Spiegel* erklären, das Finanzministerium wolle die Vorgänge nicht kommentieren. Und: »Herr Schmenger kann machen, was er will.«

Aufgrund des Befundes der Universitätsklinik Frankfurt hätte Finanzminister Weimar die Zwangspensionierung Schmengers wieder zurücknehmen müssen: zum einen aufgrund seiner beamtenrechtlichen Fürsorgepflicht, zum anderen weil das Land Hessen ungerechtfertigt mit Pensionszahlungen belastet wurde. Zudem hätte er nun die Gutachten des Dr. Holzmann bezüglich der anderen zwangspensionierten Steuerfahnder überprüfen lassen müssen. Dass er dies unterließ, entlarvt ihn. Desgleichen auch Roland Koch, der durch den Bericht im *Spiegel* mit dem unfassbaren Skandal konfrontiert wurde, aber keine Abhilfe schaffte.

Es gab in Hessen noch einen weiteren Skandalfall, in dem ein Steuerbeamter sich Dr. Holzmann stellen sollte – gemäß einer Weisung der Oberfinanzdirektion Frankfurt vom 21. Dezember 2005. Ein sehr tüchtiger, im Finanzamt Gelnhausen tätiger Betriebsprüfer sollte sich auf »eine mögliche Dienstunfähigkeit« untersuchen lassen. Er prüfte einen großen und prominenten Steuerpflichtigen, wurde aber plötzlich von der Amtsleiterin von dem Fall abgezogen. Es ging um einen Steuerbetrag von circa 25 Millionen Euro. Frappierend: Die Amtsleiterin war ausgerechnet die Ehefrau des Abteilungsleiters Mario Vittoria im Finanzministerium! Doch als der Beamte in einem Gespräch mit ihr eine Versetzung akzeptierte, widerrief die Oberfinanzdirektion am 23. Dezember 2005 ihre Weisung. Unversehens stand der Betriebsprüfer nicht mehr im Verdacht, geisteskrank zu sein. Von einem Tag auf den anderen galt er als gesund. Allerdings noch nicht endgültig. Denn die Oberfinanzdirektion drohte ihm schriftlich, sie behalte sich vor, »eine entsprechende Weisung erneut zu erlassen«. Wie es heißt, musste der Betriebsprüfer unterschreiben, dass er über die gesamten Vorgänge über ein Jahr lang Stillschweigen bewahre.

Ein weiterer haarsträubender Fall vermittelt ebenfalls Einsichten in das Gebaren der Regierung Koch. Jürgen Rau, lange Jahre Leiter eines Finanzamts, CDU-Mitglied, wurde von Finanzminister Weimar, den er ebenso persönlich kannte wie den Abteilungsleiter Mario Vittoria, zum Direktor der hessischen Staatsbäder ernannt. Er sollte verschiedene Immobilien gewinnbringend veräußern. Beim Verkauf der Burg Stauffenberg boten deren Pächter 2,2 Millionen Mark. Rau empfahl Weimar mehrmals, das Angebot anzunehmen. Doch der verkaufte die Burg für nur 950 000 Mark – abzüglich der vom Land Hessen zu tragenden Instandhaltungskosten in Höhe von 240 000 Mark – an einen anderen Erwerber. Die Affäre wurde öffentlich, Weimar geriet in Bedrängnis. Plötzlich erfuhr Rau aus der Presse, dass das Finanzministerium gegen ihn wegen angeblicher finanzieller Unregelmäßigkeiten beim Umbau des Jagdschlosses in Rüdesheim ermittle. Rau wehrte sich entschieden. Er klagte über »Weimars ministeriales Mobbingsystem« und warf ihm unzulässige Geschäfte vor. Das Finanzministerium versuchte nunmehr, ihn als Querulanten hinzustellen. Rau schrieb daraufhin mehrmals an Weimar, der nie antwortete. Man sieht: Weimar praktizierte hier die gleichen menschenverachtenden Methoden wie gegenüber den Steuerfahndern! Es kam zum Prozess. Das Landgericht Frankfurt sprach Rau in vollem Umfang von den Vorwürfen des Finanzministeriums frei. Selbst die Staatsanwaltschaft forderte Freispruch. Eine Rehabilitierung durch Weimar blieb jedoch aus.

Ein vernichtendes Gerichtsurteil

Schiffbruch erleiden sollte Weimar – und damit zugleich sein Chef Roland Koch – auch hinsichtlich der angeblich verrückten Steuerfahnder. Der Menschenrechtsbeauftragte der Landesärztekammer Hessen griff die Sache auf. Er schrieb am 27. März 2008 an Schmenger, es bestehe gegen Dr. Holzmann »ein hochgradiger Verdacht auf Gefälligkeitsbegutachtung«. Der Richter a. D. Rainer Raasch wurde von der Landesärztekammer mit den Ermittlungen beauftragt. Unter dem Titel »Eiskalt abserviert« berichtete die Illustrierte *Stern* groß über die Affäre. Tatsächlich kam der frühere Richter zu dem Ergebnis, der Psychiater Holzmann habe Gefälligkeitsgutachten erstellt. Die Ärztekammer erhob gegen ihn berufsrechtliche Klage vor dem Verwaltungsgericht Gießen, zugleich erstattete sie Strafanzeige gegen ihn wegen Ausstellung eines unrichtigen Gesundheitszeugnisses (Paragraf 278 Strafgesetzbuch).

Am 13. Juli 2009 berichtete der *Spiegel* erneut über den Skandal. ARD-Report Mainz schilderte den ungeheuerlichen Vorfall, »wie aus engagierten Beamten psychisch Kranke wurden«. Die *Frankfurter Rundschau* beschäftigte sich unter der Überschrift »Kontrolle unerwünscht« mit drei weiteren Fällen, in denen Steuerbeamte unter Koch und Weimar von brisanten Steuerfällen abgezogen wurden. Es waren der Regierungsoberrat Franz Honemann, der die Deutsche Bank prüfte, der bereits erwähnte Betriebsprüfer des Finanzamts Gelnhausen und der Oberamtsrat Frank Wehrheim. Letzterer machte erstmals öffentlich, dass er nach der Durchsuchung des Büros von Steuerberater Horst Weyrauch, der für die Hessen-CDU Geld in einer Liechtensteiner Stiftung namens »Zaunkönig« versteckt hatte, abgelöst wurde. Doch trotz der Enthüllungen in der Presse über all diese schmutzigen Machenschaften amtierten Koch und Weimar ungeniert weiter.

Dann erging 2009 das Urteil des Verwaltungsgerichts Gießen, das für den Gutachter Holzmann vernichtend war. Das Gericht stellte fest, der Arzt habe vorsätzlich die ihm geläufigen Kriterien für die Diagnose einer Paranoia missachtet. Es fehle in allen vier Gutachten an der erforderlichen Erhebung des Befundes. Gegen Holzmann verhängte das Gericht eine Geldbuße von 12 000 Euro.

Dieses Urteil kompromittierte Koch und Weimar schwer. Für wen wohl hatte Holzmann vorsätzlich falsche Gutachten erstellt? Ein persönliches Interesse konnte der Arzt nicht haben, sein Honorar in Höhe von jeweils 400 Euro hätte er so oder so erhalten.

Nun hätte man erwarten können, dass die gefeuerten Steuerbeamten rehabilitiert und in allen Ehren mit vielen Entschuldigungen wieder in den Verwaltungsdienst aufgenommen würden. Weit gefehlt! Finanzminister Weimar erklärte zwar kleinlaut, er sehe ein, dass beide Seiten nunmehr abrüsten müssten. Er sei auch bereit, die Beamten wieder in den aktiven

Dienst zu übernehmen. Sofern sie sich – so forderte er – zuvor nochmals einer eingehenden medizinischen Untersuchung unterziehen würden! Er sei aber damit einverstanden, wenn diese Untersuchung in einem anderen Bundesland stattfände. Mit diesem Ansinnen wie auch durch sein sonstiges Benehmen zeichnete Weimar sich selbst als Karikatur eines Ministers.

Es war unglaublich, Weimar und Koch gaben immer noch nicht auf. Selbstverständlich weigerten sich die vier Steuerbeamten, und zwar mit vollem Recht, sich erneut einer psychiatrischen Untersuchung zu stellen. Und so mussten sie sich weiterhin mit ihrer Zwangspensionierung abfinden.

Ein zweiter Untersuchungsausschuss

Doch die Situation wurde für Koch und Weimar langsam brenzlig. Auf Antrag der Opposition wurde am 28. Januar 2010 ein weiterer Untersuchungsausschuss eingesetzt. Das Urteil des Verwaltungsgerichts Gießen und die Presseberichte über die skandalösen Eingriffe von höchster Stelle brachten beide Politiker in schwere Bedrängnis. Falls die vier Steuerbeamten als Zeugen aussagen würden, könnte man sie nicht mehr länger als verrückt hinstellen. Hatte Weimars Pressesprecher, wie das *Handelsblatt* berichtete, zuvor erklärt, diese Beamten würden unter Verfolgungswahn leiden (zur Rede gestellt, stritt er diese Äußerung ab), würde sich erweisen, dass die Verfolgung alles andere als ein Wahn war. Dennoch pöbelte Roland Kochs CDU-Generalsekretär Peter Beuth schon im Vorfeld, sie seien »Querulanten mit maßloser Selbstüberschätzung«.

Im Dezember 2009 bat mich die *Frankfurter Rundschau* um ein Interview zu dem Skandal. Ich nahm kein Blatt vor den Mund:

Banken und vermögende Steuerpflichtige sind sicher an Ministerprä-
sident Roland Koch und Finanzminister Karlheinz Weimar herangetre-
ten und haben gesagt: Schafft uns diese Steuerfahnder vom Hals ...
Aber Koch und Weimar haben sich verraten, indem sie vier Steuer-
fahnder einer Gruppe praktisch im Quartett für verrückt erklären lie-
ßen – was für eine Ungeheuerlichkeit! Das kann niemals mit rechten
Dingen zugegangen sei. Es ist evident, dass hier kriminelle Methoden
angewandt wurden.

Auf die Frage: »Ist es vorstellbar, dass Koch nicht informiert
wurde?«, antwortete ich:

Nein, ein Ministerpräsident schwebt nicht über solchen Dingen, er
ist der bestinformierte Mann des Landes, ihm wird alles vorgelegt. Er
hätte handeln müssen. Der Rücktritt von Koch und Weimar ist unver-
meidlich, wenn Verantwortung in Hessen noch irgendeinen Sinn haben
soll.

Roland Kochs Pressesprecher hat diesen Artikel der *Frankfurter*
Rundschau seinem Chef sicherlich nicht vorenthalten. Auch die
Berliner *taz* vom 30. Dezember 2009 zitierte mich mit dem Hinweis auf den notwendigen Rücktritt. Unter dem Titel »Der Hes-
sen-Berlusconi« schrieb sie: »System Koch. Der hessische Ministerpräsident Roland Koch (CDU) ist immun gegen Skandale.
Wie korrupt ist der Einundfünfzigjährige wirklich?«

Der Bonner Strafrechtsprofessor Hans-Ulrich Paeffgen erklärte gegenüber der *Frankfurter Rundschau*, es sei ausgeschlossen, dass der Arzt Holzmann völlig eigenmächtig gehandelt
habe. Die Verantwortlichen hätten schwere Vergehen begangen.
Man habe die missliebigen Beamten mit konstruierten Defiziten
abservieren wollen. »Ohne allerhöchste Rückdeckung« wäre so
etwas nicht möglich gewesen. Dieter Deiseroth, Richter am
Bundesverwaltungsgericht, beurteilte den Fall als Skandal. Er

bezeichnete die medizinischen Gutachten Holzmanns als unhaltbar und als Schande für den Berufsstand, die Zwangspensionierung durch das Finanzministerium als rechtswidrig. Der Vizepräsident des Saarländischen Finanzgerichts, Peter Bilsdorfer, erstattete Strafanzeige gegen die Verantwortlichen der Finanzverwaltung wegen Veruntreuung von Steuermitteln, weil arbeitsfähige Fahnder mit fadenscheinigen Gutachten für krank erklärt worden seien und nun lebenslang mit öffentlichen Mitteln alimentiert würden. Auf Koch und Weimar als die Schuldigen zeigte der hessische SPD-Chef Thorsten Schäfer-Gümbel: Sie hätten zugesehen, wie den Steuerfahndern übel mitgespielt wurde, und trotzdem nichts unternommen!

Roland Koch musste sich jetzt gefährdet sehen. Wenn er nicht ohnehin gezwungen würde, vorzeitig zurückzutreten, so durfte er jedenfalls nicht mehr mit seiner Wiederwahl rechnen. Er hatte sein Skandalkonto gewaltig überzogen. Zudem war zu erwarten, dass die FDP, sein Koalitionspartner, die in den Umfragen bei drei Prozent lag, bei der nächsten Landtagswahl nicht mehr in den Landtag kommen würde.

Die Gewerkschaft ver.di lud mich für den 1. Februar 2010 zu einer Podiumsdiskussion über das Thema »Ist Hessen ein Steuerparadies?« ins Frankfurter DGB-Haus ein. Es kamen rund 300 Leute. Mit auf dem Podium saßen Matthias Thieme von der *Frankfurter Rundschau*, der ver.di-Bezirksleiter für Hessen und ein Steuerfahndungsleiter aus Nordrhein-Westfalen. Ich setzte dem Publikum die Dimension des Skandals auseinander: Da werden vier Steuerfahnder aus einem Team von 35 Beamten wegen angeblicher Paranoia für verrückt erklärt. Jedermann auf der Straße weiß, dass Paranoia keine ansteckende Krankheit ist wie die Grippe. Jedermann weiß daher, das kann nicht mit rechten Dingen zugegangen sein. Das dürfte auch Roland Koch und Karlheinz Weimar bewusst gewesen sein. Was muss in diesem Land überhaupt noch geschehen, fuhr ich fort, damit Koch und

Weimar zurücktreten? Die Bevölkerung müsste vor der Staatskanzlei in Wiesbaden demonstrieren! Das Publikum applaudierte heftig. Aber es geschah nichts – vorerst.

Abgefederter Abgang

Ende Mai 2010, vier Monate nach Einsetzung des zweiten Untersuchungsausschusses zur Steuerfahndungsaffäre, erklärt Roland Koch seinen Rücktritt. Für seine Zukunft hat er üppig vorgesorgt. Er wird Vorstandsvorsitzender des Baukonzerns Bilfinger und Berger (61 000 Mitarbeiter, zehn Milliarden Euro Umsatz). In diese Position hatte ihn der frühere Dresdner-Bank-Chef Bernhard Walter bugsiert. Sein Jahresgehalt beträgt künftig 1,5 Millionen Euro statt bisher 200 000 Euro. Und welche Überraschung: Er wird außerdem Aufsichtsratschef der Schweizer Großbank UBS in Deutschland! Ausgerechnet bei der UBS, die jene Bank geschluckt hatte, die die Schwarzgelder der CDU betreute. Die Opposition in Hessen ist empört, sieht darin eine Belohnung für eine besonders enge Verbindung Kochs mit der UBS während seiner Regierungszeit. In einem Interview mit der *Financial Times* spricht Koch aufschlussreich von seiner seit Langem bestehenden »Affinität zur Finanzindustrie«. Damit will er Finanzkompetenz demonstrieren, im Hinblick auf die Steuerfahnder aber ist es ein ungewolltes Geständnis.

Der *Spiegel*-Journalist Hajo Schumacher schrieb über diese »Affinität«: »Kaum ein Politiker in Deutschland hat einen so mächtigen Freundeskreis wie die Runde ›Wirtschaft für Koch‹. Anführer sind Commerzbankchef Müller und Nikolaus Schweikart, Vorstandsvorsitzender der Altona, ein Unternehmen der Quandt-Familie. Dieser Kreis umfasst 40 Bosse ... Man trifft sich mehrmals im Jahr, Koch lässt kein Treffen aus! Für seinen Wahlkampf 2003 wollten sie mehr als eine Million Euro beibringen.«

Angesichts dieser potenten Gönner, insbesondere des Chefs der Commerzbank, ist unschwer zu erklären, warum den Steuerfahndern so übel mitgespielt wurde.

In seiner Abschiedsrede äußert sich Roland Koch höhnisch über seine zurückliegenden Aktivitäten: »Die Wunden bitte ich zu entschuldigen.« Zu seiner Verabschiedung eilte Bundeskanzlerin Angela Merkel herbei. Das war verwunderlich, denn eigentlich musste sie ihn hinreichend kennen. Auch Altkanzler Helmut Kohl erschien, was nicht verwunderlich war. Durch die Schwarzgeldmillionen der CDU in Liechtenstein waren sie einander gewiss herzlich verbunden.

Finanzminister Weimar tritt ebenfalls zurück, er ist offensichtlich nicht mehr zu halten. Aber auch er ergattert einen schönen Bankposten, und zwar im dreiköpfigen Lenkungsausschuss des Bankenrettungsfonds Soffin. Die Banken zu retten lohnt sich.

Sein Nachfolger wird Thomas Schäfer, dessen Laufbahn höchst verdächtig ist. Er war früher Justitiar der Commerzbank, bei der die Steuerfahndung ungeheure Schwarzgeldverschiebungen aufgedeckt hatte, dann Büroleiter Roland Kochs in der Staatskanzlei, danach Staatssekretär im Finanzministerium. Als Finanzminister ist ausgerechnet er jetzt Vorgesetzter der Steuerfahndung. Nun kann nichts mehr schiefgehen. War das eine von den Banken geplante Karriere? Um sich vor der Steuerfahndung zu schützen? Es spricht sehr viel dafür. Sein wahres Gesicht zeigte er schon als Staatssekretär, als er in einer Fernsehsendung am 19. Januar 2010, in der es um das Schicksal der hessischen Steuerfahnder ging, diese ruppig verunglimpfte. Zusätzlich belastet ihn schwerstens, dass er auch nach seinem Amtsantritt als Minister die Steuerfahnder nicht rehabilitierte und entschädigte, sondern sie weiter darum kämpfen ließ.

In einer Notiz berichtete die *Süddeutsche Zeitung*, wie viele Millionen Euro Deutsche Bank, Commerzbank und Dresdner Bank an die CDU in einem einzigen Jahr gespendet haben. Die

Moral der Spitzenbanker, die einen Roland Koch nach oben hievten und dann zusahen, wie brutal die Steuerfahnder aus dem Weg geräumt wurden, deckt sich mit der Skrupellosigkeit der Spitzenbanker, die zur Bankenkrise führte.

Steuerparadies Hessen

Der Schaden, den Roland Koch durch die Ausschaltung der erwähnten 15 Steuerfahndungsbeamten dem Staat zugefügt hat, liegt mit Sicherheit im dreistelligen Millionenbereich. Denn ein Steuerfahnder holt durchschnittlich im Jahr eine Million Euro herein. Als weiterer Schaden für das Land Hessen müssen noch die Pensionszahlungen an die zwangspensionierten Steuerfahndungsbeamten hinzugerechnet werden.

Wie es in der hessischen Steuerverwaltung unter Koch und Weimar zuging, illustrierte auch der bundesweit von der Presse geschilderte Skandalfall um das Ehepaar Michael und Karin Wolski. Er Rechtsanwalt, sie Richterin am hessischen Staatsgerichtshof, von der CDU vermutlich auch deshalb auf diesen Posten gehievt, weil sie ihr wertvolle Dienste geleistet hatte. Laut Urteil des Landgerichts Darmstadt vom 29. März 2010 hatte Michael Wolski das Vermögen einer älteren Geschäftsfrau geplündert und dabei 1,1 Millionen Euro an Steuern hinterzogen. Die Richterin hatte davon massiv profitiert: durch Luxusautos und die Hälfte einer Ferienwohnung auf Mallorca, die auf sie eingetragen war. Als bekannt wurde, dass das Ehepaar Wolski über Jahre hinweg keine Steuererklärungen abgegeben und die Finanzbeamten dies hingenommen hatten, stellte das Gericht fest, der Zustand der hessischen Finanzbehörden sei »verheerend«.

Eine Hauptursache dieses verheerenden Zustands war das Vorgehen Kochs und Weimars gegen die Steuerfahndung. Welcher Finanzbeamte wollte ebenso enden wie die Steuerfahnder? Nicht überraschen konnte daher ein weiterer Bankenskandal, der bundesweit für Schlagzeilen sorgte. Die Presse berichtete Anfang Juli 2010, dass Manager der Deutschen Bank in Frankfurt vor einer bevorstehenden Razzia der Staatsanwaltschaft und der Steuerbehörden gewarnt worden waren. Das hatten abgehörte Gespräche ergeben. Es ging um den Verdacht der Hinterziehung von Umsatzsteuer in riesigem Umfang beim Handel mit Emissionsrechten. Es ist mit Sicherheit anzunehmen, dass die politische Spitze in Hessen über die bevorstehende Aktion informiert worden war.

Die Deutsche Steuergewerkschaft rügte, mangels einer ausreichenden Zahl von Steuerfahndern sei Hessen heute ein Steuerparadies – neben Bayern. Die reichen Freunde und Gönner sollen geschont werden. So rügte der Bundesrechnungshof 2006, dass das hessische Finanzamt Bensheim, zuständig für mehr als 100 Einkommensmillionäre, keinen einzigen davon prüfte! Die Millionäre hätten keine Belege vorgelegt. Im Einzelfall habe das zu erheblichen Steuerausfällen geführt. Konsequenz solcher Verwaltungspraxis: Die ausgefallenen Steuerbeträge werden auf die übrigen Bürger umgelegt, der Fiskus muss zusätzliche Kredite aufnehmen, die Zinsen hierfür zahlen noch die Enkel.

Es ist bestürzend, dass Koch und Weimar mit dem Vertrauen der Bevölkerung in so ungeheurem Maße Schindluder treiben konnten, ohne auf ernsthaften Widerstand zu stoßen. Da sie sich rechtzeitig in gut dotierte Posten flüchteten, vermieden sie, dass die Bürger mit ihnen bei der nächsten Wahl abrechnen würden. Dass sie ihre Macht so ungeniert und so lange missbrauchen konnten, ist ein Lehrstück, das aufzeigt, in welchem Umfang die Sicherungen des Rechtsstaats von entschlossenen Spitzenpolitikern unterlaufen werden können.

Der würdige Nachfolger Volker Bouffier

Kochs Nachfolger Bouffier war und ist für die Steuerfahnderaffäre mitverantwortlich. Sein Ministerium hatte dem Steuerbeamten Schad, als er vor dem ersten Untersuchungsausschuss aussagen sollte, wie erwähnt, eine attraktive Aufstiegsposition angeboten. Als Bouffier Ministerpräsident wurde, hat man die Zwangspensionierung der für paranoid erklärten Steuerfahnder aufrechterhalten. Nicht deren Schicksal, sondern das Wohlergehen der Banken und ihrer Kunden war ihm ein Herzensanliegen.

In einem Interview mit der *Süddeutschen Zeitung* am 16. August 2012 lehnte Bouffier vehement die von SPD-Chef Sigmar Gabriel angeregte Einrichtung einer Schwerpunktstaatsanwaltschaft für Delikte von Banken in Frankfurt ab. Schließlich hatte man dort gerade das Steuerfahndungsteam gegen Banken aufgelöst! Die Annahme, in Frankfurt liege der Schwerpunkt der Verbrechen, ist barer Unsinn, erklärte Bouffier. »Das schadet unserem Standort massivst.« Bouffier weiter: Er kämpfe gegen die Finanztransaktionssteuer, weil sie »kein einziges Problem löst«. Dass der nordrhein-westfälische Finanzminister sich bereit erkläre, weitere Steuerhinterziehungs-CDs zu kaufen, sei »eine Einladung, dass weiter geklaut wird, ... und ruiniert flächendeckend unser Ansehen«.

Volker Bouffier hat damit kundgetan, wessen Interessen er vertritt – die der ehrlichen Bürger bestimmt nicht! Aber diese werden sicher von so viel Aufrichtigkeit angenehm überrascht sein. Seine Freunde in den Banken und ihre potenten Kunden werden sich Bouffier gegenüber mit großzügigen Spenden für seinen Wahlkampf erkenntlich zeigen, sofern er weiterhin Wohlverhalten übt. Als im Dezember 2012 rund 500 Staatsanwälte und Ermittler die Deutsche Bank wegen des Verdachts der Erschleichung von Umsatzsteuererstattungen in Höhe von mehreren Hundert Millionen Euro durchsuchten, war es nur folgerichtig, dass Jürgen Fitschen, einer der beiden Vorstandsvorsitzenden der Bank, telefonisch bei Bouffier dagegen protestierte.

Hessens Justizminister Uwe Hahn von der FDP verstieg sich sogar zu der Forderung, den Ankauf und die Auswertung von Steuer-CDs unter Strafe zu stellen. Im August 2012 kündigte er, unterstützt von seiner Parteifreundin Sabine Leutheusser-Schnarrenberger, eine entsprechende Gesetzesinitiative an. Damit empfahl er sich allen Steuerhinterziehern, die ihr Geld ins Ausland verbracht haben und verbringen, als engagierter Sachwalter. Schon unter Roland Koch hatte er das skrupellose Vorgehen gegen die Steuerfahnder mitgetragen. Die rechtsstaatlichen Ideale früherer FDP-Politiker wie Thomas Dehler oder Hildegard Hamm-Brücher sagen ihm offenbar nichts.

Das Schicksal der Steuerfahnder

Von den 115 Steuerfahndungsbeamten, die Widerstand geleistet haben, ist inzwischen keiner mehr in der Finanzverwaltung! Das war das Ergebnis der Politik der verbrannten Erde.

Die vier für verrückt erklärten Beamten haben vor dem zweiten Untersuchungsausschuss eingehend ausgesagt. Die Öffentlichkeit konnte sich davon überzeugen, dass keiner von ihnen geisteskrank ist. Aussagen musste auch Karlheinz Weimar. Kläglich versuchte der frühere Finanzminister sich darauf hinauszureden, als Vorgesetzter von 12 000 Steuerbeamten habe er sich nicht um Einzelfälle kümmern können. Auf die Frage, ob er mit Ministerpräsident Roland Koch über die vier Steuerfahnder gesprochen habe, verweigerte er die Aussage. Als man ihm vorhielt, dass er dazu nicht berechtigt sei, gab er schließlich zu, mit Koch darüber gesprochen zu haben. Warum hatte er die Frage nicht beantworten wollen? Offenbar wollte er weiter die Version aufrechterhalten, nachgeordnete Stellen hätten in eigener Regie die Aktionen gegen die Steuerfahnder durchgeführt, er und Koch hätten damit nichts zu tun gehabt.

Als einziger Weg, ihre Rehabilitation doch noch zu erreichen, verbleibt den zwangspensionierten Steuerfahndern eine Klage auf Schadensersatz gegen das Land Hessen. Um zu beweisen, dass ihre Klage begründet ist, müssen sie sich 2012 nochmals auf ihren Geisteszustand untersuchen lassen. Als Gutachter wird der renommierte Prof. Norbert Nedopil von der Universitätsklinik München bestellt. Wie schon Jahre zuvor die Universitätsklinik Frankfurt bescheinigt auch er dem Steueramtsrat a. D. Schmenger, dass er geistig völlig normal sei. Auch bezüglich der anderen drei Steuerfahndungsbeamten stellt er fest, dass das Gutachten des Dr. Holzmann, der sie für unheilbar paranoid erklärt hatte, falsch war

Die fehlgeschlagene Psychiatrisierung des Kunsthändlers Eberhart Herrmann und ein CSU-Politiker

Eberhart Herrmann ist ein ausgezeichneter Jurist, vor allem aber seit Jahrzehnten Händler orientalischer und asiatischer Kunstteppiche. Auf diesem Gebiet ist er ein weltweit anerkannter Sachverständiger, der zahlreiche Bücher geschrieben hat. Zusammen mit seiner Ehefrau Ulrike, sie studierte Mathematik und Germanistik, betrieb er früher in München eine renommierte Teppichgalerie, bei der die prominenten Kunden ein- und ausgingen. Als Ulrike Herrmann 1994 dahinterkam, dass ihr Mann ihr bei beruflichen Aufenthalten in New York und London vielleicht nicht immer ganz treu war, wollte sie sich angeblich an ihm rächen. Es war der Beginn eines vielschichtigen Dramas, das wider Erwarten einen starken politischen Einschlag aufweist. Darüber berichteten in großen Schlagzeilen unter anderen 1997 der *Stern,* 2008 der *Spiegel,* 2011 die *Süddeutsche Zeitung,* 1998 das ZDF und der SWR.

Beobachtungen

Bei einer Teppichausstellung am 11. November 1994 in der Galerie Herrmann bemerkt Doktor von Zerssen, emeritierter Professor für Psychiatrie, an Eberhart Herrmann, den er seit langer Zeit kennt, ein auffälliges Verhalten: einen vermehrten Redefluss und eine eigenartige Argumentation. Er informiert Ulrike Herrmann und empfiehlt ihr, sich an Prof. Jürgen Möller, den Leiter der Psychiatrischen Universitätsklinik Innenstadt in München, zu wenden. Das tut sie. Wenige Tage später findet sich Prof. Möller in der Galerie ein. Verdeckt durch einen Vorhang beobachtet er Herrmann eine halbe Stunde lang im Gespräch mit einer Kundin. Tags darauf äußert Ulrike Herrmann gegenüber ihrem Mann, er sei geisteskrank, habe vielleicht einen Gehirntumor, er solle sich untersuchen lassen. Sie empfiehlt ihm Prof. Jürgen Möller.

Eberhart Herrmann hat bereits selbst festgestellt, dass irgendetwas gesundheitlich bei ihm nicht stimmt. Er leidet unter verschiedenen Beschwerden wie Darmblutungen, blutunterlaufenen Stellen am Körper, sein Sehvermögen hat sich stark verschlechtert. So beschließt er, sich untersuchen zu lassen, geht aber zunächst nicht zu Prof. Möller, sondern fliegt in die Schweiz, um sich dort einer ärztlichen Untersuchung zu unterziehen. Auf dem Weg zum Flughafen München schneidet beim Überholen ein Fahrer Hermanns Wagen scharf und bremst plötzlich abrupt vor ihm ab. Herrmann kann einen Auffahrunfall mit knapper Not vermeiden. Doch der andere Fahrer zeigt ihn sofort bei der Polizei an; behauptet, Herrmann sei mit einer Geschwindigkeit von 130 Stundenkilometern auf seinen Wagen aufgefahren. Ein DEKRA-Sachverständiger stellt indessen fest, dass es zwischen den beiden Pkws keine Berührung gegeben habe. Herrmann zeigte nun seinerseits den anderen Fahrer, einen Griechen, der früher angeblich für den Verfassungsschutz gearbeitet hat, wegen Verkehrsgefährdung an. Später gelangt er zu der Schlussfolgerung, dass jemand verhindern wollte, dass er sich in der Schweiz statt in Deutschland untersuchen ließe.

Zwei Ärzte in der Schweiz untersuchen Herrmann. Sie kommen zu dem Ergebnis, dass er geistig vollkommen gesund ist. Eine Kernspintomografie ergibt, dass er auch keinen Gehirntumor hat.

Das Gebaren eines Klinikchefs

Dennoch konsultiert Herrmann am 8. Dezember 1994 auf nochmaliges dringendes Anraten seiner Ehefrau Prof. Möller, begleitet von seinem Freund Herald Oestreicher. Als er in der Klinik erscheint, ist Prof. Möller zu der verabredeten Zeit zunächst nicht anwesend. Eine von ihm beauftragte Oberärztin aber will Herrmann sofort in die geschlossene Abteilung der Klinik aufnehmen. Herrmann widerspricht. Was er zu diesem Zeitpunkt noch nicht weiß: Der Klinikchef hat bereits am Vortag seiner Ehefrau durch einen Taxifahrer ein Attest übermittelt. Darin bescheinigte er, Eberhart Herrmann sei psychisch krank und selbst- und fremdgefährlich. Er halte eine sofortige Unterbringung in der geschlossenen Abteilung einer psychiatrischen Klinik für zwingend erforderlich. »Die Unterbringung könnte in unserer Klinik erfolgen«, schrieb er. Er bestimmte im Text des Attests ausdrücklich: »Zur Vorlage bei der zuständigen Polizeibehörde.«

Schließlich erscheint Prof. Möller. Er sagt sofort zu Herrmann: »Sie sind ja nun geisteskrank.« Als Herrmann protestiert, äußert er: »Sie haben sich ja im Straßenverkehr kriminell verhalten, und die Polizei hat sie gesucht ... Das Gutachten, dass Sie verrückt sind, habe ich gestern bereits Ihrer Frau zustellen lassen. Und außerdem, wenn ich in Ihre Augen schaue, dann weiß ich, Sie sind verrückt.« Auf den Einwurf Oestreichers, die in der Schweiz durchgeführte Kernspintomografie habe keinen Krankheitsbefund ergeben, ein Tumor sei nicht vorhanden, erwidert Prof. Möller: »Dann sieht man eben nichts, und er ist nur leicht hirnverbrannt.« Herrmann lässt sich daraufhin von Prof. Möller nicht untersuchen, geht irritiert. Prof. Möller rief ihm nach: »Wir kriegen Sie schon noch!«

So die Schilderung Herrmanns. Sein Begleiter Oestreicher bestätigt später gegenüber dem *Spiegel* und auch vor dem Landgericht München I die Äußerungen Möllers. Dieser ergänzt nach dem Besuch Herrmanns sein Attest durch ein weiteres, in dem er schreibt, Herrmann leide an einem maniformen Syndrom. Er schickt es Ulrike Herrmann zu.

Flucht und Verhaftung

Dann überstürzen sich die Ereignisse. Herrmann wird von seinem Freund Oestreicher gewarnt, seine Ehefrau könnte ihn mithilfe des Möller-Gutachtens entmündigen lassen und sich dann seines Vermögens bemächtigen. Er solle sich in die Schweiz absetzen. Auch Herrmanns Anwalt rät zum Verlassen des Landes. Noch am Tag der Vorsprache bei Prof. Möller fährt Herrmann mit dem Zug in die Schweiz. Doch nach ein paar Tagen bereits kehrt er zurück, um sein Vermögen gegen einen befürchteten Zugriff durch das Vormundschaftsgericht zu schützen. Er räumt sein Teppichlager und lagert die wertvollen Teppiche in einer Spedition ein, um sie von dort in die Schweiz transportieren zu lassen. Da die Teppiche teilweise an die HypoVereinsbank sicherungsübereignet sind, kommt es zu einer Strafanzeige wegen Unterschlagung. Herrmann wird auf einer Berghütte verhaftet und ins Gefängnis nach Stadelheim überstellt. Der Ermittlungsrichter, von dem das Attest Möllers in Kenntnis gesetzt, überprüft den Fall. Er befragt den Anstaltsarzt der Psychiatrie in Stadelheim. Der äußert, Herrmann sei nicht geisteskrank. Nach einer Woche Haft kommt Herrmann frei. Er reist wiederum in die Schweiz. Zu seiner Überraschung verschwinden nach kurzer Zeit alle seine Beschwerden.

Vergebliche Strafanzeigen

In der Folge erstattet Herrmann Strafanzeige gegen seine Ehefrau, weil er davon ausgeht, sie habe versucht, ihn zu vergiften. Ein von ihm eingeholtes toxikologisches Gutachten von Prof. Götz Nowak/Universität Jena bestätigt, dass die bei Herrmann festgestellten Krankheitssymptome mit hoher Wahrscheinlichkeit durch toxische Substanzen verursacht wurden. Außerdem teilt ihm eine Steuerberaterin mit, was sie später auch vor Gericht bestätigt, nämlich dass ihr Ulrike Herrmann erzählt habe, sie verabreiche ihrem Mann heimlich Valium.

Sodann erstattet Herrmann Strafanzeige gegen Prof. Möller wegen Ausstellung eines falschen Gesundheitszeugnisses. Ein Rechtsgutachten von Prof. Gabriele Wolfslast/Universität Gießen kommt zu dem Ergebnis, dass sich Möller strafbar gemacht hat. Zum einen, weil er unter Verletzung seiner ärztlichen Schweigepflicht sein Attest Ulrike Herrmann übersandte. Zum anderen, weil er durch das auf Geisteskrankheit lautende Attest ein falsches Gesundheitszeugnis ausgestellt habe. Denn es sei fachlicher Standard, zunächst durch eine Untersuchung toxische

Ursachen auszuschließen. Das aber habe er unterlassen. Der Sachverständige Prof. Detlev von Zerssen bestätigt vor Gericht, es sei jedem Kliniker klar, dass vor einer Diagnose abzuklären sei, ob medikamentöse Ursachen vorlägen. Die Staatsanwaltschaft München hingegen hatte zuvor ein Strafverfahren gegen Prof. Möller mit der unhaltbaren Begründung abgelehnt, es sei nicht erwiesen, dass seine Diagnose falsch war. Prof. Wolfslast stellt außerdem fest, Prof. Möller habe sich der versuchten Freiheitsberaubung schuldig gemacht, indem er die zwangsweise Unterbringung Herrmanns herbeiführen wollte.

Und schließlich erstattet Herrmann Strafanzeige gegen einen früheren Freund, den hochgestellten Manager Vogel (Name geändert), der zugleich ein Amt in der CSU innehat. Aus bestimmten Umständen und Aussagen Dritter zog Herrmann den Schluss, Vogel habe mit seiner Frau Ulrike und Prof. Möller im Bund gestanden.

Plötzlich aber erfährt das Geschehen einen politischen Drive. Am 30. März 1995 erhält Herrmann eine Nachricht, die ihn elektrisiert. Herald Oestreicher berichtet ihm, er sei mit dem Vorstandsvorsitzenden einer bekannten Bank, in deren Beirat er saß, beim Skifahren gewesen. Dabei habe ihm dieser erzählt, neben diversen Konten in der Schweiz verfüge Vogel über ein Familienvermögen in Höhe von 100 Millionen Mark in Vaduz.

Als Herrmann das einige Zeit später einem Journalisten mitteilt, äußert dieser unter Bezug auf eine 1994 für die ARD Baden-Baden gemachte Recherche, besagte 100 Millionen Mark seien seiner Einschätzung nach nicht die volle Höhe Familienvermögen, sondern möglicherweise zum Teil auch Vermögen der CSU. Das erscheint Herrmann plausibel, Vogel traut er Einiges zu. Am 21. Mai und am 6. Dezember 1999 erstattet er Strafanzeige gegen Vogel bei der Staatsanwaltschaft München I wegen des Verdachts schwarzer CSU-Kassen in Vaduz, treuhänderisch gehalten von Vogel. Beiden Strafanzeigen leistet die Staatsanwaltschaft indessen keine Folge. Daraufhin erstattet Herrmann am 26. November 1999 Strafanzeige bei der Staatsanwaltschaft Augsburg, adressiert an den Leitenden Oberstaatsanwalt Nemetz, doch vergeblich.

Deshalb reicht er am 9. Februar 2000 bei der Staatsanwaltschaft München I eine Strafanzeige gegen Vogel wegen des Verdachts fortgesetzter Steuerhinterziehung ein – unter Bezug auf die erwähnten 100 Millionen Mark in Liechtenstein, aber auch wegen Barzahlungen auf Konten, die Vogel bei der Schweizer Kreditanstalt und der BC-Hypothekenbank Genf unterhalten habe. Er legte dar, Vogel habe bei ihm früher wertvolle Kunstteppiche erworben, die er mit dem Geld aus der Schweiz bezahlt habe. Er, Herrmann, habe es sich bei den genannten Banken selbst abholen müssen. Es habe sich um Beträge in Höhe von 75 000 Mark und einmal sogar von 220 000 Mark gehandelt. Letzteren Betrag habe er nach Abholung bar auf sein Konto bei der HypoVereinsbank in München eingezahlt.

Die Angaben, die Herrmann gegenüber der Staatsanwaltschaft macht, sind sehr präzise, vermag er doch neben der Höhe der Geldbeträge die jeweilige Bank, den genauen Zeitpunkt, den Zahlungsgrund und selbst die Art des Teppichs anzugeben. Aber auch diese Strafanzeige bleibt seltsamerweise erfolglos, ebenso eine weitere Strafanzeige vom 30. April 2001, die Herrmanns Anwalt beim Landgericht Augsburg einreicht, das sie zuständigkeitshalber an den Oberstaatsanwalt Nemetz weitergeleitet haben dürfte.

Strafanzeige bei der Staatsanwaltschaft Bochum

Frustriert von diesen fruchtlosen Versuchen übersendet Herrmann nun seine Strafanzeige vom 6. Dezember 1999 der Staatsanwaltschaft Bochum, die sich schwerpunktmäßig mit den Steuerhinterziehungen über Liechtenstein und die Schweiz befasst – insbesondere was die angekauften CD-ROMs betrifft, auf denen die Daten von Schwarzgeldkunden gespeichert waren. Und siehe da, diese Staatsanwaltschaft reagiert! Am 5. Juli 2001 führen der Oberstaatsanwalt Hasse und die bekannte Staatsanwältin Lichtinghagen, die den Postchef Zumwinkel festnehmen ließ, mit Herrmann und seinem Anwalt ein Gespräch. Sie halten die Angaben Herrmanns für glaubwürdig, erklären aber, mangels Zuständigkeit könnten sie nicht ermitteln, sie müssten das eingeleitete Vorermittlungsverfahren nach München abgeben. Und so passiert, wie nicht anders zu erwarten war, wiederum nichts.

Es vergehen acht Jahre. Da erreicht Herrmann im schweizerischen Emmetten am Vierwaldstättersee, wo er sich mit seinem Unternehmen neu etabliert hatte, im Februar 2009 ein überraschender Anruf. Am Apparat ist der bekannte Oberamtsrat Radermacher von der Steuerfahndung Düsseldorf. Radermacher sagt, hinsichtlich seiner, Herrmanns, früheren Strafanzeige bei der Staatsanwaltschaft Bochum habe sich ein neuer Sachstand ergeben. Er bitte ihn um ein Gespräch. Dieses findet am 17. März 2009 in der Kanzlei des Anwalts von Herrmann in Brühl statt. Radermacher und dessen Kollege Lembühl geben Herrmann zu verstehen, seine Angaben in der besagten Strafanzeige gegen Vogel seien durch Daten auf der CD-ROM über die Kunden der liechtensteinischen Bank bestätigt worden. In welchem Umfang ließen sie offen. Die Beamten befragen Herrmann gezielt nach seinem Wissen über die Geschäftsverhältnisse von Vogel und dazu, wie dieser Vermögenswerte transferiert habe. Anschließend gibt die Steuerfahndung Düsseldorf mangels eigener Zuständigkeit offenbar das Vorermittlungsverfahren an die Staatsanwaltschaft München ab. Herrmann wird davon nichts mehr hören.

Klage auf Schadensersatz und seltsame Urteile

Ulrike Herrmann hatte das Attest von Prof. Möller nicht geheim gehalten, sondern darüber mit anderen Personen geredet. Die Diagnose, Herrmann sei geisteskrank, machte daher im Nu die Runde. Seine potenten Kunden kaufen bei ihm nichts mehr. Wer will sich schon auf die Angaben eines Geisteskranken zum Wert und zur Herkunft eines Kunstteppichs verlassen? Der Verkaufswert des Warenbestandes sinkt erheblich. Herrmann errechnet einen Schaden von acht Millionen Mark. Er verklagt Prof. Möller auf Schadensersatz.

Das Urteil des Landgerichts ergeht am 20. August 2008. Es gibt der Klage nur teilweise statt. In der Urteilsbegründung heißt es, Prof. Möller habe es schuldhaft unterlassen, Herrmann gemäß zwingendem ärztlichem Standard vor Ausstellung seines Attests auf eine Toxikose zu untersuchen. Doch das Gericht spricht Herrmann Schadensersatz nicht aus diesem, sondern aus einem anderen Grunde zu, weil nämlich Prof. Möller seine Schweigepflicht gegenüber der Ehefrau durch Weitergabe des Attests an sie vorsätzlich verletzt habe. Aber es begrenzt überraschend den Schadensersatz als Schmerzensgeld auf 5000 Euro, weil Prof. Möller »keine eigenen Interessen verfolgte, insbesondere nicht aus kommerziellen Beweggründen handelte«.

Dieses Argument des Gerichts war äußerst befremdlich. Denn Herrmann hatte durch seinen Anwalt vortragen lassen, dass Prof. Möller für sein pflichtwidriges Attest von Vogel mit einem Betrag von über einer Million Mark entlohnt worden sei. Er benannte dafür Zeugen, verwies auf verschiedene Umstände, unter anderem darauf, dass Prof. Möller eigenartigerweise in der Klinikakte vermerkt hatte: »nicht berechnen«. Das Gericht hätte sich mit diesem gegenteiligen Sachvortrag Herrmanns und den angebotenen Beweisen auseinandersetzen müssen. Dass es dies unterließ, war eine rechtswidrige Versagung des rechtlichen Gehörs. Das Argument, Möller habe keine kommerziellen Interessen verfolgt, war somit nichts anderes als eine freisinnige Behauptung des Gerichts. Wenn dieses Argument zur Begrenzung der Entschädigung dienen sollte, dann hätte man darüber erst Beweis erheben müssen. Dies umso mehr, als Prof. Möller vor seiner Diagnose weder eine Exploration noch eine Laboruntersuchung vorgenommen und überdies Herrmann angekündigt hatte: »Wir kriegen Sie schon noch!« Diese keineswegs philantrope Äußerung wurde, wie erwähnt, vom Zeugen Oestreicher vor Gericht bestätigt.

Aber anscheinend wollte das Gericht sich mit der von Herrmann geltend gemachten Rolle von Vogel nicht befassen. Dieser Eindruck verfestigt sich dadurch, dass es sogar Herrmanns Sachvortrag unzulässigerweise im Urteil völlig unerwähnt ließ. Um zu belegen, dass Vogel über ausreichende Geldmittel verfügte, mit denen er gegebenenfalls auch eine üppige Honorarzahlung leisten konnte, hatte Herrmann auf die besagten 100 Millionen Mark hingewiesen.

Seltsamerweise verhält sich das Oberlandesgericht im Berufungsverfahren nicht anders. Zwar erhöht es das Schmerzensgeld auf 15 000 Euro, beschränkt es aber auf diesen Betrag mit der Begründung, dass Prof. Möller »eine altruistische Motivation nicht abgesprochen werden kann«. Für dieses Motiv hat das Gericht indessen keinerlei Beweis. Und vor allem: Herrmann hatte auch dem Oberlandesgericht Beweise für eine üppige Honorarzahlung von Vogel an Prof. Möller angeboten. Der Senat vernahm jedoch diese Zeugen nicht. Wie konnte er dann Prof. Möller eine altruistische Motivation bescheinigen? Und warum ließ der Senat, wie schon die Kammer des Landgerichts, in der Urteilsbegründung den entsprechenden Sachvortrag Herrmanns wiederum unerwähnt? Das Thema »Vogel« war offensichtlich tabu.

Im Übrigen verurteilte das Oberlandesgericht Prof. Möller zum vollen Ersatz des materiellen Schadens, der durch die Verletzung seiner ärztlichen Schweigepflicht entstanden war. Durch Beschluss vom 10. Mai 2011 bestätigt der Bundesgerichtshof diese Entscheidung. Die Presse stellt heraus, dass Prof. Möller nunmehr möglicherweise finanziell ruiniert sei, denn Herrmann bezifferte seinen Schaden auf acht Millionen Mark. Vogel aber blieb ungeschoren.

Prof. Möller sollte auch noch anderweitig in Erscheinung treten. Als der erste Prozess gegen Max Strauß vor dem Landgericht Augsburg begann, attestierte er in einem zur Vorlage bei Gericht bestimmten Gutachten, im Falle einer Verurteilung sei Max Strauß selbstmordgefährdet.

Angesichts all dessen, was ihm widerfuhr, ist es nachvollziehbar, dass Herrmann sich mit dem skandalös rechtswidrigen Verhalten der Staatsanwaltschaften München und Augsburg und den schrägen Gerichtsurteilen nicht abfinden wollte und abfinden will.

Sein Fall war wegen der geltend gemachten Verstrickung des früheren CSU-Politikers Vogel ein politischer Fall. Damit bestand für die Staatanwaltschaft automatisch kraft Dienstvorschrift die Pflicht, nach oben zu berichten. Das begründet den Verdacht, dass die Nichtverfolgung der Strafanzeigen Herrmanns auf eine »Weisung von oben« zurückging und dass die merkwürdigen Gerichtsurteile durch eine Anregung »von oben« geprägt wurden. Die Parallelen zum Fall Mollath sind erkennbar.

Ein Rücktritt der Justizministerin Merk könnte Herrmann neue Perspektiven eröffnen.

Die paranoide Wahnsymptomatik
des Ingenieurs Gustl Mollath

»Jemand musste Josef K. verleumdet haben, denn ohne dass er etwas Böses getan hätte, wurde er eines Morgens verhaftet.« So beginnt Franz Kafkas berühmter Roman *Der Prozess*. Er endet damit, dass Josef K. nach einem abstrusen Verfahren vor den Toren der Stadt exekutiert wird.

Ein Bittbrief

Einige Wochen, nachdem mein Buch *Macht und Missbrauch* erschienen war, befand sich unter den zahlreichen Zuschriften, die ich erhielt, ein seltsamer Brief. Absender war ein Insasse des Bezirkskrankenhauses Bayreuth namens Gustl Mollath. Ein Bezirkskrankenhaus ist in Bayern das, was man früher eine Irrenanstalt nannte. »Seit vier Jahren gehe ich durch die Hölle«, schrieb Mollath, denn er werde zu Unrecht seit Jahren zwangsweise in der Psychiatrie festgehalten. Ich war äußerst skeptisch. In die Irrenanstalt kommt man nicht ohne Weiteres.

Was der Häftling da ausbreitete, war eine bizarre Story. Er behauptete, er habe Jahre zuvor riesige Schwarzgeldverschiebungen in die Schweiz, durch die HypoVereinsbank Nürnberg, bei der Staatsanwaltschaft angezeigt. Seine Ehefrau sei bei dieser Bank beschäftigt gewesen und habe dort Schwarzgeldkunden betreut, sie habe sogar selbst als Kurier das Schwarzgeld in die Schweiz gebracht. Weil er befürchtete, dass sie bei Entdeckung jahrelang ins Gefängnis kommen würde, habe er versucht, die HypoVereinsbank und seine Ehefrau von diesen Steuerhinterziehungen abzubringen, jedoch ohne Erfolg. Daraufhin sei es zu ehelichen Spannungen gekommen, und seine Frau habe ihn schließlich verlassen.

Nach der Trennung habe sie gegen ihn Strafantrag gestellt mit der falschen Anschuldigung, von ihm schwer misshandelt worden zu sein. Zugleich habe sie bei Gericht beantragt, ihn auf seinen Geisteszustand hin untersuchen zu lassen. Er sei jedoch völlig unschuldig gewesen. Dennoch habe ihn das Gericht als gemeingefährlich in die Psychiatrie eingewiesen mit der Begründung, die von ihm behaupteten Schwarzgeldverschiebungen seien Wahnvorstellungen und er leide unter schwerer Paranoia. Er, Mollath, bitte mich, ihm zu helfen.

Dieser Räuberpistole sollte ich Glauben schenken? Andererseits wartete Mollath in seinem Brief mit so vielen Einzelheiten und mit so vielen Namen von Verantwortlichen und Schwarzgeldkunden auf, dass ich mir sagen musste, das könne nicht alles erfunden sein. Also rief ich Mollath im Bezirkskrankenhaus Bayreuth an.

Zu meinem Erstaunen schilderte mir Mollath seinen Fall ganz ruhig und geordnet. Verzweiflung klang nur auf, als er beklagte, er sei all seiner Habe beraubt, er habe nicht einmal mehr ein Bild seiner Mutter. Ich sagte ihm zu, alles zu prüfen. Dazu würde ich unbedingt das Urteil des Landgerichts und das medizinische Einweisungsgutachten benötigen. An diese Unterlagen zu gelangen erwies sich indessen als schwierig. Ich erhielt sie erst Ende Februar 2011 von Mollaths Rechtsanwalt Hans-Berndt Ziegler in Marburg.

Am 21. Februar 2011 besuchte ich Mollath im Bezirkskrankenhaus Bayreuth, begleitet von drei seiner Freunde, die von seiner Unschuld überzeugt waren. Ein Flugzeugbauer, ein Zahnarzt und ein Altenpfleger. Im kahlen Besucherzimmer konnten wir mehr als zwei Stunden mit Mollath sprechen. Er äußerte sich klar, sachlich und differenzierend. Zugegen war der stellvertretende Chefarzt Michael Zappe. Chefarzt Klaus Leipziger, den ich um ein Gespräch gebeten hatte, war angeblich wegen einer Besprechung verhindert.

Frappierend war: Trotz intensiven Befragens vermochte Zappe nicht zu begründen, warum Mollath gemeingefährlich sei. Er brachte keinen einzigen medizinischen Befund vor, auch keine gewalttätigen Vorkommnisse in den Jahren der Unterbringung. Er berief sich allein darauf, man sei halt an das rechtskräftige Urteil gebunden. Mollath aber verweigere sich hartnäckig jeder Therapie. Solange dies der Fall sei, könne er nicht entlassen werden. Auf meine Frage, wie denn die Therapie aussehen solle, wich er aus: »Da gibt es schon Möglichkeiten …« Auf die weitere Frage, wie denn das Ergebnis einer Therapie ausfallen müsste, damit Mollath freikomme, zuckte er bloß mit der Achsel.

Nachdem wir die mehrfachen Sicherheitsschleusen wieder passiert hatten, stand für uns alle fest: Hier wurde ein völlig normaler Mensch durch einen brutalen Willkürakt in der Psychiatrie gefangen gehalten – allein wegen seines gefährlichen Wissens um die Schwarzgeldverschiebungen. Wir waren erschüttert und sahen uns aufgerufen, alles ins Werk zu setzen, um die Freilassung dieses Mannes zu erreichen.

Mir war klar, dass es hierfür nicht genügte, lautstark auf die Unschuld Mollaths hinzuweisen. Man musste eine gesicherte Faktenbasis schaffen. Es galt, das Urteil des Landgerichts Nürnberg-Fürth und das medizinische Einweisungsgutachten, das Klaus Leipziger als Facharzt für Forensische Psychiatrie im Bezirkskrankenhaus Bayreuth erstellt hatte, zu durchleuchten. Unter dem Datum vom 28. März 2011 legte ich eine Analyse über den Fall Mollath vor mit der Überschrift »Justiz in Bayern«. Ich gelangte darin zu dem eindeutigen Ergebnis, dass der dringende Verdacht eines vorsätzlich falschen Urteils und eines vorsätzlich falschen medizinischen Gutachtens gegeben war. Zugleich erhob ich schwere Vorwürfe gegen die beteiligten Richter und Staatsanwälte, deren Vorgesetzte und den Gutachter. Damit hatte ich eine Lunte gelegt, die eine gewaltige Menge Sprengstoff entzünden musste.

Meine Ausarbeitung übersandte ich dem Pflichtverteidiger Mollaths als interne Hilfe. Zu meiner Überraschung leitete er sie indessen nach rechtlicher Prüfung unverändert dem Landgericht Bayreuth zu. Als ich das erfuhr, war mir der weitere Ablauf ziemlich klar – der Vorsitzende Richter dürfte meine Analyse sofort an die Staatsanwaltschaft weitergeleitet haben, von dort war sie innerhalb von Stunden auf dem Schreibtisch des Generalstaatsanwalts in Nürnberg gelandet und von diesem in beflissener Eile Justizministerin Beate Merk zugeleitet worden.

Verurteilung und Einweisung in eine psychiatrische Anstalt

Gustl Mollath war vom Landgericht Nürnberg-Fürth am 8. August 2006 in die Forensische Psychiatrie weggesperrt worden. Nachdem ich das Urteil und das Einweisungsgutachten durchgesehen hatte, war ich entsetzt: Ohne wirkliche Beweise hatte die Strafkammer festgestellt, Mollath habe seine Ehefrau schwer misshandelt. Und ohne seine Angaben über die Schwarzgeldverschiebungen der HypoVereinsbank und seiner früheren Ehefrau überhaupt überprüft zu haben, waren diese als paranoide Wahnvorstellungen deklariert und Mollath als gemeingefährlicher Geisteskranker eingestuft worden. Dabei berief sich das Gericht unter anderem auf das Gutachten des Facharztes Leipziger, der allerdings die Angaben ebenfalls nicht überprüft und Mollath nicht einmal untersucht hatte, weil der eine Untersuchung verweigerte. Schon auf den ersten Blick war klar, dass Urteil und Gutachten üble Konstruktionen waren.

Erschüttert stellte ich mir vor, was Mollath durchlitten haben musste. Seit Februar 2006 saß er unschuldig hinter Gittern, zusammengesperrt mit psychisch kranken Gewaltverbrechern, Sexualtriebtätern, Drogensüchtigen. Aus der Gesellschaft herausgerissen, isoliert und alleingelassen, amtlich für verrückt erklärt, sodass seine um Hilfe rufenden Briefe nach außen nicht mehr ernst genommen wurden, war er den bürgerlichen Tod gestorben. Ohne Aussicht wieder freizukommen. Mollaths Schicksal trieb mich um, ich schlief zwei Nächte lang unruhig, dachte im Halbschlaf immer wieder an diesen Unglücklichen. Dabei setzte mir der Gedanke zu: Wenn man das mit mir gemacht hätte, hätte ich das durchgestanden oder irgendwann durchgedreht? Wäre Mollath in der Haft wirklich wahnsinnig geworden, es wäre nur allzu verständlich gewesen.

Gustl Mollath, geboren am 7. November 1956, legte 1976 das zweitbeste Abitur an seiner Schule ab. Er begann Maschinenbau zu studieren, brach dieses Studium aber 1989 wegen der Krebserkrankung seiner Mutter ab, um diese zu pflegen. Von 1981 bis 1983 arbeitete er bei MAN, wo er eine Controllingabteilung unter sich hatte. Anschließend machte er sich selbstständig, beschäftigte sich mit der komplizierten Reparatur von Oldtimern, insbesondere Ferraris, beteiligte sich an Autorennen und betrieb einen Reifenhandel.

1978 lernte er Petra, seine spätere Ehefrau, von Beruf Bankkauffrau, kennen. Sie war seit 1990 bei der Hauptniederlassung der HypoVereinsbank Nürnberg beschäftigt. Wie ihre Tätigkeit dort aussah, schilderte Mollath in seinen späteren Strafanzeigen: Zusammen mit anderen Kollegen habe seine Frau in der Bank über zehn Jahre hinweg die Verschiebung von Schwarzgeld für eine Vielzahl von Kunden in die Schweiz betrieben, zunächst zur Anlage- und Kreditbank (AKB) in Zürich, einer Tochter der HypoVereinsbank, später zur LEU-Bank. Diese fortwährende Steuerhinterziehung und Geldwäsche habe einen riesigen Umfang gehabt, es sei um Abermillionen Mark gegangen. Seine Frau habe das Schwarzgeld als Kurier in die Schweiz transportiert. Anfangs habe er dies, wenn auch missbilligend, hingenommen und sich gesagt, das gehört halt zu ihrem Beruf. Bisweilen habe er sie sogar selbst in die Schweiz gefahren.

Im Oktober 1996, als seine Frau an einem »Fortbildungsseminar« im berühmten Nobelhotel Dolder in Zürich teilnahm, sei er dabei gewesen. Die AKB habe hierzu die 50 »besten Schwarzgeldverschieber der Bayerischen HypoVereinsbank« eingeladen. Die Themen hätten sich auf Steuerrecht, Steuerstrafrecht und Verhalten bei Entdeckung bezogen. Die Leiterin der Bank habe ihm erzählt, dass sie »sehr gut mit Franz Josef Strauß bekannt war«.

Nach Einführung der Zinsabschlagssteuer sei der Strom des Schwarzgelds so rapide angeschwollen, dass seine Frau fast wöchentlich in die Schweiz gefahren sei. Da habe er Angst um sie bekommen, denn sie riskierte bis zu zehn Jahren Gefängnis, falls sie von der deutschen Zoll- und Steuerfahndung erwischt worden wäre. Zudem habe er die hinter dem gewaltigen Ausmaß der Steuerhinterziehungen stehende Unmoral verabscheut. Es habe ihn angeekelt, wenn seine Frau ihm jeden Abend erzählte, wer wieder wie viel Schwarzgeld verschoben habe. Meterlange, an seine Frau gerichtete Faxe aus der Schweiz seien bei ihm zu Hause eingegangen. Deshalb habe er versucht, seine Frau von ihrer illegalen Tätigkeit abzubringen. Das sei ihm jedoch nicht gelungen, weil sie von der LEU-Bank auf ein Konto in der Schweiz Provisionen sowie Vergütungen für die Verwaltung des Schwarzgeldbestandes erhalten habe, schrieb er in einer Strafanzeige vom 9. Dezember 2003. All das habe ihm immer mehr zugesetzt: »Ich konnte keine Nacht mehr schlafen, bin schweißgebadet aufgewacht.« Im Mai 2002 sei es wegen der Schwarzgeldverschiebungen zum großen Streit mit seiner Frau gekommen, sie habe ihn daraufhin verlassen.

In der Folge schrieb ihr Mollath mehrere Briefe, in denen er sie immer wieder bat, ihre illegale Tätigkeit zu beenden. Er hoffte damals noch, dass sie zu ihm zurückkehren würde; sie war

indessen anscheinend bereits mit einem Direktor der HypoVereinsbank liiert, den sie später auch heiratete. Da sie befürchtete,
dass ihr Ehemann sie wegen ihrer Schwarzgeldgeschäfte anzeigen würde – was sich als zutreffend herausstellen sollte –, erstattete sie ihrerseits im November 2002, ein halbes Jahr nach der
Trennung, Strafanzeige gegen ihn. Darin beschuldigte sie ihren
Nochehemann, er habe sie am 12. August 2001, somit ein Dreivierteljahr vor der Trennung, schwer misshandelt. Er habe sie
geschlagen, getreten und gebissen und schließlich so gewürgt,
dass sie bewusstlos geworden sei. Außerdem beschuldigte sie
ihn der Freiheitsberaubung: Als sie nach der Trennung restliche
Sachen aus der ehelichen Wohnung abholen wollte, habe ihr
Mann sie festgehalten und erst dann gehen lassen, als nach
eineinhalb Stunden eine draußen wartende Freundin von ihr
geklingelt habe. Die Staatsanwaltschaft erhob daraufhin Anklage gegen Mollath.

Das katastrophale Fehlverhalten eines Richters am Amtsgericht

Am 25. September 2003 fand vor dem Amtsgericht Nürnberg-Fürth die Verhandlung unter dem Vorsitz des Richters Huber statt. Zwei Tage vorher hatte Petra Mollath über ihre Anwälte bei Gericht den überraschenden Antrag gestellt, ihren Mann
auf seinen Geisteszustand zu untersuchen, er sei wahrscheinlich
gemeingefährlich.

Zum Vorwurf der Misshandlung sagte Gustl Mollath laut Protokoll:

*Wie die Sache hier dargestellt wird, stimmt es nicht. Sie ging auf mich
los. Ich habe mich nur gewehrt. Meine Frau ist ein Teil von mir. Ich
habe sie geliebt. In unserer Ehe gab es immer wieder starke Probleme.*

Es ging um Tätigkeiten, die meine Frau ausübt, die ich aber nicht tolerieren kann. Es geht hier um Steuerhinterziehung und Schwarzgeldverschiebung im großen Stil.

Auf die Frage des Richters sagte dazu die als Zeugin geladene Ehefrau Petra Mollath laut Protokoll:»Es gab in unserer Ehe öfters Streitigkeiten …, es hat ihm einfach nicht gepasst, was ich für einen Job habe.«

Diese Antwort war verblüffend. Sie gab sogar zu, dass ihre beruflichen Aktivitäten der Streitpunkt waren. Die angebliche Misshandlung beschrieb sie so:»Mein Mann ist auf mich losgegangen und hat mich gewürgt. Ich hatte Prellungen und Bisswunden. Er hat mich schon öfters misshandelt. Ich hatte nur nie den Mut, einfach für immer zugehen … Ich glaube einfach, dass mein Mann unter Bewusstseinsstörungen leidet.«

Das aus dem Protokoll ersichtliche Verhalten des Richters Huber war nicht nur äußerst merkwürdig, es war pflichtwidrig. Warum hinterfragte er nicht den von Gustl Mollath angeführten Streitpunkt, die Steuerhinterziehung und Schwarzgeldverschiebung im großen Stil? Das Motiv war doch relevant für die Beurteilung des Tathergangs und für die Strafzumessung. Warum ließ er im Protokoll den Namen der HypoVereinsbank unerwähnt? Und warum bohrte der Staatsanwalt nicht sogleich mit Fragen nach? Steuerhinterziehung und Schwarzgeldverschiebung waren doch schwere Straftaten. Warum befragten weder der Richter noch der Staatsanwalt Petra Mollath, was das für ein geheimnisvoller Job war, dem sie nachging?

Gustl Mollath schrieb später, dass er ausdrücklich auf die HypoVereinsbank hingewiesen habe, aber dass weder der Richter noch der Staatsanwalt davon etwas wissen wollten. Noch dazu hatte er zu seiner Verteidigung einen 106 Seiten umfassenden Schnellhefter überreicht. Dieser enthielt unter anderem eine Schilderung der Schwarzgeldverschiebungen sowie als Beweis dienende Belege wie zum Beispiel Buchungsanordnungen für Nummernkonten in der Schweiz. Doch statt die eingereichten Belege Mollaths auf ihren Wahrheitsgehalt zu überprüfen, erließ der Richter kurzerhand den Beschluss, Mollath sei auf seinen Geisteszustand zu untersuchen – ganz so, wie es Petra Mollath beantragt hatte. Dabei muss dem Richter bewusst gewesen sein, dass es sehr häufig vorkommt, dass ein Ehegatte den anderen in die Ecke der Geisteskrankheit zu rücken versucht, wenn eine Ehe auseinanderbricht. Bei den meisten Tätlichkeiten in der Ehe, die vor Gericht landen, wird kein psychiatrisches Gutachten eingeholt. Warum geschah das dann hier, ausgerechnet in einem Fall, in dem es um angezeigte Schwarzgeldverschiebungen in riesigem Umfang ging? Mollath war nie als gewalttätig in Erscheinung getreten und auch nicht vorbestraft. Petra Mollath hatte überdies keine Hieb-, Stich- oder Schussverletzungen davongetragen, sie machte nur ein paar blaue Flecken und eine Bisswunde geltend.

Durch den pflichtwidrigen Beschluss des Richters war Mollath unversehens in Fänge geraten, aus denen er sich nicht mehr befreien konnte. Er berichtete später, im Zuschauerraum habe der Liebhaber seiner Frau, ein Hypo-Vereinsbank-Direktor, gesessen und gelacht, als er ihn anschaute. Der Banker hatte, so Mollath, den Verhandlungssaal zusammen mit dem Richter betreten, sodass er das Gefühl gehabt habe, beide hätten vorher miteinander gesprochen.

Strafanzeigen und Petitionen an Ministerpräsident Stoiber

Mollath erkannte, dass er sich gegen die Unterstellung, er sei geisteskrank, nur verteidigen konnte, indem er nachwies, dass die Schwarzgeldverschiebungen zutrafen. Erstmals hatte er sie in einem Schreiben vom 11. Juni 2003 an den Scheidungsrichter erwähnt – es gab jedoch keine Reaktion. Ferner hatte er sie in der besagten Gerichtsverhandlung in Gegenwart des Staatsanwalts angezeigt, auch das ohne Konsequenzen. Mit Schreiben an das Amtsgericht und das Landgericht Nürnberg-Fürth beschwerte er sich ebenfalls darüber, vergeblich. Da hatte er einen pfiffigen Einfall: Er wandte sich mit einer Anzeige vom 9. Dezember 2003 an den Generalstaatsanwalt von Berlin, mit Abdruck an den Generalbundesanwalt beim Bundesgerichtshof und andere Justizstellen. Auf sechs Seiten schilderte er das System der Schwarzgeldverschiebungen und nannte die beteiligten Banker und Kunden samt Beruf und Adresse. Der Generalstaatsanwalt von Berlin leitete die Anzeige zuständigkeitshalber der Staatsanwaltschaft Nürnberg-Fürth zu – nun konnte diese nicht mehr aus, sie musste Mollath antworten.

Doch der Bescheid, den er erhielt, war der blanke Hohn. Eine Staatsanwältin schrieb ihm, sie könne keine Ermittlungen vornehmen. Ihre Begründung: »Der Anzeigeerstatter trägt nur pauschal den Verdacht vor, dass Schwarzgeld in großem Umfang in die Schweiz verbracht wird. Aus diesen unkonkreten Angaben ergibt sich kein Prüfungsansatz.« Das war eine dreiste Lüge. Mollath hatte Ross und Reiter genannt und hatte, was gar nicht notwendig gewesen wäre, sogar Beweise vorgelegt. Anstößig war zudem, dass die Staatsanwältin den Namen der HypoVereinsbank in ihrem Bescheid ausblendete, so wie es schon Richter Huber im Protokoll getan hatte. Sie sprach nur von einer »Anzeige gegen Petra Mollath«. Existierte vielleicht überhaupt keine HypoVereinsbank? Oder gab es eine Sprachregelung?

Mollath protestierte mit Schreiben vom 14. März 2004, wies die Staatsanwältin auf die übergebenen Buchungsanordnungen für Schweizer Nummernkonten und Anlagen- und Vermögensverzeichnisse von Schwarzgeldern in der Schweiz hin, erstellt von der Schweizer Bank, ohne Erfolg. Er erhielt nicht einmal eine Antwort, geschweige denn eine Aufforderung, nähere Angaben zu machen.

Daraufhin wandte er sich mit einer Petition vom 8. April 2004 an Ministerpräsident Edmund Stoiber. Der musste sich schließlich im Strafrecht bestens auskennen, schließlich hatte er eine Doktorarbeit über neuere Aspekte des Hausfriedensbruchs verfasst. Er erinnerte Stoiber daran, dass er ihn bereits mit einem Schreiben vom 20. Dezember 2003 über den Schwarzgeldskandal informiert, aber von ihm leider nichts gehört habe. Dann beklagte er, dass die Staatsanwaltschaft pflichtwidrig Ermittlungen ablehne, wobei er auf eingereichte Unterlagen über Schwarzgeldbeträge von insgesamt 780 000 Mark und angegebene Nummernkonten verwies. »In über zehn Jahren sind Milliarden verschoben worden«, schrieb er Stoiber. Doch er bekam keine Antwort.

Mit Brief vom 22. April 2004 wandte er sich erneut an Stoiber. Er bat ihn dringend um Hilfe, weil man jetzt versuche, ihn als psychisch krank hinzustellen, er müsse mit allem rechnen. Dabei beschrieb er wieder den Schwarzgeldskandal, außerdem verwies er, und das war wohl ein schwerer Fehler, auf eine von einer Betriebsprüferin festgestellte Steuerhinterziehung von 60 Millionen Mark durch den Waffenfabrikanten Karl Diehl. Flehentlich schrieb er am 25. April 2004 nochmals an Stoiber: »Jetzt soll ich durch eine Einweisung in eine psychiatrische Klinik … mundtot gemacht werden.« Mollath hielt Stoiber vor, dass er wohl aufgrund seiner Verbindung zur HypoVereinsbank nicht Ordnung schaffe. In deren Aufsichtsrat säßen doch Ministerialdirektoren. Aber Stoiber hüllte sich in Schweigen.

Dass Stoiber Mollath nicht antwortete, war rechtswidrig. Denn mit dem verfassungsrechtlichen Petitionsrecht, das Mollath ausübte, ist ein Rechtsanspruch auf einen Bescheid verbunden. Normalerweise beantworten deshalb der Ministerpräsident und seine Staatskanzlei alle Eingaben. Warum geschah das ausgerechnet in diesem Fall nicht?

Zwischenspiel in der Forensischen Psychiatrie

Mollath sah, dass er in größter Gefahr war, in eine psychiatrische Anstalt eingewiesen zu werden, wenn er sich der angeordneten psychiatrischen Untersuchung stellte, und erschien deshalb nicht bei dem beauftragten Nervenarzt. Daraufhin wurde er von der Polizei festgenommen, in Handschellen abgeführt und in die forensische Abteilung des Bezirkskrankenhauses am Europakanal in Erlangen überstellt. Dr. Michael Wörthmüller, der Chefarzt dieser Abteilung, sollte ihn untersuchen. Über seinen achttägigen Aufenthalt dort schrieb Mollath:

Ich wurde über Tage in Vollisolations-Einzelhaft gehalten, durfte in einer Woche nur dreimal Hofgang machen. Ich bekam Kreislaufbeschwerden und eine Krampfader. Nachts wurde mir durch eine erzwungene Beleuchtung der Schlaf entzogen. Ich musste mich nackt ausziehen. Ich wurde Tag und Nacht von einer Kamera beobachtet.

Überallhin sei er mit Handschellen gebracht worden. Zuvor habe er entdeckt, dass Dr. Wörthmüller mit einem Mann befreundet war, der mit seiner Ehefrau eng zusammengearbeitet hatte und später mit zwei früheren Kollegen seiner Ehefrau im Vorstand einer Finanzanlagegesellschaft zusammenarbeitete. Diese Gesellschaft hätte die Schwarzgeldverschiebungen in die Schweiz fortgesetzt. Als er den Chefarzt mit diese Freundschaft konfrontierte, habe der ihm aufs Äußerste erschreckt angeboten, er erstelle über ihn ein harmloses, die Thematik der Schwarzgeldverschiebungen ausklammerndes Gutachten, wenn er die Verbindung nicht aufdecke. Er, Mollath, sei auf den Handel aber nicht eingegangen.

Dass sich das so abgespielt hat, dafür spricht auch Folgendes: Der Chefarzt teilte dem Gericht später von sich aus mit, er könne das Gutachten nicht anfertigen, da er befangen sei. Die Begründung, die er dafür angab – er sei von einem Nachbarn, »mit dem ich freundschaftlich verbunden bin, ausführlich über seine Sichtweise der Angelegenheit Mollath informiert worden« –, klang alles andere als zwingend. Nachdenklich musste zudem stimmen, dass er selbst dem Gericht einen anderen Gutachter empfahl, nämlich den ihm bestens bekannten Kollegen Leipziger vom Bezirkskrankenhaus Bayreuth.

Zwei Monate später ordnete das Amtsgericht die Einweisung Mollaths für die Dauer von fünf Wochen nach Bayreuth an. Am 13. Februar 2005 verhaftete ihn die Polizei und lieferte ihn im dortigen Bezirkskrankenhaus ein – liegend, mit am Rücken gestreckt parallel gefesselten Händen. Die dadurch verursachten Verletzungen dokumentierte der aufnehmende Arzt schriftlich, außerdem fotografierte er sie mit einer Digitalkamera. Chefarzt Klaus Leipziger versuchte mehrmals, mit Mollath ein Explorationsgespräch zu führen. Dieser weigerte sich jedoch, erklärte, er sei völlig gesund und werde sich daher weder körperlich noch neurologisch untersuchen lassen oder Auskünfte geben. Nach fünf Wochen wurde Mollath wieder entlassen und fuhr mit dem Zug zurück nach Nürnberg.

Ein wünschenswert hilfreiches Gutachten

Ohne Explorationsgespräch und ohne körperliche Untersuchung ist ein psychiatrisches Gutachten anerkanntermaßen praktisch wertlos, es kann nur Spekulationen anstellen. Erstaunlicherweise jedoch gelangte Leipziger in seinem Gutachten vom 25. Juli 2005 zu eindeutigen Resultaten. Er verkündete: »Beim Angeklagten ist mit Sicherheit eine bereits seit Jahren bestehende, sich zuspitzende paranoide Symptomatik (Wahnsymptomatik) festzustellen, die ihn ... so weit beeinträchtigt, dass er zu einem weitgehend normalen Leben und der Besorgung der für ihn wesentlichen Angelegenheiten im Außenraum nicht mehr in ausreichendem Maße in der Lage ist.« Das leitete er insbesondere aus den Strafanzeigen Mollaths ab, teils auch aus seinem angeblichen Verhalten im Bezirkskrankenhaus.

Der Angeklagte habe, so Leipziger, in mehreren Bereichen ein »paranoides Gedankensystem« entwickelt. Der Chefarzt führte aus: »Hier ist einerseits der Bereich der Schwarzgeldverschiebung zu nennen, in dem der Angeklagte unkorrigierbar der Überzeugung ist, dass eine ganze Reihe von Personen aus dem Geschäftsfeld seiner früheren Ehefrau, diese selbst und nunmehr auch beliebige weitere Personen, die sich vermeintlich oder tatsächlich gegen ihn stellen (müssen), zum Beispiel auch Dr. Wörthmüller, der ursprünglich mit der stationären Begutachtung des Angeklagten beauftragt war, in dieses komplexe System der Schwarzgeldverschiebung verwickelt wäre.«

Das war pure Dichtung. Denn erstens hatte die Angaben Mollaths niemand überprüft, wie konnte Leipziger da von »unkorrigierbaren« Wahnvorstellungen sprechen? Zumal es keinerlei Therapieversuche gab, weil Mollath mit ihm kein Gespräch führte. Zweitens gab er keinerlei Belege dafür an, dass Mollath »nunmehr auch beliebige« Personen in die Schwarzgeldverschiebungen einbezogen hatte. Überdies schrieb Leipziger von einer Vielzahl von Personen, nannte dann aber bloß eine einzige: seinen Kollegen Wörthmüller.

Als Beweis für Mollaths Paranoia führte Leipziger an, dass dieser behauptet habe, Wörthmüller habe ihm angeboten, ein Gefälligkeitsgutachten zu schreiben, falls er seine Verwicklung in den Schwarzgeldskandal nicht offenbare. Leipziger unterstellte also ohne weitere Recherche, dass das nicht zutraf. Woher wollte er das wissen? Ohne Grund hatte sich Wörthmüller wohl nicht für befangen erklärt. Warum kam man erst im späteren Wiederaufnahmeverfahren auf die Idee, Worthmüller selbst dazu zu befragen?

Leipziger schrieb sodann: »Als weiteren Bereich eines paranoiden Systems des Angeklagten ist dessen krankhaft überzogene Sorge um seine Gesundheit, die Ablehnung der meisten Körperpflegemittel, von Nahrungsmitteln aus nicht biologisch-dynamischem Anbau … zu werten.« Endlich werden die Menschen, die in Reformhäusern und Bioläden einkaufen, darüber aufgeklärt, dass sie an Paranoia leiden. Leipziger verdrehte völlig normales Verhalten in ein pathologisches.

Diese Methode wiederholte er. Mollath habe gesagt, er höre eine innere Stimme, die ihm sage, er sei ein ordentlicher Kerl, er spüre hinsichtlich der Schwarzgeldverschiebungen sein Gewissen, die Gewissensfreiheit sei im Grundgesetz verankert. Dazu Leipziger: »Es muss dabei durchaus als möglich angesehen werden, dass der Angeklagte unter Halluzinationen leidet und er sein Tun und Handeln kommentierende Stimmen hört, ohne dass diese Annahme konkret belegt werden könnte.« Das Hören auf die Stimme des Gewissens münzte Leipziger um in ein mögliches paranoides »Hören von Stimmen«.

Er untermauerte seine Diagnose weiter: »Sicher pathologisch zu werten sind die massiven Auffälligkeiten in der Affektivität, der Ich-Bezogenheit und der extremen gedanklichen Rigidität des Angeklagten.« Beweise hierfür ersparte er sich freilich. Trifft außerdem Ich-Bezogenheit nicht auf alle Menschen zu? Sogar auf Leipziger selbst? Bizarr sein Zitat aus einer sogenannten Dokumentation seiner Klinik über Mollath: »Die Ich-Grenzen wirken verschwommen.« Was sollte das denn sein?

Gewissenhaft stellte Leipziger schließlich fest, dass als Diagnose neben Paranoia auch Schizophrenie oder eine schwere seelische Abartigkeit in Betracht komme. Man erstarrt vor Erstaunen darüber, welcher Krankheitsbefund Strafanzeigen über Schwarzgeldverschiebungen beizumessen ist.

Der Facharzt Leipziger gelangte schließlich zu dem Ergebnis, dass Mollath gefährlich sei, von ihm seien weitere Straftaten zu befürchten. Er müsse deshalb zwingend in der Psychiatrie untergebracht und behandelt werden.

Die wissenschaftlich fragwürdige Machart dieses Gutachtens war nicht nur für Fachärzte, sondern auch für jeden Richter und Staatsanwalt schon von Weitem erkennbar. Selbst ein Laie konnte mühelos nachvollziehen, dass die Diagnose auf absurden Begründungen aufgebaut war. Doch das Gutachten war das vorweggenommene Verdikt, das den auf Steuergesetze und Steuermoral pochenden Frömmler Gustl Mollath in die Psychiatrie bringen sollte.

Der Weg in die Psychiatrie

Zunehmend aufgeregt reagierend, hatte Mollath zuvor versucht, das Verhängnis durch weitere Strafanzeigen und Petitionen abzuwenden. Mit einer Strafanzeige vom 5. August 2004 hatte er sich an Hasso Nerlich, den Präsidenten des Amtsgerichts, gewandt, mit einer weiteren vom 23. September 2004 nochmals an diesen. Mit einer Strafanzeige vom 27. Oktober 2004 an den Generalstaatsanwalt Heinz Stöckel und den Leitenden Oberstaatsanwalt Klaus Hubmann, er wurde keiner Antwort gewürdigt. In seiner Verzweiflung wandte er sich mit einer Eingabe vom 7. Februar 2004 an Innenminister Günther Beckstein.

Beckstein nahm sich der Sache nicht an, sondern reichte die Eingabe weiter an das Justizministerium. Dort war sie in guten Händen, denn Justizministerin Beate Merk war früher, als Beckstein noch Staatssekretär war, seine persönliche Referentin gewesen.

Der Bescheid, den Mollath vom Justizministerium erhielt, während er in Bayreuth inhaftiert war, kam einer Verhöhnung gleich. Ein Ministerialrat namens Dr. Herbert Veh teilte ihm mit, für Strafanzeigen seien Staatsanwaltschaft und Polizei zuständig. »Es bleibt Ihnen unbenommen, sich unmittelbar an eine der genannten Stellen zu wenden«, belehrte er ihn. Die Zurückverweisung an die Staatsanwaltschaft, obwohl sich die Beschwerde gerade gegen diese richtete, war perfide. Das Justizministerium verletzte dadurch sowohl seine Aufsichtspflicht als auch das Petitionsrecht Mollaths.

Ein Querverweis ist angebracht. Der besagte Ministerialrat war bereits einige Jahre zuvor durch erstaunliches, vermutlich sogar rechtswidriges Handeln in Erscheinung getreten. Es ging damals um das gegen den CSU-Staatssekretär im Bundeswirtschaftsministerium, Erich Riedl, eingeleitete Strafverfahren wegen des Verdachts der Bestechlichkeit. Die Staatsanwaltschaft Augsburg hatte nach eingehenden Ermittlungen festgestellt, dass der Verdacht unbegründet war. Trotzdem erteilte damals Ministerialrat Veh die Weisung, das Verfahren gegen Erich Riedl nicht einzustellen. Andererseits wurde aber nicht weiterermittelt, wie der Vorsitzende des Immunitätsausschusses des Bundestags auf Nachfrage erfuhr. Als Hintermann machte Erich Riedl Ministerpräsident Edmund Stoiber aus, was er auch öffentlich kundtat. Das Strafverfahren, das nach einem halben Jahr hätte eingestellt werden müssen, wurde über sechs Jahre lang offengehalten. Erich Riedl verlor bei der nächsten Bundestagswahl sein Abgeordnetenmandat und sein Amt als Staatssekretär, seine politische Existenz war vernichtet. In einer veröffentlichten Broschüre bezeichnete die Bundestagsverwaltung das Verhalten der bayerischen Justiz als böswillig. Auf Weisung der Staatskanzlei in München musste die Bayerische Landesvertretung in Berlin gegen diese Broschüre intervenieren, die Bundestagsverwaltung blieb jedoch fest.

Die Parallelen des Falles Riedl und des Falles Mollath, beide politisch hochbrisant, liegen offen zu Tage. Hier wie dort belastete sich Ministerpräsident Edmund Stoiber durch sein Verhalten schwer. Hervorzuheben ist: Die Existenzvernichtung durch die Justiz geschah jeweils im Rahmen eines scheinbar rechtsstaatlichen Verfahrens, sodass die Betroffenen in der Öffentlichkeit mit dem Vorwurf des politischen Missbrauchs kein Gehör finden konnten.

Die ersten Stationen seines Leidenswegs hatte Mollath bereits hinter sich. Aber nachdem Leipziger sein Gutachten vorgelegt hatte, griff man ihn sich endgültig. Aufgrund eines richterlichen Beschlusses vom 1. Februar 2006 wurde er in die forensische Abteilung des Bezirkskrankenhauses Bayreuth verbracht. Das war rechtswidrig, denn es bestand keine konkrete Gefahr – bis dahin war er ein Jahr in Freiheit gewesen, ohne dass man ihm irgendeine Straftat hätte anlasten können.

Eine weitere Maßnahme war, dass man ihn höchst fürsorglich unter vorläufige Betreuung stellte, also faktisch entmündigte. Es ging jetzt um seine Habe. Seine mittlerweile von ihm geschiedene Ehefrau machte Forderungen gegen ihn geltend. Bald sollte Mollath mittellos sein.

Voller Verzweiflung verfasste er am 21. April 2006 eine Petition an den Bundestagsabgeordneten Hans Christian Ströbele. Er übergab sie dem Stationsleiter seiner Abteilung zur Weiterleitung an die Post. Doch am übernächsten Tag, um 7.30 Uhr, wurde er aufgefordert, seine Sachen zu packen. Mollath berichtet: »Um 8.30 Uhr saß ich, mit Hand- und Fußfesseln, im Gitterbus auf dem Weg in den Ober-Gulag der bayerischen Forensischen Psychiatrien, dem BKH Straubing.« Wer hatte das veranlasst? Und warum? War es eine Sanktion auf seine Petition? Oder wollte man ihn vor dem bevorstehenden Prozess vollends von seiner Umgebung abschneiden, den Kontakt mit Anwälten oder Freunden erschweren? Ein legitimer Grund ist nicht ersichtlich, und in der Sache Mollath an Zufälle zu glauben, fällt allen damit Befassten sehr schwer.

Der Prozess

Die nächste Station auf Mollaths Leidensweg war die Aburteilung am 8. August 2006 durch eine Kammer des Landgerichts Nürnberg-Fürth, besetzt mit dem Vorsitzenden Richter Otto Brixner, der Richterin Petra Heinemann und zwei Schöffen. Gefesselt wurde der Angeklagte in den Gerichtssaal geführt, dort wurden ihm die Handschellen abgenommen. Die Schöffen konnten sehen, wie gefährlich er einzuschätzen war.

Die Anklage lautete auf Misshandlung seiner früheren Ehefrau, Freiheitsberaubung ihr gegenüber und – was seit der Verhandlung vor dem Amtsgericht überraschend hinzugekommen war – das angebliche Aufstechen von Reifen an den Autos mehrerer Personen, die mit seiner Frau in Verbindung standen. Von diesem zusätzlichen Anklagepunkt hatte er, so Mollath später, erst vier Tage vorher in Straubing erfahren.

Weil dies bei Verhandlungen vor einer Strafkammer des Landgerichts, anders als vor einem Amtsgericht, eigenartigerweise nicht vorgeschrieben ist, gibt das Sitzungsprotokoll weder die Aussagen Mollaths noch der Zeugen wieder, ebenso nicht Fragen und sonstige Äußerungen des Vorsitzenden Richters und des Staatsanwalts. Aber Mollath berichtete darüber später in einem an mich gerichteten Brief:

Richter Brixner ... hat getobt, sobald ich auf die Schwarzgeldverschiebungen der HypoVereinsbank zu sprechen kommen und den ursächlichen Zusammenhang erklären und darstellen wollte. Er verbot mir sofort das Wort und (sagte), wenn ich nicht still wäre, würde ich des Saales verwiesen. Vom Gericht selbst geladene Zeugen waren nicht gekommen. Als ich fragte, wo die denn blieben, meinte Richter Brixner lächelnd: »Wer nicht da ist, ist halt nicht da.« Als ich schon im Gerichtssaal ankündigte, gegen dieses unglaublich skandalöse Urteil Revision einlegen zu wollen, schrie Richter Brixner: »Ihnen wird niemand helfen!

Kein Bundesgerichtshof! Kein Bundesverfassungsgericht! Kein Europäischer Gerichtshof!«

Die Darstellung Mollaths findet eine Bestätigung im Brief einer Frau namens Concepcion Vila Ambrosio, die der Hauptverhandlung beigewohnt hatte. Sie schrieb acht Tage später an Brixner, sie sei erschüttert, wie er Mollath behandelt habe. Sie hielt ihm vor, er habe Mollath, einen von ihm als krank bezeichneten Menschen, acht Stunden lang malträtiert, provoziert und angeschrien. Dennoch habe dieser nicht die Haltung verloren. Er hingegen habe sich in keinem Moment beherrscht. Er sei sehr zornig gewesen und habe sich wie ein Diktator aufgeführt. Er habe sich so erregt, dass »bei mir ein Bild entstand, Sie wären nicht ein souveräner, gerechter, achtender und würdiger Richter. Warum nahmen Sie Herrn Mollath die menschliche Würde ab?«

Erschütternd war auch, was die Frau über den Pflichtverteidiger schrieb: »Ich sah Herrn Mollath ganz allein gelassen. Und das Schlimmste war zu sehen, wie dieser Anwalt …, statt bei seinem Mandanten zu sitzen, sich zu seinem Ankläger setzte. Ihm wurde die Aufgabe gegeben, Herrn Mollath zu verteidigen. Das hat er zumindest in der Verhandlung durch seine Körpersprache nicht getan.« Dass der Pflichtverteidiger – den Mollath abgelehnt hatte, weil er vor ihm gewarnt worden war – ihn völlig pflichtwidrig alleine ließ, sich nicht neben ihn, sondern neben den Staatsanwalt setzte, das beklagte auch Mollath selbst.

In einem Brief vom 14. August 2006 schilderte ein weiterer Prozessbeobachter die Verhandlung als »nicht hinnehmbar«. Der Mann rügte, der als psychisch krank geltende Angeklagte wurde »vom verhandlungsführenden Richter immer wieder laut angeschrien und das weit über die Zeit meiner doch nur eineinhalbstündigen Anwesenheit hinaus, nach Aussagen weiterer Prozessbeobachter sogar über die ganze Zeit hinweg. Die Verhandlung war voll von Einschüchterungsversuchen und erinnerte an weniger ruhmreiche Zeiten deutscher Geschichte.« Und weiter: »Schon zu Verhandlungsbeginn ließ der Richter die Anwesenden wissen: ›Schließlich geht es hier um eine Einweisung …‹, darauf läuft es ja bei Ihnen hinaus.‹«

Später bestätigte auch der Schöffe Westenrieder, dass die Verhandlung so ablief. Warum protestierte in der Verhandlung dagegen nicht der Staatsanwalt? Dazu wäre er verpflichtet gewesen – er durfte nicht zusehen, wie hier das rechtliche Gehör mit Füßen getreten wurde. Und warum ließ der Leitende Oberstaatsanwalt Klaus Hubmann nicht Revision zugunsten Mollaths einlegen?

Das Urteil

Am Ende der achtstündigen Verhandlung verkündete das Gericht das Urteil. Es stellte fest, Gustl Mollath habe die ihm zur Last gelegten Straftaten verübt – er sei aber wegen Geisteskrankheit schuldunfähig. Daher werde er freigesprochen, jedoch als gemeingefährlich in einem psychiatrischen Krankenhaus untergebracht. Die Kosten des Verfahrens wurden Mollath auferlegt. Anschließend wurde er zurück nach Straubing transportiert. Der Freispruch war nur eine scheinheilige Wohltat, um ihm Schlimmeres zufügen zu können – Wegsperren auf unbestimmte Zeit.

Was dann an Unglaublichem geschah, schilderte mir Mollath in einem Brief:

Als ich im BKH Straubing die Einlegung meiner Revision gegen das Urteil sicherstellen wollte – es war bereits der letzte Tag der Frist, und ich wusste nicht, ob die Revision tatsächlich eingelegt worden war –, wurde ich in die »Folterstation« A1 im geschlossenen Gang geworfen. Ich wurde unter Vollisolation in Einzelhaft gehalten. 23 Stunden am Tag war ich in der kargen Zelle eingesperrt. Selbst meine Armbanduhr nahm man mir ab. Nachts wurde die Zelle durch ein kleines Fenster in der Zellentür stündlich ausgeleuchtet – Schlafentzug gilt als eine der schlimmsten Folterarten. Ich hatte Sprechverbot mit Gefangenen. Trotz Hochsommerhitze wurde das Zellenfenster abgeschlossen.

Als Therapie musste ich Rädchen in Vorhanghalter klicken, eine Arbeit für Schwerstbehinderte, für einen Euro die Stunde. In meiner Zelle habe ich fast 350 Kilogramm gefertigt.

Meiner Zelle gegenüber war die Fixierungszelle. Die Schreie und Bitten meiner Mitgefangenen werde ich nie vergessen. Ein Beispiel: Vlastimil S. aus Tschechien telefonierte mit seinem Konsulat in München, natürlich in seiner Muttersprache. Da kam eine Aufseherin und schlug, das Gespräch unterbrechend, ohne Ankündigung auf die Gabel des Telefons. Telefonsprache nur auf Deutsch, habe der Stationsarzt angeordnet, sagte sie. Vlastimil beschwerte sich verbal. Daraufhin rief die Aufseherin den Sicherheitsdienst. Männer schleiften den kleinen, schmächtigen Vlastimil in die »Fixe« und fesselten ihn auf die Pritsche in der bis oben weiß gekachelten Zelle. Seine Schreie und Bitten nützten nichts, er wurde vom Stationsarzt abgespritzt.

Als meine Revision gegen das Urteil verworfen wurde, kam ich in eine andere Station. Ein halbes Jahr hatte man mich in der Zelle im geschlossenen Gang gehalten.

Dass sich alles so abgespielt hat, wie Mollath es schildert, unterliegt für mich keinem Zweifel. Denn seine Angaben über den Ablauf der Hauptverhandlung wurden auch von unabhängigen Zeugen so bestätigt.

Wer veranlasste, dass Mollath in den geschlossenen Gang kam? Und warum? Es war ein schwerer Missbrauch. Mollath hatte keine Tätlichkeit begangen, sondern lediglich, wie er erzählt, darum gebeten, wegen der Revisionseinlegung Kontakt mit einem Rechtspfleger herzustellen, wie es in der Rechtsmittelbelehrung empfohlen wurde. Während er in einem Raum darauf wartete, sei plötzlich der Stationsarzt mit zwei Männern hereingekommen, die ihn in den geschlossenen Gang verbracht hätten.

Mollath galt nunmehr als krank und damit therapiebedürftig. Aber was war denn das für eine Therapie, einen Mann, der Maschinenbau studiert hatte, stumpfsinnig Rädchen in Vorhanghalter klicken zu lassen? Man beachte: Die Anstalt firmiert als Krankenhaus.

Als sich Mollath deswegen mit einer Petition an den Landtag wandte, wies der Staatssekretär Jürgen Heike die Vorwürfe zurück – unter Vorlage einer Stellungnahme des Bezirkskrankenhauses, in der es unter anderem unverfroren hieß: »Das Verschließen des Zimmerfensters bei Herrn Mollath ist zeitweise aus Behandlungsgründen und aus Sorge um ein ungestörtes therapeutisches Klima der Abteilung notwendig.« Wenn man das liest, muss man selbst nach Luft schnappen.

Die Begründung des Urteils

Das Urteil war ein bodenloses Machwerk. Mollath wurde, wie bereits erwähnt, zur Last gelegt, er habe seine Frau schwer misshandelt, ihr gegenüber Freiheitsberaubung begangen und die Reifen der Autos dritter Personen aufgestochen. Tatsächlich aber gab es dafür keine stichhaltigen Beweise. Unterstellt man trotzdem, er hätte diese Straftaten wirklich begangen – was wäre dann normalerweise die Rechtsfolge gewesen? Die Misshandlung ohne sichtbare Verletzungen außer blauen Flecken und einer Bisswunde hätte als Affekttat gegolten. Die Freiheitsberaubung von etwa einer Stunde wäre als relativ leichte Straftat zu bewerten gewesen, ebenso das Aufstechen der Reifen mit einem Gesamtschaden von 6870,00 Euro. Mollath hätte, weil er nicht vorbestraft war, eine Freiheitsstrafe auf Bewährung erhalten, wäre also glimpflich davongekommen.

Ins Verderben stürzte ihn, dass ihm der Facharzt Leipziger und die Richter eine Geisteskrankheit andichteten, die ihn gemeingefährlich machte. Das war der arglistige Kern der Urteilsbegründung.

Die Richter Brixner und Heinemann zitierten hierfür die Befunde des Leipziger-Gutachtens, insbesondere dass Mollath an einem paranoiden Wahnsystem leide, weil er unkorrigierbar der Überzeugung sei, eine Reihe von Personen aus dem Geschäftsfeld seiner früheren Ehefrau sowie diese selbst seien in Schwarzgeldverschiebungen verwickelt. Der Wahn zeige sich auch daran, dass er beliebige weitere Personen in seine krankhaften Vorstellungen einbeziehe, zum Beispiel Dr. Wörthmüller.

Die beiden Berufsrichter wussten, dass die Angaben über die Schwarzgeldverschiebungen nicht überprüft worden waren und daher nicht als Wahnvorstellung eingestuft werden konnten. Was Dr. Wörthmüller betraf, so hatte Mollath zudem gar nicht behauptet, dass dieser in den Schwarzgeldskandal verwickelt sei. Vielmehr hatte er lediglich gesagt, dieser sei mit einem Mann befreundet, von dem er wisse, dass er zusammen mit zwei früheren Kollegen seiner Frau Schwarzgeldverschiebungen betrieben habe. Außerdem konnte das alles zutreffen. Ebenso war nicht auszuschließen, dass diese Entdeckung Dr. Wörthmüller sehr unangenehm war und er deshalb Mollath tatsächlich ein Gefälligkeitsgutachten angeboten hatte, wenn er darüber schweige.

Somit musste Brixner und Heinemann bewusst sein, dass Leipziger ein unhaltbares Gutachten erstellt hatte. Und sie mussten erkannt haben, dass dies nicht aus Versehen, sondern mit Absicht geschah, weil Leipziger die Angaben Mollaths ersichtlich nicht überprüft, sondern scheinbar willkürlich eine Wahnsymptomatik diagnostiziert hatte.

Die Richter hätten daher bei Anwendung pflichtgemäßen Ermessens durch Beweiserhebung die Angaben Mollaths selbst überprüfen oder den anwesenden Staatsanwalt darum ersuchen müssen. Solchen Zwang aber taten sie sich nicht an. Stattdessen schrieben sie ungeniert in die Urteilsbegründung: »Die Kammer schließt sich dem überzeugenden Gutachten des Sachverständigen aufgrund eigener kritischer Würdigung an. Auch in der Hauptverhandlung hat sich – wie bereits in den von den Zeugen geschilderten Vorfällen – die wahnhafte Gedankenwelt vor allem in Bezug auf den ›Schwarzgeldskandal‹ der HypoVereinsbank bestätigt.« Dafür führten die Richter indessen keinen einzigen Beleg an. Bloße Behauptungen und leere Formulierungen aber sind in Urteilsgründen unzulässig. Wiederum ohne jeden Beleg behaupteten sie außerdem, Mollath habe fast alle Personen, die mit ihm zu tun hatten, völlig undifferenziert mit dem Schwarzgeldskandal in Verbindung gebracht. Und die einzige Person, die in diesem Zusammenhang genannt wurde, Dr. Wörthmüller, hatte das Gericht nicht einmal vernommen!

Der Schöffe Heinz Westenrieder erzählte mir später, Brixner habe geäußert, Mollath habe zu den Schwarzgeldverschiebungen nichts Konkretes vorgebracht. Die Strafanzeigen seien den Schöffen nicht gezeigt worden. Heute wisse er, dass das Urteil ein Fehlurteil war.

Ebenso skandalös war die Urteilsbegründung hinsichtlich der vorgeworfenen Straftaten. Die angebliche schwere Misshandlung hatte seine Exfrau erst im November 2002 angezeigt, ein halbes Jahr nach der Trennung. Als Tatzeitpunkt gab sie den 12. August 2001 an. Obwohl ihr Mann sie angeblich schwer geschlagen, mit Füßen getreten, gebissen und so gewürgt habe, dass sie bewusstlos geworden sei, wäre sie demnach noch ein Dreivierteljahr bei ihm geblieben. Wer so gewürgt wird, dass er bewusstlos wird, erleidet Todesangst. Sie hatte keine Kinder, verfügte über ein gutes eigenes Einkommen. War es da plausibel, dass sie trotzdem weiter bei ihrem Mann geblieben wäre?

Dass es eine tätliche Auseinandersetzung gab, hat Petra Mollath allerdings nicht erfunden. Gustl Mollath gab das selbst zu, sagte aber, seine Frau sei auf ihn losgegangen und nicht umgekehrt – er habe sich lediglich gewehrt. Der Streit sei wegen ihrer Schwarzgeldgeschäfte entstanden.

Vor Gericht legte Petra Mollath das Attest einer Ärztin vor. Darin wurde ihr bescheinigt, dass sie mehrere blaue Flecken am Körper hatte, Würgemale am Hals (wohl ebenfalls blaue Flecken) und eine Bisswunde am rechten Ellenbogen. Das Attest hatte allerdings einen recht hässlichen Schönheitsfehler: Es datierte erst vom 3. Juni 2002 – das war fast ein Jahr nach der angeblichen Tat! –, auch wenn es sich auf eine Untersuchung bezog, zu der Petra Mollath zwei Tage nach dem Streit in der Praxis erschienen sei. Fotos von den Flecken und der Bisswunde wurden freilich nicht präsentiert, das Attest erwähnte auch keine Behandlung, etwa eine Tetanusspritze wegen der angeblichen Bisswunde.

Außerdem gab es in den Angaben Petra Mollaths eklatante Widersprüche. Laut Attest hatte sie der Ärztin erzählt, ihr Mann habe sie zunächst an den Oberarmen festgehalten (was dafür sprach, dass er sich tatsächlich schützen wollte), sie dann »mehrfach mit der flachen Hand geschlagen«. Bei ihrer gerichtlichen Vernehmung gab sie jedoch an, ihr Mann habe sie »mindestens 20-mal mit beiden Fäusten geschlagen«. Das war ein beträchtlicher Widerspruch. Doch Brixner und Heinemann ließen ihn unberücksichtigt und bedienten sich der schärferen Version. Ein weiterer auffälliger Widerspruch war, dass Petra Mollath bei ihrer Vernehmung vor dem Amtsgericht laut Protokoll nur ausgesagt hatte, ihr Mann habe sie »gewürgt« – dass sie bewusstlos geworden sei, behauptete sie damals nicht. Der Ärztin hingegen hatte sie laut Attest erzählt, ihr Mann habe sie »bis zur Bewusstlosigkeit« gewürgt. Das Wort »bis« besagte nicht eindeutig, dass sie tatsächlich ohnmächtig geworden war – es konnte genauso gut bedeuten, dass sie nur kurz davor war, das Bewusstsein zu verlieren. Doch Brixner und Heinemann erwähnten auch diese Abweichung nicht. Darüber hinaus führten sie an, die Bisswunde hätte geblutet, obwohl das nicht im Attest stand. Und Mollath habe seine Frau mehrmals mit den Füßen gegen die untere Körperhälfte getreten – auch das hatte sie der Ärztin gegenüber laut Attest nicht behauptet. Dennoch heißt es zu alldem wahrheitswidrig im Urteil, die Schilderung Petra Mollaths vor Gericht sei »durch ein ärztliches Attest von Dr. Madeleine Reichel … vom 03.06.2002 bestätigt« worden.

Abgesehen davon war nicht auszuschließen, dass das Attest ein Gefälligkeitsattest war – schließlich war es, wie erwähnt, erst ein Dreivierteljahr nach der angeblichen Misshandlung ausgestellt worden. Die Lebensgefährtin von Petra Mollaths Bruder war in dieser Praxis Sprechstundenhilfe, wie Gustl Mollath herausfand. Die von ihm beantragte Vernehmung der Ärztin wäre daher unerlässlich gewesen, wurde aber von den Richtern abgelehnt.

Im Übrigen: Woher wollte die Ärztin wissen, dass die blauen Flecken am Hals Würgemale waren? So etwas konnte nur ein Gerichtsmediziner feststellen. Und wer hatte die blauen Flecken verursacht? Als Jurastudent habe ich bei einem Prozess wegen versuchter Vergewaltigung erlebt, wie die Frau plötzlich zugab, die angeblichen Würgemale seien in Wahrheit Knutschflecken, die von ihrem Liebhaber stammten. Man denke daran, welche Mühe sich im Fall Kachelmann das Gericht machte, um die Herkunft der Verletzungen der betreffenden Frau aufzuklären. Es holte Gutachten von Gerichtsmedizinern ein und psychologische Gutachten, um die Glaubwürdigkeit der Frau festzustellen. Das Gericht sprach Kachelmann frei nach dem Grundsatz »im Zweifel für den Angeklagten«, Brixner und Heinemann entschieden genau umgekehrt.

Die beiden Richter stellten Petra Mollath ein uneingeschränktes Redlichkeitszeugnis aus. Sie sei völlig glaubwürdig und habe keinen Belastungseifer gezeigt. In Wirklichkeit aber konnten sie unmöglich verkannt haben, dass Petra Mollath ein massives Interesse daran haben musste, ihren Mann mundtot zu machen. Im Scheidungsverfahren hatte ihr Mann bereits in einem Brief vom 11. Juni 2003 an den zuständigen Richter beim Amtsgericht angezeigt, dass seine Frau Schwarzgeldverschiebungen betreibe und ein Konto in der Schweiz habe, auf das ihr hierfür Provisionen überwiesen worden seien. Wenn das zutraf, dann hatte sie gute Gründe, ihn zum Schweigen bringen. Anderenfalls musste sie fürchten, selbst jahrelang ins Gefängnis zu kommen.

Mit einer bloßen Verurteilung ihres Mannes zu einer relativ kurzen Freiheitsstrafe, sei es mit oder ohne Bewährung, wäre ihr bei diesem Szenario nicht gedient gewesen. Er würde dann trotzdem – sogar erst recht – Strafanzeigen erstatten. Nur wenn er für geisteskrank erklärt und als gemeingefährlich weggesperrt wurde, konnte sie sich in Sicherheit fühlen. Die Strafanzeigen eines Geisteskranken würde niemand ernst nehmen.

Dazu passte, dass Petra Mollath sich plötzlich drei Monate nach der Anzeige ihres Mannes im Scheidungsverfahren, unmittelbar vor dem Prozess vor dem Amtsgericht, die Stellungnahme einer Fachärztin für Psychiatrie besorgte und dem Gericht über ihre Anwälte zuleitete. Darin attestierte die Ärztin, den Schilderungen Petra Mollaths zufolge leide ihr Ehemann »mit großer Wahrscheinlichkeit« an einer ernst zu nehmenden psychiatrischen Erkrankung, aufgrund deren eine erneute Fremdgefährlichkeit zu erwarten sei. Sie habe daher der Ehefrau empfohlen, Vorsichtsmaßnahmen zu ergreifen und eine »psychiatrische nervenärztliche Abklärung« bei ihrem Ehemann anzustreben.

Die besagte Fachärztin war im Klinikum Erlangen am Europakanal beschäftigt. Petra Mollath wohnte in Nürnberg, wieso wandte sie sich an diese Klinik in Erlangen? Was erwartete sie sich von dort? Bald stellte sich heraus, dass der Chefarzt der dortigen Forensischen Psychiatrie Dr. Wörthmüller war – jener Arzt, der Mollath später untersuchen sollte. Gustl Mollath sah einen Zusammenhang mit der Herkunft des Attests.

Keinen Belastungseifer habe Petra Mollath gezeigt, behaupteten Brixner und Heinemann. Wie ist dann ihr Versuch zu werten, ihren Mann mithilfe eines derartigen Attests für geisteskrank und gemeingefährlich erklären zu lassen? Und das zwei Jahre, nachdem sie sich von ihm getrennt hatte und mit einem neuen Mann, einem Hypo-Vereinsbank-Direktor, liiert war. Sie hatte doch von ihrem früheren Ehemann nichts mehr zu befürchten.

Von der Rechtslage her war klar, dass die Feststellung einer Geisteskrankheit allein noch nicht zur Einweisung in die Psychiatrie führen würde. Es musste eine aus der Geisteskrankheit resultierende Gemeingefährlichkeit hinzukommen. Eine Misshandlung der Ehefrau innerhalb der häuslichen Gemeinschaft war noch kein Beweis, dass auch Dritte gefährdet waren.

Doch Gustl Mollath brachte seine inzwischen von ihm geschiedene Frau immer stärker in Bedrängnis, weil er weiter Strafanzeigen erstattete, zum Beispiel mit Schreiben vom 27. Oktober 2004 an den Generalstaatsanwalt und den Leitenden Oberstaatsanwalt in Nürnberg. Bald darauf ereignete sich eine merkwürdige Serie von Reifenstechereien an den Autos verschiedener Personen. Es handelte sich um acht Fälle, in einem weiteren Schadensfall waren die Seitenfenster des Autos verkratzt worden. Die Polizei konnte zunächst keinen Zusammenhang erkennen, bis Petra Mollaths Rechtsanwalt der Polizei einen Brief übermittelte, den Gustl Mollath fünf Monate zuvor an ihn gerichtet hatte. Darin warf er fünf der Geschädigten vor, sie hätten gegen ihn, Mollath, gearbeitet. Die Polizei zog daraus den Schluss, dass Mollath sich an diesen und weiteren Personen hatte rächen wollen. Mollath wurde nun auch noch wegen der Reifenstechereien angeklagt. Jetzt galt er als gemeingefährlich! Jetzt war es um ihn geschehen!

Mollath wurde von dem neuen Vorwurf völlig überrascht, erst vier Tage vor der Hauptverhandlung wurde er durch die ihm übergebene Anklageschrift damit konfrontiert. Nach Paragraf 163a der Strafprozessordnung hätte ihn zuvor die Staatsanwaltschaft zu diesem Vorwurf vernehmen müssen, ihm rechtliches Gehör und die Möglichkeit zu aufklärenden Anträgen einräumen müssen. Das ist zwingend vorgeschrieben. Warum setzte sich die Staatsanwaltschaft darüber hinweg? Mollath erklärte vor Gericht, dass er deswegen nicht in der Lage sei, sich wirksam zu verteidigen. Die Richter Brixner und Heinemann rührte das nicht.

In der Urteilsbegründung erwähnten sie beiläufig in einem Nebensatz, nur ein Teil der Schadensfälle sei von der Staatsanwaltschaft angeklagt worden. Als ich das las, stutzte ich. Wieso nur ein Teil? Warum schwiegen sich die Richter darüber aus? Der Polizeibericht gab Aufschluss: In drei der nicht angeklagten Fälle ließ sich eine Verbindung zu Mollath nicht herstellen, die Polizei stufte sie deshalb als »Zufallsgeschädigte« ein. Die These, Mollath sei der Täter, stand damit aber auch in den angeklagten fünf Fällen auf wackligen Beinen, was anscheinend im Prozess nicht aufscheinen sollte. Dann aber der vierte, nicht angeklagte Fall, bei dem sich – es handelte sich um ein Transportunternehmen – eine Beziehung zu Mollath herstellen ließ. Warum wurde dieser Fall in der Anklage ausgespart?

Laut Polizeibericht waren da nicht nur Reifen aufgestochen, sondern in der Garage und im Keller des Inhabers gelagertes Schießpulver war auf dem Firmengelände verstreut worden. Ein anonymes Schreiben, das jemand in den Briefkasten der Feuerwache 3 in Nürnberg eingeworfen hatte, verwies in primitivem Deutsch auf das Schießpulver, und ein unbekannter Mann machte in einem Telefonanruf bei der Feuerwache auf den eingeworfenen Brief aufmerksam. Der Polizeibericht vermerkte: »Vom Original wurde eine erkennungsdienstliche Behandlung durchgeführt. Die gesicherten daktyloskopischen Fingerspuren konnten jedoch nicht dem Tatverdächtigen Mollath zugeordnet werden.« Schau, schau! Es kam also ein ganz anderer Täter für diesen Fall in Betracht – und damit auch für die anderen Fälle! Welchen Grund hätte die Staatsanwaltschaft sonst gehabt, diesen Fall auszusparen? Warum wurde in der Hauptverhandlung nicht darauf hingewiesen? Warum vermieden die Richter im Urteilstext jeden Hinweis auf den anderen Täter? Zu schließen ist daraus, dass sie auch die Schöffen in Unkenntnis ließen.

Die These, Mollath habe sich an seinen Feinden rächen wollen, wurde jedoch durch die Tatsache widerlegt, dass an den Autos seiner früheren Frau, ihres sie nachhaltig unterstützenden Bruders und des mit ihr liierten Hypo-Vereinsbank-Direktors, die er als seine Hauptfeinde betrachten musste, die Reifen nicht aufgestochen worden waren. Auch das ließen die Richter unerwähnt. Stattdessen stellten sie heraus, dass eine installierte Videoüberwachung eine Person gezeigt hatte, die nachts mit einem Werkzeug die vier Reifen am Pkw des Anwalts der Exehefrau zerstach. Das Bild war so dunkel, dass beim besten Willen die Person nicht zu erkennen war. Brixner befragte Petra Mollath, ob sie ihren Mann wiedererkenne. Sie erklärte, er könnte es sein. Im Urteil hieß es dann freisinnig, das sei zwar kein eindeutiger Beweis, aber ein zusätzlicher Hinweis. So kann man auch aus nichts noch etwas machen.

Die bei der Verhandlung anwesende Concepción Vila Ambrosio hielt, wie bereits erwähnt, Brixner in ihrem Brief vor, sie halte es für unentschuldbar, dass er die Aussagen Petra Mollaths einfach hingenommen und nicht hinterfragt habe. Ob er wirklich sicher sei, »dass alles sich so zugetragen hat, wie es die geschiedene Frau Mollath erzählte«? Ob es nicht sein könne, dass irgendjemand ein Interesse daran habe, bestimmte Sachen anzustellen, um Mollath damit unter Verdacht zu setzen? Auch der andere bereits erwähnte Prozessbeobachter beanstandete in seinem Brief, dass die Richter die Aussagen der Zeugen nicht hinterfragt hätten.

Das Urteil wurde nur von Brixner unterschrieben, er vermerkte, die Richterin Heinemann sei bereits in Urlaub. Sicher, nach einer solchen Anstrengung war diese Erholung wohlverdient. Die beiden Hauptziele der Justiz waren erreicht: Gerechtigkeit, weil Mollath zum Schweigen gebracht worden war, und Rechtssicherheit, weil von nun an die steuerhinterziehenden Schwarzgeldverschieber und ihre Helfer in der HypoVereinsbank wieder ruhig schlafen konnten. Am Tag nach dem Prozess berichteten die *Nürnberger Nachrichten* unter der Überschrift »Im Wahn verstrickt«, der 49-jährige Angeklagte sei in die Psychiatrie eingewiesen worden, weil er wahnhaft geglaubt habe, seine Ehefrau stehe im Mittelpunkt eines Bankenskandals, sie helfe Schwarzgeld in die Schweiz zu schleusen. Die Exfrau schließlich konnte jetzt ihre neue Ehe mit ihrem Hypo-Vereinsbank-Direktor ungestört genießen.

Weiter hieß es in dem Artikel der *Nürnberger Nachrichten*, dass der Angeklagte bisher eine Therapie verweigert habe, weil er sich für gesund halte. Richter Brixner habe ihm prophezeit: »Wenn Sie so weitermachen, kommen Sie nie wieder heraus. Der Einzige, der Ihnen helfen kann, sind Sie selbst – indem Sie eine Behandlung annehmen.« Das hieß: Entweder erklärte Mollath sich selbst für wahnsinnig, oder er blieb für immer weggesperrt. Beide Alternativen konnten die Interessierten erfreuen.

Die Revision vor dem Bundesgerichtshof hob das Urteil nicht auf, Mollath kam nicht frei – so wie es Richter Brixner vorausgesagt hatte. Allerdings war das kein Beweis für die Richtigkeit des Urteils. Denn der Bundesgerichtshof ist keine Tatsacheninstanz, sondern grundsätzlich an die Beweiswürdigung der Vorinstanz gebunden. Zudem hängt der Prüfungsumfang von der Revisionsbegründung des Anwalts ab. Ist diese unzureichend, wie es hier in hohem Maße der Fall war, ist das Unglück geschehen. Der Anwalt, der die Revision begründete, hatte die Hauptverhandlung nicht erlebt, die Zeugenaussagen nicht gehört.

Haben Richter Brixner und seine Beisitzerin Heinemann möglicherweise aus Unwissenheit ein Fehlurteil gefällt? Waren sie vielleicht nicht intelligent genug? Würde man derlei behaupten, würden sie zu Recht Strafantrag wegen Beleidigung stellen können, denn immerhin sind sie ja qualifizierte Juristen mit bayerischem Prädikatsexamen. Allein schon die verschiedenen Stellen in der Urteilsbegründung, wo sie durch nicht belegte Behauptungen, Verschweigen entgegenstehender Tatsachen (zum Beispiel des in dem nicht angeklagten Fall aufgetauchten Täters), Verkürzungen bei der Wiedergabe relevanter Angaben die Wahrheit verdeckten oder wegwischten, schließen für mich einen Irrtum aus. Vor allem kommen sie um eines nicht herum: Sie konnten Hinweise auf Schwarzgeldverschiebungen nicht guten Gewissens als Wahnvorstellungen einstufen, wenn diese Angaben ersichtlich gar nicht überprüft worden waren. Das ist des Pudels Kern.

Die Tatsache, dass Justizministerin Beate Merk später trotz genauer Kenntnis des Falles weder gegen die Richter noch gegen die verantwortlichen Staatsanwälte ein Strafverfahren wegen Rechtsbeugung und Freiheitsberaubung eingeleitet hat, weckt für mich den schweren Verdacht der politischen Einflussnahme.

Die Vorgänge hinter den Kulissen

Es war nach meinen Erfahrungen undenkbar, dass ein einfacher Staatsanwalt Ermittlungen zu einer mit detaillierten Angaben und vielen Namen versehenen Strafanzeige über Schwarzgeldverschiebungen in vielfacher Millionenhöhe aus eigener Macht-vollkommenheit abgelehnt hätte. Er hätte sich damit straf-bar gemacht wegen Strafvereitelung im Amt und seine Karriere ruiniert. Und selbst der mit dem Fall befasste Leitende Ober-staatsanwalt sowie der ebenfalls damit befasste Generalstaats-anwalt hätten sich nie und nimmer dieser Gefahr ausgesetzt. Es muss daher eine Weisung von oben gegeben haben.

Das war meine sofortige Schlussfolgerung. Es konnte nicht anders sein, denn jeder Beamte sichert sich nach oben ab. In einem vergleichbaren Skandalfall – es ging um ein Steuerstraf-verfahren gegen Leo Kirch wegen des Verdachts der Steuer-hinterziehung von 400 Millionen Mark – hatte ein Münchner Oberstaatsanwalt 1998 diesen Sachverhalt bestätigt. Die Staats-anwaltschaft vernahm Leo Kirch zwar formell, durfte aber »kei-ne strenge Vernehmung« durchführen, wie der Oberstaatsan-walt der empörten Steuerfahndung eröffnete, sich auf eine Weisung »der Justiz außerhalb der Staatsanwaltschaft« beru-fend. Das hieß, es gab eine Weisung des Justizministeriums. Der empörte Leiter der Steuerfahndung München hielt dies in ei-nem nach oben weitergeleiteten Aktenvermerk fest. Bald nach der Vernehmung Kirchs wurde das Strafverfahren mit einer skandalösen, unhaltbaren Begründung eingestellt. Auch als es um ein Auskunftsersuchen nach Luxemburg wegen des Ver-dachts der Steuerhinterziehung durch das Unternehmen des Strauß-Freundes Karl Diehl ging, meldete sich bei der Staatsan-waltschaft in Nürnberg ein Ministerialrat aus dem Justizminis-terium mit Einwänden. Warum sollte es hier anders sein?

Meine Beurteilung sah ich durch eine mir später zugegange-ne, zur Vorlage beim Landtag bestimmte eidesstattliche Versi-cherung des früheren Nürnberger Richters Rudolf Heindl bestä-tigt. Er schrieb darin, die Strafanzeige Mollaths sei von der Justiz »aufgrund einer Anordnung, die ihr aus der Politik zugegangen ist, unterdrückt worden«. In einem späteren Schreiben an den

Gutachter Friedemann Pfäfflin nannte Heindl auch den Namen des Politikers, der, wie er behauptete, dahinterstand – einen Beweis hierfür führte er allerdings nicht an. Dennoch darf man annehmen, dass in diesem hochpolitischen Fall, bei dem es um die HypoVereinsbank ging, Justizministerin Merk den Ministerpräsidenten Stoiber informierte und sich mit ihm absprach. So jedenfalls ließe sich dessen rätselhaftes Schweigen auf die an ihn gerichteten Petitionen Mollaths zu erklären.

Mollath freilich führte das Fehlverhalten der Justiz noch auf einen anderen Umstand zurück. Er wies wiederholt darauf hin, dass der Leitende Oberstaatsanwalt Hubmann als Präsident und Schatzmeister eines Rotary-Clubs enge Beziehungen mit den Direktoren der HypoVereinsbank, die selbst Rotarier seien, unterhalte. In einem Brief warf er Hubmann vor, der Club habe sogar sein Büro in den Räumen der Bank, die Clubsekretärin sei eine Bankangestellte. Tatsächlich gibt dieser Rotary-Club als Adresse seines Sekretariats die HypoVereinsbank an. Dasselbe gilt für die weiteren Rotary-Clubs in Nürnberg, darunter auch denjenigen, in dem der frühere Landgerichtspräsident Ernst Neusinger Mitglied ist. Der Verdacht Mollaths war daher nachvollziehbar. Was Hubmann angeht, so sagte man ihm eine starke Nähe zur CSU nach, er wurde schließlich Generalstaatsanwalt. Zimperlich war er nicht. Beim Festakt zu seiner Verabschiedung in den Ruhestand sorgte er für einen gewaltigen Eklat, als er die anwesende Bundesjustizministerin Leutheusser-Schnarrenberger im Hinblick auf die Regelung zur Vorratsdatenspeicherung zum Rücktritt aufforderte.

Dennoch ist wenig wahrscheinlich, dass sich die Nürnberger Justiz aufgrund der geschilderten Rotarier-Konstellation zu ihrem ungeheuerlichen Verhalten verleiten ließ. Ohne eine Weisung des Justizministeriums und ohne dessen Rückendeckung wäre das Risiko viel zu groß gewesen.

Justizministerin Merk wird auch dadurch schwer belastet,

dass sie zu einer Landtagspetition Mollaths und einer späteren Landtagspetition der »Solidargemeinschaft für Gustl Mollath« jeweils Stellungnahmen abgab, aufgrund deren Mollath weiterhin weggesperrt blieb. Bei der »Solidargemeinschaft« handelt es sich um einen Kreis von Freunden und um andere Unterstützer, die alle das an Mollath verübte Verbrechen erkannt hatten. Ihren nimmermüden Bemühungen, ihm wieder zur Freiheit zu verhelfen, gebührt hoher Respekt.

Die Verantwortlichkeit des Ministerpräsidenten Edmund Stoiber

Wie bereits erwähnt, hatte Mollath den Ministerpräsidenten mehrmals schriftlich auf die Schwarzgeldverschiebungen und Steuerhinterziehungen der HypoVereinsbank hingewiesen und ihn aufgefordert, dagegen einzuschreiten, ohne dass Stoiber darauf geantwortet hätte. Auch wenn er sich blind, taub und stumm stellte, konnte er sich seiner Verantwortlichkeit nicht entledigen.

Wie der frühere Kultusminister Hans Zehetmair in einem *SZ*-Interview preisgab, forderte Stoiber wegen aller Dinge, die ihm auffielen, vom jeweiligen Minister Rechenschaft – ohne Rücksicht auf das Ressortprinzip. Hier aber hätte er sogar eingreifen müssen. Zum einen durfte er nicht über das ihm angezeigte krasse Fehlverhalten der Justiz hinweggehen, weil darin eingeschlossen war, dass die Justizministerin gegebenenfalls ihrer Aufsichtspflicht nicht genügte, Machenschaften duldete oder sogar dazu anwies. Zum anderen war der Freistaat Bayern zu zehn Prozent Anteilseigner der HypoVereinsbank. Über Straftaten der Banker durfte der Ministerpräsident daher keinesfalls hinwegsehen. Zumal zu klären war, ob die Vertreter des Staates im Aufsichtsrat davon wussten oder vom Vorstand der Bank hintergangen wurden. Auf Milliardenbeträge hätten sich die über zehn Jahre hinweg betriebenen Schwarzgeldverschiebungen addiert, hatte Mollath dem Ministerpräsidenten eindringlich vorgehalten.

Freilich bedachte die HypoVereinsbank die CSU großzügig mit Parteispenden. Wie ein Manager der Bank verriet, betrugen diese Zuwendungen um die 500 000 Euro, der Stückelung halber gezahlt über Tochtergesellschaften wie zum Beispiel die Salvatorplatz GmbH oder die Hawa GmbH. War das Motiv für das Schweigen Stoibers, dass er sich diese großzügige Geldquelle nicht verscherzen wollte? Wer einen großen Betrag spendet, wird vermutlich seinen Protegé daran erinnern, wenn ihm ein Strafverfahren ins Haus steht. Im Hinblick darauf und auf die Bedeutung der HypoVereinsbank als zweitgrößter deutscher Bank liegt es nicht außerhalb der politischen Lebenserfahrung, wenn man annimmt, dass Justizministerin Merk und Innenminister Beckstein Stoiber frühzeitig über die drohende Aufdeckung der Schwarzgeldverschiebungen informiert und sich mit ihm darüber besprochen haben.

In der Erlebniswelt der Forensischen Psychiatrie

Nach dem Scheitern seines Revisionsantrags war Mollath endgültig in einer geschlossenen Anstalt weggesperrt. Er verlor den Kontakt zur Außenwelt; Freunde und Bekannte wussten nicht, wo er geblieben war. Seine Frau hatte längst ihren Liebhaber, den Hypo-Vereinsbank-Direktor, geheiratet. Mollaths Hilferufe verhallten – Briefe eines gemeingefährlichen Geisteskranken, wer nahm sie schon ernst? Mit so einem wollte man nichts zu tun haben.

Sein Alltag war trostlos. Eine Stunde Hofgang am Tag, anfangs nur in Handschellen. Keine sinnvolle Beschäftigung. Nachts fand dreimal eine Zellkontrolle statt, in Straubing sogar stündlich! Das vom Gang hereinfallende Licht riss ihn jeweils aus dem Schlaf, er litt darunter schwer. Demütigend waren die Durchsuchungen seiner Zelle, noch demütigender die Körperkontrollen, bei denen er sich nackt ausziehen musste. Eine Therapie fand nicht statt, weil er sich ihr zu Recht verweigerte.

Das Essen war anfangs schlecht, später akzeptabel. Abends gab es Fernsehen zusammen mit den Mithäftlingen, teils primitiven und wirklich psychisch kranken Menschen, teils Schwerverbrechern. Deren Geschmack war auf Pornofilme ausgerichtet, sie spielten zusätzlich eigene, besonders harte Porno-DVDs ab. Mollath ist ein intelligenter Mann, die Insassen wandten sich daher oft an ihn, wenn sie Probleme hatten. Er versuchte ihnen mit Rat zu helfen. Der Abteilungschefarzt Klaus Leipziger freilich deklarierte es in seinen Stellungnahmen gegenüber dem Gericht (das über die Fortdauer der Inhaftierung zu entscheiden hatte) als Symptome des paranoiden Wahns, dass Mollath sich gegenüber Mithäftlingen als Rechtsberater betätige und des Öfteren das Fernsehprogramm umschalten wolle. Mollath war Leipziger ausgeliefert. Er hatte keine Aussicht, wieder freizukommen. Sein Haus war versteigert, Möbel, Autos und Kleidung waren weggebracht worden. Er hatte keinen Pass, keine Zeugnisse mehr. Sein Leben war zerstört.

Der Kampf um die Freilassung

Gab es überhaupt eine Chance, Gustl Mollath freizubekommen? Es bedurfte eines Kraftakts ohnegleichen.

Im April 2007 beantragte Mollaths Exfrau über eine Anwaltskanzlei, ihren früheren Ehemann wieder unter Betreuung zu stellen, weil sie wegen Forderungen von über 100 000 Euro gegen ihn sein Einfamilienhaus ersteigern wolle (die vorläufige Betreuung war ausgelaufen). Die Betreuungsstelle der Stadt

Straubing widersprach dem Antrag, weil Mollath in der Lage sei, seine Angelegenheit selbst zu regeln. Daraufhin beauftragte das Amtsgericht Straubing den Leitenden Arzt des Bezirkskrankenhauses Mainkofen, Dr. Hans Simmerl, damit, ein Gutachten zu erstellen. Dieser kam im September 2007 zu dem klaren Ergebnis, dass Mollath voll geschäftsfähig sei. Er leide »mit Sicherheit« nicht an Schizophrenie oder Paranoia (wie Leipziger behauptet hatte), auch eine gehirnorganische Störung scheide aus. Was Mollath sage, sei »jederzeit nachvollziehbar und geordnet«.

Anders als beim Leipziger-Gutachten waren hier, wie vorgeschrieben, eine körperliche Untersuchung und ein Explorationsgespräch erfolgt. Mollath hätte daher sofort freigelassen werden müssen. Der Direktor des Amtsgerichts Straubing und ein weiterer Richter lehnten die beantragte Betreuung (sprich: Entmündigung) ab. Zugleich teilten sie einer Richterin der Vollstreckungskammer des Landgerichts Regensburg mit, es sei zu prüfen, ob die Unterbringung in der Psychiatrie gerechtfertigt sei. Daraufhin forderte die Vollstreckungskammer die Staatsanwaltschaft Nürnberg-Fürth auf, Stellung zu nehmen.

Was daraufhin geschah, liegt im Dunkeln. Mollath blieb weiterhin hinter Gittern, sein Martyrium setzte sich fort. Wer hatte seine Freilassung hintertrieben?

Fest steht aber, dass man flugs ein »Gegengutachten« einholte, das Prof. Hans-Ludwig Kröber/Berlin Mitte 2008 erstellte. Er konnte Mollath allerdings nicht untersuchen, weil dieser sich ahnungsvoll weigerte. Dennoch disqualifizierte er das sorgsame Gutachten Dr. Simmerls mit der Begründung, dass dieser die Angaben Mollaths als nicht wahnhaft befunden habe, insbesondere die Schwarzgeldverschiebungen seiner Ehefrau in die Schweiz. Wieso konnte Kröber behaupten, die Angaben seien wahnhaft, obwohl weder er noch andere sie je überprüft hatten? Man kann sich kaum vorstellen, dass Kröber selbst seine Begründung für plausibel gehalten hat. Was aber war dann sein Motiv?

Die Unterbringung in einer psychiatrischen Anstalt ist laut Gesetz spätestens in jährlichem Abstand durch das Vollstreckungsgericht zu überprüfen. Ein solcher Termin stand am 9. Mai 2011 an. Deswegen hatte Mollaths Anwalt Ziegler dem Landgericht Bayreuth, wie erwähnt, meine 30-seitige Analyse des Falles als Verteidigungsvorbringen zugeleitet. Zugleich beantragte er, für die Anhörung die Öffentlichkeit zuzulassen und mir als »Person des besonderen Vertrauens« von Mollath die Anwesenheit zu gestatten.

Die Staatsanwaltschaft beantragte sofort, beide Anträge abzulehnen. Dass sie mich als den Autor von *Macht und Missbrauch* und als den Verfasser der Analyse nicht dabeihaben wollte, war verständlich. Und dass ihr an Öffentlichkeit ganz und gar nicht gelegen war, war ebenso nachvollziehbar. Was tat das Gericht? Es folgte den Anträgen der Staatsanwaltschaft und behauptete, eine Anhörung sei kraft Gesetzes nicht öffentlich. Dies war unwahr. Vielmehr ist es so, dass das Gesetz insoweit keine Regelung enthält, so der maßgebliche Gesetzeskommentar. Warum diese Scheu des Gerichts vor der Öffentlichkeit? Warum wollte es mich nicht als Beobachter dulden? Es befand, es gebe hierfür »keinerlei Anlass«, weil man bereits dem früheren Richter Heindl die Anwesenheit gestattet habe. Aber das wäre ja kein Hindernis gewesen, eine weitere Vertrauensperson zuzulassen! Wer sich nur auf die leere Formel »Es bestehe kein Anlass«, beruft, offenbart, dass er keine sachlichen Gründe anführen kann. Auf den Protest Mollaths hin ließ mich das Gericht schließlich doch zu – dafür wurde der frühere Richter Heindl ausgeschlossen.

Den Beginn der Anhörung hatte das Gericht auf Montag 9.00 Uhr festgesetzt. Um 8.30 Uhr standen vor dem stattlichen neubarocken Gerichtsgebäude außer mir Rechtsanwalt Ziegler, eine Rechtsanwältin aus seiner Kanzlei, die den Fall Mollath mit bearbeitete, und der Richter a. D. Heindl. Auch Fernsehen und Rundfunk waren präsent. Die ARD-Redakteurin Monika Anthes von *Report Mainz* und der Redakteur Erwin Kohla vom Südwestrundfunk sowie zwei Kameraleute warteten auf die Ankunft Mollaths. Sein Verteidiger wollte sich verabredungsgemäß mit ihm noch eine halbe Stunde vor dem Termin besprechen. Aber Mollath blieb aus. Erst nach 9.00 Uhr fuhr ein Polizeiwagen vor, zwei Polizisten brachten Mollath. Warum so verspätet? Offensichtlich wollte man den Kontakt mit dem Verteidiger und der Presse behindern.

Bevor die Sitzung begann, machten die Fernsehleute draußen auf dem Gang noch ein Interview mit Mollath. Er sprach sehr ruhig, sagte, er habe überhaupt keine Angst, das habe er schon hinter sich. Auf alle Fragen antwortete er erstaunlich gefasst, ohne ein einziges aggressives Wort gegen diejenigen, die an seinem Schicksal schuld waren. Doch dann, zum Schluss, brach es aus ihm heraus. Ein unterdrücktes Aufschluchzen, nur ein paar Sekunden, dann hatte er sich wieder in der Gewalt.

Die Sitzung begann. Der Vorsitzende Richter Werner Kahler belehrte mich, es handle sich um eine nicht öffentliche Verhandlung. Daraus ergäben sich für mich Geheimhaltungspflichten. Das war falsch. Eine Geheimhaltungspflicht besteht nur dann, wenn die Öffentlichkeit vom Gericht ausgeschlossen wird, nicht aber wenn eine Verhandlung von vornherein nicht öffentlich ist. Zudem hätte die Kammer die geheim zu haltenden Tatsachen bezeichnen müssen, was nicht geschah. Vor allem jedoch sollen Geheimhaltungsvorschriften nicht das Gericht schützen, sondern Prozessbeteiligte. Mollath aber wollte keine Geheimhaltung, eben deswegen hatte er Öffentlichkeit beantragt.

An einem Seitentisch saß Prof. Friedemann Pfäfflin, der psychiatrische Sachverständige, ein Mann mit düsteren Gesichtszügen. Verstohlen blickte er immer wieder zu mir herüber. Der Verteidiger hatte gerade an ihn zwei, drei Fragen gerichtet, da fuhr der Vorsitzende plötzlich die Anwältin aus Zieglers Kanzlei in scharfem Ton an: »Was machen Sie dahinten? Schreiben Sie etwa mit?« Die Anwältin zuckte erschreckt zusammen, bejahte. Kahler untersagte ihr mitzuschreiben. Das war nicht rechtens. Wo steht denn geschrieben, dass man in einer nicht öffentlichen Sitzung nicht mitschreiben darf?

Was Pfäfflin bei seiner Befragung durch den Pflichtverteidiger von sich gab, war so erstaunlich, dass es in die Annalen der Forensischen Psychiatrie eingehen sollte. Das Landgericht Nürnberg-Fürth hatte, wie ausgeführt, seinem Urteil die Diagnose zugrunde gelegt, Mollaths Angaben über die Schwarzgeldverschiebungen seien paranoide Wahnvorstellungen – eine Prüfung dieser Angaben war jedoch nie erfolgt. Pfäfflin hätte daher in seinem Gutachten rügen müssen, dass der ursprünglichen Diagnose »Wahn« jede Grundlage fehlte. Doch er tat das genaue Gegenteil. Er schrieb: »Die Einweisungsdiagnose der wahnhaften Störung gilt aus meiner Sicht auch heute noch.« Denn Mollath sehe sich »als einen Menschen, der voll bei Verstand ist ... und Wissen von unrechtmäßigen Vorgängen im Bankgewerbe hat, das mithilfe der befassten juristischen und psychiatrischen Instanzen unterdrückt werden soll«. Allerdings liege weder eine Paranoia noch Schizophrenie vor (wie der Erstgutachter Leipziger steif und fest behauptet hatte), sondern eine psychische Störung.

Daraufhin stellte Anwalt Ziegler die Frage, ob man denn von Wahn sprechen könne, wenn die Angaben zu den illegalen Geldgeschäften der Realität entsprächen. Die verblüffende Antwort des Friedemann Pfäfflin: Das könne man trotzdem! Es sei hier so, »dass die Gedanken des Untergebrachten um einen fernen Punkt von Unrecht kreisen, das sich in der Welt ereignet. Dabei handelt es sich um den Kristallisationspunkt seiner wahnhaften Störung. Das reale Geschehen spielt lediglich eine untergeordnete Rolle.« Dass der Wahn der Gegensatz zur Wirklichkeit ist, störte den Herrn Professor mitnichten.

Überdies offenbarte er nicht, was man sich unter diesem »fernen Punkt von Unrecht«, das draußen in der Welt geschieht, vorzustellen habe. Als Gutachter hatte er sich auf Fakten zu stützen, er aber verwies ins Imaginäre – notgedrungen, weil er seine Diagnose »Wahn« aufrechterhalten wollte. Natürlicherweise kreisten die Gedanken Mollaths nicht um einen fernen, sondern sehr nahen Punkt von Unrecht. Der bestand darin, dass er seit Jahren in einer psychiatrischen Anstalt weggesperrt wurde.

Sodann begründete Pfäfflin das angebliche Wahnsystem zusätzlich damit, dass Mollath »sich in vielfältiger Weise verfolgt fühlt«. Ja, welche Meinung sollte Mollath denn sonst von den Staatsanwälten und Richtern haben, die ihn ins Unglück gestoßen hatten? Was wohl hätte Friedemann Pfäfflin empfunden, wenn es *ihm* so ergangen wäre mit Strafanzeigen zu Schwarzgeldverschiebungen, Steuerhinterziehung und Geldwäsche?

Mollath hatte sich schon vor der Trennung von seiner Frau wegen der Schwarzgeldverschiebungen mehrmals an die Direktoren der HypoVereinsbank und sogar an den Vorstandsvorsitzenden Dieter Rampl gewandt. Er bat sie inständig darum, seine Frau von den illegalen Geschäften freizustellen. Doch Pfäfflin verstieg sich dazu, sogar diese Bitte als Symptom des Wahns hinzustellen. Mollath, postulierte er, hätte stattdessen seine Ehefrau bei der Polizei anzeigen müssen! Dass Mollath schon aufgrund seiner rechtlichen Pflichten aus dem Eheverhältnis gehalten war, zunächst den anderen Weg zu gehen, kümmerte Pfäfflin nicht. Er fuhr fort, normales Verhalten in wahnhaftes umzumünzen. Erst auf Vorhaltung des Verteidigers räumte er ein, er halte »den Gedanken, die Ehefrau schützen zu wollen, für nachvollziehbar«.

Pfäfflin sollte auch eine Prognose über die künftige Gefährlichkeit Mollaths abgeben. Dazu hatte er geschrieben: »Vor dem Hintergrund dessen, was in Abschnitt 7.1 gesagt wurde, liegt die Annahme nahe, dass Herr Mollath womöglich wieder den im Einweisungsurteil genannten Taten vergleichbare Taten begehen wird.« Der Anwalt hielt ihm vor, dass in dem zitierten Abschnitt dazu nichts stehe. Die Antwort Pfäfflins: »Das ist ein Schreibversehen, es steht in Abschnitt 7.2.« Aber auch in diesem Abschnitt fand der Anwalt nichts. Daraufhin Pfäfflin: »Ich hätte vielleicht besser schreiben sollen: ›vor dem Hintergrund der diagnostischen Einschätzung‹.« Schwuppdiwupp, anstatt pflichtgemäß seine Prognose mit Fakten zu begründen, verwies er einfach auf seine Diagnose, als ob sich allein daraus schon die Prognose selbst ergäbe.

Als ihm der Anwalt weiter vorhielt, er habe bloß von der Möglichkeit künftiger Straftaten Mollaths gesprochen, während der Bundesgerichtshof für die Fortdauer der Unterbringung eine gehobene Wahrscheinlichkeit verlange und das Bundesverfassungsgericht neuerdings sogar eine sehr hohe Wahrscheinlichkeit, reparierte Pfäfflin auch diesen Mangel geschwind: »Ich habe da vielleicht eine fast zu weiche Formulierung gewählt … Ich halte die Wahrscheinlichkeit für sehr hoch, weil Mollath keine Krankheitseinsicht zeigt und sich nicht therapieren lässt.«

Es war unfassbar, wie dieser Sachverständige für Forensische Psychiatrie im Handumdrehen alles passend machte. Er musste doch erkennen, dass seine Wahndiagnose ohne Grundlage war. Wie konnte er dann Mollaths angebliche Gefährlichkeit damit begründen, dass er sich nicht therapieren lasse?

Zur gleichen Zeit fand im Bayerischen Landtag ein Expertenhearing zum Entwurf eines neuen Unterbringungsgesetzes statt. Prof. Norbert Nedopil von der Psychiatrischen Klinik der Universität München stellte dabei nüchtern fest: »Ohne Fakten gibt es keine Prognose.« Das gilt logischerweise erst recht für die Diagnose einer Krankheit. Pfäfflin war ein erfahrener Gutachter, er konnte unmöglich an seine eigene Argumentation geglaubt haben.

Das sah auch Dr. Friedrich Weinberger, Vorsitzender der renommierten Walter-von-Baeyer-Gesellschaft für Ethik in der

Psychiatrie, in einem von ihm erstellten Gegengutachten nicht anders, das die Solidargemeinschaft »Gustl Mollath« initiiert hatte. Weinberger, selbst Psychiater und Träger des Bundesverdienstkreuzes, fällte ein vernichtendes Urteil über Pfäfflin: Er habe seine Diagnose »aus Fahrlässigkeit oder Absicht« falsch gestellt. Jetzt, im Anhörungstermin vom Verteidiger damit konfrontiert, tat Pfäfflin es ab als »satirische Parodie eines Gutachtens«. Dem Gericht genügte dies. Trotz Antrags des Verteidigers hatte es Weinberger nicht einmal geladen.

Es war ein bizarres Szenario, das sich da abspielte. Dem Gericht oblag eine Amtsermittlungspflicht. Es hätte Pfäfflin eindringlich befragen, ihm die offenkundigen Mängel seines Gutachtens und seiner Aussagen vorhalten müssen. Nichts dergleichen geschah. Fragen an Pfäfflin stellten ausschließlich der Verteidiger und schließlich auch Mollath. Kahler stellte keine einzige Frage, die Beisitzer schauten mit hängenden Köpfen vor sich hin. Zwar vermerkt das Protokoll eine Frage des Vorsitzenden. Doch die hatte der Verteidiger gestellt – der Vorsitzende reichte sie lediglich an Pfäfflin weiter. Was ich im Gerichtsgebäude von Bayreuth erlebte, hatte mit dem, was Gesetz und Rechtsprechung vorgaben, nichts mehr zu tun. Ich war entsetzt, beobachtete stumm, ein Rederecht hatte ich nicht.

Die Sitzung war beendet. Als sich die Tür des Gerichtssaals hinter uns schloss, waren der Pflichtverteidiger, seine Kollegin und ich uns einig: Die Richter würden Mollath nicht freilassen, die Anhörung war eine reine Formsache gewesen. Dennoch hatte ich noch eine vage Hoffnung. Ich sagte: »Wenn die da drinnen nicht von allen guten Geistern verlassen sind, dann lassen sie Mollath frei. Sie haben meine Analyse und die Gutachten des Dr. Weinberger und des Dr. Simmerl in Händen. Daher müsste ihnen klar sein, dass ihnen keine Ausrede bleibt, wenn der Fall zum öffentlichen Skandal wird.«

Mollath, bis dahin von Journalisten und Polizisten umringt,

stand unversehens vor mir. Als ich mit ihm sprach, glitt mein Blick an ihm herunter, und ich sah, dass er mit Handschellen gefesselt war. Da ließen mich das Bewusstsein der Demütigungen, denen der Mann ausgesetzt war, und all des Leids, das man ihm zugefügt hatte, die Fassung verlieren. Dem Missbrauch der Amtsgewalt ohnmächtig zusehen zu müssen, war zu viel. Mir stiegen die Tränen in die Augen – ich musste mich abwenden. Von den Journalisten um ein Statement gebeten, presste ich heraus: »Als ehemaliger Ministerialbeamter schäme ich mich, dass so etwas in einem angeblichen Rechtsstaat möglich ist.« Mollath wurde abgeführt.

Die Einschätzung, dass der Vorsitzende Kahler und seine Beisitzer Mollath weiterhin wegsperren würden, sollte sich bewahrheiten. Sie ordneten die Fortdauer für ein weiteres Jahr an. In ihrem Beschluss erwähnten sie die Einwände nicht. Mit einer Ausnahme: Sie begründeten, warum Mollaths Angaben über die Schwarzgeldverschiebungen Wahnvorstellungen waren. Dazu führten sie aus: »Zu der von dem Untergebrachten immer wieder thematisierten Frage, ob seine (damalige) Ehefrau tatsächlich an illegalen Finanztransaktionen beteiligt war«, habe der Sachverständige Pfäfflin »ausdrücklich« erklärt, sie spiele für die Beurteilung, ob ein Wahn vorliegt, keine entscheidende Rolle. Die Gedanken Mollaths kreisten »um einen fernen Punkt von Unrecht, das sich in der Welt ereigne. Das sei der Kristallisationspunkt seiner wahnhaften Störung. Dazu gehöre, dass er sich in vielfältiger Weise verfolgt fühle.«

Jetzt zeigte es sich: Diese surrealistische Aussage Pfäfflins war für die Richter Gold wert! Damit hatte er die bis dahin klaffende Wunde in der Beweisführung, dass Mollath unter einem Wahnsystem leide, endlich mit einem Pflaster überklebt. Auf die Realität kam es gar nicht an! Das hatte der Herr Sachverständige sogar »ausdrücklich« gesagt, wie die Kammer hervorhob, also berief sie sich darauf. Dass der logische Gegensatz zwischen

Wahn und Wirklichkeit irrelevant sein sollte, war freilich eine in der Psychiatrie völlig neue These. Würde sie sich durchsetzen, wüchsen den psychiatrischen Sachverständigen ungeahnte Kompetenzen zu. Sie könnten jeden Angeklagten, jeden Prozessgegner für geisteskrank erklären, je nachdem ob seine Gedanken angeblich um einen »fernen Punkt von Unrecht« kreisten oder nicht.

Scharfsinnig erkannten die Richter überdies, dass es geboten war, die HypoVereinsbank und deren Schwarzgeldkunden nicht zu belasten. Diese sparten sie im Text aus, indem sie wahrheitswidrig nur von möglicherweise illegalen Finanztransaktionen der Ehefrau sprachen. Mollath hatte außerdem nicht lediglich »thematisiert«. Er hatte Ross und Reiter genannt!

Aber da war doch der erfahrene Dr. Weinberger, der bei Mollath keine Geisteskrankheit hatte feststellen können. Sein Gutachten schoben die Richter beiseite, weil es »von Personen in Auftrag gegeben worden ist, die die Unterbringung des Gustl Mollath als unrechtmäßig ansehen«. Und weil es nicht objektiv sei. War der Leitende Arzt Dr. Simmerl, der zuvor Mollath im Auftrag des Amtsgerichts Straubing untersucht hatte und ebenfalls keine Geisteskrankheit feststellen konnte, etwa auch nicht »objektiv«?

In der Begründung der Bayreuther Kammer lugte ein unscheinbarer Satz hervor: »Die Staatsanwaltschaft Nürnberg-Fürth beantragt, die Fortdauer der Unterbringung anzuordnen.« Die Staatsanwaltschaft setzte also munter ihr Treiben fort, obwohl sie und sicher auch Justizministerin Beate Merk meine Ausarbeitung vom 28. März 2011 kannten. Das ließ Rückschlüsse zu.

Entlarvend war, dass die gleiche Vollstreckungskammer andererseits wenige Monate zuvor einen Straftäter, der zunächst seine Ehefrau und Jahre später seine Lebensgefährtin unter Alkoholeinfluss getötet hatte, aus der Sicherungsverwahrung entlassen hatte, weil nicht erwiesen sei, dass er sehr gefährlich sei. Und das, obwohl der Sachverständige »ausdrücklich« erklärt hatte, er sei weiterhin sehr gefährlich. Dass Mollath aufgrund seiner Strafanzeigen für die HypoVereinsbank und ihre Schwarzgeldkunden als brandgefährlich galt, war überdeutlich. Aber diese spezielle Art der Gefährlichkeit rechtfertigt nach geltender Gesetzeslage kein Wegsperren in eine psychiatrische Anstalt. Dies kann die Vollstreckungskammer nicht verkannt haben.

Die weisen Richter des Oberlandesgerichts Bamberg

Die sofortige Beschwerde des Verteidigers schmetterten die Richter des ersten Senats beim Oberlandesgericht Bamberg auf nur drei Seiten mit markigen Worten ab. Sie bescheinigten der Vollstreckungskammer, sie sei »nach sorgfältiger Ermittlung (!) aller Umstände zu dem Ergebnis gelangt, dass bei dem Verurteilten eine wahnhafte Störung vorliegt …«. Alle angeführten Gründe seien zutreffend, das Gutachten des Prof. Pfäfflin sei überzeugend. Die Sache hatte aber einen gewaltigen Haken: Die Richter setzten sich praktischerweise mit den massiven Einwänden des Verteidigers überhaupt nicht auseinander. Sein Vorbringen schmolzen sie gar auf die wenigen Worte ein, der Verteidiger habe in seinem Schriftsatz vorgetragen, Mollath »leide weder unter einem Wahn, noch sei zu erwarten, dass er außerhalb des Maßregelvollzugs rechtswidrige Taten begehen werde«. Sie schrieben: »Hinsichtlich der Ausführungen im Einzelnen wird auf den Inhalt dieses Schriftsatzes Bezug genommen.« Ähnlich einem Zauberer, der mit einem Trick einen Elefanten von der Bühne verschwinden lassen kann, machten die Richter durch diese Verweisung auf den Akteninhalt schwerstwiegende Gegenargumente in ihrer Begründung unsichtbar.

Damit brauchten die Richter nicht selbst darzulegen, worin der angebliche Wahn bestand, und konnten zugleich ausblenden, dass Mollaths Angaben nie überprüft worden waren. So mussten sie nicht auf die unsägliche Behauptung Pfäfflins zurückgreifen, für die Annahme eines Wahns spiele die Wirklichkeit nur eine untergeordnete Rolle. Sie wollten nicht auf diese Falltür treten – sie zeigten, dass sie der Vollstreckungskammer Bayreuth intellektuell überlegen waren.

Stattdessen schoben die Richter eine den Wahn darlegende Stellungnahme Leipzigers vor. Sie zitierten daraus, Mollath sei unverändert überzeugt, er sei ein Opfer des Bankensystems und wolle als unliebsamer Mitwisser aus dem Weg geräumt werden, da er die Schwarzgeldverschiebungen aufdecken wolle. (Man beachte, wie elegant der Name der HypoVereinsbank durch die Vokabel »Bankensystem« verdeckt wird!)

Weitere Punkte Leipzigers waren reine Stimmungsmache gegen Mollath: Er betätige sich gegenüber Mitpatienten als Rechtsberater, schalte das Fernsehprogramm eigenmächtig um, beharre auf einem bestimmten Sitzplatz, wolle den anderen seine Meinungen aufdrängen und so weiter. Und schließlich der Gipfel: Einem medikamentösen Behandlungsversuch mit Neuroleptika stehe der Verurteilte, der sich psychisch für völlig gesund halte, rigoros ablehnend gegenüber. Wie abstrus oder lächerlich diese Argumente auch waren, die hohen Richter erklärten sie für überzeugend.

Doch sie hatten noch ein weiteres Problem zu bewältigen. Sie mussten darlegen, dass Mollath auch künftig gemeingefährlich sei. Beweis hierfür seien, argumentierten sie, »insbesondere die Körperverletzungsdelikte zum Nachteil der früheren Ehefrau«. Das Argument aber hatte gleich zwei Defekte. Wer seine Ehefrau schlägt, ist deswegen nicht gleich gefährlich für andere. (Eine Befragung von 10 000 Frauen im Auftrag des Bundesfamilienministeriums ergab: Jede sechste Frau hat Gewalt mit Verletzungsfolgen seitens ihres Partners erlebt – unabhängig vom Bildungsstand, zitiert nach dem evangelischen Magazin *Chrismon*). Mollaths Ehe war zudem seit acht Jahren geschieden. Und das Landgericht Nürnberg-Fürth hatte seinem Urteil nicht mehrere Körperverletzungsdelikte zugrunde gelegt, wie die Bamberger Richter plötzlich behaupteten, sondern nur ein einziges. Die angeblichen Reifenstechereien ließen sie unerwähnt, da sie rechtlich gesehen nach sechs Jahren Inhaftierung bedeutungslos waren.

Aber wie macht man aus einem Delikt gegenüber der Ehefrau eine Gefahr für die Allgemeinheit? Mit unvergleichlichem Scharfsinn schafften die Richter auch dies. Sie argumentierten: »Selbst wenn sich die Aggressivität des Verurteilten nur gegen einzelne Personen richtet und nur hier Straftaten drohten, ist gleichwohl eine Gefährdung der Allgemeinheit anzunehmen, weil auch diese einzelnen Personen Mitglieder der Allgemeinheit sind und in vollem Umfang geschützt werden müssen.« Erstaunlich, wie sich eine frühere Ehefrau in die Allgemeinheit verwandeln ließ!

Unausweichlich das Verdikt: Mollath bleibt weggesperrt! Das hatte selbstverständlich auch die der Justizministerin Merk unmittelbar unterstehende Generalstaatsanwaltschaft beantragt.

»So etwas ist mir noch nicht passiert«, empörte sich Mollaths Anwalt Ziegler. Er war außer sich über die völlige Versagung des rechtlichen Gehörs und stellte Antrag auf dessen Nachholung (Paragraf 33a StPO). Die Generalstaatsanwaltschaft beantragte prompt, den Antrag kostenpflichtig abzuweisen. Die Richter des Oberlandesgerichts lehnten weiteres rechtliches Gehör ab. Der reguläre Rechtsweg war nunmehr ausgeschöpft.

Sich an den Landtag zu wenden war aussichtslos. Aufgrund des Gewaltenteilungsgrundsatzes befasst sich der Landtag nicht mit Petitionen, wenn ein Gericht entschieden hat. Im Fall von

Rechtsbeugung durch ein Gericht allerdings müsste nicht nur Justizministerin Merk einschreiten, sondern der Landtag könnte die Sache ebenfalls aufgreifen. Gegen einen Bayreuther Richter zum Beispiel, der Verkehrssünder angeblich zu milde abgeurteilt hatte, war die Ministerin vorgegangen. Aber hier würde sie sicherlich den Vorwurf der Rechtsbeugung entschieden zurückweisen. Mollath konnte allenfalls auf einen Regierungswechsel hoffen, aber nur sehr vage.

In der psychiatrischen Anstalt Bayreuth war Mollath in einem Teufelskreis gefangen. Leipziger hielt ihn fest mit der Begründung, er weigere sich hartnäckig, sich einer Therapie zu unterziehen. Wie freilich sollte eine solche Therapie aussehen? Und wann war sie erfolgreich? Doch nur dann, wenn er wider besseres Wissen eingestand, dass seine bisherigen Angaben über die Schwarzgeldverschiebungen Wahnvorstellungen seien. Allein schon, wenn er in eine Therapie einwilligte, nur um endlich freizukommen, gab er damit zu, dass er verrückt sei. Dann konnte Leipziger vor Gericht triumphieren und erklären, jetzt endlich zeige er Krankheitseinsicht.

Aber Leipziger verlangte sogar von ihm, er müsse sich mit Neuroleptika behandeln lassen. Das heißt, in seinem Gehirn sollten physiologische Veränderungen herbeigeführt werden mit dem erklärten Ziel, ihn von seinen wahnhaften Behauptungen über die Schwarzgeldverschiebungen zu »heilen«. Mit anderen Worten: Er sollte sich einer Gehirnwäsche unterziehen. Woher sollte Mollath außerdem das Vertrauen nehmen, dass nicht zu viel oder falsch gespritzt wurde? Vertrauen? Nach dem eklatant falschen Einweisungsgutachten Leipzigers? Abgesehen davon, gab es ein großes Merkblatt der Anstalt, das auf schädliche Nebenwirkungen von Neuroleptika hinwies.

Aber selbst wenn Mollath sich auf all das eingelassen hätte – welche Gewähr hatte er, dass Leipziger ihn dann als geheilt freilassen würde? Mollath sagte mir, er glaube nicht daran. Mit der Aussicht auf Freilassung wolle Leipziger ihn lediglich ködern, einer Therapie zuzustimmen. Es würde sich immer eine Begründung finden, dass er noch nicht geheilt sei.

Und wer könnte nicht am Ende wirklich verrückt werden, wenn er plötzlich in die Psychiatrie verbracht würde? Wer könnte für sich verbürgen, dass er nach sieben Jahren dort drinnen noch normal wäre? In der zermürbenden Ungewissheit, ob man je wieder in Freiheit kommt, im Bewusstsein, dass wertvolle Jahre des Lebens verstreichen. Von früh bis spät in der Gesellschaft von Mördern, Sexualtriebtätern, Drogen- und Alkoholsüchtigen. Eine Stunde Hofgang am Tag, sonst eingesperrt auch bei schönstem Wetter, während die draußen ihre Freizeit genießen und in Urlaub fahren.

Eines Tages rief mich Mollath bestürzt an. Ein früherer Zimmergenosse habe sich erhängt. Kurz darauf schickte er mir den Bericht eines Inhaftierten, der darlegte, wie viele sich schon umgebracht hätten. Wenig später teilte er mir mit, ein neu eingelieferter Gewalttäter aus Russland habe ihm wiederholt gedroht, er werde ihn zusammenschlagen. Ich begann zu fürchten, Mollath könnte eines Tages die Nerven verlieren und seinem Leben ein Ende setzen. Um ihn aufzumuntern, rief ich ihn nun regelmäßig an.

106 Seiten eines Schnellhefters

Wie erwähnt, hatte Mollath in der Verhandlung vor dem Amtsgericht Nürnberg-Fürth am 25. September 2003 einen Schnellhefter mit 106 Seiten als Verteidigungsvorbringen übergeben. Ich stiftete Mollaths Anwalt Ziegler an, Akteneinsicht zu beantragen. Mir war klar, dass die Justiz dadurch in höchste Bedrängnis geraten würde. Gab sie den Schnellhefter heraus, dann wäre sie, sofern die Beweise manifest waren, erst recht der Strafvereitelung überführt, indem sie sich geweigert hatte, gegen die HypoVereinsbank und ihre Schwarzgeldkunden zu ermitteln. Hielt die Justiz jedoch das Beweismaterial zurück oder hatte sie es vernichtet, sah sie sich dem schlimmen Vorwurf der Aktenunterdrückung ausgesetzt. Meine Erwartungen wurden nicht enttäuscht.

Nachdem der Anwalt innerhalb eines Vierteljahres dreimal vergeblich Akteneinsicht in den Schnellhefter beantragt hatte, fragte ein von mir informierter Journalist der *Nürnberger Nachrichten* bei der Justiz an, warum man die 106 Seiten nicht herausgebe. Das Justizministerium verwies ihn an die Pressesprecherin der Staatsanwaltschaft Nürnberg-Fürth, Oberstaatsanwältin Antje Gabriels-Gorsolke. Diese versicherte ihm, der Anwalt habe sie längst erhalten und sogar schon wieder zurückgeschickt. Als sich das auf Rückfrage als unwahr herausstellte, behauptete sie, sie habe sich geirrt. Sie habe das verwechselt mit einer Aktenversendung drei Jahre zuvor. Ein sehr merkwürdiger Irrtum. Aber, so behauptete die Oberstaatsanwältin nun, die 106 Seiten seien wahrscheinlich gemäß der sogenannten Aufbewahrungsverordnung nach fünf Jahren vernichtet worden. Dies konnte schon deshalb nicht stimmen, weil, wie ihr bewusst sein musste, von einem Angeklagten übergebene Schriftstücke als dessen Eigentum gelten und deshalb nicht vernichtet werden dürfen, sondern ihm als Asservate zurückzugeben sind. Mit anderen Worten: Die Aufbewahrungsverordnung griff in diesem Fall nicht.

Auf Bitte des Journalisten sandte die Oberstaatsanwältin ihm den Text der Verordnung zu; eine dort vorgesehene Fünfjahresfrist hatte sie umringelt. Als der Journalist ihr vorhielt, die Regelung gelte für andere Strafrechtsfälle, sah sie sich gezwungen, dies einzuräumen. Jetzt plötzlich gab sie zu, dass der Schnellhefter doch vorhanden sei. Bald darauf schrieb indessen ein Staatsanwalt aus der Pressestelle dem Journalisten, der

Schnellhefter sei gemäß der Aufbewahrungsordnung vernichtet worden. Damit konfrontiert, sagte Gabriels-Gorsolke, das sei ein Missverständnis, er würde noch existieren. Trotzdem erhielt der Anwalt den Schnellhefter auch weiterhin nicht – es war unfassbar, was sich die Justiz da herausnahm. Erst nachdem Rechtsanwalt Ziegler sich beim Generalstaatsanwalt heftig beschwert hatte, bekam er den Schnellhefter – nach einem halben Jahr! Zu spät, die Vollstreckungskammer Bayreuth hatte schon entschieden.

Der Schnellhefter belastete die Justiz gewaltig. Denn er enthielt neben anderen Unterlagen eindeutige Dokumente, die die von Mollath geschilderten Schwarzgeldverschiebungen bewiesen. All das lag den Staatsanwälten und den Richtern längst vor. Seit der Verhandlung am 25. September 2003 saßen sie darauf. Dennoch hatten sie Mollaths Angaben als paranoide Wahnsymptomatik erklärt und ihn weggesperrt.

Ein Wiederaufnahmegrund per Zufall

Nachdem das Oberlandesgericht ablehnend entschieden hatte, rief mich der Zahnarzt Edward Braun aus Bad Pyrmont an. Er war bedrückt über das Schicksal seines langjährigen Freundes Gustl Mollath. »Aber seine Frau hat mir doch selbst erzählt, dass sie das Schwarzgeld von Kunden in die Schweiz transportiere«, erinnerte er sich. Dann erzählte er, dass er auch mit ihr über viele Jahre engstens befreundet gewesen sei. Er und die Mollaths hätten zusammen an Ferrari-Rennen teilgenommen und gemeinsame Urlaubsreisen unternommen. Als es wegen der Schwarzgeldverschiebungen zu Eheproblemen kam, habe sie ihn gebeten, auf ihren Mann einzuwirken. Braun schilderte mir Details. Völlig überrascht sagte ich: »Herr Braun, was Sie hier sagen, ist ja ungeheuer wichtig. Das ist ein Wiederaufnahmegrund! Legen Sie das schriftlich nieder und möglichst präzise.«

Unter dem Datum vom 7. September 2011 verfasste Braun eine eidesstattliche Versicherung. Die zentralen Passagen lauteten: Petra Mollath habe ihm etwa 1999/2000 bei einem Telefonanruf angeboten, »falls ich Geld anlegen wolle, könne sie mir helfen. Sie fahre häufig mit Kundengeldern in die Schweiz.« Gustl Mollath habe ihm damals mitgeteilt, er mache sich große Sorgen. Petra sei in Geldtransfers verwickelt, die nicht legal seien, er habe das dokumentiert (Name, Geldbetrag, Kontonummer!). Sicherheitshalber habe er alle Daten außerhalb seines Hauses hundertprozentig sicher vor Zugriffen geschützt.

Im Jahr 2002 habe ihn Petra Mollath erneut angerufen und inständig gebeten, auf ihren Mann einzuwirken. Er würde sich »in ihre beruflichen Belange einmischen. Sie lasse sich das nicht länger gefallen.« Später habe ihn (vermutlich nach der Trennung von ihrem Mann) ein weiterer Anruf von ihr erreicht. Sie habe ihm sinngemäß erklärt:

»Wenn Gustl meine Bank und mich anzeigt, mache ich ihn fertig. Ich habe sehr gute Beziehungen. Dann zeige ich ihn auch an, das kannst du ihm sagen. Der ist doch irre, den lasse ich auf seinen Geisteszustand überprüfen, dann hänge ich ihm was an, ich weiß auch wie.« Am Schluss des Gesprächs habe sie in etwa gesagt: »Wenn Gustl seine Klappe hält, kann er 500 000 Euro von seinem Vermögen behalten, das ist mein letztes Wort.« Braun weiter: »Petra Mollath hat mir gegenüber zu keinem Zeitpunkt erwähnt, dass ihr Mann sie misshandelt oder gewürgt habe.« Der Kontakt zu den Mollaths sei dann abgerissen. Erst 2010 habe er erfahren, dass Gustl Mollath in die Psychiatrie verbracht worden war.

Seine eidesstattliche Versicherung übersandte Edward Braun Justizministerin Merk und der Staatsanwaltschaft. Doch es kam keine Reaktion. Und das, obwohl nunmehr feststand, dass Petra

Mollath tatsächlich als Kurier Schwarzgeld in die Schweiz transportiert hatte. Zugleich untergrub ihre seinerzeitige Drohung, dass sie ihrem Mann etwas anhängen werde, die Basis seiner Verurteilung.

Absolut plausibel war die Drohung Petra Mollaths, sie habe »sehr gute Beziehungen«. Jeder der Schwarzgeldkunden war ihr ausgeliefert, musste ihr gefügig sein. Das konnten Ärzte, Anwälte, aber auch Angehörige der Justiz sein. Wer wollte zudem ausschließen, dass auch Juristen betroffen waren, die vielleicht Schwarzgeld geerbt hatten oder deren Ehefrau oder Verwandte über Schwarzgeld verfügten?

Dass die eidesstattliche Versicherung Brauns zutraf, fand unter anderem eine Bestätigung in einem Brief Gustl Mollaths vom 25. August 2002 an seine von ihm getrennt lebende Ehefrau. Darin hielt er ihr vor: »Du kamst wieder mit deinem verrückten Angebot: Wenn ich Stillschweigen bewahre, könne ich mit einer halben Million rechnen. Was soll das?« Braun zufolge hatte Petra Mollath ihm seinerzeit aufgetragen, ihrem Mann eben dieses Angebot zu überbringen. Hinzuzufügen ist: Braun kannte diesen Brief bei Abfassung seiner eidesstattlichen Versicherung nicht – der lag zu dieser Zeit noch bei den Gerichtsakten.

Im Namen Mollaths legte Anwalt Michael Kleine-Cosack Verfassungsbeschwerde beim Bundesverfassungsgericht gegen die Fortdauer der Unterbringung ein. Damit hatte die Gegenseite vermutlich nicht gerechnet, denn Mollath war mittellos. Edward Braun als langjähriger Freund des Ehepaars Mollath und ich übernahmen die Kosten. Nur zwei Prozent der Verfassungsbeschwerden haben Erfolg. »Aber hier ist was dran«, bestätigte mir der Anwalt. Denn: »Der Grundsatz der Verhältnismäßigkeit ist hier nicht einmal ansatzweise gewahrt.« Eine Chance bestand. Doch darauf durfte man sich nicht verlassen. Es galt die Öffentlichkeit zu informieren. Ihr musste bewusst gemacht werden, dass der Fall Mollath eine neue Dimension des Machtmissbrauchs aufzeigte, die alles bisher Dagewesene in den Schatten stellte. Hier ging es um die verbrecherische Anwendung von Gewalt, kostümiert als rechtmäßiges Justizverfahren.

Mehrere Male schon hatte Edward Braun Justizministerin Merk energisch in diversen Schreiben auf das an Mollath verübte Unrecht hingewiesen, ohne Erfolg. Da übersandte er ihr nochmals seine eidesstattliche Versicherung zu, mahnend: »Sie haben die Pflicht, die Ihnen unterstehende Staatsanwaltschaft anzuweisen, ein Wiederaufnahmeverfahren durchzuführen.« Nach der Strafprozessordnung ist die Staatsanwaltschaft berechtigt und gegebenenfalls verpflichtet, einen solchen Antrag bei Gericht zu stellen.

Zwei Monate später sollte er aus allen Wolken fallen. Da flatterte ihm ein Beschluss des Landgerichts Regensburg ins Haus: Sein Wiederaufnahmeantrag werde wegen fehlender Antragsberechtigung und Formverstoßes als unzulässig verworfen, er habe die Kosten des Verfahrens zu tragen! Braun hatte eindeutig keinen Antrag gestellt, schon gar nicht bei Gericht. Jetzt sollte er sogar noch zahlen! Das war ein übler Streich, der ihm da gespielt wurde. Nach Einschaltung eines Anwalts hob das Oberlandesgericht Nürnberg die Kostenpflicht auf, weil er keinen Antrag gestellt habe. Trotzdem verkündete die Oberstaatsanwältin Gabriels-Gorsolke der *SZ*, Braun habe einen solchen Antrag gestellt – den aber habe das Landgericht Regensburg als unzulässig abgewiesen. Damit stellte sie klar, an ihrer Chefin Merk hafte kein Makel. Dem Zahnarzt Braun aber war vor Augen geführt worden, welche Folgen unbotmäßiges Verhalten haben kann.

Justizministerin Merk unterließ übrigens in der erwähnten Plenarsitzung des Landtags pflichtwidrig jeden Hinweis auf die eidesstattliche Versicherung des Zahnarztes Braun.

Anrufung der Öffentlichkeit

Nach der ablehnenden Entscheidung des Oberlandesgerichts Bamberg war ich zwei Tage lang niedergeschlagen. Jede Initiative zugunsten Mollaths würde die Justizministerin Merk mit dem Argument vereiteln, dass die Gerichte entschieden hätten. Hinter diesen Festungsmauern konnte sie sich sicher fühlen. Aber gab es nicht vielleicht doch eine unvermutete Schwachstelle?

Plötzlich fiel es mir wie Schuppen von den Augen: Die Staatsanwaltschaft war das Einfallstor! Sie hatte zum einen sämtliche Strafanzeigen Mollaths verworfen. Zum anderen hatte sie ihn ohne jede Überprüfung seiner Angaben angeklagt. Und sie saß am 8. August 2006 im Gerichtssaal, als gegen ihn verhandelt wurde. Was hatte der Staatsanwalt im Prozess beantragt? Ich schaute im Protokoll nach. Er hatte die Einweisung Mollaths in die Psychiatrie gefordert, obwohl er genau wissen musste, dass schon von der Logik her nichts als Wahnvorstellung eingestuft werden konnte, was man nicht überprüft hatte! Und obwohl er nicht beantragt hatte, etwa die Direktoren und andere Verantwortliche der HypoVereinsbank zu vernehmen. Sein Einweisungsantrag war deshalb schwer strafbar. Überdies hatten die Staatsanwaltschaft und ebenso die Generalstaatsanwaltschaft bei der jährlichen gerichtlichen Prüfung der Unterbringung immer wieder den Antrag gestellt, deren Fortdauer anzuordnen.

Dafür war Justizministerin Merk verantwortlich, sie war die Vorgesetzte. Sie konnte sich nicht darauf hinausreden, Anträge der Staatsanwaltschaft hätten, weil jeweils das Gericht entscheide, keine Wirkung. Wäre dem so, wäre die Beteiligung der Staatsanwaltschaft überflüssig. Zudem hatte das Justizministerium, wie schon erwähnt, eine Beschwerde Mollaths über die Untätigkeit der Staatsanwaltschaft rechtswidrig zurückgewiesen, die Ministerin war damit persönlich massiv belastet.

Am 5. März 2011 prangerte ich den Fall bei einem Vortrag vor etwa 150 Zuhörern in der Villa Leon in Nürnberg erstmals öffentlich an. Ich rechnete damit, dass Justizangehörige darunter waren – was auch der Fall war, wie ich später erfuhr.

Ich informierte die Oppositionsparteien des Landtags über den ungeheuerlichen Fall. Parallel dazu versorgte ich die Presse mit Material. Die ARD kam auf mich zu, nachdem sie erfahren hatte, dass ich mich für Mollath einsetzte. Als Erstes brachten die *Nürnberger Nachrichten* unter dem ironischen Titel: »Ein gar nicht so fernes Unrecht?« einen Bericht, in dem aus juristischen Gründen der Deckname Ferdl G. gewählt wurde. Dann, am 11. November 2011, erschien ebenfalls in den *Nürnberger Nachrichten* ein weit schärferer Artikel. Darin wurde ich zitiert mit dem Vorwurf, es handle sich um einen »menschenverachtenden politischen Justizskandal« bis hinauf zur Ministerin Beate Merk. Es bestehe der dringende Verdacht eines vorsätzlich falschen Urteils und eines vorsätzlich falschen Gutachtens.

Die Zeitung berichtete weiter, die HypoVereinsbank habe auf Anfrage mitgeteilt, aufgrund der Angaben, die Mollath seinerzeit ihr gegenüber machte, habe ihre Innenrevision ermittelt, dass sich Mitarbeiter »im Zusammenhang mit Schweizer Bankgeschäften, unter anderem mit der AKB-Bank, weisungswidrig verhalten hätten. Mehrere Mitarbeiter seien daraufhin entlassen worden.« Die Justiz war jetzt zweifach bloßgestellt. Es war offenkundig, dass der, den sie weggesperrt hatte, nicht verrückt war! Und die Angaben Mollaths waren offenkundig so präzise, dass man ebenso wie die Innenrevision der Bank hätte ermitteln können und müssen. Justizministerium und Staatsanwaltschaft verhielten sich mucksmäuschenstill. Selbst auf journalistische Anfrage wollten sie sich nicht äußern. Justizministerin Merk ließ schließlich notgedrungen verlautbaren, »wir möchten die gegenüber unserem Haus erhobenen haltlosen und völlig aus der Luft gegriffenen Vorwürfe nicht weiter kommentieren«. Gemeint war ich.

Aber dann, am 13. Dezember 2011, war es endlich so weit. Die ARD-Sendung *Report Mainz* prangerte den Fall an. Die Fernsehzuschauer waren, wie die Reaktionen zeigten, erschüttert. Dass so etwas in Bayern möglich sei, hätte zuvor niemand glauben wollen. Das Land wurde doch von Persönlichkeiten regiert, die eigenem Bekenntnis zufolge fromme Christen waren!

Zwei Tage später brachten die Freien Wähler im Plenum des Landtags einen Dringlichkeitsantrag zum Fall Mollath ein. Der stellvertretende Fraktionsvorsitzende Florian Streibl, ein Sohn des früheren Ministerpräsidenten, verlangte von Beate Merk umfassende Aufklärung. Die gleiche Forderung erhoben Inge Aures, stellvertretende Fraktionsvorsitzende der SPD, und die Landtagsvizepräsidentin Christine Stahl von Bündnis 90/Die Grünen.

Erwartungsgemäß verschanzte sich die Ministerin hinter der Unabhängigkeit der Gerichte. Sie berief sich darauf, renommierte psychiatrische Sachverständige hätten bei Mollath eine paranoide Wahnsymptomatik festgestellt. Allerdings unterschlug sie geflissentlich, worin der angebliche Wahn bestand. Warum verschwieg sie das? Der eidesstattlichen Versicherung eines früheren Richters, die Strafanzeigen Mollaths seien von der Staatsanwaltschaft »aufgrund einer Anordnung aus der Politik unterdrückt worden«, setzte sie entgegen: »Dieser frühere Richter wurde für die Republikaner in den Nürnberger Stadtrat gewählt.« Als ob deswegen diese eidesstattliche Versicherung falsch sein müsste.

In allen Details beschrieb sie sodann die angebliche Misshandlung Petra Mollaths durch ihren Mann – jedes Wort ein Hammerschlag. Die Taktik der Ministerin war klar: nichts sagen zu dem so heiklen »Wahnsystem«, dafür die angebliche Körperverletzung als unglaublich brutal herausstellen!

Ich saß hoch oben auf der Zuschauertribüne des Landtags und hörte mir das alles an. Die Gefühlskälte, mit der die 56-jährige

Junggesellin da unten am Rednerpult auf den im fernen Bayreuth weggesperrten Mollath einhackte, machte mir klar, warum sie selbst in der CSU, wie die Presse immer wieder berichtete, nur geringe Sympathien zu genießen scheint. Guten Glaubens konnte sie bei dem, was sie vortrug, nicht sein. Denn zweifellos hatte ihr die Staatsanwaltschaft längst meine Ausarbeitung zugeleitet, mit der ich das Einweisungsurteil und die medizinischen Gutachten auseinandergenommen habe, und es lag ihr die eidesstattliche Versicherung des Zahnarztes Braun vor.

Der Landtag beschloss schließlich, die Nichtverfolgung der Strafanzeigen Mollaths im Rechtsausschuss zu erörtern, nicht aber seine Unterbringung in der Psychiatrie, weil hierüber Gerichte entschieden hätten. Das war ein herber Rückschlag, doch die Schlacht war noch nicht verloren.

Es war klar, dass die hartleibige Justizministerin Beate Merk selbst jetzt nicht bereit war, die Staatsanwaltschaft anzuweisen, Gustl Mollaths Freilassung zu veranlassen. Sie fühlte sich stark. Dagegen half nur, den Fall der Öffentlichkeit als den ungeheuerlichen politischen Justizskandal, der er war, noch deutlicher bewusst zu machen. Die Berichte der Medien sind meist Eintagsfliegen, wenn nichts nachfolgt. Die Solidargemeinschaft »Gustl Mollath« in Nürnberg stellte daher den Skandalfall im Internet dar, einschließlich eines Videos über meinen Auftritt in der Villa Leon in Nürnberg. Alle Interessierten, und das waren sehr viele, konnten jetzt studieren, was da abgelaufen war und noch ablief. So erwies sich das Internet als ein mächtiger Rammbock gegen die Justizministerin. Das mochte Wählerstimmen kosten, bewirkte aber noch keinen Durchbruch.

Es war unfassbar: Der Justizskandal war aufgedeckt, und doch sollte Mollath weiterhin hinter Gittern bleiben!

Zu Hilfe eilte völlig überraschend der hoch angesehene Prof. Klemens Dieckhöfer, Bonn. Er war lange Jahre in der Forensischen Psychiatrie und Sozialpsychiatrie als Gutachter tätig gewesen, hatte auch für das Bundesverteidigungsministerium gearbeitet. Ich fragte bei ihm an, ob er bereit sei, eine methodenkritische Stellungnahme zu den unhaltbaren Gutachten Leipzigers und Pfäfflins zu erstellen.

Im Februar 2012 nahm Dieckhöfer zu deren Argumentation Stellung. Er qualifizierte sie schlichtweg als pseudowissenschaftlich ab. Beide Gutachten seien »Falschgutachten bzw. Gefälligkeitsgutachten«, also vorsätzlich falsch. Er stellte den Kernpunkt heraus: Leipziger und Pfäfflin hätten die von Mollath angegebenen Schwarzgeldverschiebungen völlig willkürlich als Wahnsystem, als paranoides Gedankensystem hingestellt, obwohl man nicht recherchiert habe, ob sie zutrafen. »Eine solche diagnostische Feststellung wäre nur dann wissenschaftlich zulässig, wenn die Aussage über die Schwarzgeldverschiebungen in die Schweiz ... nicht der Wirklichkeit entsprochen hätte« und Mollath dennoch darauf »in einer chronifizierten Zuspitzung eines echten Wahnsystems mit Eigenbeziehungen unkorrigierbar beharrt hätte«. Die differentialdiagnostischen Äußerungen Leipzigers zu einer möglichen Schizophrenie seien nur »hilfloses Wortgeplänkel«, um seinem Gutachten einen wissenschaftlichen Anstrich zu geben.

Pfäfflin habe sich, so Dieckhöfer, einer »geradezu lächerlichen wissenschaftlichen Argumentation« bedient, wenn er ausführte, die Gedanken Mollaths kreisten um einen fernen Punkt von Unrecht und das reale Geschehen spiele lediglich eine untergeordnete Rolle. Er vermeide in grotesker Weise jede Einholung nachprüfbarer Angaben, »nur um auf jeden Fall die Diagnose einer Wahnkrankheit felsenfest zu perpetuieren«. Seine absurden diagnostischen Äußerungen hätten offensichtlich zum Ziel gehabt, den »befürchteten Justizskandal nicht an das Licht der Öffentlichkeit gelangen zu lassen«.

Prof. Dieckhöfer fasste sein Gutachten in die Form eines Briefes an die Justizministerin Beate Merk. Er schloss mit den Worten, es werde für sie unumgänglich sein, ihre Staatsanwälte anzuweisen, Mollath umgehend auf freien Fuß zu setzen, zumal von einer hochgradigen Gefährlichkeit Mollaths keine Rede sein könne. Denn die Gutachten des Dr. Simmerl und des Dr. Weinberger und »sogar auch das ansonsten wissenschaftlich verheerende Gutachten Prof. Pfäfflins« hätten nichts für Mollath irgendwie Nachteiliges oder Belastendes erwähnt.

Was würde die Justizministerin nunmehr tun?

Die Justizministerin Beate Merk im Rechtsausschuss des Landtags

Am 8. März 2012 befasste sich der Rechtsausschuss mit dem Fall Mollath. Die Justizministerin zeigte sich hartgesotten, sie stritt alles ab. Das Verhalten der Staatsanwaltschaft sei nicht zu beanstanden. Vor allem versteckte sie sich hinter dem Argument, dass hier unabhängige Gerichte entschieden hätten – deren Entscheidungen dürfe sie nicht einmal bewerten. Doch sie verschwieg, dass Richter sehr wohl einer Dienstaufsicht unterliegen. Gemäß Paragraf 26 des Richtergesetzes musste sie bei Rechtsbeugung und anderen Straftaten einschreiten! Im Fall eines Bayreuther Richters hatte sie das auch getan, ebenso bekannt ist der Fall eines Bamberger Amtsgerichtsdirektors.

Die Gutachten Prof. Dieckhöfers und Dr. Weinbergers tat sie als unwissenschaftlich ab, das Gutachten des Dr. Simmerl als nicht relevant. Wahrheitswidrig behauptete sie, Prof. Dieckhöfer stütze sich allein auf die Angaben Mollaths. Der Höhepunkt der Unverfrorenheit: Sie gab plötzlich vor, das Vorbringen Mollaths über die Schwarzgeldverschiebungen sei für seine Einweisung in die Psychiatrie nicht maßgeblich gewesen! Doch im Urteil stand: »Auch in der Hauptverhandlung hat sich … die wahnhafte Gedankenwelt des Angeklagten vor allem in Bezug auf den

›Schwarzgeldskandal‹ der HypoVereinsbank bestätigt.« Der Facharzt Leipziger hatte in seinem Einweisungsgutachten, dem sich das Landgericht voll anschloss, ausdrücklich erklärt, »der Bereich der Schwarzgeldverschiebung« sei ein paranoides Gedankensystem. Und Staatssekretär Jürgen Heike hatte bezüglich einer Petition Mollaths an den Landtag 2006 geschrieben: »Sein Bestreben nach Einführung einer Strafverfolgung für forensisches Personal entspricht ebenso der wahnhaften Störung wie seine Auslassungen über Bankgeschäfte und Schwarzgeldaffären.«

Die Bedrängnis der Beate Merk war offenkundig: Die konstruierte Diagnose »paranoider Wahn« war als falsch enttarnt. Daher hätte sie sofort alles tun müssen, damit Mollath aus der Psychiatrie freikommt. Aber das verweigerte sie. Warum? Jeder andere Justizminister hätte bestürzt über ein Falschurteil die unverzügliche Freilassung herbeigeführt. Warum nur wollte sie ihn weiter wegsperren? Da sie hierfür keinen medizinischen Grund angeben konnte, drängte sich für mich der Verdacht auf, sie müsse ein heimliches Motiv haben.

Weiter versuchte die Ministerin zu rechtfertigen, warum die Staatsanwaltschaft sich geweigert hatte, aufgrund der Strafanzeigen Mollaths zur Schwarzgeldverschiebung zu ermitteln. Diese seien, behauptete sie, so unkonkret gewesen, dass die Staatsanwaltschaft mangels Anfangsverdachts gar nicht habe ermitteln dürfen. Doch für die Innenrevision der Bank waren sie sogar sehr konkret gewesen.

Sodann schilderte Merk detailliert den Inhalt des von Mollath seinerzeit übergebenen Schnellhefters von 106 Seiten: Schriftverkehr mit der HypoVereinsbank, Schreiben an Bundestagsabgeordnete, an Medienvertreter, Zeitungsartikel und anderes. Sogar einen Brief Mollaths an den Papst, in dem er seinen Kirchenaustritt begründete, erwähnte sie. Gleich an drei Stellen ihres Berichts verwies sie auf diesen Brief, offensichtlich um Mollath lächerlich zu machen. Aber geflissentlich verschwieg sie die in dem

Schnellhefter ebenfalls enthaltenen Beweise, insbesondere hand-schriftliche Buchungsanordnungen seiner Ehefrau für unter Decknamen geführte Nummernkonten und Anlagen- und Ver-mögensverzeichnisse von Schwarzgeldern in der Schweiz.

Warum verheimlichte sie ausgerechnet diese Unterlagen? Es waren genau jene, um deren Einsichtnahme Mollaths Anwalt ein halbes Jahr lang hatte kämpfen müssen. Die Gründe der Justizministerin waren klar: Diese Beweise überführten die Jus-tizverantwortlichen der Strafvereitlung im Amt! Und warum verschwieg sie, worum es in der Korrespondenz Mollaths mit der HypoVereinsbank ging? Er bat darin inständig, seine Frau von den Schwarzgeldgeschäften fernzuhalten, weil ihr im Ent-deckungsfall bis zu zehn Jahre Gefängnis drohten. Und warum verschwieg Beate Merk die ebenfalls beigefügte Korrespondenz mit seiner Frau nach der Trennung? Es war darin immer wieder von den Schwarzgeldgeschäften die Rede.

Sodann berichtete Merk, die Staatsanwaltschaft habe die Hy-poVereinsbank zu den Schwarzgeldverschiebungen inzwischen um Auskunft gebeten. Warum handelte die Staatsanwaltschaft erst jetzt? Und warum so lächerlich schüchtern? In anderen Fällen schickt die Staatsanwaltschaft die Steuerfahndung los, die alles durchsucht und Unterlagen beschlagnahmt. Als ob eine Bank sich bei einer solchen Anfrage selbst belasten würde! Die Bank, trug die Ministerin vor, habe bestimmte Praktiken einge-räumt, diese seien aber 1998 nach einem staatsanwaltschaftli-chen Ermittlungsverfahren eingestellt worden. Doch die er-wähnten Buchungsanordnungen und Anlagenverzeichnisse datierten von 2001 – warum verschwieg sie das dem Rechtsaus-schuss? Abgesehen davon trafen die Schwarzgeldverschiebun-gen dann zumindest bis 1998 zu. Die Verjährungsfrist war zum Zeitpunkt der Strafanzeigen Mollaths nicht abgelaufen.

Überdies entband die Anfrage bei der HypoVereinsbank die Staatsanwaltschaft nicht von ihrer Ermittlungspflicht hinsichtlich der Schwarzgeldgeschäfte, die Petra Mollath – hinter dem Rücken der HypoVereinsbank – für eigene Kunden mit der Bank LEU (einer Tochter der Credit Suisse) getätigt hatte. Dort hatte sie auch ihre eigenen Vermögenswerte untergebracht, wie Mollath unter anderem in einem Schreiben vom 12. August 2002 an die Credit Suisse anprangerte. Obwohl dieses Schreiben in dem besagten Schnellhefter enthalten war, wurde es den Abgeordneten von der Ministerin ebenfalls verschwiegen.

Und wieder verlor die Justizministerin kein Sterbenswörtchen über die ihr vorliegende eidesstattliche Versicherung des Zahnarztes Edward Braun, wonach Petra Mollath gedroht habe, sie werde ihrem Mann etwas anhängen, falls er sie und ihre Bank anzeige, und dass sie ihn auf seinen Geisteszustand überprüfen lassen werde. Zur Verurteilung Mollaths wegen angeblicher Misshandlung seiner Ehefrau allein aufgrund deren Aussagen erklärte Merk lapidar: »Dass es für ein Tatgeschehen nur eine Zeugin, nämlich das Opfer, gibt, ist keine Seltenheit, sondern Gerichtsalltag.«

Auf verschiedene Fragen der Oppositionsabgeordneten gab sie keine Antwort. Damit war der Fall Mollath auf der Tagesordnung des Rechtsausschusses abgehakt, die Dame ging ab. Ich war bei der öffentlichen Sitzung anwesend. Es wunderte mich, dass die Justizministerin glaubte, sie könnte mit ihrer maßgeschneiderten Darstellung davonkommen. Gerade durch ihre Unwahrheiten und ihr Verschweigen hatte sie sich selbst als böswillig entlarvt.

Öffentlicher Angriff auf die Justizministerin

Nach ihrem Auftritt im Rechtsausschuss war endgültig klar, dass Beate Merk kalt entschlossen war, Mollath weiterhin in der Psychiatrie gefangen zu halten. Jeder Hoffnung beraubt, war ernstlich zu befürchten, dass Mollath sich etwas antun könnte. Deshalb entschloss ich mich, die Justizministerin öffentlich anzugreifen. Mein Ziel war, sie zum Rücktritt zu zwingen.

Am 5. Mai 2012 hielt ich auf Einladung von Markus Rinderspacher, dem Vorsitzenden der SPD-Landtagsfraktion, in München-Trudering einen Vortrag. Ich legte unter anderem dar, wie übel vormals das Justizministerium – unter Stoibers Verantwortlichkeit – dem CSU-Staatssekretär Erich Riedl mitgespielt hatte. Daran anknüpfend, schilderte ich den Justizskandal Mollath. Die Zuhörer waren sichtlich betroffen. Sodann berichtete ich, dass Justizministerin Merk im Landtag vorgetragen hatte, Mollath habe keinerlei Beweise, sondern nur ein in einem Schnellhefter enthaltenes »abstruses Sammelsurium« vorgelegt. Ich las aus ihrem Bericht vor, in dem sie detailliert den Inhalt aufgeschlüsselt hatte.

»Meine Damen und Herren«, fuhr ich fort, »die Ministerin hat dabei jedoch gerade die Schriftstücke unterschlagen, die beweiskräftig waren.« Ich hielt diese Schriftstücke in die Höhe, damit sie jeder sehen konnte, und las dann daraus vor. Es waren insbesondere

– vier Überweisungsanordnungen für Nummernkonten bei der LEU-Bank in Zürich über insgesamt 115 000 Mark als Schwarzgeldgeschäft nur eines einzigen Tages;
– von der LEU-Bank in Zürich an die Ehefrau Petra Mollath gefaxte Anlagen- und Vermögensverzeichnisse mit einer Gesamtsumme von 392 000 Euro beziehungsweise 780 000 Mark;
– die Vollmacht einer Kundin, aus der hervorging, dass die bei der HypoVereinsbank beschäftigte Petra Mollath deren Gelder bei zwei Banken in Zürich und in Kreuzlingen verwaltete;
– von Gustl Mollath aufgenommene Personenfotos von einer Veranstaltung in der Schweiz, die er als »Schwarzgeldseminar« für die 50 erfolgreichsten Schwarzgeldverschieber der HypoVereinsbank in Deutschland bezeichnete.

Und ich zitierte die verwendeten Schweizer Nummernkonten, nämlich: Pythagoras, Selingstadt 2986, DVD 6006, Klavier 2285, Laim 1112.

Sodann warf ich der Ministerin vor, sie habe den Landtag getäuscht, indem sie diese Beweise unterschlagen habe. Markus Rinderspacher fragte mich anschließend, ob er die Sache aufgreifen solle. Ich winkte ab, es war noch zu früh.

Zehn Tage später hielt ich wieder einen Vortrag in München, in der renommierten Gabriel-von-Seidl-Villa in Schwabing, dieses Mal auf Einladung von Transparency International, der Initiative Bayerischer Strafverteidigerinnen und Strafverteidiger sowie der Vereinigung demokratischer Juristen und Juristinnen. Der Saal war vollbesetzt. Wieder schilderte ich den Fall Mollath und wie die Justizministerin im Landtag die Beweise unterschlagen hatte. Wieder las ich aus diesen Unterlagen vor, zitierte zum Amüsement der Zuhörer die Nummernkonten. Es gab kräftigen Beifall.

Ich war mir sicher, dass der Justizministerin alles zugetragen würde. Denn es waren sehr viele Juristen da, der Anwalt von Max Strauß aus Hamburg saß im Publikum, ein Rechtsanwalt sagte, er habe auch vier Beamte der Staatskanzlei bemerkt. Mein Kalkül war: Wenn die Ministerin gegen meinen Vorwurf nichts unternahm, war das ein Offenbarungseid. Dann war sie bloßgestellt. Stellte sie aber gegen mich einen Strafantrag wegen Verleumdung, würde sie verlieren und zurücktreten müssen, denn die Täuschung war urkundlich nachweisbar. Das Risiko, dass mich ein auf Beförderung hoffender Richter dennoch verurteilen würde, war freilich alles andere als gering – ich nahm es in Kauf. Doch der Strafantrag blieb aus.

Die Ministerin sah sich unversehens einem weiteren Angriff ausgesetzt. Forsch hatte sie im Rechtsausschuss behauptet, die erwähnte Stellungnahme von Prof. Dieckhöfer genüge nicht wissenschaftlichen Standards. Als die Ministerin eine Abmahnung seines Anwalts schroff zurückwies, verklagte sie

Prof. Dieckhöfer auf Unterlassung ihrer herabsetzenden Behauptung – für jeden Fall der Zuwiderhandlung auf Zahlung von 250 000 Euro, ersatzweise sechs Monate Haft. Das Verfahren läuft noch.

Es war eng für Beate Merk geworden. Aber es sollte noch enger werden.

Verlorene Lebenszeit

Juni 2012. Die Zeit seit der letzten gerichtlichen Überprüfung der Unterbringung Mollaths im Juni 2011 war rasch verstrichen, nicht aber für Mollath, für den sie sich endlos hinzog. Man hatte ihn ein weiteres Jahr in der Psychiatrie dahinvegetieren lassen. Die nächste Überprüfung stand nun an. Der bisherige Anwalt Mollaths war überlastet, es galt, einen neuen Pflichtverteidiger zu finden. Es fand sich die sehr engagierte Münchner Rechtsanwältin Erika Lorenz-Löblein, für Mollath ein Glücksfall. Sie las das Urteil des Landgerichts Nürnberg-Fürth und sagte dann spontan zu mir: »Das enthält ja überhaupt keine Beweise!« Sie schürfte in den Abgründen der staatsanwaltschaftlichen und gerichtlichen Akten, die rätselhafterweise lückenhaft waren, förderte Rechtswidrigkeit um Rechtswidrigkeit zutage.

Aber was würde sein, wenn man Mollath dennoch nicht freiließ? Würde er das weiter durchstehen? Es gab Anzeichen, dass er mürbe wurde, resignierte. Bei einem Telefonat äußerte er, an der bevorstehenden gerichtlichen Anhörung wolle er nicht teilnehmen, es sei doch alles sinnlos. Bei weiteren Gesprächen sagte er: »Ich habe keine Perspektive mehr, ich bin am Ende.« Auch fühle er sich gesundheitlich schwach. An seiner rechten Hand empfinde er eine Taubheit, diese habe bereits auf seine linke Hand übergegriffen. Ich erschrak. Verabreichte man ihm heimlich Medikamente? Bestürzt erfuhr ich von ihm, dass er schon seit Monaten nicht mehr den täglichen einstündigen Gang in den Garten wahrnehme, er sei zu müde. Bei den dreimal in der Nacht stattfindenden Zimmerkontrollen würde er stets aufwachen; diese unentwegten Schlafstörungen setzten ihm zu.

Natürlich redete ich ihm gut zu, nicht aufzugeben. Und der Unterstützerkreis bemühte sich rührend um ihn, wies auf sein Schicksal weiterhin im Internet hin, verteilte in Nürnberg Flugblätter. Doch die Frage blieb: Würde er zerbrechen?

Seine wiederverheiratete Exfrau, die von ihrer Bank entlassen worden war, bot mittlerweile auf ihrer Homepage Geistheilung und Seelenverbindungen an. Sie habe den Wunsch, andere Menschen, die das Leben aus der Spur geworfen hat, zu unterstützen, damit auch sie wieder »zurück zu ihrer Mitte« fänden, schrieb sie.

Rudolf Elmer, ein Deutscher, war in leitender Position bei der Schweizer Großbank Julius Bär beschäftigt, zuletzt in deren Niederlassung auf den Cayman-Inseln. Er konnte die kriminellen Geldverschiebungen riesigen Ausmaßes nicht mehr ertragen, ließ seine Bank auffliegen. Diese setzte ihm Detektive auf die Fersen. Er erinnerte sich an Verfolgungsjagden auf der Autobahn, an quietschende Reifen. Er fürchtete, man trachte ihm und seiner Familie nach dem Leben. Schließlich wurde er verhaftet, kam in Winterthur/Schweiz ins Gefängnis. Die Presse berichtete groß über sein Schicksal. Mollath schrieb ihm, erzählte seinen parallelen Fall.

Elmer antwortete aus dem Gefängnis, er habe Bayreuth in guter Erinnerung, sein Schwiegervater habe dort manchmal in der Kirche gepredigt und Orgelkonzerte gegeben. Zum Schwarzgeld sagte er, der Begriff decke nur die Spitze des Eisbergs ab. »In den meisten Fällen geht es um kriminelle Handlungen, und deshalb werden Methoden angewandt von Psychoterror bis Körperverletzung, um die Steueruntersuchung zu stoppen.« Er kenne auch den Fall der hessischen Steuerfahnder (s. »Die unheilbare Paranoia der hessischen Steuerfahnder«, S. 282 ff.). Die Bankenwelt werde sich erst ändern, wenn ein paar der Topbanker hinter schwedischen Gardinen sitzen.

Aber vorerst traf es stattdessen diejenigen, die sich ein Gewissen machten.

Die Wende zugunsten Mollaths

Ende August 2012 erreichte Gustl Mollath ein köstlicher und kostbarer Brief. Ein Rechtsanwalt aus Nürnberg forderte ihn unter Klageandrohung auf, die unwahre Angabe in seiner Strafanzeige zu widerrufen, dass sein Mandant R. A. Schwarzgeld in die Schweiz transferiert habe. Die Steuerfahndung werfe das seinem Mandanten nunmehr vor. Ein beigefügtes Schreiben des Finanzamts Nürnberg-Süd vom 2. Juli 2012 bestätigte dies. Es hieß darin außerdem: »Diese Erkenntnisse beziehen sich nicht nur auf Ihren Mandanten, sondern auch auf weitere Personen. Dabei hat sich gezeigt, dass die vorliegenden Erkenntnisse in mehreren Fällen zutreffend waren.« Sodann führte das Schreiben folgende Schweizer Nummernkonten an: Pythagoras, Selingstadt 2986, DVD 6006, Klavier 2285, Laim 1112. Es waren genau die Nummernkonten der von Mollath der Justiz übergebenen Buchungsanordnungen, welche die Justizministerin im Rechtsausschuss des Landtags unterschlagen hatte!

Dreist hatte Merk die Abgeordneten mit einer lächerlichen Fabel übertölpelt: Ein Staatsanwalt liest in der Zeitung, dass nach einer wissenschaftlichen Studie fünf von zehn Steuerpflichtigen Steuern hinterziehen. Er will deshalb gegen jeden zweiten Steuerpflichtigen ein Ermittlungsverfahren einleiten und Durchsuchungsbeschlüsse beantragen. Genau das aber gehe nicht, sagte Merk. Würde man ohne jegliche fundierte

Angaben Fahndungsmaßnahmen ergreifen, »dann gute Nacht, Rechtsstaat!«, hatte sie pathetisch ausgerufen. Die Dame wusste natürlich genau, dass die Staatsanwaltschaft, hätten die Angaben Mollaths wirklich nicht ausgereicht, diesen im Zuge von Vorermittlungen ergänzend hätte befragen können und auch müssen.

Die skrupellose Konstruktion, Mollath leide an einem paranoiden Wahn, der ihn gemeingefährlich mache, war nunmehr vollends zusammengebrochen. Der Journalist Michael Kasperowitsch von den *Nürnberger Nachrichten* hielt dies der Nürnberger Oberstaatsanwältin Gabriels-Gorsolke vor. Doch diese erklärte ungerührt, für die Staatsanwaltschaft bestehe kein Handlungsbedarf. Mollath sollte weiterhin weggesperrt bleiben. Gute Nacht, Rechtsstaat!

Bevor ich die Briefe des Anwalts und des Finanzamts den *Nürnberger Nachrichten* zuleiten konnte, stellte sich zunächst ein recht banales Problem: Wie gelangte man an diese unersetzlichen Beweisstücke? Versandte Mollath sie mit der Post, war nicht auszuschließen, dass sie innerhalb der psychiatrischen Anstalt oder auf dem Postweg verloren gingen. Zahnarzt Braun fuhr deshalb mit seinem Ferrari von Bad Pyrmont nach Bayreuth und holte sie.

Der Rechtsstaat musste jetzt endlich, endlich aufwachen!

Am 29. Oktober 2012 veröffentlichen die *Nürnberger Nachrichten* unter dem Titel »Steuerfahnder haben die Spur aufgenommen« einen hochexplosiven Bericht, der unter Bezug auf die zitierten Schreiben darlegte, dass sich die Angaben Mollaths als zutreffend herausgestellt hätten und dass somit von paranoiden Wahnvorstellungen bei ihm keine Rede sein könne. Am Tag, an dem, wie ich wusste, der Zeitungsbericht erscheinen würde, schrieb ich frühmorgens per Fax einen Brief an die Landtagsfraktionen von SPD, Grünen und Freien Wählern. Darin wies ich zum einen auf die neuen Beweise hin. Zum anderen machte ich darauf aufmerksam, dass die Justizministerin die Abgeordneten am 8. März 2012 im Landtag über den wahren Inhalt des Schnellhefters getäuscht und ihnen die Mollath entlastende eidesstattliche Versicherung des Zahnarztes Edward Braun verschwiegen habe.

Die Oppositionspolitiker griffen die Justizministerin scharf an, Florian Streibl/Freie Wähler sprach von einem »Justizskandal ungeheuren Ausmaßes«. Dr. Maria Fick, die Menschenrechtsbeauftragte der Landesärztekammer Bayern, rügte das menschenverachtende Vorgehen gegen Mollath und kündigte eine Überprüfung der von ihr als nicht stichhaltig betrachteten Gutachten Leipzigers und Pfäfflins an.

Dann geschah Unvorhergesehenes. Eine anonyme Person spielte über ein Internetcafé jemandem den Bericht der Innenrevision der HypoVereinsbank vom März 2003 zu, aus dem Justizministerin Merk im Rechtsausschuss ausführlich zitiert hatte. Sie hatte behauptet, die Innenrevision habe zwar Verstöße einzelner Mitarbeiter festgestellt, die allerdings »nichts mit der von Mollath angezeigten Problematik und auch nichts mit seiner damaligen Ehefrau zu tun hatten«. Tatsächlich aber sah der Bericht der Innenrevision ganz anders aus. Er stellte Verstöße gegen die Abgabenordnung und das Geldwäschegesetz fest, sprach von verschobenem Schwarzgeld und von heimlichen Provisionen, die Petra Mollath auf ein Konto bei der LEU-Bank in Zürich überwiesen worden waren. Zusammenfassend hatte die Innenrevision über Mollaths Anschuldigungen, die die Prüfung ausgelöst hatten, bemerkt: »Alle nachprüfbaren Behauptungen haben sich als zutreffend herausgestellt.« Das war ein eklatanter Widerspruch zu den Behauptungen von Beate Merk, die den Abgeordneten erzählt hatte, der Bericht habe die Angaben Mollaths »gerade nicht bestätigt«.

Beate Merk war damit ein weiteres Mal der Lüge und Täuschung überführt – zu Lasten des seit Jahren inhaftierten Mollath.

Dieter Hanitzsch zeichnete sie in einer Karikatur in der *SZ* als blondhaarigen, mit Flügeln bestückten Engel, der sich in einem Wassergefäß die Hände in Unschuld wäscht und grinsend sagt: »Justizskandal? Ich merk nichts!« Aber aus ihrem weißen Engelsgewand lugt ein teuflischer Bocksfuß hervor, daran gekettet eine riesige, auf schriftlichen Beweisen lagernde Kugel mit der Aufschrift »Fall Mollath«.

Ein Pressesturm brach los. Der *Stern*, der *Spiegel*, die Tageszeitungen berichteten bundesweit, ARD und ZDF stellten den Fall in der Tagesschau dar, der Bayerische Rundfunk berichtete unentwegt und sogar das Bayerische Fernsehen – ich stellte allen bereitwillig meine umfangreichen Unterlagen zur Verfügung. BBC London und andere ausländische Medien berichteten, wie es in Bayern zugeht. Man verwies darauf, wie man in der Sowjetunion Regimekritiker in psychiatrischen Anstalten gefangen hielt. In einer stürmischen Sitzung des Landtags forderten die Oppositionsparteien den Rücktritt der Justizministerin. Denn sie habe den Landtag und die Öffentlichkeit mehrfach belogen.

Der Fall Mollath war jetzt überall bekannt. Die Menschen im Lande waren aufgewühlt, sie stellten sich entsetzt vor, ihnen hätte man so mitgespielt. Jeder fragte sich, ob er wie Mollath sieben Jahre in der Psychiatrie durchgestanden hätte, ohne dabei wirklich verrückt zu werden. Mit wem man auch zusammentraf, es wurde über Mollaths Schicksal geredet. Das Fernsehen brachte mehrmals Interviews mit ihm – jedermann war beeindruckt, wie ruhig, geordnet und gewandt er sprach. Man war allgemein überzeugt: Dieser Mann ist nicht wahnsinnig. Aber die Justizministerin Merk blieb hart. Und ihr Chef Seehofer sprach ihr im Landtag sein volles Vertrauen aus.

Beate Merk wies die gegen sie erhobenen Vorwürfe »mit aller Schärfe zurück«. Mit weiteren Unwahrheiten versuchte sie ihren Kopf aus der Schlinge zu ziehen. Nachdem das Etikett

»paranoider Wahn« von Mollath abgefallen war, behauptete sie plötzlich, Mollath sei wegen seiner (angeblichen) schweren Straftaten gefährlich und deshalb in die Psychiatrie verbracht worden (Presseerklärung vom 1. November 2012). Doch ohne Geisteskrankheit landet man nicht in der Psychiatrie. Den Vorwurf, sie habe dem Landtag die eidesstattliche Versicherung des Zahnarztes Braun vorenthalten, fälschte sie ab. Sie tat so, als ob es sich um die eidesstattliche Versicherung »des früheren Richters« gehandelt habe – dazu habe sie doch im Landtagsplenum Stellung genommen! Dem Vorwurf, Mollath hätte entlassen werden müssen, nachdem der Anstaltsarzt Dr. Simmerl ihn in gerichtlichem Auftrag 2007 untersucht und ihn – Paranoia, Schizophrenie und gehirnorganische Störungen nachdrücklich ausschließend – für voll geschäftsfähig erklärt hatte, hielt sie im Landtag den absurden Einwand entgegen, dieser Sachverständige habe sein Gutachten nicht im Unterbringungsverfahren, sondern im Betreuungsverfahren erstellt. Ganz so, als ob er im Unterbringungsverfahren eine andere Diagnose gestellt hätte!

Vor dem Vorwurf, sie habe im Rechtsausschuss die im Schnellhefter enthaltenen Beweise in Gestalt von Überweisungen auf Nummernkonten wie Pythagoras, Klavier, DVD usw. vorenthalten, musste sie jedoch kapitulieren, dazu schwieg sie sich aus. Frech behauptete sie einfach: »Ich habe im Fall Mollath dem Rechtsausschuss selbstverständlich umfassend berichtet.« Dieses affirmative Auftrumpfen, wenn sie sich über die Wahrheit hinwegsetzt, kennzeichnet sie allgemein. Es kehrt wieder in dekretierenden Formulierungen typischer Art wie: »Ich sage ganz klar, dass …«, oder auf Vorhalt: Es ist »gerade nicht« so, also genau umgekehrt. Dass die Gegenseite genau weiß, dass sie die Unwahrheit sagt, lässt sie nicht einmal erröten.

Einen an Peinlichkeit nicht zu übertreffenden Striptease legte sie in einem Interview mit der ARD hin. Monika Anthes von

Report Mainz fragte sie, ob Mollath zu Recht inhaftiert sei. Antwort: Ja, denn Gutachten hätten seine Straftaten festgestellt. Doch solche Gutachten gab es nicht! Die Frage, ob sie den Bericht der Innenrevision der HypoVereinsbank vorliegen hatte, bejahte sie. Als sie daraufhin von der Journalistin mit den Feststellungen der Innenrevision und mit ihrer gegenteiligen Darstellung im Landtag konfrontiert wurde, reagierte sie äußerst nervös und unwirsch, jeweils nur ein paar Worte hervorstoßend, mit flackernden Augen Hilfe suchend zu ihren Mitarbeitern blickend. Nur noch formelhaft antwortend, zappelte sie unrettbar am Angelhaken der immer wieder nachbohrenden Journalistin. Sie musste kapitulieren: »Ich habe dem Parlament das gesagt, was ich zu diesem Thema wusste und was die Staatsanwaltschaft zu diesem Thema wusste. Und wenn Sie jetzt weitere Informationen hier einbringen, so kann ich dazu nichts sagen.« Höchst gereizt brach sie das Interview schließlich ab. Sie war am Ende.

Wie ein Lauffeuer sprach sich dieses bizarre Interview herum. Wer immer es sich im Internet ansah, äußerte sich entgeistert über den Auftritt. Viele hatten Merk bis dahin gar nicht gekannt. Fast ungläubig sagten sie: Das ist die Justizministerin? Die Forderung nach Merks Rücktritt verstärkte sich zusehends. Sie jedoch bestand darauf, Mollath müsse weiterhin weggesperrt werden, obwohl jetzt ein weiteres Mal erwiesen war, dass er nicht an einem Wahn litt. Die Haltung dieser Ministerin war monströs. Doch die Forderung der Freien Wähler nach ihrem Rücktritt bezeichnete sie im Landtag als »Unverschämtheit«. Ihr Chef Seehofer freilich wurde jetzt unruhig. Diese fatale Sache könnte ihm bei der Landtagswahl 2013 gefährlich werden.

Von der Fassade der Beate Merk platzten rasch weitere Flächen ab, als der Regensburger Strafrechtsprofessor Henning Müller ihr Verhalten öffentlich »als nicht nachvollziehbar« kritisierte, schwere Mängel des Mollath-Urteils rügte und gegen die Staatsanwältin, die Ermittlungen zu den Strafanzeigen Mollaths abgelehnt hatte, den Verdacht einer Strafvereitelung im Amt begründete. Der renommierte Hamburger Strafverteidiger Gerhard Strate befand in einem Gutachten ebenfalls, dass diese Weigerung der Staatsanwaltschaft als Verstoß gegen das Legalitätsprinzip rechtswidrig sei. Sodann bestätigte der Schöffe Heinz Westenrieder gegenüber der Presse, dass der Vorsitzende Richter Otto Brixner seinerzeit Mollath jedes Mal niedergebrüllt habe, wenn dieser auf die Schwarzgeldverschiebungen zu sprechen kam, die man ihm als Wahnvorstellung anlastete. Heribert Prantl schrieb in der *SZ*: »Eine Justiz, die Menschen ohne gründlichste Prüfung einen Wahn andichtet, ist selber wahnsinnig.« Damit war die Justizministerin schwerstens getroffen, sie war persönlich bloßgestellt.

Dann ein Blitzschlag: Die *Nürnberger Nachrichten* berichteten, dass der Richter Brixner 2004 die Steuerfahndung angerufen und instruiert habe, sie müsse die ihr zugegangenen Strafanzeigen Mollaths bezüglich der Schwarzgeldverschiebungen nicht ernst nehmen, denn dieser sei verrückt. Das war zwei Jahre vor dem Prozess. Zu diesem Zeitpunkt gab es noch kein psychiatrisches Gutachten, das Mollath für paranoid erklärt hätte. Und was veranlasste Brixner, die Steuerfahndung von Ermittlungen abzuhalten? Das war eine krasse und gegebenenfalls strafbare Überschreitung seiner Befugnisse.

Seehofer musste nun befürchten, dass der Fall Mollath zu einer schweren Belastung für seinen Landtagswahlkampf werden könnte. Er zwang die Justizministerin, die Staatsanwaltschaft anzuweisen, die Einleitung eines Wiederaufnahmeverfahrens zu prüfen. Sofort stellte sie sich strahlend als Mollaths rettender Engel hin: Jetzt habe sie erstmals die Möglichkeit gehabt, zu seinen Gunsten einzugreifen, und sie habe dies sofort wahrgenommen! Dass ihr mit dem Bericht der HypoVereinsbank und der eidesstattlichen Versicherung des Zahnarztes Braun schon seit einem Jahr triftige Wiederaufnahmegründe vorlagen, ließ sie geflissentlich beiseite.

Aber Florian Streibl/Freie Wähler stellte klar: Sollte sich herausstellen, dass Mollath sieben Jahre zu Unrecht in der Psychiatrie saß, muss sie in jedem Fall zurücktreten!

Das ethische Format der Banker

Die Direktoren der HypoVereinsbank Nürnberg wussten allein schon aufgrund des Berichts der Innenrevision seit März 2003, dass Mollaths Angaben zutrafen. Als sie am 9. August 2006 in den *Nürnberger Nachrichten* unter der Überschrift »Im Wahn verstrickt« nachlesen konnten, dass der Ehemann einer Bankangestellten in die Psychiatrie eingewiesen worden war, weil er wahnhaft geglaubt habe, sie helfe Schwarzgeld in die Schweiz zu schleusen, mussten sie also wissen, um wen es sich handelte, obwohl kein Name genannt war. Sie hätten der Justiz die Wahrheit mitteilen können, aber sie ließen alles geschehen. Eine Aufhebung des Urteils in der Revisionsinstanz unterblieb somit.

Freilich, die Herren waren in einer Zwangslage. Bekannten sie die Wahrheit, gefährdeten sie sich selbst – wegen der Schwarzgeldverschiebungen, die die HypoVereinsbank durchgeführt hatte. Aber so wurde ihre Schuld noch größer. Selbst nachdem ihre Delikte etwa 2007 verjährt waren (Verjährungsfrist: fünf Jahre), überließen sie Mollath, mit dem sie doch Gespräche geführt und korrespondiert hatten, seinem Schicksal.

Kunden, die Geburtstag haben, gratuliert die Bank mit einem Schreiben, das die Sentenz »Carpe diem« des römischen Dichters Horaz zitiert und in die Worte übersetzt: »Wirklich glücklich ist, wer jeden Tag sagen kann: Heute habe ich gelebt.« In der Forensischen Psychiatrie?

Die wunderlichen Wahrheiten des Hasso Nerlich

Nach einem aufsehenerregenden Gerangel mit der FDP hatte die CSU-Ministerin Merk ihren Kandidaten Nerlich als neuen Nürnberger Generalstaatsanwalt ab 1. Oktober 2011 durchgesetzt. Der Bayerische Richterverein protestierte daraufhin öffentlich in einem Brief an die Justizministerin gegen den politischen Postenschacher.

Nerlich war ebenso wie die Justizministerin verantwortlich dafür, dass Mollath trotz des Hypo-Vereinsbank-Berichts und der eidesstattlichen Versicherung des Zahnarztes Braun ein weiteres Jahr weggesperrt blieb und auch in Zukunft weggesperrt werden sollte. In einer Sitzung des Rechtsausschusses am 6. Dezember 2012 ließ Merk Nerlich zu ihrer Verteidigung aufmarschieren. Über das, was Nerlich da mit dröhnender Stimme von sich gab, konnte man sich nur empören. Die zahlreich anwesenden Journalisten waren nicht begriffsstutzig, sie durchschauten Nerlich. Der Bayerische Rundfunk urteilte, es sei nahezu eine Selbstdemontage gewesen. Die nachfolgenden Kostproben aus dem Protokoll mögen genügen.

Auffällig war, dass Nerlich die eidesstattliche Versicherung Brauns von sich aus nicht erwähnte. Erst auf Vorhalt eines Abgeordneten erklärte er, diese Aussage werde geprüft: »Herr Braun werde sicherlich als Zeuge vernommen.« Warum erst jetzt, nachdem die Öffentlichkeit davon erfahren hatte? Warum nicht schon vor einem Jahr? Damals schon hätte er aufgrund der Angaben Brauns ein Wiederaufnahmeverfahren veranlassen müssen. Dass er das unterlassen hatte, setzte ihn dem Verdacht einer schweren Straftat aus! Verblüffend war, dass er dann aus der eidesstattlichen Versicherung eine einzige Passage zitierte, und zwar folgende: Mollath habe Braun seinerzeit mitgeteilt, »er habe alle Daten in dieser Sache, sämtliche Konten und sämtliche Beträge gesichert. Er habe alle Belege außer Haus gebracht, sodass sie hundertprozentig sicher seien.« Deshalb, so Nerlich, stelle sich auch die Frage, wo sich diese Belege jetzt befänden. Warum nur bewegte ihn diese Frage? Hatte er sie bisher als Hindernis für eine Freilassung Mollaths betrachtet? Hegte er Befürchtungen? Denn für die Wiederaufnahme des Verfahrens spielte es doch keine Rolle, wo sich die Belege befanden!

Nerlich verstieg sich zu der Behauptung, »die Gutachten und auch das Urteil gäben nichts dazu her, dass Mollath deswegen für paranoid erklärt worden sei, weil er Schwarzgeldverschiebungen behauptet habe, die es nicht gegeben habe«. Genau das Gegenteil war richtig! Sowohl das Einweisungsgutachten als auch das Urteil sowie eine spätere Entscheidung des Oberlandesgerichts Bamberg hatten den Zusammenhang ausdrücklich festgestellt. Warum tischte Nerlich dann eine solche Unwahrheit auf?

Nerlich erklärte, die Pauschalbehauptungen Mollaths hätten seinerzeit keine staatsanwaltschaftlichen Ermittlungen zugelassen. Er argumentierte: »Beispielsweise hätte Herr Mollath angeben müssen, dass er seine Frau beobachtet habe, wie sie mit einem Geldkoffer in die Schweiz gereist sei. Der Hinweis auf Kurierfahrten sei ebenfalls nur eine Pauschalbehauptung.« Indessen hatte Mollath immer wieder ausdrücklich vorgetragen, dass er seine Frau bei ihren Geldtransporten in die Schweiz sogar mehrmals begleitet habe! Nerlich freilich konnte davon ausgehen, dass die Abgeordneten das nicht wussten.

Nerlich behauptete, »Mollath sehe Schweizer Konten schlicht als Schwarzgeldkonten an«. Er unterschob ihm damit eine weitere Pauschalbehauptung. Doch Mollath hatte Überweisungsanordnungen für Nummernkonten vorgelegt – diese stehen in jedem Fall unter dem dringenden Verdacht der Steuerhinterziehung. Oder wusste Nerlich vielleicht nicht, was Nummernkonten sind?

Nerlich betonte, wie bereits erwähnt, die Staatsanwaltschaft habe mangels eines Anfangsverdachts bezüglich der Schwarzgeldverschiebungen nicht ermitteln dürfen. Als ihm Florian Streibl/Freie Wähler vorhielt, die Staatsanwaltschaft hätte die Angaben Mollaths allein schon deshalb prüfen müssen, weil man sie ihm im Prozess als Wahnvorstellung zur Last gelegt habe, blieb Nerlich die Antwort schuldig. Was auch hätte er darauf sagen können?

Die Justizministerin hatte sich vor dem Rechtsausschuss gebrüstet: »Die bayerische Justiz genießt zu Recht deutschlandweit einen erstklassigen Ruf.« War es denn anderswo noch schlimmer? Jedenfalls war Nerlich Merks Kronzeuge. Man musste ihr dankbar sein, das sie ihn mitgebracht hatte.

»Merk-Würdigkeiten«

In der *Münchner Runde* des Bayerischen Fernsehens am 13. Dezember 2012 versuchte Beate Merk nochmals, die Wahrheit durch üppig aufgetragene Schminke zu verdecken. Doch die *SZ* konterte sogleich. Unter der Überschrift: »Die Fakten sprechen eine andere Sprache«, wies sie nach, mehrere Aussagen der Ministerin würden »mit der Aktenlage kollidieren«. Vorerst freilich konnte Merk sich in den Weihnachtsfrieden hinüberretten. Dass Mollath auch in dieser Zeit eingeschlossen blieb, entlockte ihr kein Bedauern.

Häftlinge, die an Weihnachten etwa drei oder vier Tage vor ihrer Entlassung stehen, werden von der Justiz generell vorher freigelassen, damit sie den Heiligabend bei ihren Familien verbringen können – allein schon um den Zusammenhalt zu fördern. Beate Merk war 2012 die einzige unter den Justizministern und Justizministerinnen der 16 Bundesländer, die auf vollem Vollzug der Haftstrafen bestand.

Der Umstand, dass Merk den Landtag nachweislich mehrmals getäuscht und die Öffentlichkeit wiederholt mit der Unwahrheit bedient hatte, störte Seehofers Frieden nicht. So etwas war bei ihm augenscheinlich kein Grund, ein Kabinettsmitglied zu entlassen. Kurz vor Weihnachten hielt er in Nürnberg eine Kabinettssitzung ab – standesgemäß im Rittersaal der Kaiserburg. Es wurden Geschenke verteilt, Plätzchen gegessen und ein Lied auf den Weihnachtsfrieden gesungen. Nachher ging man über den Christkindlmarkt, anschließend besuchte man werbewirksam eine ökumenische Andacht. Beate Merk konnte sicher sein, dass sie von dem gemeingefährlichen Nürnberger Bürger Mollath nicht angefallen und gewürgt wurde. Denn dank ihres Einsatzes für die Sicherheit der Allgemeinheit war er weiterhin weggesperrt.

Ein anderer Nürnberger Bürger schien recht unglücklich zu sein. Anke Domscheit-Berg berichtete in einem Internetartikel, sie habe den früheren Ministerpräsidenten Günther Beckstein am 6. Dezember 2012 auf der Demokratietagung in Speyer auf den Fall Mollath angesprochen. Beckstein habe die Anordnung der Wiederaufnahme des Verfahrens durch Seehofer und Merk scharf gerügt – das sei ein politischer Eingriff in den Rechtstaat. Mollath hätte doch selbst die Wiederaufnahme betreiben können, die Medien würden den Fall falsch darstellen. Weder sie noch ein anwesender Jurist aus Nürnberg hätten ihn umstimmen können.

Das neue Jahr 2013 begann hoffnungsvoll. Bundesjustizministerin Sabine Leutheusser-Schnarrenberger erklärte, sie halte es für »absolut richtig«, Mollath von einem anderen Gutachter untersuchen zu lassen. Sie hatte offenbar ein Gespür. Zwei Monate zuvor hatte sie gegenüber der *Passauer Neuen Presse* geäußert: »Der Fall Mollath darf in die Rechtsgeschichte nicht als Justizskandal eingehen.« Im März 2013 ließ sie über einen Sprecher verlauten: »Das Bundesjustizministerium informiert sich über den Verlauf des Falles Mollath.« Das war wohl ein Wink mit dem Zaunpfahl, Beate Merk dürfte ihn verstanden haben. Denn nach Artikel 84 des Grundgesetzes übt die Bundesregierung die Aufsicht darüber aus, dass die Länder die Bundesgesetze – hier das Strafgesetzbuch und die Strafprozessordnung – ordnungsgemäß ausführen. »Die Bundesregierung kann zu diesem Zweck Beauftragte zu den obersten Landesbehörden entsenden«, heißt es dort weiter.

Strafanzeige und Wiederaufnahmeantrag

Es war ein Paukenschlag: Am 4. Januar 2013 erstattete Rechtsanwalt Gerhard Strate, der inzwischen die Vertretung Mollaths für das angestrebte Wiederaufnahmeverfahren übernommen hatte, Strafanzeige bei der Generalstaatsanwaltschaft Nürnberg gegen den Richter Armin Eberl und den Facharzt Klaus Leipziger wegen schwerer Freiheitsberaubung. In einer brillanten Begründung wies er nach, dass beide einem Verbot des Bundesverfassungsgerichts vom 9. Oktober 2001 zuwidergehandelt hatten. Danach war es als Verstoß gegen die Menschenwürde untersagt, Personen gegen ihren erklärten Willen zwangsweise einer medizinischen Untersuchung zuzuführen und sie damit zu Gegenständen herabzustufen. Richter Eberl hatte sich darüber hinweggesetzt, er hatte Mollath festnehmen und in die forensische Abteilung des Bezirkskrankenhauses Erlangen zu einer Untersuchung verbringen lassen. Das hatte er bald darauf wiederholt, indem er Mollath – wie ebenfalls erwähnt – für fünf Wochen dem Psychiater Leipziger in Bayreuth zu einer Untersuchung überstellen ließ. Dieser hatte das Verbot des Bundesverfassungsgerichts ebenfalls missachtet. Er hielt Mollath gefangen, versuchte wiederholt ihn zu untersuchen, obwohl Mollath sich von Anfang an strikt weigerte, und ließ ihn zudem rechtswidrigerweise vom Klinikpersonal beobachten – die Ergebnisse verwertete er in seinem Gutachten.

Beate Merk, die Justizministerin, hatte immer wieder behauptet, der Fall Mollath sei mehrmals umfassend durch das Justizministerium überprüft worden. Hatte sie demnach noch nie von dem Verbot des Bundesverfassungsgerichts gehört? Das konnte nicht sein, die Rechtslage war unter Juristen allgemein bekannt.

Schon nach sechs Wochen erhielt Anwalt Strate Bescheid; in anderen Fällen lässt die Justiz die Angezeigten bisweilen jahrelang schmoren (z. B. Staatssekretär Dr. Riedl: sechs Jahre!). Harsch ließ Reinhold Nemetz, Leiter der Staatsanwaltschaft Augsburg, der die Justizministerin die Bearbeitung der Strafanzeige übertragen hatte, diese zurückweisen. Begründung: Mollath habe sich nicht »generell« geweigert, sich einer Untersuchung zu unterziehen. Das war die blanke Unwahrheit. Mollath hatte gegen die angeordnete psychiatrische Untersuchung Beschwerde eingelegt, er war zu den vom Gutachter Thomas Lippert vorgesehenen Untersuchungsterminen nicht erschienen. Der Richter Eberl hatte ihn daraufhin, wie erwähnt, durch die Polizei festnehmen und gefesselt zunächst in das Bezirkskrankenhaus Erlangen, später in das Bezirkskrankenhaus Bayreuth überstellen lassen. Das war kein Zwang? Und was den Facharzt Leipziger betraf, so hatte dieser selbst in seinem Gutachten wiederholt festgehalten, dass Mollath »jegliche Untersuchungen und gezielte Explorationsgespräche verweigere«. Man muss geradezu bitter lachen, wenn Leipziger folgenden Vermerk des zuständigen Stationsarztes zitiert: Mollath »verweigere jegliche Untersuchungen, gleich welcher Art. Paralogisch meine er, der Stationsarzt solle erst einmal das Grundgesetz lesen und sich über grundlegende Menschenrechte informieren.« Grundgesetz? Menschenrechte? Was gilt's! Dass die Justizbediensteten ausgerechnet diese Sätze überlesen haben sollten, wäre höchst erstaunlich. Aus dem Umstand, dass Mollath, wenn er von den Ärzten angesprochen wurde, zwangsläufig mit diesen ein paar Sätze wechselte – er konnte ihnen ja nicht ausweichen, weil er inhaftiert war –, konstruierten sie eine freiwillige Mitwirkung, der offenkundigen Wahrheit zuwider.

Es ist davon auszugehen, dass der Augsburger Bescheid mit Frau Merk und ihren Ministerialbeamten abgestimmt war, wie auch Anwalt Strate annahm. Er legte sofort Beschwerde beim Generalstaatsanwalt Christoph Strötz in München ein. Doch auch dieser war und ist letztlich kaum mehr als ein Gehilfe der Frau Merk. Gleichwohl blieb ein Hoffnungsschimmer. »Das Hören auf die Worte Jesu schenkt mir Gemeinschaft mit ihm, es solidarisiert mich mit anderen Menschen«, hatte er zum Jahresende 2010 gegenüber der *Süddeutschen Zeitung* kundgetan. Könnte es sein, dass er sich mit dem geschundenen Gustl Mollath solidarisieren würde?

Diesem ersten Schwertstreich ließ Anwalt Strate am 19. Februar 2013 einen noch wuchtigeren folgen. Er stellte einen Wiederaufnahmeantrag, in dem er dem Vorsitzenden Richter Brixner und der Richterin Heinemann schwere Rechtsbeugungen zur Last legte. Er zeigte auf, mit welchen Methoden sie die gesetzlichen Sicherungen unterlaufen hatten. Dies konnte er allein schon anhand der Akten, also »schwarz auf weiß«, nachweisen, sodass Ausreden ausgeschlossen waren. Was da sichtbar wurde, war eine ganze Kette strafbarer Rechtsbeugungen, nur die wichtigsten werden hier dargestellt.

Nachdem ihm die Strafsache vorlag, hätte der Vorsitzende Richter Brixner Mollath eine angemessene Frist setzen müssen, um sich zur Sache zu erklären und Beweiserhebungen zu beantragen. Das unterließ er. Er machte sich damit einer schweren Amtspflichtverletzung durch Versagung des rechtlichen Gehörs schuldig (Paragraf 225a Absatz 2 der Strafprozessordnung, Artikel 103 Grundgesetz). Nach der Festnahme hätte Mollath spätestens am Tag danach durch einen Richter über den Grund unterrichtet werden müssen – so bestimmen es Artikel 104 des Grundgesetzes und Artikel 102 der Bayerischen Verfassung. Wird diese Frist nicht gewahrt, liegt eine strafbare Freiheitsberaubung vor. Mollath aber blieb fast drei Wochen in Haft, ohne überhaupt zu erfahren, weshalb. Seine wiederholt gegen den Unterbringungsbefehl eingelegte Beschwerde wurde von Brixner ignoriert und nicht an das zuständige Oberlandesgericht zur Entscheidung weitergeleitet (Paragraf 306 Strafprozessordnung).

Als Mollath sieben Monate vor seinem Strafprozess wegen angeblicher Gemeingefährlichkeit in das Bezirkskrankenhaus Bayreuth eingewiesen wurde, legte man ihm Hand- und Fußfesseln an. Dies war absolut rechtswidrig. Eine Fesselung ist nur zulässig bei Gefahr von Gewalt, Flucht oder Selbstmord. Außerdem dürfen Fesseln in der Regel nur entweder an den Händen oder an den Füßen angelegt werden (Paragraf 119 der Strafprozessordnung und Nr. 64 der Vollzugsordnung), und zwar nur auf richterliche Anordnung. Mollath beschwerte sich wiederholt, schriftlich und nochmals in seiner nur zehn Minuten dauernden Anhörung vor der Strafkammer am 31. März 2006: »Seit ich in die Station FPr verlegt wurde, werde ich mit Hand- und Fußfesselung gequält, obwohl keinerlei Gefahr von mir ausgeht. Ich bitte um sofortige Beendigung dieser unnötigen und menschenverachtenden Maßnahmen. Auch mit solchen Maßnahmen lasse ich mich nicht brechen.« Jeder Häftling hat nach der Vorschrift Anspruch auf einen Hofgang von mindestens einer Stunde täglich, aber auch dieser Hofgang wurde Mollath wiederholt verweigert oder gekürzt. Er beschwerte sich darüber, doch der Vorsitzende Otto Brixner sowie seine Beisitzer Petra Heinemann und Thomas Mager taten nichts. Sie versagten ihm jeden Rechtsschutz, obwohl dieser durch Artikel 19 Absatz 4 des Grundgesetzes garantiert war; die Beschwerde wurde pflichtwidrig auch nicht an das Oberlandesgericht weitergeleitet.

Am Nachmittag nach der Anhörung durch die drei Richter musste Mollath sogar den Hofgang in Hand- und Fußfesseln an Ketten hinter sich bringen. Flehentlich schrieb er den Richtern:

»Aus welchem Grund lassen Sie mich unter diesen unmöglichen Umständen quälen? Ohne Angabe von Gründen hat man mich zur (Station) FP3 verlegt, dort sind Menschen schon über 35 Jahre lebendig begraben. Ich habe hier die schlimmste Zeit meines Lebens verbracht.« Dieser Brief vom 7. April 2006 wurde vom Bezirkskrankenhaus Bayreuth erst am 24. April an die Strafkammer übersandt – genau an dem Tag, an dem Mollath nach Straubing verlegt wurde. In seiner Antwort überging der Vorsitzende Brixner rechtswidrig die Fesselungen. Die von Mollath beanstandete Verlegung in die Justizvollzugsanstalt Straubing, durch die er vollständig von seinem Nürnberger Freundes- und Bekanntenkreis abgeschnürt wurde, begründete Brixner sibyllinisch: Sie sei »aus organisatorischen Gründen« erfolgt.

Vor Beginn seines Prozesses wandte sich Mollath Hilfe suchend an den Präsidenten des Landgerichts Nürnberg-Fürth: »Schon mehrmals bat ich die Richter Brixner, Heinemann und Mager, dass ich meine Unterlagen und Dokumente zum Verfahren und zu meiner Verteidigung, als auch Kleidung (ich habe nur die Kleidung, die ich auf dem Leib trug, dabei) aus meinem Haus in Nürnberg holen darf. Ich habe nicht einmal eine Antwort erhalten. Ich bitte auch Sie … Ich weise ausdrücklich darauf hin, dass am 1. August 2006 mein Haus, zu allem Überfluss, versteigert werden soll.« Weiter rügte er: »Entgegen bestehendem Gesetz werde ich als Untersuchungshäftling zusammen mit verurteilten Straftätern gehalten. Ich bitte, diesen Zustand sofort zu beenden« (eine derartige Zusammenlegung ist nach Paragraf 119 Absatz 1 der Strafprozessordnung strikt verboten). Der Herr Präsident, wiewohl Jurist, würdigte Mollath indessen keiner Antwort.

In einem Brief an einen alten Freund beschrieb Mollath sein Ambiente: »Mehrfachmörder, Vergewaltiger, Kinderschänder und hier und da harmlose bis arme Schweine … Als ein psychotischer Doppelmörder ausrastete und auf mich losgehen wollte, konnte ich nur mit Mühe eine Eskalation vermeiden … Der Vorfall (wurde) in einem skandalösen Gutachten so ausgelegt, als wäre ich der böse Aggressor.«

Es ging immer näher dem Abgrund zu, dem Prozess. Vorher hatte die Strafkammer einen Beschluss zu fassen, ob die Hauptverhandlung mit zwei oder mit drei Berufsrichtern durchgeführt würde. Fehlt ein solcher Beschluss, hat eine Strafkammer mit drei Berufsrichtern und zwei Schöffen zu verhandeln – so bestimmt es Paragraf 76 des Gerichtsverfassungsgesetzes. Ein solcher Beschluss wurde jedoch nicht gefasst! Sich darüber hinwegsetzend, suchte sich der Vorsitzende Brixner selbst seine Beisitzerin aus, die Richterin Heinemann. Damit verletzte er den im Grundgesetz verbürgten Anspruch auf den gesetzlichen Richter (Artikel 101). Rechtsanwalt Strate zufolge lagen für diese Auswahl sachfremde Motive nahe. Denn die Richterin Heinemann habe zuvor an richterlichen Kollegialentscheidungen mitgewirkt, die – vorsichtig ausgedrückt – nicht über alle Zweifel erhaben waren.

Für Mollath war ein Pflichtverteidiger bestellt. Den aber lehnte Mollath ab, weil der Anwalt für ihn nichts getan und bei allen Haftprüfungsterminen gefehlt habe. Er ersuchte die Richter schriftlich, einen anderen Verteidiger zu bestellen: »Ohne ordentlich arbeitenden Rechtsanwalt ist mein Schicksal besiegelt.« Obwohl auch der Anwalt mehrmals selbst beantragt hatte, ihn von seiner Aufgabe zu entbinden, gab die Strafkammer dem rechtswidrigerweise nicht statt. Überdies vernahm sie den Pflichtverteidiger in einem Punkt als Zeugen gegen Mollath – aufgrund des unerträglichen Interessenkonflikts eine schwere Rechtsbeugung.

Bei Eröffnung der Verhandlung stellte der Vorsitzende Richter laut Protokoll fest, dass die Strafkammer »auf Antrag der Staatsanwaltschaft« das Sicherungsverfahren eröffnet habe. Also ein Verfahren, in dem es wegen der Schuldunfähigkeit des Angeklagten nur noch um die Anordnung von Maßregeln der Sicherung und Besserung (anstelle eines Hauptverfahrens) gehen sollte. Anwalt Strate fand jedoch heraus, dass es einen solchen Antrag der Staatsanwaltschaft überhaupt nicht gab!

Doch nun zum zentralen Punkt der Causa Mollath, seinem angeblichen paranoiden Wahn. Unter Bezug auf Hoff/Sass, *Handbuch der Forensischen Psychiatrie*, das den Wahn als mit Gewissheit vertretene, im Widerspruch zur Wirklichkeit stehende Fehlbeurteilung definiert, führte Anwalt Strate aus, was jedem Laien selbstverständlich ist: »Wer einen Wahn behauptet, muss die Diskrepanz zwischen Wahn und Wirklichkeit aufzeigen.« Strate weiter: »Hieran fehlt es in dem Urteil des Landgerichts Nürnberg-Fürth völlig.«

Strate stellte heraus, »nur eine einzige Nachfrage« bei dem damaligen Niederlassungsleiter der HypoVereinsbank und seine anschließende Vernehmung in der Hauptverhandlung hätten ergeben, dass ihm schon Ende März 2003 ein Sonderrevisionsbericht der Bank vorlag, in dem die Angaben Mollaths als zutreffend bezeichnet wurden. Genau dies aber hatten Staatsanwaltschaft und Gericht geflissentlich unterlassen, obwohl aus der von Mollath übergebenen Korrespondenz mit der HypoVereinsbank ersichtlich war (u. a. aus einem Schreiben der Bank vom 2. Januar 2003), dass die Innenrevision dabei war, seine Vorwürfe zu überprüfen.

Schließlich kündigte Strate an, dass im Verlauf des Wiederaufnahmeverfahrens die aufgezeigten Verfälschungen des Sachverhalts sich »als die Spitze eines Eisbergs« erweisen würden. Bei der Beweiserhebung sei es seinerzeit zu »Manipulationen und Falschaussagen« gekommen.

Der Strafrechtsprofessor Henning Müller schrieb in einem Blog zum Wiederaufnahmegesuch Strates: »Der Antrag überzeugt mich.«

Die von Strate aufgezeigten Wiederaufnahmegründe waren zwingend. Jetzt gab es keinen Zweifel mehr: Mollath würde bald freikommen. Zwei Jahre hatte ich mit anderen zusammen dafür gekämpft. Eine Last fiel von mir ab.

Vorsätzliche Gesetzesverletzungen und Versagen der Kontrolle

Mit der in greifbare Nähe gerückten Freilassung Mollaths freilich durfte das an ihm verübte Verbrechen nicht für erledigt erklärt werden. Es galt nunmehr, die Verantwortlichen zur Rechenschaft zu ziehen, allen voran die Justizministerin Beate Merk. Sie hatte vor dem Landtag immer wieder schwadroniert, dass Mollath völlig zu Recht weggesperrt und am korrekten Verhalten von Staatsanwaltschaft und Gericht nicht zu zweifeln sei. Die Außenstehenden waren klug genug, die Wahrheit zu erkennen. War nur sie dazu außerstande? Sie, die volle Akteneinsicht hatte? Warum wohl hatte sie dem Landtag die Schwarzgeldbeweise in Form von Überweisungen auf Schweizer Nummernkonten und Schweizer Anlagenverzeichnisse unterschlagen? Warum hatte sie dem Landtag die eidesstattliche Versicherung des Zahnarztes Braun verschwiegen?

Vor allem galt es, jetzt die politischen Verflechtungen offenzulegen – bis hinauf zum früheren Ministerpräsidenten Edmund Stoiber. Dieser Kampf würde noch schwer werden. Das zeigte sich schon daran, dass, wie die *SZ* am 22. Februar 2013 berichtete, der Adjutant der Justizministerin, Generalstaatsanwalt Hasso Nerlich, der Staatsanwaltschaft Regensburg – die ebenfalls an einem Wiederaufnahmeantrag arbeitete – untersagte, Auskunft zu geben. Er betonte, Auskünfte erteile künftig nur noch er selbst.

Man gab oben die Zügel nicht aus der Hand. Doch ein Entkommen war den Verantwortlichen inzwischen nicht mehr möglich. Auch Prof. Henning Müller versperrte ihnen den Fluchtweg. In einem Blog vom 23. Februar 2013 stellte er fest:

»Die Strafsache Mollath ist eine bisher von mir nie gesehene Ansammlung von vorsätzlichen Gesetzesverletzungen … und Versagen von kontrollierenden Instanzen. Hinzukommt eine – angesichts der (sachlich formulierten) Schreiben Mollaths geradezu unmenschlich erscheinende Ignoranz der Adressaten … Es ist nachvollziehbar, dass es Herrn Mollath so vorkommt, als habe man sich gegen ihn verschworen.«

Zwei missverständliche Staatsbeamte

Innerhalb von nur einer Woche mussten Generalstaatsanwalt Hasso Nerlich und Roland Jüptner, Präsident des Landesamts für Steuern, vor dem Rechtsausschuss des Landtags erscheinen. Die Opposition war empört: Sie warf ihnen vor, sie hätten in der vorangegangenen Sitzung am 28. Februar 2012 die Unwahrheit gesagt. Vehement verlangte sie, Nerlich vom Wiederaufnahmeverfahren im Fall Mollath abzuziehen. Denn die *Zeit* hatte berichtet, die Generalstaatsanwaltschaft Nürnberg habe in einem Interview geäußert, wenn der Fall wegen »Flüchtigkeitsfehlern« im Urteil neu verhandelt werde und es zu einem Freispruch komme, sei das eine Katastrophe für das bayerische Volk, denn die Justiz werde gezwungen, »einen gefährlichen Mann auf die Straße zu entlassen«.

Nerlich gab zwar zu, dass er der *Zeit* gegenüber erklärt habe, das Urteil enthalte »einige Unrichtigkeiten«, bestritt aber die Äußerung im Übrigen. Doch auf Anfragen hin bekräftigte die stellvertretende Chefredakteurin der *Zeit*: »Wir bleiben bei unserer Darstellung.« Nerlich bestritt auch, dass er Mollath als einen wirren Charakter bezeichnet habe – das Wort »wirr« habe er mit Sicherheit nur auf dessen Ausführungen bezogen. Den Vorwurf, er habe nachweislich wahrheitswidrig behauptet, der Revisionsbericht der HypoVereinsbank von 2003 gebe »gerade keine Belege für steuerrechtliche Verstöße«, versuchte er vergeblich damit zu widerlegen, er habe Beweise für Bargeldtransfers gemeint.

Roland Jüptner, früher Ministerbüroleiter unter Erwin Huber, hatte in der vorangegangenen Sitzung behauptet, über den Anruf des Richters Brixner bei der Steuerfahndung, wonach Mollath verrückt und deshalb seine Strafanzeige nicht ernst zu nehmen sei, habe der Beamte, mit dem Brixner telefoniert habe, keinen Aktenvermerk gefertigt. Doch die Presse konnte gleich darauf sogar zwei solcher Aktenvermerke präsentieren. Diese hatte Jüptner selbst kurz zuvor in einem Bericht an das Finanzministerium zitiert! Er hatte somit vor den Landtagsabgeordneten die Unwahrheit gesagt. Jetzt redete er sich darauf hinaus, wegen des Steuergeheimnisses habe er die Aktenvermerke verschweigen müssen – eine weitere Unwahrheit. Denn das Steuergeheimnis untersagt lediglich, die steuerlichen Verhältnisse eines Steuerpflichtigen offenzulegen.

Beamte haben eine dienstliche Wahrheitspflicht gegenüber staatlichen Organen, erst recht gegenüber dem Parlament. Ein Verstoß dagegen ist ein Dienstvergehen. Der Landtag ist die Vertretung des Volkes. Und das weiß jedenfalls jetzt, woran es ist, nachdem die besagten Herren ungeschoren blieben, da Justizministerin Merk und Finanzminister Söder keine Disziplinarverfahren gegen Nerlich und Jüptner eingeleitet haben.

Der Wiederaufnahmeantrag der Staatsanwaltschaft Regensburg

Ende März 2013 stellte schließlich auch die Staatsanwaltschaft Regensburg beim dortigen Landgericht einen Wiederaufnahmeantrag. Die Presse jubelte: Hier wird ein Stück bundesdeutsche Rechtsgeschichte geschrieben! Zum ersten Mal sah sich eine

Staatsanwaltschaft gezwungen, zugunsten eines Verurteilten ein Verfahren neu aufzurollen. Der schier aussichtslos erscheinende Kampf gegen die Justizministerin und ihre Verbündeten in der Partei und in der Justiz hatte zum Erfolg geführt.

Für Beate Merk war es eine krachende Niederlage, hatte sie doch Mollath unentwegt als brutalen Gewalttäter hingestellt, der weiterhin weggesperrt werden müsse, und erklärt, der Fall sei mehrmals umfänglich überprüft worden.

Auf drei Gründe stützte sich der Wiederaufnahmeantrag. Erstens hatte sich herausgestellt, dass das ärztliche Attest über die angeblich von Petra Mollath erlittenen Blessuren nicht von der Ärztin Reichel stammte, sondern von ihrem Sohn, einem noch nicht zugelassenen Assistenzarzt. Zweitens hatte die Staatsanwaltschaft erstmals den Facharzt Dr. Wörthmüller vernommen, der Mollath zunächst untersuchen sollte, von diesem aber abgelehnt wurde, weil er Dr. Wörthmüller – laut Urteil – »wahnhaft« beschuldigt habe, mit den Schwarzgeldkreisen in Verbindung zu stehen. Das Gericht hatte den Facharzt skandalöser Weise dazu überhaupt nicht vernommen. Nunmehr sagte Dr. Wörthmüller aus, Mollath habe ihm keineswegs wahnhaft, sondern aus rationalen Gründen eine solche Verbindung unterstellt. Denn tatsächlich arbeite sein Nachbar, mit dem er befreundet sei, mit einem früheren Arbeitskollegen Petra Mollaths zusammen, der angeblich mit Schwarzgeldverschiebungen befasst war. Dr. Wörthmüller gab auch zu, dass er Mollath vorgeschlagen habe, die »Schwarzgeldverschiebungen« aus dem zu erstellenden Gutachten auszuklammern. Mollath habe darin aus seiner Sicht zu Recht das Angebot eines »Gefälligkeitsgutachtens« sehen können – was Mollath mehrmals vorgebracht hatte. Mit dieser Aussage war eine weitere Säule des Urteils weggebrochen.

Als dritten Wiederaufnahmegrund stufte die Staatsanwaltschaft Regensburg die eidesstattliche Versicherung des Zahnarzts Edward Braun ein. Bei seiner Vernehmung als Zeuge bestätigte er diese: Am 31. Mai 2003 habe ihn Petra Mollath angerufen und gebeten, ihrem Mann Folgendes auszurichten: Wenn er sie und ihre Bank anzeige, werde sie ihm etwas anhängen, sie wisse auch schon wie. Sie werde ihn auf seinen Geisteszustand untersuchen lassen. Wenn er die Klappe halte, werde sie ihm 500 000 Mark seines Vermögens lassen.

Den 31. Mai 2003 als Tag des Telefonats hatte Braun seinerzeit in seinem Terminkalender vermerkt, den er der Staatsanwaltschaft vorlegte. Überrascht stellte diese fest, dass genau am Tag zuvor Petra Mollath in die gemeinsame Wohnung zurückgekehrt war, um restliche Sachen dort abzuholen. Laut Urteil hatte sie ihren Mann bezichtigt, er habe sie dabei angegriffen, aufs Bett geworfen und über eineinhalb Stunden am Verlassen der Wohnung gehindert. Derlei habe ihm, so Braun bei seiner Vernehmung, Petra Mollath nicht erzählt. Obwohl man eng befreundet gewesen sei, habe sie ihm auch nie gesagt, dass ihr Mann sie des Öfteren misshandelt habe.

Die Aussage Brauns erklärte die Staatsanwaltschaft für überzeugend, zumal feststehe, dass Petra Mollath die von ihr angekündigten Drohungen tatsächlich wahrgemacht habe!

Was die von Anwalt Strate geltend gemachten zehn Wiederaufnahmegründe betraf, so räumte die Staatsanwaltschaft die Rechtsverstöße des Gerichts ein, spielte sie aber mit unzutreffenden Argumenten herunter, indem sie behauptete, ein schwerer Rechtsbruch der Richter Brixner und Heinemann und somit eine strafbare Rechtsbeugung liege nicht vor. Schuld war angeblich allein Petra Mollath. Doch selbst einem Laien ist klar: Ein oder zwei kleinere Rechtsverstöße lassen sich noch mit Unachtsamkeit erklären, nicht jedoch die hier aufgezeigte Fülle elementarer Rechtsverstöße – noch dazu bei einem so routinierten Vorsitzenden wie Brixner und ausgerechnet dann, wenn es um Schwarzgeldverschiebungen in Millionenhöhe geht. Wenn

Brixner in der Verhandlung Mollath mehrmals laut brüllend verbot, darüber zu reden, andernfalls würde er ihn des Saales verweisen – war das etwa ein »Versehen«?

Fein säuberlich hatte man mit dem juristischen Skalpell dezidierter Argumentation das Krebsgeschwür Mollath aus dem ansonsten scheinbar völlig gesunden Körper der Justiz herausoperiert – unter der Aufsicht von Merk und Nerlich. Da es für die Wiederaufnahme nach Paragraf 359, Nummer 5 der Strafprozessordnung nur auf bisher unbekannte Gründe ankam, blieb der bösartigste Kernpunkt ausgeblendet: dass man Mollath wegen Paranoia in die Psychiatrie wegsperrte, obwohl man sich geweigert hatte, seine angeblichen Wahnvorstellungen bezüglich der Schwarzgeldverschiebungen zu überprüfen. Aber vielleicht würde sich in der kommenden Verhandlung das Landgericht Regensburg ja damit befassen müssen.

»Der Fisch stinkt vom Kopf her!« Dass dieser gängige Erfahrungssatz im Fall Mollath zutraf, stellte die Staatsanwaltschaft Regensburg trefflich unter Beweis – möglicherweise unter Inkaufnahme des öffentlichen Eindrucks, die Justizministerin bloßgestellt zu sehen. In ihrem Wiederaufnahmeantrag gab sie das an die Staatsanwaltschaft Nürnberg-Fürth gerichtete Schreiben des Zahnarztes Braun vom 23. November 2011 wieder, mit dem dieser seine eidesstattliche Versicherung übersandt hatte. Darin heißt es: »Sehr geehrte Damen und Herren der Staatsanwaltschaft, bitte veranlassen Sie unverzüglich im Fall Gustl Mollath ein Wiederaufnahmeverfahren. Die Justizministerin Frau Dr. Merk ist ebenfalls informiert … Bitte informieren Sie mich über Ihre Entscheidung.« Eine Kopie seines Briefes an die Justizministerin vom 23. November 2011 hatte er beigelegt.

In ihrem Wiederaufnahmeantrag zitierte die Staatsanwaltschaft Regenburg dankenswerterweise auch diesen Brief vollständig! Braun schrieb darin:

Sehr geehrte Frau Staatsministerin Dr. Merk,

für den Fall, dass Ihnen meine eidesstattliche Versicherung vom 7. September 2011 nicht zugegangen sein sollte, übersende ich sie hiermit mit der Bitte, alles zu veranlassen, dass Gustl Mollath unverzüglich aus der Psychiatrie entlassen und entschädigt wird. Die *Nürnberger Nachrichten* haben in einem Artikel vom 7. Oktober 2011 über den wesentlichen Inhalt der eidesstattlichen Versicherung bereits berichtet. Sie haben die Pflicht, die Ihnen unterstehende Staatsanwaltschaft anzuweisen, ein Wiederaufnahmeverfahren durchzuführen.

Ich war lange Jahre mit Gustl Mollath und seiner früheren Ehefrau Petra eng befreundet. In meiner eidesstattlichen Versicherung habe ich insbesondere folgende Äußerungen von ihr wiedergegeben: …

Wie Sie, sehr geehrte Frau Dr. Merk, aus der Ihnen vorliegenden Analyse des Falls Mollath vom 28. März 2011 durch den Ministerialrat a. D. Dr. Wilhelm Schlötterer ersehen konnten, ist schon aufgrund anderer Umstände erwiesen, dass Gustl Mollath rechtswidrig in die Psychiatrie weggesperrt worden ist. Die von mir zitierten Äußerungen Petra Mollaths mir gegenüber sind ein zusätzlicher Beweis.

Ich bitte Sie nochmals nachdrücklich, die Konsequenzen zu ziehen. Da die von Ihnen weisungsabhängige Staatsanwaltschaft die Verbringung in die Psychiatrie durch entsprechende Anträge und die Weigerung, seine Angaben zu überprüfen, maßgeblich betrieben hat, sind Sie, sehr geehrte Frau Dr. Merk, persönlich verantwortlich.

Die Staatsanwaltschaft Nürnberg-Fürth erhält eine Kopie dieses Schreibens samt der eidesstattlichen Versicherung.

Mit freundlichen Grüßen

Bis dahin hatte die Justizministerin alle Eingaben zugunsten Mollaths entschieden zurückgewiesen. Jetzt aber war sie mit einem eindeutigen Wiederaufnahmegrund konfrontiert. Was tat sie? Sie ordnete kein Wiederaufnahmeverfahren an! Im Gegenteil: Als der Fall Mollath drei Wochen später, am 15. Dezember 2011, auf Antrag der Opposition in einer Plenarsitzung des Landtags behandelt wurde, erklärte sie in ihrer vorbereiteten Rede, dass Mollath ein gefährlicher Gewalttäter sei, der weiterhin weggesperrt werden müsse. Mit keinem Sterbenswörtchen erwähnte sie die eidesstattliche Versicherung Brauns! In der nachfolgenden Sitzung des Rechtsausschusses am 8. März 2012 erstattete sie nochmals einen ausführlichen, 29 Seiten umfassenden Bericht – und wiederum verschwieg sie pflichtwidrig den Abgeordneten den ihr bekannten Wiederaufnahmegrund. Genauso, wie sie in der gleichen Sitzung die Abgeordneten auch über den Inhalt des 106-seitigen Schnellhefters getäuscht hatte.

Erst als Ende 2012 plötzlich die Presse über das skandalöse Telefonat des Vorsitzenden Richters Brixner mit einem Steuerfahnder berichtete, in dem er schon zwei Jahre vor dem Prozess Mollath für verrückt erklärt hatte, ordnete die Ministerin die Einleitung eines Wiederaufnahmeverfahrens an – auch das anscheinend nur unter dem Druck der Öffentlichkeit und auf Anstoß von Seehofer. Das bedeutet: Durch diese Verzögerung um über ein Jahr hat sich die Justizministerin an Gustl Mollath schuldig gemacht. Gegen sie ist daher wegen des Verdachts der Freiheitsberaubung ein Ermittlungsverfahren einzuleiten.

Eindrucksvoll stellte die Justizministerin in der Sendung *Sonntagsstammtisch* des BR am 7. April 2013 dar, wie gewissenhaft und fürsorglich sie zugunsten Mollaths vorgegangen sei. Als Dieter Hanitzsch fragte, ob sie wegen ihres Verhaltens in diesem Fall nachts noch ruhig schlafen könne, entrüstete sie sich: Was er da sage, sei eine Ungeheuerlichkeit! Sie behauptete: »Ich habe gesagt: Wir wollen einen Wiederaufnahmeantrag stellen.« Sie habe nach Wiederaufnahmegründen »gesucht« und an dem Tag, als sie den ersten Grund gesehen habe, »sofort« das Wiederaufnahmeverfahren angeordnet. Und nochmals: »Ich habe in keiner Weise gezögert. Als Justizministerin konnte ich erst handeln, als ich die rechtliche Möglichkeit gesehen habe. Bis zu diesem Zeitpunkt habe ich natürlich insofern gehandelt, als ich gesucht habe: Wo kann man anpacken?« Demnach hatte sie ein ganzes Jahr lang im Justizpalast fieberhaft auf ihrem Schreibtisch gewühlt, bis sie dort unverhofft auf die eidesstattliche Versicherung des Zahnarztes Braun stieß? Gleichzeitig ereiferte sie sich in der Sendung darüber, wie brandgefährlich Mollath sei – trotz der ihr bekannten Wiederaufnahmegründe. Es war nicht zu fassen. Und ebenso wahrheitswidrig behauptete sie erneut, Mollath sitze nicht in der Psychiatrie, weil er Angaben über Schwarzgeldverschiebungen gemacht habe, sondern aufgrund seiner Straftaten. Als ihr Dieter Hanitzsch daraufhin energisch widersprach, konnte Moderator Helmut Markwort sie nur noch dadurch retten, dass er die Diskussion abrupt beendete und vom Wetter sprach.

Was die vorgebliche Retterin Mollaths den Fernsehzuschauern verschwieg: Nur wenige Tage zuvor hatte die Staatsanwaltschaft bei der Vollstreckungskammer wiederum die Fortdauer seiner Haft beantragt – zweifellos in Absprache mit Merk.

Narzissmus und Hitler-Hügel

Über die Wiederaufnahmeanträge hatte das Landgericht Regensburg zu entscheiden. Unabhängig davon, hatte die Vollstreckungskammer Bayreuth wie alljährlich über die Fortdauer von Mollaths Inhaftierung zu befinden. Für den 18. April 2013 hatte sie seine Anhörung angesetzt. Journalisten und Fernsehleute in großer Zahl belagerten den Sitzungssaal. Zunächst hatte das Gericht Fernsehaufnahmen innerhalb des Gebäudes verboten, Mollath sollte anscheinend nicht vor die Kameras kommen. Als der Justitiar der ARD dagegen protestierte, knickte das Gericht ein. Mollath wurde von den Polizisten erstmals ohne Fesselung vorgeführt, die Angst vor der Presse war zu groß. Ruhig und sachlich antwortete er auf deren Fragen, dann schloss sich hinter ihm die Türe des Gerichtssaals.

Was sich dort abspielte, war surreal. Wie schon 2011 hatte mich Mollath als Person seines besonderen Vertrauens bezeichnet. So durfte ich als Beobachter den Ablauf verfolgen. Die Öffentlichkeit hatte die Kammer ausgeschlossen. Vorsitzender Richter war wieder Kahler, Beisitzer waren der Richter Schwarz und eine Richterin. Wozu wurde Mollath, der von seinen Strafverteidigern Gerhard Strate und Erika Lorenz-Löblein sekundiert wurde, überhaupt angehört? Es war die jährliche Stellungnahme Leipzigers und seines Stellvertreters Zappe, ob Mollath weiterhin wegzusperren sei. Das vorgelegte Attest erwies sich als skurriles Produkt.

Die bisherige Diagnose »paranoider oder schizophrener Wahn« war mittlerweile sogar öffentlich widerlegt durch den Revisionsbericht der HypoVereinsbank und die eingeleiteten Ermittlungsverfahren der Steuerfahndung gegen 19 Personen. Trotzdem schrieb man ungeniert im Attest, man gehe »weiterhin in Übereinstimmung mit dem Anlassgutachten von einer wahnhaften Störung« aus. Bauernschlau vermied man freilich die Vokabel »Schwarzgeldverschiebungen«. Worin bestanden denn dann die Wahnvorstellungen? Die früher angeführte Misshandlung der Ehefrau war ebenfalls weggefallen, die angeblichen Reifenstechereien hatten die Gerichte schon vorher nicht mehr erwähnt. Dennoch endete das Attest mit dem unglaublichen Satz, dass »weitere Straftaten, wie die Anlasstaten, zu erwarten sind«. Im Widerspruch dazu aber wurde ausgeführt, dass eine Beurteilung Mollaths nicht möglich sei, weil er sich weiterhin jeder Untersuchung und Therapie entziehe. Vielsagend war allerdings, dass der Anstaltspsychologe seine Unterschrift verweigert hatte!

Das Gutachten konnte denn auch nicht den geringsten Anhaltspunkt als Beleg anführen, dass Mollath geisteskrank oder sogar gefährlich sei. Aus dem Geschreibsel ragten allerdings zwei abstruse Argumente heraus. Zum einen: Der Umstand, dass Mollath sich momentan in den Medien und bei der Justiz vertreten sehe, bedeute für ihn »aus forensisch-psychiatrischer Sicht eine massive narzisstische Aufwertung«. Zum anderen: Mollath habe sich bei einem Presseinterview geweigert, auf den Hügel, auf dem das Gebäude der Anstaltsleitung stehe, hinaufzusteigen – das sei der »Hitler-Hügel«. Mollath stellte klar, dass er diesen Ausdruck nie gebraucht habe, Mithäftlinge hätten von »Führer-Hügel« gesprochen.

In der Anhörung musste Facharzt Zappe auf Vorhalt der Verteidiger zugeben, dass Mollath in der Haft keinerlei Tätlichkeit begangen habe. In seiner Not sagte Zappe: Wir können doch die Leute nicht aufeinander loslassen, bloß damit der Beweis der Gefährlichkeit geführt werden kann! Mit anderen Worten: Wenn es keine wirkliche Tätlichkeit gab, musste eben eine fiktive herhalten. Kahler eilte Zappe beflissen zu Hilfe, die Verteidiger scharf rügend: »So kann man mit einem Sachverständigen nicht umspringen!« Bevor Mollath wieder abgeführt wurde, gab er den Journalisten ein eindrucksvolles Statement.

Aufgrund des untauglichen Gutachtens und der neueren Erkenntnisse hätten Kahler und seine Beisitzer Mollath in die Freiheit entlassen müssen – sie taten es nicht. Das war zugleich ein schwerer Verstoß gegen den Verfassungsgrundsatz der Verhältnismäßigkeit – Mollath saß bereits im achten Jahr in der Psychiatrie, ein Mörder kommt nach 15 Jahren frei. Die Richter beauftragten stattdessen Prof. Friedemann Pfäfflin mit einem erneuten Gutachten. Der hatte ja schon 2011 trefflich bescheinigt, dass bei Wahnvorstellungen die Realität nur eine untergeordnete Rolle spiele! Mollaths Verteidiger Gerhard Strate und Erika Lorenz-Löblein kritisierten die Entscheidung der Kammer heftig.

Bis Pfäfflin sein Gutachten erstellt haben würde, konnte es noch Monate dauern. Die Richter focht das nicht an, sie selbst waren auf freiem Fuß, genauso wie die Justizministerin. In der Münchner *Abendzeitung* wurde sie freundlich lächelnd zusammen mit anderen Damen der Gesellschaft abgebildet unter dem Kommentar: »Diese Frauen tun fröhlich Gutes.«

Derweil empörte sich jeder im Land, mit dem man über Mollath sprach: »Jetzt sitzt der immer noch drin!« Ob die Fortdauer der Haft wohl über die Wahlen im Herbst 2013 weiterbestehen würde? Mollath in Freiheit und die damit verbundenen Medienauftritte wären den Wahlchancen der CSU wohl eher abträglich. Das rechtliche Feigenblatt für die Haftfortdauer lieferte die Staatsanwaltschaft Regensburg, indem sie in ihrem Wiederaufnahmeantrag ausführte, am Ende des Verfahrens könnte doch wieder die Unterbringung in der Psychiatrie stehen.

Richterin Schwarz und Richter Schwarz

Auffällig ist der Name Schwarz gewiss nicht, wohl aber der Umstand, dass es in Bayreuth neben dem erwähnten Richter Schwarz noch eine Richterin gleichen Namens gibt, die ebenfalls in Sachen Mollath aktiv wurde. Zuständig für Betreuungsangelegenheiten, sprich Entmündigungen, hielt sie am 5. April 2006 in einem Aktenvermerk fest, Leipzigers Stellvertreter Zappe habe angerufen und um »schnellstmögliche Errichtung einer Betreuung« für Mollath gebeten. Dieser habe »eine ausgeprägte querulatorische Persönlichkeit, bzw. im Moment imponiere das Querulatorische. Er solle baldmöglichst in die gesicherte Abteilung nach Straubing weiterverlegt werden.« Am nächsten Tag bereits war die Richterin im Bezirkskrankenhaus. Sie erhielt dort ein dreiseitiges medizinisches Gutachten und sprach kurz mit Mollath, jedoch ohne ihm das Gutachten zu zeigen. Tags darauf erließ sie einen Beschluss, mit dem sie Mollath für die Dauer von fünf Monaten vorläufig entmündigte – und zwar in

Vermögens-, Gesundheits- und strafrechtlichen Angelegenheiten. Vor dieser Entscheidung hätte Schwarz für Mollath einen Verfahrenspfleger bestellen müssen. Das unterließ sie »wegen Gefahr im Verzug«. Wie das? Mollath war bereits hinter Gittern. Für wen stellte die von Zappe behauptete Querulanz – womit nur die Strafanzeigen gemeint sein konnten – eine Gefahr dar?

Gemäß der ihm erteilten Rechtsmittelbelehrung legte Mollath Beschwerde beim Landgericht ein – aber Richterin Schwarz leitete diese nicht weiter. Er legte noch mehrmals Beschwerde ein, schrieb verzweifelt auch an den Landgerichtspräsidenten, doch Schwarz reichte nichts weiter. Vielmehr schickte sie die Akten an das Amtsgericht in Straubing – inzwischen hatte man Mollath dorthin gebracht. Allerdings verwahrte sich das Amtsgericht Straubing gegen die Abgabe der Akten. Der zuständige Richter hielt mit Schreiben vom 16. August 2006 Richterin Schwarz vor, die Akten hätten »längst dem Beschwerdegericht zur Entscheidung über die am 20.04.2006 (!) eingegangene Beschwerde vorgelegt werden müssen«. Schwarz tat nichts dergleichen. Daraufhin rügte sie der Straubinger Richter mit Schreiben vom 21. September 2006 nochmals: Es sei »nach wie vor keine Entscheidung über die Beschwerde des Betroffenen herbeigeführt worden«. Schwarz blieb ungerührt. Als die Entmündigungsfrist am 6. Oktober 2006 auslief, vermerkte sie: »Eine Zuständigkeit des Amtsgerichts Bayreuth ist nicht mehr gegeben.« Erfolgreich hatte sie Mollaths Rechtsmittel vereitelt, die Aufhebung ihrer Entscheidung verhindert.

Wieso konnte Richterin Schwarz diese schwere Rechtsbeugung wagen? Hatte sie Rückendeckung? Was war ihr Motiv?

In der Zeit der vorläufigen Entmündigung war ein wesentlicher Teil von Mollaths Vermögen verwertet worden, ohne dass er erfuhr, wie. Als sich die *SZ* im April 2013 beim Justizministerium und beim Sozialministerium nach dem Verbleib seiner Habe erkundigte, blieben die Fragen ohne Ergebnis. Sein in einer vornehmen Wohngegend in Nürnberg liegendes Elternhaus hatte seine geschiedene Ehefrau für nur 226 000 Euro ersteigert, weit unter Wert.

In der Anhörung vom 18. April 2013 stellten die Verteidiger Mollaths auf meine Anregung hin die Frage, ob der anwesende Richter Schwarz der Ehemann der besagten Richterin sei. Und siehe da: Er war mit ihr verheiratet. Er hatte an den vorangegangenen rechtswidrigen Entscheidungen, Mollath weiterhin wegzusperren, mitgewirkt. Auf die Frage der Verteidigung zu seiner Befangenheit erklärte Schwarz sich forsch für nicht befangen. Munter strickte er auch am Schicksal Mollaths weiter.

Doch dessen Freilassung würden die Bayreuther Richter nicht mehr verhindern können. Die Wiederaufnahmegründe waren steinhart, das Landgericht Regensburg würde sich nicht darüber hinwegsetzen können. Justitia fiat – es geschehe Gerechtigkeit!

Doch mit der Gerechtigkeit pressierte es der dortigen Kammer ganz und gar nicht. Nach dem Gesetz ist schnellstmöglich zu entscheiden, wenn es um Freiheitsentzug geht. Indessen: Ende Mai 2013, 15 Wochen nach dem Wiederaufnahmeantrag des Verteidigers Strate und 11 Wochen nach dem der Staatsanwaltschaft Regensburg, lehnte die Kammer sogar die vorläufige Freilassung Mollaths ab, weil sie, wie die Vorsitzende Bettina Mielke schrieb, die Erfolgsaussichten der Wiederaufnahmeanträge noch nicht beurteilen könne! Empört legte Anwalt Strate Beschwerde beim Oberlandesgericht ein, drohte mit dem Bundesverfassungsgericht. In der *SZ* prangerte Heribert Prantl den Skandal als »alarmierend« an. Er zeigte: Solchen Richtern »kann man existenzielle Entscheidungen nicht anvertrauen.«

Die unter der Obhut der Beate Merk stehende Justiz würde Mollath, wenn überhaupt, nicht vor der Landtagswahl im September 2013 freilassen, darauf deuteten alle Anzeichen hin. Zuvor würde die CSU-Mehrheit des inzwischen eingesetzten

Untersuchungsausschusses des Landtags das Handeln aller Justizorgane als völlig korrekt, das von Beate Merk als superkorrekt deklarieren.

Doch die Opposition konnte sich auf einen sensationellen Aktenfund berufen, nämlich den ursprünglichen, dem Generalstaatsanwalt Nerlich vorgelegten Entwurf der Staatsanwaltschaft Regensburg für den Wiederaufnahmeantrag. In diesem Entwurf vom 18. Dezember 2012 wurde festgestellt: »Die zahlreichen Verstöße gegen grundlegende Verfahrensvorschriften, die das gesamte Verfahren wie ein roter Faden durchziehen und ein erhebliches Gewicht haben, sind für sich schon ein tragfähiges Indiz für eine sachfremde Motivation und damit für den Vorsatz zur Rechtsbeugung.« Höchstwahrscheinlich in Absprache mit dem Justizministerium ließ Nerlich diese Feststellung der Rechtsbeugung streichen.

Am 11. Juni 2013 sagte Mollath vor dem Untersuchungsausschuss aus – über zweieinhalb Stunden, eindrucksvoll und ohne das geringste Anzeichen geistiger Verwirrtheit, wie die Presse einhellig berichtete.

Drei Tage später musste Beate Merk aussagen. Sie vermochte die massiven Vorhaltungen der Opposition nicht zu erschüttern, wohl aber die Zuhörer. Man war anschließend überzeugt: Diese Frau wird nach der anstehenden Wahl nicht mehr Ministerin.

Die Verantwortlichkeit des Ministerpräsidenten Seehofer und der CSU-Fraktion

Die CSU-Fraktion stellte sich im Landtag rückhaltlos hinter die Justizministerin, machte Front gegen Gustl Mollath. Seehofer sprach Merk, wie erwähnt, im Landtag sein volles Vertrauen aus – und das, obwohl er mindestens aufgrund der Hinweise aus Opposition und Presse wissen musste, dass sie den Landtag getäuscht und auch ansonsten die Unwahrheit gesagt hatte (vgl. ihre Presseerklärung vom 1. November 2012). Es stellt sich die Frage: Täuschte sie etwa auch die Mitglieder ihrer Fraktion? Sogar den Ministerpräsidenten? Freilich, man kann sich auch täuschen lassen wollen, wie einmal der frühere Landtagspräsident Johann Böhm zu mir sagte. Es kann doch nicht sein, dass nur die Abgeordneten der Opposition die Dinge erkannten – die Abgeordneten der CSU waren sicher nicht dümmer als die anderen; gegen eine derartige Unterstellung würden sie sich verwahren. Nicht anders Horst Seehofer, der noch dazu seinen in diesen Dingen erfahrenen Mitarbeiter, Thomas Kreuzer, einen früheren Staatsanwalt, zur Seite hatte.

Als Ministerpräsident durfte Seehofer nicht hinnehmen, dass die Ministerin den Landtag im Fall Mollath mit Unwahrheiten bediente. Dass er es trotzdem tat, war eine schwere Verletzung seiner verfassungsrechtlichen Pflichten. Schlimmer noch: Dass er einer dermaßen belasteten Ministerin weiterhin die Wahrung des Rechts überließ, enthüllte sein eigenes Rechtsverständnis. Der Rechtsstaat stand am Abgrund.

Die politische Tragweite des Justizskandals Mollath

Die Aufdeckung der an Mollath verübten Tat hat die Bevölkerung zutiefst erschreckt. Es wurde offenbar, was Insider schon seit Langem wissen: Bayern ist kein Rechtstaat, wenn es um bestimmte Sachverhalte mit »politischem« Bezug geht. Da gelten unversehens die Gesetze nicht mehr, das Recht wird zur Dispositionsmasse politischer Amtsträger und ihrer Bediensteten – teils wird es gebrochen, teils wird es als Waffe missbraucht. Allerdings erreichte der Fall Mollath bisher nicht da gewesene, unfassbar brutale Dimensionen: Man wandte Gewalt an! Man sperrte den Anzeigeerstatter von Schwarzgeldverschiebungen in die Psychiatrie weg – auf unabsehbare Zeit! Man verlangte von ihm sogar, was schriftlich dokumentiert ist, zur Heilung von seinen »Wahnvorstellungen« müsse er sich einer Behandlung mit Neuroleptika unterziehen, also einer medikamentösen Gehirnwäsche!

Wer hätte je geglaubt, dass so etwas in diesem christsozial regierten Land möglich ist? Und wer hätte geglaubt, dass die politische Spitze, als die Untat enthüllt wird, alles für rechtens erklärt, die Inhaftierung fortsetzt, das Parlament täuscht, die Wahrheit vertuscht?

Was bedeutet diese Erkenntnis für den einzelnen Bürger? Sie zeigt ihm, dass auch seine Sicherheit nicht gewährleistet ist, sollte er einmal in einen politischen Interessenkonflikt geraten. Ihm ist jetzt bewusst, dass er dann nicht auf die Justiz bauen kann. Das heißt natürlich nicht, dass er gleich in die Psychiatrie eingewiesen wird. Aber wer zum Beispiel einen Prozess gegen einen Gegner führt, der politische Beziehungen hat, oder wer eine Strafanzeige gegen jemanden mit einem solchen Hintergrund erstattet – der läuft ernsthaft Gefahr zu unterliegen. Er muss sogar damit rechnen, von der Staatsanwaltschaft, die in politischen Fällen sofort nach oben berichten muss, wegen falscher Anschuldigung oder Verleumdung verfolgt zu werden. Für solche Machenschaften gibt es Nachweise.

So reicht die Wirkung des Falls Gustl Mollath weit über das unmittelbare Geschehen hinaus. In seiner Ungeheuerlichkeit ist er der *Spiegel*-Affäre gleichzusetzen. Auch damals wurde unter Zuhilfenahme staatlicher Gewalt versucht, einen missliebigen »Anzeigeerstatter« mundtot zu machen – den *Spiegel*-Herausgeber Rudolf Augstein samt seinen Redakteuren, deren Verhaftung F. J. Strauß herbeiführte. Wer erklärtermaßen in seinen Spuren wandelte und noch wandelt, ist sichtbar geworden.

Uli Hoeneß – der Unterschied

Uli Hoeneß, der erfolgreiche Präsident der FC Bayern AG, war bei der CSU-Spitze Liebkind, sie sah ihn als Werbeträger. Als im April 2013 aufkam, dass er Steuern in Millionenhöhe über die Schweiz hinterzogen hatte, wurde er ungleich freundlicher behandelt als Mollath, der Steuerhinterziehung in Millionenhöhe angezeigt hatte. Freilich, er habe einen »Fehler« begangen, räumte Erwin Huber, ehemals Finanzminister und CSU-Vorsitzender in der Fernsehsendung *Günther Jauch* am 28. April 2013 ein – voller Mitleid hinzufügend, dass man deswegen doch nicht die ganze Person verurteilen dürfe! Auch Seehofer verlor kein böses Wort über Hoeneß. Auf der Meisterfeier des FC Bayern gab er ihm sogar auf offener Bühne publikumswirksam die Hand.

Apropos Seehofer: Unbedacht hatte er ausgeplaudert, dass er schon seit Längerem von den Ermittlungen gegen Hoeneß gewusst habe. Es stellte sich heraus, dass ihn Finanzminister Söder informiert hatte und danach auch die Justizministerin Merk. Damit war offenbar geworden: Das Steuergeheimnis galt in der CSU-Spitze nicht! Erwin Huber erklärte in der Jauch-Sendung, es sei ganz natürlich, dass man den Regierungschef unterrichtet habe. Dieser, so behauptete er, unterliege auch dem Steuergeheimnis – eine beachtliche rechtliche Erfindung des früheren Finanzministers. Hingegen sprach der Präsident des Bundesfinanzhofs, Rudolf Mellinghoff, von einer schweren Verletzung des Steuergeheimnisses.

Einst hatte Edmund Stoiber zur öffentlichen Empörung erklärt, die Verfassung sei »elastisch« auszulegen. Diese Maxime gilt in Bayern inzwischen offenbar auch für das übrige Recht.

Ethik in der Psychiatrie

Die vorstehenden Schilderungen zeigen, wie es möglich ist, Menschen auszuschalten, indem man sie schikaniert, mobbt und dadurch krank macht. Und sie am Ende als geisteskranke Querulanten hinstellt, nur weil sie schweres Unrecht, gegen das sie jahrelang angegangen sind, nicht hinnehmen wollen. Werden solche Machenschaften von Privatleuten praktiziert, lässt sich das nicht vermeiden. Aber wenn staatliche Amtsträger sich solcher Mittel bedienen oder Hilfestellung dabei leisten, dann darf die Öffentlichkeit das nicht tolerieren. Sie muss Sanktionen einfordern, Haftung und Bestrafung.

Die renommierte wissenschaftliche Walter-von-Baeyer-Gesellschaft für Ethik in der Psychiatrie unter der Leitung von Dr. Weinberger und Prof. Dieckhöfer tritt seit Langem Gutachten psychiatrischer Sachverständiger entgegen, die unter Überschreitung der anerkannten Grundregeln der Psychiatrie Diagnosen und Prognosen stellen. In ihren Veröffentlichungen hat sie dies den Gutachtern Kröber/Berlin, Pfäfflin/Ulm, Möller/München, Leipziger/Bayreuth und Holzmann/Frankfurt vorgehalten. Deren Votum war für die Betroffenen verheerend. Dass jemand den Professorentitel führt oder gar als Koryphäe gilt, ist für sich allein weder ein Qualitäts- noch ein Glaubwürdigkeitsnachweis. Das ist inzwischen erwiesen. Die jeweiligen Motive seien hier dahingestellt – die möge jeder selbst vor den zuständigen Stellen darlegen. Aber wenn die Justiz sich so verhält wie in den Fällen Mollath und Herrmann beschrieben, dann gibt es keinen Schutz.

III. Teil

Unrechtssysteme in der Demokratie

1 Die gegenwärtige Situation

Die Grundstruktur

In der Plenarsitzung des Bayerischen Landtags am 15. April 1994 zeterte Ministerpräsident Edmund Stoiber gewaltig. Was sich der Chefredakteur der *Süddeutschen Zeitung* geleistet hatte, war in seinen Augen ungeheuerlich. Der hatte in der Fernsehsendung *Talk im Turm* seine Regierung als Regime bezeichnet. Das wollte Stoiber nicht hinnehmen. »Die mit dem Vertrauen der Bürger Bayerns legitimierte Staatsregierung« sei kein Regime. Um eine solche Klassifizierung zu rechtfertigen, versuche die *Süddeutsche Zeitung*, das Handeln führender Repräsentanten der Staatsregierung »in kriminelles Zwielicht zu rücken«. Und er hatte recht. Der Ausdruck »Regime« steht für Regierungen, die nicht demokratisch gewählt sind und physische Gewalt einsetzen, um Oppositionelle zu unterdrücken. Beides traf damals in Bayern nicht zu.

Was der Chefredakteur wohl anprangern wollte, war etwas anderes: nämlich ein System rechtswidriger Herrschaftsmethoden. Ist ein solches System in einer Demokratie überhaupt denkbar? Durchaus, und es kann recht gut funktionieren. Beispiele sind die Herrschaft von F. J. Strauß und später von Edmund Stoiber in Bayern, aber auch die von Roland Koch und Volker Bouffier in Hessen.

Ein derartiges System kann sich innerhalb einer Demokratie und eines Rechtsstaats etablieren, ohne dass der demokratische

Rahmen für jedermann sichtbar gesprengt wird. Es gibt nach wie vor freie Wahlen, und im Allgemeinen handeln die Behörden und die Justiz pflichtgemäß. Bei bestimmten Affären allerdings – meist sind es begünstigende Maßnahmen etwa seitens der Staatsanwaltschaft oder von Steuerbehörden und Auftragsvergabestellen – ist der Rechtswidrigkeit Tür und Tor geöffnet. Bei diesen Affären pseudopolitischer Natur kann es bisweilen auch nur um die Ausschaltung und Abstrafung von Personen gehen, die sich dem Machtmissbrauch von Politikern entgegenstellen. Weil es aber zahlenmäßig gesehen Ausnahmen sind, das Unrechtssystem also nur partiell wirksam wird, vermag die Öffentlichkeit dies nicht zu erkennen.

Die Unrechtssysteme innerhalb einer Demokratie sind vor allem durch drei Kriterien gekennzeichnet:
– Faktische Alleinherrschaft oder nahezu Alleinherrschaft des Regierungschefs,
– Abhängigkeit der Gefolgsleute und der nachgeordneten Amtsträger,
– Geschlossenheit des Mechanismus.

Faktische Alleinherrschaft in der Demokratie – ist so etwas vorstellbar? Ja, es ist möglich. Strauß hat in Bayern nahezu unumschränkt geherrscht, das bedarf keiner näheren Darlegung. Schon kurz nach seinem Regierungsantritt als Ministerpräsident witzelte der Wirtschaftsminister Anton Jaumann über die Kabinettssitzungen: »Wir fassen jetzt unsere Beschlüsse nur noch einstimmig.« Der langjährige CSU-Fraktionsvorsitzende Alois Glück äußerte später, es sei Strauß gewesen, der bestimmt habe, wer wo bei Wahlen kandidierte. Und der frühere Innenminister Bruno Merk beklagte, »wie sehr die CSU auf ihren alles dominierenden Vorsitzenden ausgerichtet war«.

Bei Stoiber lief es nicht anders. Wie schon erwähnt, bekannte Erwin Huber in einem Interview gegenüber der Wochenzeitung

Die Zeit im November 2009, dass Stoiber im Wesentlichen allein entschieden habe: »Wir von der Parteispitze haben ihn wegen seiner Erfolge in diese absolute Machtposition hineinwachsen lassen.« Man bedenke: »absolute Machtposition« – und das in einer Demokratie!

Mit Horst Seehofer verhält es sich ähnlich. Das zeigte sich bekanntermaßen etwa daran, dass er der Sozialministerin Christine Haderthauer den Rausschmiss aus dem Kabinett androhte, nachdem sie in einem Interview ehrlicherweise erklärt hatte, Strauß sei nicht ihr Vorbild oder an der von ihm gegen den entschiedenen Willen der Parteibasis betriebenen Installation der skandalbefrachteten Monika Hohlmeier in Oberfranken als Kandidatin für das Europaparlament. Dass Seehofer bei seinem Amtsantritt erklärt hatte, künftig werde der Wille der Basis maßgeblich sein, bekümmert ihn dabei nicht. Immer wieder berichtet die Presse, dass die Landtagsfraktion weniger zu sagen habe als je zuvor – Seehofer entscheide einsam und allein –, ganz seinem Idol Strauß folgend. In der CSU-Fraktion rede man von »Monokratie«.

In Hessen regierte Roland Koch uneingeschränkt, weil er sich ihm bedingungslos ergebene Gefolgsleute wie zum Beispiel den Finanzminister Karlheinz Weimar und den Innenminister Volker Bouffier gezogen hatte. Inmitten einer formalen Demokratie etablierte sich ein Unrechtssystem. Nur so erklärt es sich, dass Roland Koch den Skandal der vier für unheilbar paranoid erklärten und zwangspensionierten Steuerfahndungsbeamten überstehen konnte. In einer funktionierenden Demokratie wäre er längst aus dem Amt gefegt worden.

Das Kriterium »Abhängigkeit« schafft Folgsamkeit. Beamte und Staatsanwälte wollen befördert, Abgeordnete bei der nächsten Wahl wieder aufgestellt werden oder ins Kabinett aufrücken. Wer Kabinettsmitglied ist, möchte es bleiben. Sie alle blicken nach oben, sie alle hüten sich, als »unzuverlässig« aufzufallen.

Auch wenn sie sich alle zu ihrer Verantwortung dem Volk gegenüber bekennen, machen sie in Wahrheit doch das, was ihnen aufgetragen wird. Selbst eine hohe Position als Ministerialbeamter, Präsident, Generalstaatsanwalt, Leitender Oberstaatsanwalt erzeugt – trotz des stolzen Titels – nicht die gebotene Selbstachtung, sich ungesetzlichen Machenschaften zu verweigern.

Das gleichgerichtete Handeln aller staatlichen Organe ist Voraussetzung dafür, dass das Unrechtssystem zur Wirkung kommt. Wird zum Beispiel eine Aufsichtsbeschwerde oder Gegendarstellung gegen eine Entscheidung aus pseudopolitischen Gründen zurückgewiesen, so kann sich der Betroffene, nennen wir ihn A., an das zuständige Ministerium wenden. Geschah die Zurückweisung indessen auf Wunsch des Ministeriums, so wird er von dort eine erneute Zurückweisung erleben. Nunmehr erstattet er vielleicht Anzeige bei der Staatsanwaltschaft. Der Leitende Oberstaatsanwalt weiß, was er zu tun hat. Er möchte schließlich noch zum Landgerichtspräsidenten befördert werden. Oder er erhält eine Weisung des Generalstaatsanwalts, zumindest führt er mit diesem einen »Meinungsaustausch«.

A. wendet sich nach der Zurückweisung seiner Strafanzeige in Wahrnehmung seines Petitionsrechts vertrauensvoll an den Landtag. Das Ministerium nimmt zu seiner Eingabe Stellung. Was passiert? Die Regierungspartei wird mit ihrer Mehrheit die Petition aufgrund dieser Stellungnahme für erledigt erklären. Eine wirkliche Gewaltentrennung zwischen Parlament und Regierung gibt es nicht – und erst recht nicht in einer derartigen Konstellation. Jetzt geht A. vor Gericht – das ist eine Chance, gewiss. Aber wie werden die Zeugen aussagen? Sind die vorgelegten Akten der Behörde vollständig? Geben sie das tatsächliche Geschehen zutreffend wieder? Gibt es etwa Nebenakten? Und wie werden die Richter die Beweise würdigen?

Am Schluss muss A. erkennen: Das Ganze war ein Stellungsspiel, in dem der Ball hin und her geschoben wurde. Dem äußeren Anschein nach haben jedoch völlig verschiedene Instanzen unabhängig voneinander entschieden. Wie in der Fabel kann der Hase laufen und laufen – am Ende wird trotzdem immer wieder der Igel vor ihm da sein.

Aber ist nicht die Presse als »vierte Gewalt« das Korrektiv? Die Antwort lautet: Ja, allerdings nur teilweise. Die Presse kann durch die Veröffentlichung eines Skandals einen Politiker zu Fall bringen. Das gilt indes nicht, wenn die Regierung fest im Sattel sitzt – denn dann wird diese alle Register ziehen, um zu leugnen. Und es gilt schon gar nicht, wenn angeblich das Steuergeheimnis, der Datenschutz oder das Ermittlungsgeheimnis der Aufklärung des Falles entgegenstehen. Dann wird der Minister erklären, er sehe sich leider an einer Auskunft gehindert, weil er sich sonst strafbar machen würde. Man staunt bisweilen, wie unendlich weit ein solches »Geheimnis« reichen kann.

So gut wie keinen Schutz bietet die Presse Beamten, die Skandale aufdecken oder sich gegen rechtswidrige Zumutungen wehren. Viele solcher Fälle wurden zwar in der Presse dargestellt, dennoch unterlagen die Beamten. Denn die Oberen greifen sofort zu den Restriktionen des Beamtenrechts und des Strafrechts. In dem Augenblick, wenn gegen den Beamten ein förmliches Verfahren zur angeblich objektiven Klärung von ihm erhobener Vorwürfe eingeleitet wird, ist die Presse entmachtet. Sie muss das Ergebnis abwarten, und das kann lange dauern. Der »Schutz der Öffentlichkeit« ist daher ein recht fragiler, auf ihn ist nicht zu vertrauen.

Überdies greift die Presse – entgegen der landläufigen Meinung – keineswegs jeden Skandal auf. Journalisten haben Angst davor, von ihrem Chefredakteur gerügt zu werden, falls die angegriffene Seite eine nicht widerlegbare Gegendarstellung bringt. Die Zeitungsverlage fürchten einstweilige Verfügungen und Klagen auf Schadensersatz wegen Rufschädigung – sie bangen um ihr Renommee. Ebenso spielen politische Rücksichten oder persönliche Beziehungen der Herausgeber oder Chefredakteure eine Rolle. Schließlich trifft man sich auf irgendwelchen Empfängen, man möchte nicht, dass das wohlige Miteinander durch hässliche Vorgänge gestört wird. Das größte Problem aber besteht darin, in einem Artikel komplexe Sachverhalte einleuchtend und klar darzustellen. Aber selbst wenn das gelingt, verebbt das Interesse der Journalisten sehr rasch, sobald sich ein Fall länger hinzieht, ohne dass sich etwas wesentlich Neues berichten lässt. Ermittlungs- oder Gerichtsverfahren etwa können sehr lange dauern.

Stellt sich noch die Frage nach der Beherrschbarkeit eines Unrechtssystems durch die politische Spitze. Die Antwort lautet: Es funktioniert erstaunlich sicher. Zum einen sind die deutschen Bundesländer zentralistisch strukturiert und alle staatlichen Amtsträger weisungsgebunden. Zum anderen kann die politische Spitze, wenn einmal ein Unrechtsfall aufgedeckt wird, diesen aus den Schlagzeilen verdrängen, indem sie sich ständig zu aktuellen, politischen Themen äußert, worüber dann die Presse zwangsläufig schreibt. Beispiel: Die *Frankfurter Rundschau* schilderte seinerzeit das himmelschreiende Unrecht, das an den hessischen Steuerfahndern begangen wurde – der Hauptverantwortliche Roland Koch aber redete über die große Politik – er blieb unangefochten. Und ist ein Sachverhalt, wie so oft, detailreich und daher nicht einfach und für jedermann verständlich darstellbar, hat die politische Spitze ohnehin Oberwasser.

Das Strafverfolgungs- und Haftungsrisiko

In den vergangenen Jahrzehnten, als die CSU in Bayern die absolute Mehrheit hatte, mussten die CSU-Spitzenpolitiker für rechtswidrige Taten weder Strafverfolgung noch Haftung befürchten. Der frühere Finanzminister Gerold Tandler kam nur deshalb vor Gericht, weil der Vorsitzende Richter des Zwick-Prozesses in Landshut gegen ihn von Amts wegen Anzeige erstattete – hier konnte sich die Staatsanwaltschaft nicht mehr weigern. Bei privaten Anzeigen hingegen vermochte sie nie eine Strafbarkeit zu erkennen. Von sich aus wurde sie ohnehin nicht tätig.

Nach einer Lesung in München sprach mich eine Dame an, die mir erzählte, ihr Mann sei früher als Staatsanwalt mit einer spektakulären Affäre befasst gewesen. Er sei damals zu Hause im Wohnzimmer auf und ab gelaufen und habe gesagt: »Ich müsste Strauß anklagen, ich müsste Ludwig Huber anklagen.« Er habe es aber nicht getan. Sie könne bestätigen, welchem Druck Staatsanwälte von oben her ausgesetzt seien.

Trotz des Verlusts der absoluten CSU-Mehrheit der bei der Landtagswahl 2008 hat sich nichts wesentlich an der Strafverfolgung und Haftung von Spitzenpolitikern geändert. Allerdings gab es einige Breschen. Dafür stehen insbesondere die desaströsen Vorgänge um den Kauf der Hypo-Alpe-Adria-Bank und den Kauf minderwertiger US-Wertpapiere in Milliardenhöhe durch die Bayerische Landesbank. Da wurde plötzlich der ehemalige, früher allmächtige Ministerpräsident Edmund Stoiber stundenlang von der Staatsanwaltschaft vernommen. Auch die ehemaligen Minister Kurt Faltlhauser, Günther Beckstein und Erwin Huber mussten sich Verhören stellen. Staatsanwälte drangen in Sanktuarien ein wie die Staatskanzlei, das Finanzministerium und das Wirtschaftsministerium und beschlagnahmten Akten. All das wäre früher undenkbar gewesen. Dass es freilich zu keinen Anklagen gegen die Herren kam, war nicht anders zu erwarten. Wer in die CSU-Spitze aufsteigt, taucht damit in das »Drachenblut der Unverwundbarkeit« ein, wie es Heribert Prantl einmal allgemein für Spitzenpolitiker formulierte.

Der Landtag hätte früher auch keine unabhängigen Rechtsgutachten einer renommierten Anwaltskanzlei und von Rechtsprofessoren eingeholt, um die Haftung des Vorstands und des Verwaltungsrats der Landesbank zu prüfen. Man hätte einfach einzelne Mitglieder des Vorstands oder schlimmstenfalls den gesamten Vorstand gefeuert, aber die völlige Unschuld der Mitglieder des Verwaltungsrats, insbesondere der Minister, als unumstößliche Erkenntnis propagiert.

Kann eine Regierung Unrechtsakte vor der Öffentlichkeit verdecken? Ja, das ist möglich. Auch wenn ein Fall in die Presse gelangt, wird die Regierung immer eine plausible Gegendarstellung finden, die ihr aufgrund ihrer Amtsautorität geglaubt wird.

2 Verbesserungsvorschläge

Um die exzessiven Missstände in Bayern zu beseitigen, bedarf es rechtlicher Änderungen. Es sind solche, die auch in anderen Bundesländern vorgenommen werden sollten.

Justiz

Staatsanwaltschaft

Die zahlreichen und teils ungeheuerlichen Übergriffe und Affären bestimmter Politiker würden von vornherein vermieden, wenn diese mit einer Strafverfolgung rechnen müssten. Die Staatsanwaltschaft untersteht jedoch dem Justizminister und dieser wiederum faktisch dem Ministerpräsidenten. Dies ist in ganz Deutschland so. In fast allen europäischen Ländern hingegen sind die Staatsanwälte weisungsunabhängig wie die Richter. Anders als dort sind unsere Staatsanwälte überdies auch hinsichtlich ihrer Beförderung vom Justizminister abhängig. Die Richter sind in Deutschland zwar weisungsunabhängig, doch hängt ihre Beförderung ebenfalls vom Justizminister ab. Dass sich das häufig auf die Urteile auswirkt, wird von Richtern selbst beklagt.

Die Parlamentarische Versammlung des Europarats hat mit Beschluss vom September 2009 die Bundesrepublik aufgefordert, die Staatsanwälte und Richter nicht mehr durch Justizminister, sondern durch Selbstverwaltungsorgane verwalten zu lassen. Das forderten auch die deutschen Juristenverbände im September 2010 auf dem Deutschen Juristentag. Die Unabhängigkeit der Justiz ist heute eine Bedingung für Länder, die der EU beitreten wollen – die Bundesrepublik erfüllt sie paradoxerweise nicht.

Solange der bisherige Rechtszustand besteht, ist das von oben gesteuerte Verhalten der Staatsanwaltschaft in politischen Fällen das Krebsübel schlechthin: Schuldige werden verschont, ja verteidigt, Unschuldige hingegen verfolgt. Lehnt die Staatsanwaltschaft die Einleitung eines Ermittlungsverfahrens gegen einen Schuldigen ab oder stellt sie ein solches ein, dann liefert sie diesem damit oft sogar noch die Waffe, gegen den Anzeigeerstatter wegen Verleumdung vorzugehen. Stellt man dagegen Strafanzeige gegen die Staatsanwaltschaft, so beurteilt sie diese selbst – es ist ein In-Sich-Geschäft. Und wo kein Ankläger, da kein Richter. Es bedarf daher dringend eines Kontrollorgans.

Für die Haushaltsführung des Staates gibt es die Kontrolle durch den Rechnungshof. Die Kontrolle der Staatsanwaltschaft könnte der Verfassungsgerichtshof übernehmen. Er könnte tätig werden von Amts wegen oder auf Anzeige hin. Wie der Rechnungshof könnte er dem Landtag jährlich oder ad hoc Bericht erstatten. Denkbar wäre auch, dem Verfassungsgerichtshof Entscheidungsbefugnisse gegenüber der Staatsanwaltschaft bis hin zu strafrechtlichen und disziplinarrechtlichen Maßnahmen zu übertragen.

Verlängerung der Verjährungsfristen

Straftaten im Amt verjähren nach fünf oder spätestens zehn Jahren. Aufgrund der Weisungsabhängigkeit der Staatsanwälte von der politischen Spitze kann eine Regierung, die länger im Amt ist, schon während dieser Zeit mühelos Straflosigkeit erlangen. Für sexuellen Missbrauch haben Justizministerin Merk und Ministerpräsident Seehofer eine Verlängerung der Verjährungsfrist auf 20 Jahre gefordert, weil solche Fälle häufig erst später aufgedeckt werden. Das Gleiche sollte für Amtsmissbrauch von Regierungsmitgliedern und Spitzenbeamten gelten.

Zivilrechtliche Haftungsansprüche des Freistaats Bayern gegen Mitglieder der Staatsregierung verjähren bereits nach drei, spätestens nach zehn Jahren (Artikel 7, Absatz 2 und 3 des Gesetzes über die Rechtsverhältnisse der Mitglieder der Staatsregierung). Auch hier ist eine Verlängerung der Verjährungsfrist erforderlich.

Die Ministeranklage

Nach Artikel 59 in Verbindung mit Artikel 61 der Bayerischen Verfassung können der Ministerpräsident, ein Minister oder ein Staatssekretär vom Landtag vor dem Verfassungsgerichtshof wegen vorsätzlicher Verletzung der Verfassung oder eines Gesetzes angeklagt werden. Dazu bedarf es einer Zweidrittelmehrheit. Da aber die Mehrheitspartei ihre Amtsträger deckt, läuft das Klagerecht ins Leere. Daher sollte für den Klageantrag ein Fünftel der Abgeordneten genügen – so wie bei einem Antrag auf Einsetzung eines Untersuchungsausschusses.

Verfassungsgerichtshof

Schon jetzt wird gefordert, dass die Richter des Verfassungsgerichtshofs vom Landtag statt mit einfacher Mehrheit mit Zweidrittelmehrheit gewählt werden, um eine Besetzung nach dem Geschmack der Regierungspartei zu vermeiden. Dies wäre erst recht notwendig, wenn die Überwachung der Staatsanwaltschaft in politischen Fällen durch den Verfassungsgerichtshof funktionieren soll.

Rechnungshof

Aufgabe des Rechnungshofs ist es gemäß der Verfassung, die Staatsregierung hinsichtlich der Einnahmen und Ausgaben zu kontrollieren. Sein Präsident wird jedoch vom Ministerpräsidenten ernannt. Der sucht sich daher eine Person aus, die ihm genehm ist. Tatsächlich sehen die Berichte des Rechnungshofs nicht selten sehr regierungsfreundlich aus. Der Präsident sollte daher vom Landtag mit Zweidrittelmehrheit gewählt werden.

Zudem sollte der Rechnungshof nicht nur nach den Akten prüfen, da diese oft die Wahrheit nicht erkennen lassen, sondern wie früher wieder die Befugnis erhalten, Zeugen zu vernehmen.

Nach derzeitiger Rechtslage wird der Rechnungshof nach außen durch seinen Präsidenten vertreten. Er ist der Sprecher, was ihm seine starke Stellung verschafft. So kann er zum Beispiel im Landtag vom Prüfungskollegium des Rechnungshofs festgestellte Missstände herunterspielen. Die Sprecherfunktion sollte daher auf wenigstens drei Mitglieder ausgedehnt werden. Und in den Berichten sollten Minderheitsvoten des Kollegiums wiedergegeben werden – wie beim Bundesverfassungsgericht.

Die Schaffung eines Ombudsmanns

Nach dem Vorbild des Wehrbeauftragten sollte die Institution des Ombudsmanns geschaffen werden, an den sich Beamte oder auch Bürger wenden können, wenn sie rechtswidrige Machenschaften aufdecken wollen – ohne dafür Sanktionen befürchten zu müssen.

Das Petitionsrecht und das Remonstrationsrecht sind völlig unzureichende Rechtsbehelfe. Die Anrufung der übergeordneten Behörde durch einen Beamten, der sich gemäß dem beamtenrechtlichen Remonstrationsrecht gegen eine rechtswidrige Weisung wehrt, hat sich stets als Bumerang erwiesen. Dasselbe gilt für die Anrufung des Landtags kraft des Petitionsrechts. Wie entsprechende Fälle in Bayern und Hessen gezeigt haben, deckt die Partei, die die Regierung stellt, die Verfehlungen ihrer Amtsträger, sie schmettert die Petition ab, stellt den Beamten als Querulanten hin. Verwaltungsintern folgen anschließend Sanktionen, obwohl die Verfassung dies verbietet.

Außerdem sollte im Gesetz festgeschrieben werden, dass Beamte durch Disziplinarverfahren und Strafverfahren keine beruflichen Nachteile erleiden dürfen, sofern ihnen kein Vergehen nachzuweisen ist. Auch sollte vorgeschrieben werden, dass solche Verfahren innerhalb bestimmter Fristen abzuschließen sind. Derzeit werden diese Verfahren häufig missbräuchlich jahrelang offengehalten, ohne dass wirkliche Ermittlungen stattfinden – irgendwann ist der Beamte dann durch die ewige Ungewissheit zermürbt.

Steuergeheimnis und Amtsgeheimnis

Parlamentarische Anfragen und Untersuchungen zu Verdachtsfällen werden von einer Regierung häufig mit dem Hinweis abgewehrt, sie dürfe keine Auskunft geben, weil das Steuergeheimnis dagegenstehe. Dies ist weitgehend die Unwahrheit. Soweit es um die behördliche Sachbehandlung, also um Verwaltungsabläufe geht, greift das Steuergeheimnis von vornherein nicht ein, denn es bezieht sich nur auf die steuerlichen Verhältnisse einer Person. Und sofern der Verdacht besteht, dass ein hoher Amtsträger in einen Fall verstrickt ist oder selbst Steuerhinterziehung begangen hat, besteht ein erhebliches öffentliches Interesse an der Aufklärung, sodass das Steuergeheimnis nach der derzeitigen Rechtslage durchbrochen werden darf. Da aber oft das Steuergeheimnis vorgeschützt wird, sollte diesem Missbrauch durch eine andere Regelung vorgebeugt werden, zum Beispiel durch eine Darlegungspflicht der Regierung, inwiefern schützenswerte Interessen des Steuerpflichtigen verletzt würden. Die Verdeckung einer Steuerhinterziehung als solche ist nicht schützenswert. Es ist ein Aberwitz, dass Unternehmensbilanzen und andere Betriebsinterna veröffentlicht werden müssen, hingegen Steuerhinterziehung in Millionenhöhe angeblich von der Finanzverwaltung sorgfältig geheim zu halten ist.

Die Einschränkung von Aussagegenehmigungen für Beamte sollte nur möglich sein, wenn die öffentliche Sicherheit gefährdet würde. Ansonsten gibt es beim Staat so gut wie nichts, was geheim gehalten werden müsste. Wird wie derzeit nur eine beschränkte Aussagegenehmigung erteilt, ist davon auszugehen, dass Strafbares oder Rechtswidriges verdeckt werden soll.

Zukunftsperspektive

Abschließend ist zu bemerken: Amtsmissbrauch und Korruption von Politikern und Spitzenbeamten werden ständig beklagt, aber resignierend hingenommen. Doch es lässt sich sehr wohl etwas dagegen tun, indem man verschiedene Gesetze ändert. Der Hauptansatzpunkt muss sein, die Staatsanwaltschaft aus ihrer sklavischen Abhängigkeit von der politischen Spitze zu befreien. Solange das nicht geschieht, wird es so weitergehen wie bisher.

Faktisch rechtsfreie Räume, faktische Immunitäten darf es in einem Rechtsstaat nicht geben.

Die Partei, die gerade die Regierung stellt, wird an den vorgeschlagenen Reformen nicht interessiert sein, sie wird entsprechende Vorschläge verwerfen. Aber sie sollte bedenken, dass die Situation anders aussieht, wenn nach einer Wahlniederlage »die anderen« regieren. Umsichtige Regelungen wirken wohltätig in die Zukunft.

Nachwort

Der Philosoph Leibniz bezeichnete unsere Welt als die bestmögliche aller Welten. Diese These provozierte Voltaire zu seinem 1759 erschienen berühmten Roman *Candide*. Candide ist ein von Natur sehr sanftmütiger Jüngling, der in Westfalen lebt, so Voltaire. Ein Missgeschick verschlägt ihn in andere Länder, er erlebt dort, wie die Menschen in vielfältiger Weise malträtiert werden. Bestürzt sagt er zu sich selbst:»Wenn dieses die beste aller möglichen Welten ist, wie müssen dann erst die anderen sein?«

Heute wird in Bayern den Menschen weisgemacht, dieses Land sei das bestmögliche aller Bundesländer, alles sei optimal. Dass dem nicht so ist, dass Menschen von bestimmten Amtsträgern übel mitgespielt wird, dass das Recht in politischen Fällen mit Füßen getreten wird, dass einzelne Personen sich maßlos bereichert haben – all das wird verborgen gehalten, und wenn es aufkommt, skrupellos geleugnet, der Anzeigeerstatter wird verfolgt.

Was kann der einzelne Bürger tun, damit sich die Dinge ändern? Die Antwort gibt der Titel eines in Frankreich berühmt gewordenen Büchleins von Stéphane Hessel. Er lautet: *Empört Euch!* Es ist eine 2011 erschienene Streitschrift gegen Missstände in der Politik und der Wirtschaft, nur 14 Seiten umfassend. Der Autor, 93 Jahre alt, früherer französischer Diplomat, gebürtiger Berliner, war Mitglied der Résistance, hat das KZ Buchenwald überlebt. Er ist einer der Mitautoren der Menschenrechtserklärung der Vereinten Nationen. Dass ein so alter Mann sich so engagiert, hat in Frankreich und weit darüber hinaus ungeheuren Eindruck gemacht. Sein Aufruf endet mit dem Appell: »Neues schaffen heißt Widerstand leisten. Widerstand leisten heißt Neues schaffen.«

Wie kann dieser Widerstand aussehen? Als Wähler abzustimmen ist nur alle vier oder fünf Jahre möglich. Aber in der Zeit dazwischen kann man protestieren durch Schreiben an den Ministerpräsidenten und die Minister, an die Abgeordneten und die Zeitungen oder durch Blogs im Internet. Man kann sich zusammenschließen zu Bürgerinitiativen und anderen Vereinigungen, um den Protest zu bündeln und Druck zu erzeugen. Wer sich ruhig verhält, schweigt und alles hinnimmt oder gar entschuldigt oder die Wahrheit aus Linientreue überhaupt nicht wissen will, entmündigt sich selbst.

Ein Foto in der *Süddeutschen Zeitung* zeigte Horst Seehofer und daneben Günther Beckstein, beide als gute Hirten verkleidet und in der rechten Hand wie ein Zepter einen blumengeschmückten Hirtenstab haltend. Dahinter eine Herde von Schafen. Sollten die Schafe die Bürger symbolisieren?

Literaturverzeichnis

Anders, Peter, *Der Fall Vera Brühne*, München 2012

Bebenburg, Pitt von und Thieme, Matthias, *Ausgekocht. Hinter den Kulissen hessischer Machtpolitik*, Frankfurt am Main 2010

Beckstein, Günther, *Die Zehn Gebote. Anspruch und Herausforderung*, Holzgerlingen 2011

Bickerich, Wolfram, *Franz Josef Strauß. Die Biografie*, Düsseldorf 1996

Biermann, Werner, Brincker, Ulrike und Kolvenbach, Marcel, *Liebe an der Macht. Paare, die Geschichte schrieben*, Berlin 2005

Biermann, Werner, *Strauß. Aufstieg und Fall einer Familie*, Reinbek bei Hamburg 2008

Burchardt, Rainer und Schlamp, Hans-Jürgen, *Flick-Zeugen. Protokolle aus dem Untersuchungsausschuss*, Reinbek bei Hamburg 1985

Deisenroth, Dieter und Falter, Annegret, *Whistleblower in der Steuerfahndung*, Berlin 2010

Engelmann, Bernt, *Franz Josef Strauß. Das neue Schwarzbuch*, Köln 1980

Erhard, Rudolf, *Edmund Stoiber. Aufstieg und Fall*, Köln 2008

Feinstein, Andrew, *Waffenhandel. Das globale Geschäft mit dem Tod*, Hamburg 2012

Finger, Stefan, *Franz Josef Strauß. Ein politisches Leben*, München 2005

Goetz, John, Neumann, Conny und Schröm, Oliver, *Allein gegen Kohl, Kiep & Co. Die Geschichte einer unerwünschten Ermittlung*, Berlin 2000

Hessel, Stéphane, *Empört Euch!*, Berlin 2011

Kafka, Franz, *Der Prozess*, Köln 2006

Kilz, Hans Werner und Preuss, Joachim, *Flick. Die gekaufte Republik*, Reinbek bei Hamburg 1983

Koch, Egmont R., *Das geheime Kartell. BND, Schalck, Stasi & Co.*, Hamburg 1992

Koch, Peter, *Das Duell. Franz Josef Strauß gegen Helmut Schmidt*, Hamburg 1980

Lambrecht, Rudolf und Mueller, Michael, *Die Elefantenmacher. Wie Spitzenpolitiker in Stellung gebracht und Entscheidungen gekauft werden*, Frankfurt am Main 2010

Leinemann, Jürgen, *Höhenrausch. Die wirklichkeitsleere Welt der Politiker*, München 2005

Leyendecker, Hans, Stiller, Michael und Prantl, Heribert, *Helmut Kohl, die Macht und das Geld*, Göttingen 2000

Maier, Hans, *Böse Jahre, gute Jahre. Ein Leben 1931 ff.*, München 2011

Morstein, Manfred, *Der Pate des Terrors. Die mörderische Verbindung von Terrorismus, Rauschgift und Waffenhandel*, München/Zürich 1997

Rabenstein, Christoph, *Der große Deal. Wie die Bayern LB beim Kauf der Hypo Group Alpe Adria Milliarden verzockte*, München 2011

Stiller, Michael, *Edmund Stoiber. Der Kandidat*, München 2002

Stoiber, Edmund, *Weil die Welt sich ändert. Politik aus Leidenschaft – Erfahrungen und Perspektiven*, München 2012

Strauß, Franz Josef, *Deutschland Deine Zukunft*, Stuttgart 1975

Strauß, Franz Josef, *Die Erinnerungen*, München 1998

Voltaire, *Candide*, Leipzig 1950

Wagner, Joachim, *Tatort Finanzministerium*, Reinbek bei Hamburg 1986

Wehrheim, Frank, *Steuerfahndung*, München 2011

Weiß, Bernd, *Frage, was dein Land für dich tun kann. Warum inhaltsleere Politik eine leichte Beute für Piraten aller Art ist*, Basel 2013

09/14